Wissenschaftliche Beiträge aus dem Tectum Verlag

Reihe Rechtswissenschaft

Wissenschaftliche Beiträge
aus dem Tectum Verlag

Reihe Rechtswissenschaft
Band 146

Marie-Theres Merrem

Reformbedürftigkeit des Fortpflanzungsmedizinrechts

Tectum Verlag

Marie-Theres Merrem
Reformbedürftigkeit des Fortpflanzungsmedizinrechts

Wissenschaftliche Beiträge aus dem Tectum Verlag
Reihe: Rechtswissenschaft; Bd. 146

Zugl. Diss. Bucerius Law School gGmbH 2020

ISBN 978-3-8288-4606-7
ePDF 978-3-8288-7669-9
ISSN 1861-7875

Gesamtverantwortung für Druck und Herstellung:
Nomos Verlagsgesellschaft mbH & Co. KG
Printed in Germany

Besuchen Sie uns im Internet
www.tectum-verlag.de

Bibliografische Informationen der Deutschen Nationalbibliothek
Die Deutsche Nationalbibliothek verzeichnet diese Publikation
in der Deutschen Nationalbibliografie; detaillierte bibliografische
Angaben sind im Internet über http://dnb.d-nb.de abrufbar.

Vorwort

Die vorliegende Arbeit wurde von der Bucerius Law School – Hochschule für Rechtswissenschaft im Sommertrimester 2020 als Dissertation angenommen. Berücksichtigt werden Literatur und Rechtsprechung bis Ende 2019. Die mündliche Prüfung fand am 14. Oktober 2020 statt.

Mein Dank gilt zuallererst meinem Doktorvater, Prof. Dr. Jens Prütting, für die hervorragende Betreuung während der gesamten Promotionszeit. Er stand mir stets für Gespräche und Diskussionen zur Verfügung, bestärkte mich in schwierigen Phasen und ließ mir die Freiräume, die ich für die Erarbeitung benötigte. Prof. Dr. Karsten Gaede danke ich für die zügige Erstellung des Zweitgutachtens.

Beiden und auch meinen Kollegen danke ich zudem für die fachlich sowie persönlich sehr bereichernde Zeit am Institut für Medizinrecht der Bucerius Law School. Der stets wertschätzende Umgang miteinander hat mich bei der täglichen Arbeit sehr motiviert und damit zum Gelingen der Dissertation beigetragen.

Darüber hinaus möchte ich meiner Familie danken, die mir immer den Rücken gestärkt und mich unterstützt hat. Abschließend möchte ich meinem Lebensgefährten, Christoph Luderer, der die Höhen und Tiefen der Promotionszeit am unmittelbarsten mitbekommen hat, danken.

Hamburg, den 10. Januar 2021 Marie-Theres Merrem

Inhaltsverzeichnis

Abkürzungsverzeichnis

a.A.	andere Auffassung
a.a.o.	am angegebenen Ort
Abs.	Absatz
AdVermiG	Gesetz über die Vermittlung der Annahme als Kind und über das Verbot der Vermittlung von Ersatzmüttern (Adoptionsvermittlungsgesetz)
AEUV	Vertrag über die Arbeitsweise der Europäischen Union
a.F.	alte Fassung
AG	Amtsgericht
AJP	Aktuelle juristische Praxis (Zeitschrift)
Alt.	Alternative
AME-FMedG	Augsburg-Münchner-Entwurf für ein Fortpflanzungsmedizingesetz
AMG	Gesetz über den Verkehr mit Arzneimitteln (Arzneimittelgesetz)
AMWHV	Verordnung über die Anwendung der Guten Herstellungspraxis bei der Herstellung von Arzneimitteln und Wirkstoffen und über die Anwendung der Guten fachlichen Praxis bei der Herstellung von Produkten menschlicher Herkunft (Arzneimittel- und Wirkstoffverordnung)
AöR	Archiv des öffentlichen Rechts (Zeitschrift)
Art.	Artikel
AT	Allgemeiner Teil
aufgeh.	aufgehoben
Aufl.	Auflage
AVR	Archiv des Völkerrechts (Zeitschrift)
BÄK	Bundesärztekammer
Beschl.	Beschluss
BGB	Bürgerliches Gesetzbuch
BGBl.	Bundesgesetzblatt
BGH	Bundesgerichtshof
BGHSt	Entscheidungen des Bundesgerichtshofes in Strafsachen
BMFSFJ	Bundesministerium für Familie, Senioren, Frauen und Jugend
BMG	Bundesministerium für Gesundheit
BMJ	Bundesministerium für Justiz (bis 2013)
BR-Drs.	Bundesrat-Drucksache
BRZ	Bundesverband Reproduktionsmedizinischer Zentren Deutschland e.V.
BT-Drs.	Bundestags-Drucksache

BVerfG	Bundesverfassungsgericht
BVerfGE	Bundesverfassungsgerichtsentscheidung
BZgA	Bundeszentrale für gesundheitliche Aufklärung
bzgl.	bezüglich
bzw.	beziehungsweise
CDU	Christlich Demokratische Union Deutschlands
CSU	Christlich-Soziale Union in Bayern
DÄBl.	Deutsches Ärzteblatt (Zeitschrift)
ders./dies.	derselbe/dieselbe
DGGEF	Deutsche Gesellschaft für Gynäkologische Endokrinologie und Fortpflanzungsmedizin
DGGG	Deutsche Gesellschaft für Gynäkologie und Geburtshilfe
DGRM	Deutsche Gesellschaft für Reproduktionsmedizin
d.h.	das heißt
DIMDI	Deutsches Institut für Medizinische Dokumentation
DIR	Deutsches IVF Register
DJT	Deutscher Juristentag
DRiZ	Deutsche Richterzeitung (Zeitschrift)
eDET	elektiver Double-Embryo-Transfer
eingef.	eingefügt
EMRK	Europäische Menschenrechtskonvention
Entsch.	Entscheidung
EU	Europäische Union
EuGH	Europäischer Gerichtshof
EU-GRCh	Charta der Grundrechte der Europäischen Union (EU-Grundrechtecharta)
EuGRZ	Europäische Grundrechts-Zeitschrift (Zeitschrift)
EuR	Europarecht (Zeitschrift)
EUV	Vertrag über die Europäische Union
ErbR	Erbrecht
ESchG	Gesetz zum Schutz von Embryonen (Embryonenschutzgesetz)
eSET	elektiver Single-Embryo-Transfer
e.V.	eingetragener Verein
f.	folgend
FamRZ	Zeitschrift für das gesamte Familienrecht (Zeitschrift)
ff.	fortfolgend
FMedG	Fortpflanzungsmedizingesetz
FMedG-ÖR	Fortpflanzungsmedizingesetz Österreich
FMedG-S	Fortpflanzungsmedizingesetz Schweiz
FS	Festschrift
GBA	Gemeinsamer Bundesausschuss

gem.	gemäß
GenDG	Gesetz über genetische Untersuchungen beim Menschen (Gendiagnostikgesetz)
GG	Grundgesetz
GuP	Gesundheit und Pflege (Zeitschrift)
gyne	Aktuelles aus Gynäkologie und Geburtshilfe (Zeitschrift)
h.M.	herrschende Meinung
Hrsg.	Herausgeber
ICSI	Intracytoplasmatische Spermieninjektion
i.d.R.	in der Regel
iPS-Zellen	induzierte pluripotente Stammzellen
i.S.d.	im Sinne des/der
IUI	Intrauterine Insemination
IVF	In-vitro-Fertilisation
i.V.m.	in Verbindung mit
JA	Juristische Arbeitsblätter (Zeitschrift)
JFR	Journal für Fertilität und Reproduktionsmedizin (Zeitschrift)
JR	Juristische Rundschau (Zeitschrift)
JRE	Journal für Reproduktionsmedizin und Endokrinologie (Zeitschrift)
JURA	Juristische Ausbildung (Zeitschrift)
JuS	Juristische Schulung (Zeitschrift)
JZ	Juristen Zeitung (Zeitschrift)
Kap.	Kapitel
LFGB	Lebensmittel-, Bedarfsgegenstände- und Futtermittelgesetz (Lebensmittel- und Futtermittelgesetzes)
LG	Landgericht
LK	Leipziger Kommentar
LMBG	Lebensmittel- und Bedarfsgegenständegesetz
LPartG	Gesetz über die Eingetragene Lebenspartnerschaft (Lebenspartnerschaftsgesetz)
MDR	Monatsschrift für Deutsches Recht (Zeitschrift)
MedR	Medizinrecht (Zeitschrift)
Mio	Millionen
MüKo	Münchner Kommentar
m.V.a.	mit Verweis auf
m.w.N.	mit weiteren Nachweisen
m.W.v.	mit Wirkung vom
n.F.	neue Fassung
NJOZ	Neue Juristische Online-Zeitschrift (Zeitschrift)
NJW	Neue Juristische Wochenschrift (Zeitschrift)

NK	Nomos Kommentar
Nr.	Nummer
NVwZ	Neue Zeitschrift für Verwaltungsrecht (Zeitschrift)
NZFam	Neue Zeitschrift für Familienrecht (Zeitschrift)
OLG	Oberlandgericht
p.c.	post conceptionem
p.m.	post menstruationem
RL	Richtlinie
Rn.	Randnummer
PStG	Personenstandsgesetz
S.	Satz/Seite
SaRegG	Gesetz über die Errichtung eines Samenspenderregisters und zur Regelung der Auskunftserteilung über den Spender nach heterologer Verwendung von Samen (Samenspenderregistergesetz)
SÄZ	Schweizerische Ärztezeitung (Zeitschrift)
SGB	Sozialgesetzbuch
s.o.	siehe oben
sog.	sogenannten
SPD	Sozialdemokratische Partei Deutschlands
StGB	Strafgesetzbuch
str.	strittig
StZG	Gesetz zur Sicherstellung des Embryonenschutzes im Zusammenhang mit Einfuhr und Verwendung menschlicher embryonaler Stammzellen (Stammzellengesetz)
TPG	Gesetz über die Spende, Entnahme und Übertragung von Organen und Geweben (Transplantationsgesetz)
TPG-GewV	Verordnung über die Anforderungen an Qualität und Sicherheit der Entnahme von Geweben und deren Übertragung nach dem Transplantationsgesetz (Transplantations-Gewebeverordnung)
u.a.	und andere
Urt.	Urteil
v.	vom
VELKD	Vereinigte Evangelisch-Lutherische Kirche Deutschland
VGH	Verwaltungsgerichtshof
vgl.	vergleiche
Vor.	Vorbemerkung
ZaeFQ	Zeitschrift für Evidenz, Fortbildung und Qualität im Gesundheitswesen (Zeitschrift)
z.B.	zum Beispiel
ZESV	Verordnung über die Zentrale Ethik-Kommission für Stammzellforschung und über die zuständige Behörde nach dem Stammzellgesetz
ZfL	Zeitschrift für Lebensrecht (Zeitschrift)

ZIS	Zeitschrift für internationale Strafrechtsdogmatik (Zeitschrift)
ZJS	Zeitschrift für das Juristische Studium (Zeitschrift)
ZLR	Zeitschrift für das gesamte Lebensmittelrecht (Zeitschrift)
ZRP	Zeitschrift für Rechtspolitik (Zeitschrift)
ZStW	Zeitschrift für die gesamte Strafrechtswissenschaft (Zeitschrift)

Einleitung

> **„Wir ähneln Menschen, die sich auf einem Floß in einem Fluß mit starker Strömung befinden. Wir können nicht aussteigen. Der Fortschritt ist unentrinnbar. Wir können uns nur bemühen, das Floß möglichst sinnvoll in der Strömung zu lenken und sowohl von tückischen Untiefen als auch von gefährlichen Strudeln möglichst fernzuhalten.“**[1]

Schätzungsweise 1,2 bis 1,5 Mio. Paare in Deutschland sind ungewollt kinderlos[2]. Vielen von ihnen könnte durch ärztliche Hilfe der Wunsch nach einem eigenen Kind erfüllt werden. Jedoch ist der Gesetzgeber seit dem Erlass des Embryonenschutzgesetzes (ESchG) im Jahr 1990 untätig geblieben, sodass die rasanten Entwicklungen, welche die Fortpflanzungsmedizin in den vergangenen 30 Jahren erfahren hat, keine Entsprechung in dem bis heute nahezu unverändert fortgeltenden Gesetz finden.

Das ESchG wird daher als lückenhaft und auslegungsbedürftig angesehen und zum Teil unterschiedlich verstanden und angewendet. Dies gilt vor allem deshalb, weil viele Behandlungsmöglichkeiten, wie z. B. die Samenspende und die nachträgliche Embryonenspende[3], obwohl sie nach herrschender Meinung zulässig sind, nicht durch das ESchG geregelt werden. Für den Rechtsanwender ist somit nicht ersichtlich, welche Methoden unter welchen Voraussetzungen erlaubt und welche verboten sind.

Hinzu kommt, dass zahlreiche Behandlungsmöglichkeiten, die in Deutschland verboten sind, in (vielen) anderen Ländern erlaubt sind.

---

1 *Schmude*, zitiert in: Texte aus der VELKD 32/1986, Du hast mich gebildet im Mutterleibe, 1986, S. 4, abrufbar unter: http://www.ev-medizinethik.de/meta_downloads/2483/velkd_-_du_hast_mich_gebildet_im_mutterleibe_1986.pdf (Stand: 02.01.2020)).

2 *Diedrich et al.*, Reproduktionsmedizin im internationalen Vergleich, 2008, S. 22; *Klinkhammer*, DÄBl. 2008, A 1818.

3 BT-Drs. 11/5460, S. 8; *Günther*/Taupitz/Kaiser, ESchG, 2. Aufl., 2014, Kap. B Rn. 79.

Dies gilt umso mehr, als in den vergangenen Jahren vor allem in unseren europäischen Nachbarländern eine Liberalisierung des Rechts der Fortpflanzungsmedizin stattgefunden hat. Deutsche Reproduktionsmediziner beklagen daher zunehmend, dass sie ihren Patienten keine Behandlung nach dem aktuellen wissenschaftlichen Stand zuteilwerden lassen können, da sich das medizinisch Machbare immer weiter von dem rechtlich Möglichen entfernt[4].

Ganz besonders leiden unter diesen Unsicherheiten die Betroffenen, denn neben den physischen, psychischen und finanziellen Belastungen, die durch die Inanspruchnahme einer Kinderwunschbehandlung entstehen, stellen sich viele von ihnen zunehmend stärker die Frage, ob eine Auslandsbehandlung eine Alternative zur Behandlung in Deutschland bieten könnte.

Bereits seit dem Inkrafttreten des ESchG[5] wird daher immer wieder eine (klarstellende) Änderung des bestehenden Gesetzes[6] beziehungsweise die Schaffung eines neuen, umfangreicheren Fortpflanzungsmedizingesetzes[7] gefordert[8].

4 *Diedrich/Hasani*, Gynäkologe 2013, 883, 884, 888; *Koch*, JRE 2004, 24, 25; *Montag/van der Ven*, Reproduktionsmedizin 2002, 147, 151.

5 *Deutsch* hat bereits unmittelbar nach der Verabschiedung des ESchG darauf hingewiesen, dass dieses nur eine „Momentaufnahme" darstellt, die einer gesetzlichen Nachbesserung bedürfen wird. Dies gelte vor allem dann, wenn man die vom ESchG abweichenden Regelungen im Ausland betrachtet, NJW 1991, 721, 725.

6 Entschließung Ib-05 „Für Rechtssicherheit bei unerfülltem Kinderwunsch" des 120. Deutschen Ärztetages 2017, S. 213; *Katzorke/Kolodziej*, Reproduktionsmedizin 2001, 325, 330; *Müller-Terpitz*, ZRP 2016, 51.

7 *Diedrich/Hasani*, Gynäkologe 2013, 883, 884, 888; *DGGEF/DGGG/DGRM/BRZ*, Diskussionspapier zu den Vorbereitungen für ein Fortpflanzungsmedizingesetz (FMG), Reproduktionsmedizin 2001, 301; *Gassner u. a.*, Fortpflanzungsmedizingesetz, 2013; *Günther*/Taupitz/Kaiser, ESchG, 2. Aufl., 2014, Kap. B Rn. 66 ff.; *Katzorke/Kolodziej*, Reproduktionsmedizin 2001, 325, 330; *Nationaler Ethikrat*, Genetische Diagnostik vor und während der Schwangerschaft, 2003, S. 9; Schlussbericht der Enquete-Kommission „Recht und Ethik in der modernen Medizin" vom 14.05.2002, BT-Drs. 14/9020, S. 64 ff.

8 Nur ganz vereinzelt wird die Auffassung vertreten, dass eine Gesetzesänderung nicht erforderlich ist, da das ESchG naheliegende Auslegungsspielräume enthalte, die genutzt werden können (*Bals-Pratsch/Dittrich/Frommel*, JRE 2010, 87; *Frommel*, Reproduktionsmedizin 2002, 158; ebenda, JRE 2007, 27). Frommel hält daher eine „Wertungswidersprüche vermeidende Klarstellung" des Sinnes der Vorschriften für ausreichend (*Frommel*, Reproduktionsmedizin 2002, 158).

Aufgrund der bestehenden Defizite des ESchG und vor dem Hintergrund der Bedeutung der Fortpflanzungsmedizin kann ein weiteres Zuwarten des Gesetzgebers kaum länger gerechtfertigt werden, denn wie das oben angeführte Zitat zum Ausdruck bringt, sind die Fortschritte im Bereich der Fortpflanzungsmedizin nicht zu verkennen und aufzuhalten. Es ist daher erforderlich, dass sich diesen vorbehaltlos gestellt und eine abgewogene Entscheidung darüber getroffen wird, welche Techniken und Verfahren unter welchen Voraussetzungen als zulässig anzusehen sind und welche nicht. Sofern dies geschehen ist, kann eine Entscheidung dahingehend getroffen werden, ob eine Änderung des ESchG als ausreichend empfunden wird oder ob die Schaffung eines neuen Fortpflanzungsmedizingesetzes erforderlich oder zumindest vorzuziehen ist.

Die vorliegende Arbeit widmet sich daher der Reformbedürftigkeit des Rechts der Fortpflanzungsmedizin und möchte mit konkreten Regelungsvorschlägen einen Beitrag zur Diskussion leisten.

Die Betrachtung beschränkt sich dabei auf diejenigen Probleme, Techniken und Verfahren im Rahmen der assistierten Reproduktion, die der Überwindung von Sterilität/Infertilität und der Herbeiführung einer Schwangerschaft dienen[9]. Dies stellt einen sinnvollen Zuschnitt dar, da eine eindeutige gesetzliche Regelung in diesem Bereich für die Praxis und die Betroffenen von erheblicher Bedeutung ist. Zudem eröffnet er die Möglichkeit, die entsprechenden Regelungen aus dem strafrechtlich ausgestalteten ESchG herauszulösen und in einem nicht primär strafrechtlich ausgestalteten, neu zu schaffenden Fortpflanzungsmedizingesetz zu regeln. Verfahren und Techniken, die auch oder ausschließlich anderen Zwecken dienen, können somit weiterhin im ESchG oder in anderen strafrechtlich ausgestalteten Gesetzen geregelt werden.

Der Hauptteil der Arbeit gliedert sich in drei Bereiche.

---

9 Mit erfasst sind dabei auch die Fälle der sog. sozialen Indikation. Eine solche liegt immer dann vor, wenn eine alleinstehende Person oder ein homosexuelles (Ehe-)Paar die Verwirklichung des eigenen Kinderwunsches nicht allein realisieren kann, weil dafür die Beteiligung mindestens einer weiteren Person des anderen Geschlechts erforderlich ist. Siehe dazu Teil 2 Kapitel 3 IV. 2.

Im ersten Teil werden Grundlagen für ein besseres Verständnis der Thematik vermittelt, die für den weiteren Gang der Darstellung von besonderer Bedeutung sind. Kapitel 1 widmet sich den medizinischen Grundlagen. Es ist bewusst schlank gehalten und behandelt nur kurz die wichtigsten Begriffe und Verfahren. Sofern darüber hinaus medizinische Begriffe und Verfahren von Bedeutung sind, werden sie an den relevanten Stellen in der Arbeit erläutert. Kapitel 2 stellt die Entstehungsgeschichte (I.), die Rechtsnatur und Struktur (II.) und die Regelungsinhalte des ESchG (III.) sowie sonstige für die Fortpflanzungsmedizin bedeutsame Regelungen (IV.) vor. Kapitel 3 erläutert, ausgehend von den zum ESchG dargestellten Grundlagen, warum Reformbedürftigkeit gegeben ist (I.) und bisherige Reformbemühungen gescheitert sind (II.).

Im zweiten Teil werden die für die Betrachtung wichtigen, als regelungsbedürftig empfundenen Probleme, Techniken und Verfahren einzeln dargestellt. Einleitend wird der für die Betrachtung gewählte Untersuchungs- und Regelungsgegenstand dargestellt (Kapitel 1), bevor die inhaltliche Auseinandersetzung mit den Problemen, Techniken und Verfahren im Rahmen der Fortpflanzungsmedizin erfolgt. Da die Beantwortung vieler sich im Rahmen der Betrachtung stellender Fragen von dem Status des Embryos abhängt, wird dieser einer näheren Betrachtung unterzogen (Kapitel 2), bevor auf die Voraussetzungen eingegangen wird, die allgemein für die Zulässigkeit der Inanspruchnahme reproduktionsmedizinischer Maßnahmen vorliegen müssen (Kapitel 3). Daran anschließend werden die einzelnen als regelungs- und reformbedürftig empfundenen Probleme, Techniken und Verfahren im Rahmen der assistierten Reproduktion dargestellt (Kapitel 4). Zunächst wird die Frage beantwortet, ob die Dreierregel beibehalten werden oder ob man sich dem sog. „deutschen Mittelweg" anschließen sollte (I.). Aufbauend auf dem gewonnenen Ergebnis wird die Zulässigkeit des sog. elektiven Single-Embryo-Transfers (eSET) untersucht und geprüft, wie mit ggf. entstehenden überzähligen Embryonen umgegangen werden kann (II.).

Nachdem diese grundsätzlichen Punkte dargestellt und aufgelöst wurden, wenden sich die folgenden Abschnitte den Verfahren zu, bei denen die Beteiligung mindestens eines Dritten erforderlich ist. Dabei soll zunächst die allgemein als zulässig, aber bisher gesetzlich nicht geregelte Samenspende (III.) behandelt werden, bevor die bislang als unzulässig angesehene und gesetzlich ausdrücklich verbotene Eizellspende (IV.) behandelt wird. Abschnitt fünf (V.), der das Social Freezing beinhaltet, nimmt eine Sonderstellung in der Betrachtung ein, da es sich weder um eine klassische fortpflanzungsmedizinische Maßnahme noch um eine Maßnahme unter Einbeziehung mindestens eines Dritten handelt. Da es jedoch als Eizellspende an sich selbst verstanden werden kann, wird es an dieser Stelle behandelt. Im Anschluss folgt die Auseinandersetzung mit der anfänglichen Embryonenspende (VI.) und der Ersatz-/Leihmutterschaft (VII.). Abschließend wendet sich das Kapitel der postmortalen Befruchtung (unter Einbeziehung Dritter) zu (VIII.).

Nachdem die regelungsbedürftigen Punkte dargestellt worden sind, folgen im dritten Teil Überlegungen, wie die gewonnenen Ergebnisse umgesetzt werden können. Dazu wird zunächst die Frage beantwortet, warum einem neu zu schaffenden Fortpflanzungsmedizingesetz Vorrang vor einer Reform des ESchG einzuräumen ist (Kapitel 1), bevor konkrete Regelungsvorschläge für das neu zu schaffende Fortpflanzungsmedizingesetz vorgestellt werden, die auf den im zweiten Teil der Arbeit gewonnenen Ergebnissen aufbauen (Kapitel 2).

Teil 1: Grundlagen

Um die im Rahmen dieser Arbeit anzustellenden Überlegungen hinsichtlich der Reformbedürftigkeit des Embryonenschutzgesetzes (ESchG)[10] sowie die im Anschluss daran erfolgenden Reformüberlegungen besser nachvollziehen zu können, sollen im ersten Teil der Arbeit einige medizinische und juristische Grundlagen erörtert werden. Nachdem in der gebotenen Kürze auf die wesentlichen im Rahmen dieser Arbeit relevanten medizinischen Begriffe eingegangen wurde (Kapitel 1), wird ein Überblick über das ESchG und die sonstigen für die Fortpflanzungsmedizin bedeutsamen Regelungen gegeben (Kapitel 2), bevor die anhaltende am ESchG geübte Kritik näher beleuchtet und darauf aufbauend untersucht wird, warum bisherige Reformbemühungen gescheitert sind (Kapitel 3).

10 Gesetz zum Schutz von Embryonen (Embryonenschutzgesetz; ESchG).

Kapitel 1: Medizinische Grundlagen

I. Fortpflanzungsmedizin/Reproduktionsmedizin

Bei der Fortpflanzungsmedizin/Reproduktionsmedizin[11] handelt es sich um ein spezielles, meistens in der Frauenheilkunde angesiedeltes Arbeitsgebiet, das sich mit der Anatomie, Physiologie, Biochemie und Pathologie der Keimorgane und Keimzellen sowie mit der Befruchtung und frühen Embryonalentwicklung beschäftigt[12]. Die Arbeit soll sich dabei auf diejenigen Probleme, Techniken und Verfahren im Rahmen der Fortpflanzungsmedizin beschränken, die der Überwindung von Sterilität/Infertilität dienen und auf die Herbeiführung einer Schwangerschaft abzielen[13]. Dieser Zuschnitt ist sinnvoll, da eine eindeutige gesetzliche Regelung in diesem Bereich für die Praxis und die Betroffenen von erheblicher Bedeutung ist[14]. Techniken und Verfahren, die auch[15] oder ausschließlich anderen Zwecken[16] dienen, bleiben ausgeklammert[17].

---

11 Im weiteren Gang der Darstellung werden beide Begriffe Verwendung finden. Eine inhaltliche Unterscheidung zwischen den beiden Begriffen findet nicht statt.

12 *Günther/Taupitz/Kaiser*, ESchG, 2. Aufl., 2014, D. II. Glossar.

13 Davon nicht umfasst sollen bloße Hormonbehandlungen sowie die Behandlung der für die Fertilitätsstörung oder Sterilität ursächlichen Krankheiten sein.

14 Siehe dazu im Detail Teil 2 Kapitel 1.

15 Zu denken ist hier insbesondere an die Geschlechterwahl (§ 3 ESchG) und die Präimplantationsdiagnostik (§ 3a ESchG). Zwar sind auch diese beiden Verfahren im Ergebnis auf die Herbeiführung einer Schwangerschaft gerichtet, machen den Embryonentransfer jedoch von einem bestimmten Befund abhängig.

16 Zu denken ist hier insbesondere an die künstliche Veränderung menschlicher Keimbahnzellen (§ 5 ESchG), das Klonen (§ 6 ESchG) sowie die Chimären- und Hybridbildung (§ 7 ESchG).

17 Siehe dazu auch Teil 2 Kapitel 1.

II. Sterilität/Infertilität

Unter Sterilität im medizinischen Sinne wird die Unfähigkeit einer Frau, ein Kind zu empfangen, oder die Unfähigkeit eines Mannes, ein Kind zu zeugen, verstanden[18,19]. Man spricht umgangssprachlich daher auch von Zeugungsunfähigkeit oder Unfruchtbarkeit[20]. Da der Begriff Sterilität etwas Absolutes beschreibt, trifft er auf die meisten Kinderwunschpaare nicht zu, da überwiegend nur von einer verminderten Zeugungsfähigkeit auszugehen ist[21]. Nichtsdestotrotz findet der Begriff im Rahmen der Kinderwunschbehandlung Anwendung[22]. Sterilität wird als Indikation für die Durchführung reproduktionsmedizinischer Maßnahmen immer dann angenommen, wenn trotz regelmäßigen, ungeschützten Geschlechtsverkehrs innerhalb eines Zeitraumes von einem Jahr keine Schwangerschaft eingetreten ist[23,24].

18 *Diedrich/Ludwig/Grisinger*, Reproduktionsmedizin, 2013, S. 2; *Frauenärzte im Netz*, Was ist Unfruchtbarkeit?, abrufbar unter: https://www.frauenaerzte-im-netz.de/erkrankungen/unfruchtbarkeit/was-ist-unfruchtbarkeit/(Stand: 02.01.2020); Günther/Taupitz/*Kaiser*, ESchG, 2. Aufl., 2014, A. IV. Rn 168; *Spitzer*, JFR 2001, 37.

19 Die Begriffe Sterilität und Infertilität werden nicht einheitlich verwendet, sodass abweichende Definitionen zu finden sind.

20 *Frauenärzte im Netz*, Was ist Unfruchtbarkeit?, abrufbar unter: https://www.frauenaerzte-im-netz.de/erkrankungen/unfruchtbarkeit/was-ist-unfruchtbarkeit/ (Stand: 02.01.2020).

21 *Diedrich/Ludwig/Grisinger*, Reproduktionsmedizin, 2013, S. 2 f.

22 Um der Wirklichkeit gerecht zu werden, sollte besser von Fertilitätsstörung (*Wischmann*, Einführung in die Reproduktionsmedizin, 2012, S. 26) und nicht von Sterilität gesprochen werden, wenn nicht ausnahmsweise eine solche, z. B. wegen bilateraler Orchiektomie oder ordnungsgemäß durchgeführter Vasektomie (beim Mann) oder einer beidseitigen Salpingektomie oder eines postmenopausalen Zustands (bei der Frau) (*Diedrich/Ludwig/Grisinger*, Reproduktionsmedizin, 2013, S. 2), anzunehmen ist.

23 *Günther/Taupitz/Kaiser*, ESchG, 2. Aufl., 2014, D II. Glossar; so auch die aktuelle Definition der WHO, vgl. *Wischmann*, Einführung in die Reproduktionsmedizin, 2012, S. 26 sowie die Richtlinie der Bundesärztekammer (BÄK) zur Entnahme und Übertragung von menschlichen Keimzellen im Rahmen der assistierten Reproduktion (beachtet werden muss, dass die Richtlinie an dieser Stelle von Infertilität spricht; DÄBl. 2018, A 1, A 3).

24 Bis in die 2000er Jahre hinein wurde ein Zeitraum von zwei Jahren angegeben (*Spitzer*, JFR 2001, 37; *WHO*, Current Practices and Controversies in Assisted Reproduction, abrufbar unter: http://apps.who.int/iris/bitstream/handle/10665/42576/9241590300.pdf;jsessionid=A5AD392BE9051EBFB25F29DC9674FA32?sequence=1 (Stand: 02.01.2020)).

Im Gegensatz zur Sterilität beschreibt die Infertilität die Unfähigkeit einer Frau, ein empfangenes Kind auszutragen[25].

III. Methoden assistierter Reproduktion

Durch die rasanten Fortschritte der Fortpflanzungsmedizin wurde in den vergangenen Jahrzehnten eine Vielzahl reproduktionsmedizinischer Maßnahmen entwickelt, die heute als anerkannte Behandlungsmethoden zur Überwindung von Sterilität und Fertilitätsstörungen eingesetzt werden können. Diese reichen von Hormonbehandlungen bis hin zur Inanspruchnahme Dritter zur Verwirklichung des bestehenden Kinderwunsches. Die für diese Arbeit relevanten reproduktionsmedizinischen Maßnahmen können grob in Maßnahmen, die innerhalb des weiblichen Körpers (in vivo)[26], und Maßnahmen, die außerhalb des weiblichen Körpers (extrakorporal/in vitro)[27] durchgeführt werden, unterteilt werden[28].

1. Insemination

Bei der Insemination wird der (aufbereitete) Samen des Mannes in den Körper der Frau verbracht. Wird der Samen des Partners der Frau verwendet, spricht man von (quasi-)homologer Insemination; wird der Samen eines Spenders genutzt, handelt es sich um eine donogene Insemination[29,30]. Je nachdem, an welche Stelle des Körpers der Frau der

---

25 *Diedrich/Ludwig/Grisinger*, Reproduktionsmedizin, 2013, S. 2; *Frauenärzte im Netz*, Was ist Unfruchtbarkeit?, abrufbar unter: https://www.frauenaerzte-im-netz.de/erkrankungen/unfruchtbarkeit/was-ist-unfruchtbarkeit/ (Stand: 02.01.2020); *Spitzer*, JFR 2001, 37.

26 Verschiedene Formen der Insemination, siehe dazu Teil 1 Kapitel 1 IV. 1.

27 In-vitro-Fertilisation (IVF) und Intrazytoplasmatische Spermieninjektion (ICSI).

28 *Zimmermann*, Reproduktionsmedizin und Gesetzgebung, 2011, S. 6 f.

29 Zu den dieser Arbeit zugrundeliegenden Begrifflichkeiten im Detail siehe Teil 2 Kapitel 3 I.

30 Für die vorliegende Arbeit ist nur die donogene Insemination von Bedeutung, da hinsichtlich der Zulässigkeit der (quasi-)homologen Insemination keine Bedenken bestehen.

Samen verbracht wird, unterscheidet man zwischen intrauteriner Insemination (IUI), bei der der Samen in die Gebärmutter eingebracht wird, intratubarer Insemination (ITI), bei der der Samen in die Eileiter eingebracht wird, Kappeninsemination, bei der der Samen mittels einer Kappe vor dem Muttermund platziert wird, und intrazervikaler Insemination (ICI), bei der der Samen in den Gebärmutterhals eingebracht wird[31]. Die gebräuchlichste Methode ist die IUI[32], die letztgenannten Formen der Insemination werden hingegen heute kaum noch angewendet[33,34]. Wurde der Samen in den Körper der Frau eingebracht, läuft die Befruchtung ohne weitere Unterstützung auf natürliche Weise ab.

2. In-vitro-Fertilisation (IVF)/ Intrazytoplasmatische Spermieninjektion (ICSI)

Im Gegensatz zur Insemination werden Ei- und Samenzelle bei der IVF und ICSI außerhalb des weiblichen Körpers zusammengebracht. Welche der beiden Methoden angewendet wird, hängt von der Indikation zur Durchführung der Maßnahme ab[35].

Beiden Verfahren ist gemein, dass zunächst die Eizellreifung der Frau durch hormonelle Stimulation angeregt wird[36], da in einem natürli-

31 *BÄK*, Richtlinie zur Entnahme und Übertragung von menschlichen Keimzellen im Rahmen der assistierten Reproduktion, DÄBl. 2018, A 1, A 3; *Schmid/Funk*, Insemination (Samenübertragung – IUI), abrufbar unter: https://www.9monate.de/kinderwunsch-familienplanung/reproduktionsmedizin/insemination-samenuebertragung-iui-id94363.html (Stand: 02.01.2020).

32 *Diedrich/Ludwig/Grisinger*, Reproduktionsmedizin, 2013, S. 202.

33 *Schmid/Funk*, Insemination (Samenübertragung – IUI), abrufbar unter: https://www.9monate.de/kinderwunsch-familienplanung/reproduktionsmedizin/insemination-samenuebertragung-iui-id94363.html (Stand: 02.01.2020).

34 Dies ist auf den Umstand zurückzuführen, dass die IUI bei ausreichender Spermienzahl die erfolgversprechendste Methode darstellt. Insbesondere bei Verwendung zuvor kryokonservierten Spermas können durch die IUI höhere Schwangerschaftsraten erreicht werden (*Diedrich/Ludwig/Grisinger*, Reproduktionsmedizin, 2013, S. 202).

35 Siehe Fn. 38 und 40.

36 *Bundeszentrale für gesundheitliche Aufklärung (BZgA)*, Sehnsucht nach einem Kind – Möglichkeiten und Grenzen der Medizin, 2017, S. 21 f.

chen weiblichen Zyklus regelmäßig nur eine Eizelle heranreift. Durch dieses Vorgehen sollen mehr Eizellen heranreifen, die dann mittels vaginalsonographisch kontrollierter, transvaginaler Follikelpunktion entnommen werden können[37]. Nach der Entnahme werden die Eizellen in einer Petrischale mit dem aufbereiteten Samen des Mannes zusammengeführt. Je nach Indikation wird dabei die IVF[38], bei der ca. 100.000[39] funktionsfähige und gut motile Spermien mit einer Eizelle zusammengebracht werden, oder die ICSI[40], bei der jeweils ein Spermium gezielt in die Eizelle eingeführt wird, angewendet[41]. Nachdem die Eizellen und Spermien zusammengeführt wurden, wird die Ent-

37 *BZgA*, Sehnsucht nach einem Kind – Möglichkeiten und Grenzen der Medizin, 2017, S. 21 ff.

38 Eine Indikation für die IVF ist insbesondere bei Zustand nach Tubenamputation, operativ nicht behebbaren Tubenfaktoren, ursächlich nicht behandelbaren Fertilitätsstörungen des Mannes, Endometriose und idiopathischer Infertilität gegeben (*BÄK*, Richtlinie zur Entnahme und Übertragung von menschlichen Keimzellen im Rahmen der assistierten Reproduktion, DÄBl. 2018, A 1, A 12).

39 Während *Diedrich u. a.* von einer Mindestanzahl von 50 000–100 000 Samenzellen ausgehen (Reproduktionsmedizin im internationalen Vergleich, 2008, S. 26) und auch *Strowitzki* ca. 100 000 Samenzellen für ausreichend erachtet (Assistierte Reproduktionstechniken (ART) und Leihmutterschaft – medizinische Aspekte, in: Ditzen/Weller (Hrsg.), Regulierung der Leihmutterschaft, 2018, S. 23, 25), sollen es nach der Richtlinie zur Entnahme und Übertragung von menschlichen Keimzellen im Rahmen der assistierten Reproduktion der BÄK 100 000–500 000 Samenzellen sein (DÄBl. 2018, A 1, A 12).

40 Eine Indikation für die ICSI ist insbesondere bei schweren nicht anders therapierbaren Fertilitätsstörungen des Mannes, ausbleibender oder erheblich herabgesetzter Fertilisierung bei konventioneller IVF, Fertilisation mit durch Hodenbiopsie/TESE oder MESA gewonnenen Samenzellen, aus Harn gewonnenen Samenzellen mit schlechten Qualitätsmerkmalen oder mit kryokonservierten Samenzellen mit schlechten Qualitätsmerkmalen gegeben (*BÄK*, Richtlinie zur Entnahme und Übertragung von menschlichen Keimzellen im Rahmen der assistierten Reproduktion, DÄBl. 2018, A 1, A 12).

41 *Diedrich u. a.*, Reproduktionsmedizin im internationalen Vergleich, 2008, S. 26.

wicklung der imprägnierten Eizellen[42] beobachtet[43,44]. Nur diejenigen, die sich regelgerecht zu Embryonen entwickeln – maximal jedoch drei[45,46] –, werden dann als Embryo zwei bis sechs Tage nach der Entnahme der Eizellen in die Gebärmutter der Frau transferiert[47].

3. Samenspende

Bei der Samenspende handelt es sich regelmäßig um ein einfaches Verfahren, das keinerlei medizinische Kenntnisse voraussetzt. Sofern der Spender gesund und fertil ist, können die Samenzellen durch Masturbation gewonnen werden. Lediglich dann, wenn bei dem Spender gesundheitliche Probleme vorliegen oder er eingeschränkt fertil ist, kommen andere Methoden der Samengewinnung, wie beispielsweise die Hodenbiopsie (Testikuläre Spermienextraktion), in Betracht. Auf invasive Eingriffe wird jedoch nur dann zurückgegriffen, wenn die reproduktionsmedizinische Maßnahme im (quasi-)homologen System vorgenommen werden soll[48]. Da im Rahmen dieser Arbeit im Folgenden nur noch auf die Samenspende im donogenen System eingegangen

---

42 Von imprägnierten Eizellen spricht man, wenn das Spermium in die Eizelle eingedrungen ist. Nach wenigen Stunden bilden sich die sog. Vorkerne der Keimzellen aus (es beginnt das sog. Vorkernstadium), die nach ca. 18–24 Stunden miteinander verschmelzen (sog. Konjugation). Mit Abschluss der Kernverschmelzung ist der Embryo entstanden. Näher dazu Teil 1 Kapitel 1 IV.

43 *BÄK*, Richtlinie zur Entnahme und Übertragung von menschlichen Keimzellen im Rahmen der assistierten Reproduktion, DÄBl. 2018, A 1, A 13.

44 *BÄK*, Richtlinie zur Entnahme und Übertragung von menschlichen Keimzellen im Rahmen der assistierten Reproduktion, DÄBl. 2018, A 1, A 13.

45 Durchschnittlich werden 1,88 Embryonen pro Behandlungszyklus übertragen (*DIR Jahrbuch 2016*, JRE Sonderheft 1 2017, 8).

46 Zu dem Streit um die Dreierregel und den „Deutschen Mittelweg“ siehe Teil 2 Kapitel 4 I.

47 *BZgA*, Sehnsucht nach einem Kind – Möglichkeiten und Grenzen der Medizin, 2017, S. 24.

48 Dies ist auf den Umstand zurückzuführen, dass Männer nur dann als Samenspender in Betracht kommen, wenn sie gesund sind und über eine überdurchschnittlich gute Samenqualität und -anzahl verfügen (*Diedrich/Ludwig/Grisinger*, Reproduktionsmedizin, 2013, S. 646; vgl. auch die Anforderungen der Samenbank Hamburg, abrufbar unter: https://samenbank.hamburg/samenspender/ (Stand: 02.01.2020) sowie die Anforderungen der Cryokbank München, abrufbar unter: https://www.cryobank-muenchen.de/Samenspende/Anforderungen (Stand: 02.01.2020)).

wird, sind diese medizinischen Möglichkeiten der Samengewinnung nicht von Relevanz.

Um die Übertragung von Infektionskrankheiten auszuschließen, wird die Samenspende nach der Gewinnung mindestens sechs Monate kryokonserviert[49]. Erst dann, wenn der Spender auch nach dieser Zeit keine Infektionskrankheiten wie HIV, Hepatitis und Syphilis aufweist, kommt eine Verwendung im Rahmen einer reproduktionsmedizinischen Behandlung in Betracht[50].

Verwendet werden kann der gespendete Samen dann sowohl für die Insemination als auch für die IVF oder ICSI.

4. Eizellspende

Im Gegensatz zur Samenspende handelt es sich bei der Eizellspende um ein medizinisch anspruchsvolles Verfahren, in dessen Rahmen sich sowohl die Eizellspenderin als auch die Eizellempfängerin einer medizinischen Behandlung unterziehen muss.

Da für die durchzuführende reproduktionsmedizinische Maßnahme regelmäßig mehr als ein Embryo gewonnen werden soll, wird die Eizellspenderin vor der Eizellspende hormonell stimuliert[51]. Dadurch soll die Reifung von mehreren Eizellen angeregt werden. Die reifen Eizellen werden dann mittels vaginalsonographisch kontrollierter, transvaginaler Follikelpunktion entnommen[52] und können mit den Samenzellen des Wunschvaters oder eines Spenders mittels IVF oder ICSI befruchtet werden[53].

49 Anlage 4 Abs. 3c S. 2 TPG-GewV; *Diedrich/Ludwig/Grisinger*, Reproduktionsmedizin, 2013, S. 644 f.

50 Anlage 4 TPG-GewV; *Diedrich/Ludwig/Grisinger*, Reproduktionsmedizin, 2013, S. 645 f.

51 *BÄK*, Richtlinie zur Entnahme und Übertragung von menschlichen Keimzellen im Rahmen der assistierten Reproduktion, DÄBl. 2018, A 1, A 10 Ziffer 3.1.2; *Diedrich/Ludwig/Grisinger*, Reproduktionsmedizin, 2013, S. 288.

52 In Einzelfällen kommt jedoch auch eine laparoskopische Entnahme in Betracht (*BÄK*, Richtlinie zur Entnahme und Übertragung von menschlichen Keimzellen im Rahmen der assistierten Reproduktion, DÄBl. 2018, A 1, A 11 Ziffer 3.1.2).

53 *Diedrich/Ludwig/Grisinger*, Reproduktionsmedizin, 2013, S. 288.

Damit die Gebärmutter der Eizellempfängerin den oder die Embryonen gut aufnehmen kann, muss auch sie sich einer Hormonbehandlung unterziehen, durch die der Aufbau und die Durchblutung der Gebärmutterschleimhaut angeregt werden[54]. Teilweise wird die hormonelle Behandlung von Eizellspenderin und Eizellempfängerin dabei so aufeinander abgestimmt, dass der Embryo/die Embryonen später ohne Kryokonservierung auf die Eizellempfängerin übertragen werden können[55]. Gelingt dies nicht oder sprechen andere Gründe gegen einen direkten Transfer, können die Embryonen kryokonserviert und später auf die Eizellempfängerin übertragen werden[56].

IV. Embryo/Embryonalentwicklung

Sobald ein Spermium in die Eizelle eingedrungen ist (sog. Imprägnation), wird die befruchtete Eizelle als Zygote bezeichnet[57]. Nach wenigen Stunden bilden sich die sog. Vorkerne (Pronuclei) der Ei- und Samenzelle aus (es beginnt das sog. Vorkernstadium/Pronukleusstadium). Sie enthalten jeweils einen haploiden Chromosomensatz, dessen genetisches Informationsmaterial zunächst verdoppelt (identische Reduplikation) und kondensiert wird[58]. Anschließend bewegen sich die Vorkerne aufeinander zu, sodass nach Auflösung der Zellmembran die haploiden, reduplizierten Chromosomensätze nach ca. 18–24 Stunden zur ersten gemeinsamen Zellteilung (Furchung) zusammenfinden (sog. Konjugation)[59]. Ab diesem Moment birgt die Zygote statt zweier haploider Vorkerne ein sich teilendes diploides Genom, das alle artspezifischen genetischen Informationen enthält[60,61]. In den darauffol-

---

54 *Diedrich/Ludwig/Grisinger*, Reproduktionsmedizin, 2013, S. 289.

55 *Diedrich/Ludwig/Grisinger*, Reproduktionsmedizin, 2013, S. 289.

56 *Diedrich/Ludwig/Grisinger*, Reproduktionsmedizin, 2013, S. 289.

57 Günther/Taupitz/*Kaiser*, ESchG, 2. Aufl., 2014, A. II. Rn. 36.

58 Günther/Taupitz/*Kaiser*, ESchG, 2. Aufl., 2014, A. II. Rn. 36.

59 Günther/Taupitz/*Kaiser*, ESchG, 2. Aufl., 2014, A. II. Rn. 36 f.

60 *Günther*/Taupitz/Kaiser, ESchG, 2. Aufl., 2014, A. II. Rn. 37.

61 Nach dem allgemeinen Sprachgebrauch und der Embryonendefinition des § 8 Abs. 1 ESchG(nach dieser gilt „[a]ls Embryo … bereits die befruchtete, entwicklungsfähige menschliche Eizelle vom Zeitpunkt der Kernverschmelzung an…") liegt ab diesem Zeitpunkt bis zum Abschluss der Organogenese ca. acht Wochen

genden sechs bis sieben Tagen wandert der Embryo durch den Eileiter bis in die Gebärmutterhöhle[62]. Dabei teilt er sich ca. alle zwölf Stunden in Tochterzellen, die als Blastomeren bezeichnet werden, und wird dadurch zur Morula[63]. Aus der Morula entsteht eine Blastula (Blastozyste), bei der sich die innere Zellmasse (Embryoblast) deutlich von den sie umgebenden Zellen, dem Trophektoderm (Trophoblast), abgrenzt[64]. Etwa am siebten Tag nach der Befruchtung nistet sich der Embryo in der Gebärmutterschleimhaut ein (Nidation)[65].

V. Embryonale Stammzellen

Die Zellen des Embryoblast werden als embryonale Stammzellen bezeichnet, da sie die Fähigkeit besitzen, sich im weiteren Verlauf ihrer Entwicklung zu allen menschlichen Zellen eines reifen Organismus zu differenzieren (sog. Pluripotenz)[66]. Eine Entwicklung hin zu einem vollständigen Menschen ist hingegen nicht mehr möglich (sog. Totipotenz)[67]. Für die Forschung sind embryonale Stammzellen aufgrund dieser Fähigkeit von besonderer Bedeutung. Ziel der Forscher ist es, mit Hilfe embryonaler Stammzellen Zellersatztherapien zu entwickeln, die insbesondere bei Krankheiten eingesetzt werden sollen, bei denen bestimmte Zellen entweder ihre Funktion verloren haben oder nicht mehr vorhanden sind[68]. Krankheiten, deren Behandlung mittels Zellersatztherapie denkbar ist, sind beispielsweise Parkinson, Querschnittslähmungen oder Diabetes vom Typ 1[69].

---

nach der Konjugation ein Embryo vor (*Günther*/Taupitz/Kaiser, ESchG, 2. Aufl., 2014, A. II. Rn. 37, 43).

62 *Günther*/Taupitz/Kaiser, ESchG, 2. Aufl., 2014, A. II. Rn. 38.

63 *Günther*/Taupitz/Kaiser, ESchG, 2. Aufl., 2014, A. II. Rn. 39.

64 *Günther*/Taupitz/Kaiser, ESchG, 2. Aufl., 2014, A. II. Rn. 40.

65 *Günther*/Taupitz/Kaiser, ESchG, 2. Aufl., 2014, A. II. Rn. 40.

66 *Günther*/Taupitz/Kaiser, ESchG, 2. Aufl., 2014, A. II. Rn. 40.

67 Im Achtzellstadium verlieren die Zellen des Embryos ihre Totipotenz.

68 *Max-Planck-Gesellschaft*, Was sind embryonale Stammzellen – und wie werden sie gewonnen?, abrufbar unter: https://www.mpg.de/fragen-antworten-zu-embryonalen-stammzellen (Stand: 02.01.2020).

69 *Max-Planck-Gesellschaft*, Was sind embryonale Stammzellen – und wie werden sie gewonnen?, abrufbar unter: https://www.mpg.de/fragen-antworten-zu-embryonalen-stammzellen (Stand: 02.01.2020).

Kapitel 2: Das Embryonenschutzgesetz (ESchG)

Der Wunsch nach einem eigenen Kind ist nicht erst mit den neuen Möglichkeiten der Fortpflanzungsmedizin entstanden. Bereits im ersten Buch Mose gibt Rahel ihrem Mann Jakob auf, der Magd Bilha beizuwohnen, damit diese an ihrer Stelle ein Kind für sie gebiert[70]. Es handelt sich bei diesem Arrangement um einen frühen Bericht über eine Form der Ersatzmutterschaft[71]. Seitdem ist viel Zeit vergangen und die Fortpflanzungsmedizin hat gerade in den letzten 80 Jahren rasante Fortschritte gemacht[72]. Durch diese ist die Zeugung eines Kindes heute, anders als noch zu Rahels Zeiten, von der körperlichen Vereinigung von Mann und Frau losgelöst. Dieser Umstand hat einen oft grundsätzlichen und unerbittlich geführten Streit über die Zulässigkeit und Grenzen der reproduktionsmedizinischen Möglichkeiten hervor-

---

70 1. Mose, 30,3.

71 *Noller* meint hingegen, dass es sich bei Rahel nicht um eine Ersatzmutter, sondern um eine im Status niedrigere Zweitfrau handelt (Diskussionsbeitrag, in: BMG (Hrsg.), Fortpflanzungsmedizin in Deutschland, 2001, S. 377).

72 Erste Versuche und Fortschritte im Bereich der extrakorporalen Befruchtung wurden im Rahmen von Tierversuchen gemacht. Der Biologe Gregory Pincus veröffentlichte mit seinen Kollegen im Jahr 1934 einen Aufsatz, in dem er die erste Geburt eines Kaninchens nach extrakorporaler Befruchtung und Embryonentransfer beschrieb. An dieses Ergebnis knüpften der Frauenarzt John Rocks und seine Laborassistentin Miriam Menkin im Jahr 1938 an, indem sie versuchten eine menschliche Eizelle extrakorporal zu befruchten. Sechs Jahre und 138 Versuche später gelang dies am 6. Februar 1944 zum ersten Mal. In der Folgezeit gelang es wiederholt, Eizellen bis zum Zwei- bzw. Dreizellstadium zu kultivieren. Jedoch brachen die Versuche 1945 zunächst ab, als Miriam Menkin die Anstellung bei John Rocks aufgab und dieser sich wieder anderen Forschungsgebieten zuwandte. Erst im Jahr 1960 griff Robert Edwards die Versuche wieder auf und entwickelte sie Schritt für Schritt weiter, bis er nach 18 Jahren Forschung am 25. Juli 1978 die Geburt von Louise Joy Braun verkündete. Nachdem er damit gezeigt hatte, dass nicht nur die extrakorporale Befruchtung, sondern auch der Embryonentransfer und die sich anschließende Schwangerschaft gelingen und zur Geburt eines gesunden Kindes führen können, war der Startschuss für die Entwicklung weiterer Methoden und Verfahren gefallen (vgl. *Bernard*, Kinder machen, 2014, S. 373 ff.).

gerufen. Während die einen von den neuen Optionen begeistert sind[73], verurteilen die anderen sie aufs Schärfste[74].

Spätestens mit der Geburt des ersten extrakorporal gezeugten Kindes, Louise Joy Brown, am 25. Juli 1978 in England[75] wurden die Rufe nach einer gesetzlichen Regelung im Bereich der Fortpflanzungsmedizin in Deutschland zunehmend lauter[76]. Sie führten Anfang der 80er Jahre zu einer langen, am Ende beinahe sieben Jahre dauernden Erarbeitung des ESchG und endeten mit dessen Erlass am 13. Dezember 1990[77]. Da viele der damals vorgebrachten Argumente und Konflikte auch in der heutigen Diskussion noch eine erhebliche Rolle spielen und für die Beurteilung neuer, zum Zeitpunkt der Verabschiedung des ESchG noch nicht absehbarer Techniken und Verfahren von Bedeutung sind, sollen im Folgenden die Entstehungsgeschichte (I.), die Rechtsnatur und Struktur (II.) sowie der Inhalt (III.) des ESchG kurz dargestellt werden. Zudem werden die sonstigen die Fortpflanzungsmedizin betreffenden Regelungen vorgestellt (IV.).

I. Entstehungsgeschichte des ESchG

1. Rechtslage vor dem Inkrafttreten des ESchG

Um die Entstehungsgeschichte des ESchG besser nachvollziehen zu können, empfiehlt es sich, zunächst einen Blick auf die Rechtslage vor Inkrafttreten des ESchG zu werfen und die Frage zu beantworten, ob und wenn ja welchen Schutz Embryonen zu dieser Zeit genossen haben.

---

73 Vgl. *Hirsch*, MedR 1986, 237.

74 Vgl. *Hirsch*, MedR 1986, 237; *Sekretariat der Deutschen Bischofskonferenz*, Instruktion der Kongregation für die Glaubenslehre über die Achtung vor dem beginnenden menschlichen Leben und die Würde der Fortpflanzung, 1987, S. 23 ff., 33.

75 *Bernard*, Kinder machen, 2014, S. 373, 374.

76 Günther/*Taupitz*/Kaiser, ESchG, 2. Aufl., 2014, B. I. Rn. 3; *Lange*, Aktuelle Fragen der Fortpflanzungsmedizin und Humangenetik, in: Günther/Keller (Hrsg.) Fortpflanzungsmedizin und Humangenetik – Strafrechtliche Schranken?, 1987, S. 3.

77 BGBl. I 1990, 2746, in Kraft getreten am 01.01.1991.

a) Schutz des Embryos durch §§ 218 ff. StGB

Schon vor dem Inkrafttreten des ESchG galten die Regelungen der §§ 218 ff. StGB, die die Vornahme eines Schwangerschaftsabbruchs verbieten. Grundvoraussetzung für ihr Eingreifen ist zunächst, dass eine Schwangerschaft in dem vom Gesetz vorgesehenen Sinn vorliegt. Davon ist erst dann auszugehen, wenn die Einnistung des Embryos in die Gebärmutter abgeschlossen ist (§ 219 StGB[78,79]). Jegliche Handlungen, die sich auf den davorliegenden Zeitraum beziehen, sind somit von vornherein nicht erfasst. Der Embryo in vitro und der Embryo in vivo vor Einnistung sind somit durch die §§ 218 ff. StGB nicht geschützt. Aber auch bezüglich des eingenisteten Embryos enthalten die §§ 218 ff. StGB eine Vielzahl von Einschränkungen. So ist nur die vorsätzliche Vornahme des Schwangerschaftsabbruchs strafbar, es existieren eine Reihe strafbarkeitsbeschränkender Ausnahmen[80] und der vorgesehene Strafrahmen ist deutlich geringer als derjenige der Tötungsdelikte.

b) Schutz des Embryos durch §§ 211 ff.; 223 ff. StGB

Die §§ 211 ff. StGB verbieten die Tötung, die §§ 223 ff. StGB die Verletzung eines Menschen.

Das durch die Tötungsdelikte geschützte Rechtsgut ist das menschliche Leben[81]. Das Angriffsobjekt ist der geborene Mensch[82]. Als Mensch in

78 Aufgeh. durch Art. 13 Nr. 1 G. v. 27.07.1992 I 1398 m. W. v. 05.08.1992; Art. 13 Nr. 1 trat einstweilen nicht in Kraft gem. BVerfGE v. 04.08.1992 I 1585–2 BvO 16/92 u. a. -; die einstweilige Anordnung v. 04.08.1992 wurde nach BVerfGE v. 25.1.1993 I 270 wiederholt; Aufhebung wirksam ab 16.06.1993 gem. Abschn. II Nr. 1 nach Maßgabe der Nr. 2 bis 9 der Entscheidungsformel gem. BVerfGE v. 28.05.1993 – 2 BvF 2/90 u. a.

79 Heute § 218 Abs. 1 S. 2 StGB.

80 §§ 218 Abs. 3 S. 2 u. 3, Abs. 4 S. 2, 218b Abs. 1 S. 2, 219 Abs. 1 S. 2, 219a Abs. 2 StGB; heute §§ 218 Abs. 4 S. 2, 218a Abs. 4 S. 1 u. 2, 218b Abs. 1 S. 3, 218c Abs. 2, 219a Abs. 2.

81 Lackner/*Kühl*, StGB, Vor. §§ 211 ff. Rn. 1; MüKo/*Schneider*, StGB, Vor. § 211 ff. Rn. 1.

82 Lackner/*Kühl*, StGB, Vor. §§ 211 ff. Rn. 1; MüKo/*Schneider*, StGB, Vor. § 211 ff. Rn. 1.

diesem Sinn ist der Embryo/Fötus[83] erst ab Beginn des Geburtsvorganges anzusehen[84]. Dieser wird mit dem Einsetzen der Eröffnungswehen[85] und bei operativen Geburten mit der Eröffnung des Uterus angenommen[86]. Vor diesem Zeitpunkt entfalten die Tötungsdelikte keinen Schutz für den Embryo/Fötus Maßgeblich für die strafrechtliche Beurteilung ist die Rechtsqualität des Opfers im Zeitpunkt der Einwirkung[87]. Wechselt die Rechtsqualität des Opfers zwischen Einwirkung und Erfolgseintritt, so führt dies nicht zu einer Begründung der Strafbarkeit nach den Tötungsdelikten[88]. Es kommt allenfalls eine Strafbarkeit wegen Schwangerschaftsabbruchs gem. §§ 218 ff. StGB in Betracht, sofern vorsätzlich auf den Embryo/Fötus in vivo eingewirkt wird und keine der strafbarkeitsbeschränkenden Ausnahmen vorliegen.

Gleiches gilt für die Körperverletzungsdelikte. Geschütztes Rechtsgut ist bei diesen die körperliche Unversehrtheit menschlichen Lebens[89]. Angriffsobjekt ist der geborene Mensch[90]. Der früher einmal geführte Streit, ob von den §§ 223 ff. StGB auch Einwirkungen auf das pränatale Leben umfasst sein sollen, die über den Geburtsbeginn hinaus schädigend wirken oder sich erst nach diesem auswirken, ist nahezu bedeu-

---

83 Nach Abschluss der Organogenese ca. acht Wochen nach der Konjugation wird die Leibesfrucht als Fötus bezeichnet.

84 BGH Urt. v. 07.12.1983 – 1 StR 665/83, BGHSt 32, 194.

85 BGH Urt. v. 07.12.1983 – 1 StR 665/83, BGHSt 32, 194; *Schwalm*, MDR 1968, 277, 278.

86 *Ingelfinger*, Grundlagen und Grenzbereiche des Tötungsverbots, 2004, S. 133 ff.; Lackner/*Kühl*, StGB, Vor. §§ 211 ff. Rn. 3; *Eser/Sternberg-Lieben*, in: Schönke/Schröder (Hrsg.), StGB, Vor. §§ 211 ff. Rn. 13.; a. A. *Lüttger*, Geburtshilfe und Menschwerdung in strafrechtlicher Sicht, in: Lüttger (Hrsg.), FS Heinitz, 1972, 359, 365 f.; Ratzel/Hiersch/*Opderbecke*, MedR 1994, 472, 474; *Ratzel*/Hiersch/Opderbecke, MedR 1994, 472; MüKo/ *Schneider*, StGB, Vor. § 211 ff. Rn. 12 (für einen Geburtsbeginn mit Eröffnung der Bauchdecke); a. A. *Cremer*, MedR 1993, 421, 422 ff. (für einen Geburtsbeginn mit Narkotisierung der Schwangeren).

87 BGH Urt. v. 22.04.1983 – 3 StR 25/83, BGHSt 31, 348, 352.

88 BGH Urt. v. 22.04.1983 – 3 StR 25/83, BGHSt 31, 348, 352.

89 LK/*Lilie*, StGB, Vor. § 223 Rn. 1.

90 Lackner/*Kühl*, StGB, § 223 Rn. 1; *Eser/Sternberg-Lieben*, in: Schönke/Schröder (Hrsg.), StGB, § 223, Rn. 1a; *Sigel*, Die Strafbarkeit pränataler Einwirkungen auf die Leibesfrucht über §§ 218 StGB hinaus, 1987, S. 23 ff.

tungslos geworden[91,92]. Genau wie bei den Tötungsdelikten ist der nach herrschender Meinung für die Beurteilung maßgebliche Zeitpunkt derjenige der Einwirkung auf das Opfer[93]. Ein Wechsel der Rechtsqualität des Opfers zwischen Einwirkung und Erfolgseintritt begründet daher keine Strafbarkeit nach den Körperverletzungsdelikten. Es besteht für diese Konstellationen eine Strafbarkeitslücke im StGB[94].

Somit begründen weder die Tötungs- noch die Körperverletzungsdelikte einen Schutz des ungeborenen Lebens[95].

c) Schutz des Embryos durch sonstige Vorschriften des StGB

Auch aus anderen Vorschriften des StGB lässt sich kein Schutz des ungeborenen Lebens ableiten. Zu denken wäre zunächst an §§ 242, 246, 303 StGB. Deren Anwendbarkeit setzt Sacheigenschaft des ungeborenen Lebens voraus. Hinsichtlich vom Körper getrennter Gameten kann Sacheigenschaft angenommen werden[96]. Bezüglich der Embryonen ab dem Zeitpunkt der Nidation ist Sacheigenschaft abzulehnen. Schwieriger lässt sich die Eigenschaft von Embryonen in vitro ab dem Zeitpunkt der Befruchtung bis hin zur Nidation beurteilen. Da der

91 NK-*Paeffgen/Böse*, StGB, § 223 Rn. 5.

92 Diese Entwicklung zeichnete sich schon vor dem Erlass des ESchG ab.

93 § 1 Diskussionsentwurf eines Gesetzes zum Schutz von Embryonen (BMJ), 29.04.1986, abgedruckt in: Günther/Keller (Hrsg.), Fortpflanzungsmedizin und Humangenetik – Strafrechtliche Schranken?, 1987, Anhang I S. 349 ff.; *Hirsch*, JR 1985, 336 ff.; *Lauff/Arnold*, ZRP 1984, 279, 281; *Schwalm*, MDR 1968, 277, 279.

94 *Lenckner/Winkelbauer*, Die pränatale Embryonenschädigung mit postnatalen Folgen, in: Günther/Keller (Hrsg.) Fortpflanzungsmedizin und Humangenetik – Strafrechtliche Schranken?, 1987, S. 212.

95 Eine vorgeburtliche Schädigung des Kindes kann jedoch zivilrechtliche Schadensersatzansprüche des geschädigt geborenen Kindes begründen. Dies war bereits vor dem Inkrafttreten des ESchG anerkannt (*Heldrich*, JZ 1965, 595 ff.; *Laufs*, NJW 1965, 1053 ff.; *Schmidt*, JZ 1953, 308). Dabei ist es unerheblich, ob die Schädigung vor oder nach Konjugation erfolgt ist (BGH, NJW 1953, 417; *Saerbeck*, Beginn und Ende des Lebens als Rechtsbegriff, 2016, S. 59 f.). Darüber hinaus kann ein Schadensersatzanspruch der Eltern hinsichtlich des durch die Schädigung des Kindes entstandenen Mehraufwandes aus dem Behandlungsvertrag bestehen.

96 *Coester-Waltjen*, FamRZ 2015, 1981; *Kretschmer*, JA 2015, 105, 106; *Roth*, Eigentum an Körperteilen, 2009, S. 72 ff.; *Rütz*, Heterologe Insemination – Die rechtliche Stellung des Samenspenders, 2008, S. 18 ff.; a. A. *Lehmann*, Die In-vitro-Fertilisation und ihre Folgen, 2007, S. 125; *Kaufmann*, Der entfesselte Prometheus, in: Flöhl (Hrsg.), Genforschung – Fluch oder Segen?, 1985, S. 259, 264.

vorliegenden Arbeit die Auffassung zugrunde liegt, dass dem Embryo in diesem frühen Stadium seiner Entwicklung noch kein Lebensrecht aus Art. 2 Abs. 1 GG und kein Menschenwürdeschutz aus Art. 1 Abs. 1 GG zukommt[97], soll auch für ihn die Sacheigenschaft angenommen werden[98]. Gegen diese Auffassung wird eingewandt, dass der Embryo aufgrund seines menschlichen Ursprungs und seines Potentials, sich zu einem Menschen zu entwickeln, nicht als Sache angesehen werden könne. Es erscheine unerträglich, ihn der Eigentümerwillkür (§ 903 BGB) und der freien Verfügbarkeit (§§ 929 ff. BGB) des Eigentümers auszusetzen[99]. Diese Argumentation überzeugt jedoch nicht. Wie die Regelung des § 2 Abs. 1 ESchG zeigt, kann der Schutz des Embryos auch dann durch den Gesetzgeber gewährleistet werden, wenn man die Sacheigenschaft annimmt. Der besondere Ursprung des Embryos und sein Potential machen lediglich deutlich, dass Regelungen erforderlich sind, die den Umgang mit Embryonen gestalten und dabei insbesondere dem Umstand Rechnung tragen, dass es regelmäßig mindestens zwei Gametenspender gibt, die ein weithin beschränktes Gesamthandeigentum gem. §§ 953, 947, 948 BGB analog an diesem innehaben. Nimmt man mit der hier vertretenen Auffassung somit die Sacheigenschaft des Embryos in vitro an, greifen §§ 242, 246, 303 StGB. Dabei gilt es jedoch zu beachten, dass diese Vorschriften nicht den Schutz der Sache an sich, sondern vielmehr den Schutz seines/seiner Eigentümer(s) vor Zugriffen Dritter bezwecken[100]. Ein unmit-

97 Siehe dazu Teil 2 Kapitel 2.

98 Auch der Gesetzgeber geht von der Sacheigenschaft nicht implantierter Embryonen aus. Dies zeigt die Regelung des § 2 Abs. 1 ESchG, nach dem unter anderem die Veräußerung von Embryonen unter Strafe gestellt wird; OLG Rostock, FamRZ 2010, 1117; *Kretschmer*, JA 2015, 105, 106; MüKo/*Schmitz*, StGB, § 242 Rn. 27; a. A. OLG Karlsruhe, FamRZ 2016, 1790; Ermann/*Schmidt*, BGB, § 90 Rn. 5; *Koch*, MedR 1986, 259, 262; *Mössner*, in: Gsell u. a. (Hrsg.), beck-online Großkommentar BGB, § 90 Rn. 16; *Müller-Terpitz*, ZfL 2006, 34, 38; *Pap*, Extrakorporale Befruchtung und Embryonentransfer aus arztrechtlicher Sicht, 1987, S. 169 ff.

99 *Brohm*, JuS 1998, 197, 200; *Pap*, Extrakorporale Befruchtung und Embryonentransfer aus arztrechtlicher Sicht, 1987, S. 170; *Roth*, Eigentum an Körperteilen, 2009, S. 99, 100 und 118; *Lehmann*, Die In-vitro-Fertilisation und ihre Folgen, 2007, S. 123; *Wolf/Neuner*, BGB AT, 11. Aufl., 2016, § 11 Rn. 22.

100 *Lanz-Zumstein*, Die Rechtsstellung des unbefruchteten und befruchteten menschlichen Keimguts, 1990, S. 265; *Pap*, Extrakorporale Befruchtung und Embryonentransfer aus arztrechtlicher Sicht, 1987, S. 170.

telbarer Schutz des Embryos aus §§ 242, 246, 303 StGB muss daher abgelehnt werden.

Auch § 168 StGB begründet keinen Schutz des vorgeburtlichen Lebens, da er nur die tote Leibesfrucht vor der Wegnahme oder beschimpfendem Unfug schützen soll.

d) Schutz des Embryos durch AMG[101] und LMBG[102]

Ein strafrechtlicher Schutz des ungeborenen Lebens ergibt sich jedoch aus dem Arzneimittelgesetz (AMG) und dem Lebensmittel- und Bedarfsgegenständegesetz (LMBG)[103]. Geschütztes Rechtsgut des AMG ist die Sicherheit des Arzneimittelverkehrs[104]. Daraus folgt mittelbar der Schutz von Leib und Leben vor Gefährdungen durch Arzneimittel[105]. Geschütztes Rechtsgut des LMBG ist vorrangig[106] die Gesundheit[107]. Um einen effektiven Rechtsgüterschutz gewährleisten zu können, enthalten beide Gesetze Strafvorschriften. Hinsichtlich der §§ 5 i. V. m. 95 Abs. 1 Nr. 1, Abs. 2, Abs. 3, Abs. 4 AMG und §§ 8 i. V. m. 51 Abs. 1 Nr. 1, Abs. 2, Abs. 3, Abs. 4 LMBG[108] ist dabei anders als in Bezug auf die §§ 223 ff. StGB unbestritten, dass diese auch den Embryo/Fötusvor Einwirkungen auf das pränatale Leben schützen sollen[109]. Eine Strafbarkeit nach diesen Vorschriften ist bereits dann möglich,

---

101 Gesetz über den Verkehr mit Arzneimitteln (Arzneimittelgesetz).

102 Lebensmittel- und Bedarfsgegenständegesetz (LMBG).

103 Mit Inkrafttreten des Lebensmittel- und Futtermittelgesetzes (LFGB) am 07.09.2005 ist das Lebensmittel- und Bedarfsgegenständegesetz (LMBG) weitestgehend von diesem abgelöst worden.

104 *Mayer*, in: Fuhrmann/Klein/Fleischfresser (Hrsg.), Arzneimittelrecht, § 45 Rn. 1; Spickhoff/*Knauer*, Medizinrecht, § 95 AMG Rn. 4.

105 MüKo/*Freund*, StGB, Vor. §§ 95 ff. AMG, Rn. 10.

106 Daneben soll das LMBG Verbraucher vor Täuschung und Übervorteilung schützen (*Hecker*, Strafbare Produktwerbung im Lichte des Gemeinschaftsrechts, 2001, S. 13).

107 *Hecker*, Strafbare Produktwerbung im Lichte des Gemeinschaftsrechts, 2001, S. 13; *Möllers*, Rechtsgüterschutz im Umwelt- und Haftungsrecht, 1996, S. 29.

108 Heute mit einigen Änderungen §§ 5 i. V. m. 58 Abs. 1 Nr. 1, Nr. 2, Nr. 3, Abs. 4, Abs. 5, Abs. 6 LFGB.

109 *Ehling/Lorenz*, Die Versicherung und Rückversicherung von Pharmarisiken in nationaler und internationaler Beziehung, 2011, S. 61; *Lauff/Arnold*, ZRP 1984, 279, 281; *Sigel*, Die Strafbarkeit pränataler Einwirkungen auf die Leibesfrucht über §§ 218 StGB hinaus, 1987, S. 119 f.

wenn ein begründeter Verdacht der schädigenden Wirkung des Arznei- oder Lebensmittels gegeben ist[110]. Dies ist immer der Fall, wenn ein Zusammenhang zwischen Arzneimittel- oder Lebensmitteleinnahme und schädigender Wirkung wissenschaftlich plausibel dargestellt werden kann[111]. In Betracht kommen sowohl Schädigungen des Embryos in vitro durch Nährflüssigkeiten oder sonstige Arzneimittel als auch Schädigungen des Embryos in vivo durch die Einnahme von Arznei- oder Lebensmitteln durch die Schwangere, die sich schädigend auf den Embryo auswirken können.

Die Vorschriften des AMG und LMBG begründen somit einen weitergehenden Schutz des vorgeburtlichen Lebens. Ein Schutz des Embryos in vitro ist dabei in erster Linie über die Vorschriften des AMG gegeben, der Embryo in vivo ist sowohl durch die Vorschriften des AMG als auch des LMBG geschützt.

e) Schutz des Embryos durch §§ 13 ff. AdVermiG[112]

Ein mittelbarer Schutz des ungeborenen Lebens ergibt sich daneben in gewissem Umfang aus den §§ 13 ff. Adoptionsvermittlungsgesetz (AdVermiG), die die kommerzielle Vermittlung von Ersatzmüttern[113] sowie die Anzeigenwerbung für Ersatzmütter oder Bestelleltern unter Strafe stellen. Auch wenn damit entgegen den zuvor genannten Vorschriften kein physischer Schutz des Embryos bezweckt wird, handelt es sich doch um Vorschriften, die Vorgehensweisen unterbinden sollen, die eine Gefährdung für den Embryo/das spätere Kind begründen können.

110 *Brixius/Paus*, in: Bergmann/Pauge/Steinmeyer (Hrsg.), Gesamtes Medizinrecht, § 5 AMG Rn. 4; *Boch*, LFBG, § 5 Rn. 14.

111 *Brixius/Paus*, in: Bergmann/Pauge/Steinmeyer (Hrsg.), Gesamtes Medizinrecht, § 5 AMG Rn. 4; *Boch*, LFBG, § 5 Rn. 14.

112 Gesetz über die Vermittlung der Annahme als Kind und über das Verbot der Vermittlung von Ersatzmüttern (Adoptionsvermittlungsgesetz).

113 Die Frage, ob die Ersatzmutterschaft strafbewährt verboten werden soll, war in den 80er Jahren intensiv diskutiert (*Keller*/Günther/Kaiser, ESchG, 1992, § 1 Abs. 1 Nr. 7 Rn. 2 m. w. N.) und zumindest die kommerzielle Ersatzmutterschaft zum Teil als Verstoß gegen das AdVermiG gesehen worden (VGH Kassel, NJW 1988, 1281).

f) Zusammenfassung

Vor dem Inkrafttreten des ESchG beschränkte sich der strafrechtliche Schutz des ungeborenen menschlichen Lebens auf die §§ 218 ff. StGB, §§ 5 i. V. m. 95 Abs. 1 Nr. 1, Abs. 2, Abs. 3, Abs. 4 AMG und §§ 8 i. V. m. 51 Abs. 1 Nr. 1, Abs. 2, Abs. 3, Abs. 4 LMBG.

Embryonen in vitro und Embryonen in vivo vor Nidation waren nur geringfügig über die Vorschriften des AMG geschützt.

2. Motive für den Erlass des ESchG

Nachdem die Fortschritte der Fortpflanzungsmedizin zunächst vor allem die medizinischen Fachkreise beschäftigt haben[114], rückten sie spätestens mit der Geburt von Louise Joy Brown zunehmend stärker in den Fokus der breiten Öffentlichkeit. Das stetig steigende Interesse führte schnell dazu, dass sich gesellschaftliche Gruppen positionier-

114 Die Fortschritte der Fortpflanzungsmedizin waren wiederholt Gegenstand des Deutschen Ärztetages und in der medizinischen Literatur. Während die Vorbehalte gegenüber den neuen Techniken 1959 beim 62. Deutschen Ärztetag, der die künstliche heterologe Insemination thematisierte, noch groß waren, lockerte sich die Haltung der Ärzteschaft mit den Jahren, sodass man sich 1985 beim 88. Deutschen Ärztetag, der unter anderem den ärztlichen, ethischen und rechtlichen Problemen der extrakorporalen Befruchtung gewidmet war, auf die Verabschiedung der „Richtlinie zur Durchführung von In-vitro-Fertilisation und Embryonentransfer als Behandlungsmethode der menschlichen Sterilität" einigen konnte (vgl. *Keller*/Günther/Kaiser, ESchG, 1992, B. III. Rn. 1 ff.).

ten[115,116,117]. Die geführten Diskussionen zeigten, dass die Standpunkte zum Teil stark voneinander abwichen[118] und sich daraus nicht ohne weiteres ein Konsens entwickeln lassen würde. Dies erkannte auch der

115 Auch unter Juristen wurde die Zulässigkeit der fortpflanzungsmedizinischen Möglichkeiten verstärkt in den Fokus genommen. Die 25. Jahrestagung des Deutschen Juristinnenbundes und eine daraus hervorgegangene Arbeitsgruppe beschäftigten sich mit Fragen der Gentechnologie und der Fortpflanzungsmedizin. Als Ergebnis dieser Arbeit wurden 1985 „Thesen zur künstlichen Befruchtung" (JZ 1986, 777 f.) veröffentlicht. Kurz darauf trat der Deutsche Richterbund durch die Veröffentlichung seiner „Thesen zur Fortpflanzungsmedizin und zur Humangenetik" (DRiZ 1986, 229) in die Diskussion ein. Noch im selben Jahr beschäftigte sich dann auch der 56. Deutsche Juristentag mit der Zulässigkeit sowie den verfassungsrechtlichen und zivilrechtlichen Problemen und Folgen der künstlichen Befruchtung beim Menschen (Sitzungsbericht zum 56. Deutschen Juristentag 1986, Gutachten A/B).

116 Auch bei den Kirchen wurde die Fortpflanzungsmedizin zu einem umstrittenen Thema. Die Evangelische Kirche sprach sich nicht grundsätzlich gegen die Anwendung der fortpflanzungsmedizinischen Möglichkeiten aus. Jedoch wurden die heterologe extrakorporale Befruchtung, die Eizellspende und die Ersatzmutterschaft als unzulässig angesehen. Zudem wurde gefordert, dass die Anwendung der fortpflanzungsmedizinischen Möglichkeiten durch hohe ethische Standards, Kontrollmöglichkeiten und vorbeugende Maßnahmen gegen Missbrauch abgesichert wird (*Kirchenamt im Auftrag des Rates der Evangelischen Kirche in Deutschland*, Von der Würde des werdenden Lebens, 1985, EKD-Texte 11, abrufbar unter: https://www.ekd.de/achtungvordemleben_1987.html (dort als Anlage; Stand: 02.01.2020)). Auch die Vereinigte Lutherische Kirche Deutschlands begrüßte die fortpflanzungsmedizinischen Möglichkeiten, um ungewollt kinderlosen Ehepaaren zu helfen. Sie sprach sich lediglich ausdrücklich gegen die Verwendung der Verfahren bei alleinstehenden Frauen aus. Sie forderte insbesondere, dass im Wege eines interdisziplinären Dialoges die Chancen und Risiken der Verfahren abgewogen und so eine verantwortungsvolle Entscheidung hinsichtlich dessen, was als zulässig angesehen werden soll, gefunden werden kann (Texte aus der VELKD 32/1986, Du hast mich gebildet im Mutterleibe, 1986, abrufbar unter: http://www.ev-medizinethik.de/meta_downloads/2483/velkd_-_du_hast_mich_gebildet_im_mutterleibe_1986.pdf. (Stand: 02.01.2020)). Die Katholische Kirche hat sich hingegen deutlich gegen die Anwendung fortpflanzungsmedizinischer Methoden positioniert. Lediglich „technische Mittel [, die] nicht den ehelichen Akt ersetzen, sondern ihn erleichtern und ihm helfen […], sein natürliches Ziel zu erreichen", sollen zulässig sein. Mithin ist selbst die homologe Insemination in der Ehe ausgeschlossen (*Sekretariat der Deutschen Bischofskonferenz*, Instruktion der Kongregation für die Glaubenslehre über die Achtung vor dem beginnenden menschlichen Leben und die Würde der Fortpflanzung, 1987, S. 23 ff., 33).

117 Die SPD legte mit ihrer „Politischen Grundsatzerklärung zur Lösung von Problemen der Unfruchtbarkeit und der Anwendung gentechnologischer Methoden beim Menschen bereits 1985 (*Däubler-Gmelin* (Hrsg.), Forschungsobjekt Mensch,

Gesetzgeber und sah sich aufgefordert, eine gesetzliche Grundlage für die Anwendung der IVF zu schaffen[119]. Durch diese sollten aufgeworfene Fragen zu Abwägungsentscheidungen zwischen kollidierenden Verfassungswerten beantwortet[120] und „jeder Manipulierung menschlichen Lebens im Vorfeld [begegnet]"[121] werden.

3. Entwürfe und Diskussionen während des Gesetzgebungsverfahrens

Aufgrund der Dauer und Intensität der während des Gesetzgebungsverfahrens zum ESchG geführten Diskussionen ist es nicht möglich und für den weiteren Gang der Darstellung auch nicht erforderlich, das gesamte Spektrum der vertretenen Positionen und Vorschläge darzustellen. Daher werden nur einige wichtige Aspekte herausgegriffen, um einen Eindruck zu vermitteln, wie unterschiedlich die Auffassungen darüber waren, welche Regelungen in das ESchG aufgenommen werden und wie ihre inhaltliche Ausgestaltung erfolgen sollte.

Um den ethischen und rechtlichen Problemen der neuen zellbiologischen und gentechnologischen Methoden am Menschen zu begegnen und aufgeworfene Fragen zu beantworten, haben das Bundesministerium der Justiz und der Bundesminister für Forschung und Technologie

1986, S. 1 ff.) recht konkrete Vorschläge vor. Erwähnenswert ist dabei insbesondere, dass fortpflanzungsmedizinische Maßnahmen für Ehepaare und eheähnliche Lebenspartner gleichermaßen zulässig sein sollen und dass man sich gegen ein generelles Verbot der Eizellen- und Samenspende aussprach. Die Vorstellungen von CDU und CSU (Arbeitskreis der Juristen der CSU – Leitsätze zur Zeugung im Reagenzglas, abgedruckt bei: *Seesing* (Hrsg.), Technologischer Fortschritt und menschliches Leben, 1987, S. 93) blieben hingegen etwas vager. So bestanden deutlich mehr Vorbehalte gegen die Anwendung fortpflanzungsmedizinischer Maßnahmen bei nicht verheirateten Paaren und die Verwendung von Keimzellen Dritter. Der Bundesarbeitskreis Christlich-Demokratischer Juristen (BACDJ) wurde deutlicher und sprach sich in seinen Leitsätzen (abgedruckt bei: *Seesing* (Hrsg.), Technologischer Fortschritt und menschliches Leben, 1986, S. 90 ff.) gegen die Anwendung fortpflanzungsmedizinischer Maßnahmen bei nicht verheirateten Paaren und die Verwendung von Keimzellen Dritter aus.

118 Vgl. Fn. 114–117.

119 BT-Drs. 11/5460, S. 1.

120 BT-Drs. 11/5460, S. 6.

121 BT-Drs. 11/5460, S. 1.

im Mai 1984 eine gemeinsame, interdisziplinäre Arbeitsgruppe „In-vitro-Fertilisation, Genomanalyse und Gentherapie" eingesetzt. Vorsitzender war der ehemalige Präsident des Bundesverfassungsgerichts Ernst Benda, weshalb sie auch als „Benda-Kommission" bezeichnet wird[122]. Die Ergebnisse ihrer Beratungen legte sie im November 1985 in einem Abschlussbericht vor[123]. Durch diesen sollten eine Versachlichung der Debatte ermöglicht, eine Entscheidungsgrundlage für wesentliche Fragen geschaffen und der gesetzgeberische Handlungsbedarf aufgezeigt werden[124]. Bemerkenswert ist, dass der Bericht zu den meisten der wesentlichen Fragen im Rahmen der Fortpflanzungsmedizin Stellung bezogen und Regelungsmöglichkeiten aufgezeigt hat. So wurden z. B. die donogene IVF[125] und die Eizellspende[126] als grundsätzlich nicht empfehlenswert angesehen, für den Fall ihrer Zulassung aber Sicherungsmaßnahmen vorgeschlagen[127]. Die Embryonenspende[128] sollte grundsätzlich verboten werden, es sei denn, sie würde die

122 Günther/*Taupitz*/Kaiser, ESchG, 2. Aufl., 2014, B. I. Rn. 3.

123 *Bundesminister für Forschung und Technologie*, In-vitro-Fertilisation, Genomanalyse und Gentherapie, Bericht der gemeinsamen Arbeitsgruppe des Bundesministers für Forschung und Technologie und des Bundesministers für Justiz („Benda-Bericht"), 1985.

124 „Benda-Bericht" Vorwort, a. a. O. (Fn. 123).

125 „Benda-Bericht" 2.2.1.1.2., a. a. O. (Fn. 123), S. 14.

126 „Benda-Bericht" 2.2.2.1.2., a. a. O. (Fn. 123), S. 18.

127 Unter anderem wurden ein Verbot der anonymen Samen- (2.2.1.2.2.1) und Eizellspende (2.2.2.1.2), eine Beschränkung der Samenspende auf zehn erfolgreiche Sterilitätsbehandlungen (2.2.1.2.2.2) und ein grundsätzliches Verbot der IVF bei Unverheirateten sowie ein absolutes Verbot bei Alleinstehenden (2.3.1.2) vorgeschlagen.

128 Embryonenspende meint dabei sowohl die Annahme überzähliger Embryonen als auch die Annahme extra für diesen Zweck erzeugter Embryonen. In der Literatur besteht jedoch kein einheitliches Begriffsverständnis. So wird zum einen danach differenziert, ob ein bereits erzeugter und überzähliger Embryo angenommen (Embryonenadoption) oder ein Embryo extra für den Zweck der Annahme erzeugt wird (Embryonenspende). Siehe dazu *Hübner*, Die Embryoadoption, 2009, S. 31 f.; *Lehmann*, ZfL 2008, 106, 112. Zum anderen wird danach differenziert, aus welcher Perspektive der Vorgang betrachtet wird, unabhängig davon, ob der abzugebende/anzunehmende Embryo bereits existiert. Aus der Perspektive der abgebenden biologischen Eltern soll es sich bei dem Vorgang um eine Embryonenspende, aus der Perspektive der annehmenden Wunscheltern um eine Embryonenadoption handeln. Siehe dazu *Deutscher Ethikrat*, Embryospende, Embryoadoption und elterliche Verantwortung, 2016, S. 13.

einzige Möglichkeit darstellen, den Embryo vor dem Absterben zu bewahren[129,130]. Die Ersatzmutterschaft[131] und die Erzeugung von Embryonen zu Forschungszwecken[132] sollten ausnahmslos verboten werden. Hinsichtlich der Kryokonservierung wurde empfohlen, diese nur dann zuzulassen, wenn sie die einzige Möglichkeit darstellte, den Embryo vor dem Absterben zu bewahren oder dessen Nidationschancen in einem der folgenden Zyklen zu erhöhen[133]. In jedem Fall sollte die Kryokonservierung aber auf einen Zeitraum von zwei Jahren beschränkt werden[134].

Aufbauend auf diesem Abschlussbericht legte das Bundesministerium der Justiz am 29. April 1986 den Diskussionsentwurf eines Gesetzes zum Schutz von Embryonen (Embryonenschutzgesetz – ESchG) vor[135]. Dieser griff viele der in dem Abschlussbericht behandelten Punkte nicht auf. Regelungen zur Samen-, Eizell- und Embryonenspende, zur Ersatzmutterschaft und Kryokonservierung fehlen. Zudem finden sich in dem Entwurf keinerlei Angaben darüber, ob die Anwendung der Verfahren der Fortpflanzungsmedizin auf Ehepaare oder in festgefügter Partnerschaft lebende Paare beschränkt werden oder allgemein zulässig sein soll. Auch zu einigen anderen Problemen, die im späteren Verlauf des Gesetzgebungsverfahrens noch Einzug in das ESchG fanden und bis heute hoch umstritten sind, schweigt der Entwurf[136]. Aufgrund dieses beschränkten Regelungsumfanges verwun-

129 „Benda-Bericht" 2.2.3.1.2., a. a. O. (Fn. 123), S. 21.

130 Denknotwendig kann es sich bei diesen nur um überzählige Embryonen handeln.

131 „Benda-Bericht" 2.2.4.1.2., a. a. O. (Fn. 123), S. 23.

132 So zumindest die Mehrheit der Kommission; einzelne Mitglieder wollten nicht von vornherein ausschließen, dass Embryonen zum Zweck der Forschung im Stadium der ersten Zellteilungen erzeugt werden dürfen, sofern besonders hochrangige Forschungsziele verfolgt werden („Benda-Bericht" 2.2.4.1.2., a. a. O. (Fn. 123), S. 28 f.).

133 „Benda-Bericht" 2.4.2.1.1., a. a. O. (Fn. 123), S. 31 f.

134 „Benda-Bericht" 2.4.2.1.1., a. a. O. (Fn. 123), S. 31 f.

135 Abgedruckt in: Günther/Keller (Hrsg.), Fortpflanzungsmedizin und Humangenetik – Strafrechtliche Schranken?, 1987, Anhang I S. 349 ff.

136 So ging dieser beispielsweise nicht darauf ein, wie viele Embryonen im Rahmen einer Behandlung erzeugt und im Anschluss transferiert werden dürfen. Auch die Problematik des Umgangs mit überzähligen Embryonen wurde nur eingeschränkt behandelt. § 2 Abs. 2 des Diskussionsentwurfs sah lediglich vor, dass be-

dert es nicht, dass er umfangreiche Debatten ausgelöst[137] und die weitere Entwicklung befördert, sich letztendlich aber nicht durchgesetzt hat.

Kurze Zeit später setzte der Bundesminister der Justiz die Bund-Länder-Arbeitsgruppe „Fortpflanzungsmedizin" ein, nachdem der Bundesrat in seiner Entschließung vom 16. Mai 1986[138,139] und die 57. Konferenz der Justizminister und -senatoren darum gebeten hatten, um ein Gesamtkonzept über den staatlichen Handlungsbedarf auf dem Gebiet der Fortpflanzungsmedizin erarbeiten zu dürfen[140,141]. Sie legte im November 1987 einen Zwischenbericht[142] und im August 1988 ihren Abschlussbericht[143] vor. Der Abschlussbericht versucht in einem ersten Teil die durch die Fortpflanzungsmedizin aufgeworfenen Fragen zu beantworten und in einem zweiten Teil einen Entwurf für die rechtliche Umsetzung durch bundes- und landesrechtliche Regelungen zu liefern. Im Gegensatz zu den bisherigen Vorschlägen geht er dabei zunächst ausführlich auf die regelungsbedürftigen Punkte im Rahmen der Insemination ein und zeigt insbesondere für das donogene System Regelungs- und Klarstellungsbedarf auf. Hinsichtlich der IVF stimmt er in den meisten Punkten mit den Vorschlägen des „Benda-Berichts" überein. Nennenswert ist jedoch, dass er eine Beschränkung der zu be-

straft werden soll, „wer ohne Genehmigung der zuständigen obersten Landesbehörde einen extrakorporal erzeugten menschlichen Embryo für Experimente oder einen anderen Zweck als den seiner Übertragung verwendet". Zu Recht weist *Keller* darauf hin, dass dieser Vorschlag nicht überzeugen kann, da es bei der Frage nach dem Umgang mit extrakorporal erzeugten menschlichen Embryonen um eine fundamentale rechtsethische Frage geht, die nicht auf die Länder übertragen werden kann, sondern durch den Bundesgesetzgeber selbst zu regeln ist (Fortpflanzungstechnologie und Strafrecht, in: Günther/Keller (Hrsg.), Fortpflanzungsmedizin und Humangenetik – Strafrechtliche Schranken?, 1987, S. 201).

137 *Keller*/Günther/Kaiser, ESchG, 1992, B.III. Rn. 20 m. w. N.

138 BR-Drs. 210/86, abgedruckt in: Günther/Keller (Hrsg.), Fortpflanzungsmedizin und Humangenetik – Strafrechtliche Schranken?, 1987, Anhang II S. 363 ff.

139 Anlass für die Behandlung der extrakorporalen Befruchtung im Bundesrat waren Initiativen der Länder Baden-Württemberg und Bayern.

140 BR-Drs. 210/86, abgedruckt in: Günther/Keller (Hrsg.), Fortpflanzungsmedizin und Humangenetik – Strafrechtliche Schranken?, 1987, Anhang II S. 363, 365.

141 *Keller*/Günther/Kaiser, ESchG, 1992, B. III. Rn. 22.

142 Vgl. *Keller*, MedR 1988, 59.

143 Beilage des Bundesanzeigers vom 06.01.1989, Jahrgang 41 Nr. 4a.

fruchtenden Eizellen dahingehend vorgeschlagen hat, dass nur so viele Eizellen befruchtet werden dürfen, wie für eine „einzeitige" Übertragung angezeigt sind. Damit wurde die Forderung der SPD-Fraktion im Deutschen Bundestag aufgegriffen, keine überzähligen Embryonen durch die Anwendung fortpflanzungsmedizinischer Verfahren zu erzeugen[144]. Im Übrigen sah der Abschlussbericht ein ausnahmsloses Verbot der Eizell- und Embryonenspende sowie der Ersatzmutterschaft vor. Zudem wurde die Vornahme reproduktionsmedizinischer Maßnahmen bei alleinstehenden Frauen als unzulässig angesehen. Aufgrund der besonderen Bedeutung der durch die reproduktionsmedizinischen Maßnahmen betroffenen Grundrechte und der daraus resultierenden Schutzpflicht des Staates schlägt der Entwurf eine vorwiegend strafrechtlich ausgestaltete und umfassende Regelung der Thematik in einem einheitlichen Fortpflanzungsmedizingesetz vor.

In den darauffolgenden Monaten wurden noch einige weitere Gesetzesentwürfe und Änderungsanträge vorgelegt[145], die jedoch keine wesentlichen inhaltlichen Neuerungen mit sich brachten. Vielmehr wurde über die Grenzen dessen gestritten, was unter welchen Voraussetzungen als zulässig und was als verboten angesehen werden soll. Zudem bestanden unterschiedliche Auffassungen darüber, ob die Ausgestaltung der Vorschriften ausschließlich strafrechtlich erfolgen oder vor ihrem Erlass noch eine Änderung des Grundgesetzes[146] stattfinden soll.

144 BT-Drs. 11/1662, S. 1 ff., Entschließungsantrag „Chancen und Risiken der Anwendung neuer Methoden der künstlichen Befruchtung und bei Eingriffen in menschliche Keimzellen" vom 18.01.1988.

145 *Bundesminister der Justiz*, Arbeitsentwurf eines Gesetzes zum Schutz von Embryonen (Embryonenschutzgesetz – ESchG), Oktober 1988, abgedruckt in: Eser/Koch/Wiesenbart (Hrsg.), Regelungen der Fortpflanzungsmedizin und Humangenetik, 1990, Materialien Nr. 2, S. 92 ff.; *Freistaat Bayern*, Entwurf eines Gesetzes zur Regelung der künstlichen Befruchtung beim Menschen (Fortpflanzungsmedizingesetz), November 1988, BR-Drs. 535/88; *Däubler-Gmelin u. a.*, Entwurf eines Gesetzes zur Regelung von Problemen der künstlichen Befruchtung beim Menschen und bei Eingriffen in menschliche Keimbahnzellen, November 1989, BT-Drs. 11/5710.

146 *Land Niedersachen*, Entwurf eines Gesetzes zur Änderung des Grundgesetzes, November 1988, BR-Drs. 522/88; *Däubler-Gmelin u. a.*, Entwurf eines Siebenunddreißigsten Gesetzes zur Änderung des Grundgesetzes (Art. 74 Nr. 19a – neu -), November 1989, BT-Drs. 11/5709.

4. Regierungsentwurf und Abschluss des Gesetzgebungsverfahrens

Am 19. Juli 1989 hat das Bundeskabinett den Entwurf eines Gesetzes zum Schutz von Embryonen (Embryonenschutzgesetz – ESchG) verabschiedet. Dieser ist im Rahmen des Gesetzgebungsverfahrens nur in wenigen Punkten geändert und am 24. Oktober 1989 vom Bundestag beschlossen worden[147]. Mit Verzicht des Bundesrates, einen Antrag auf Anrufung des Vermittlungsausschusses gem. Art. 77 Abs. 2 GG zu stellen, ist das parlamentarische Gesetzgebungsverfahren noch am selben Tag abgeschlossen worden[148]. Das ESchG wurde daraufhin am 13. Oktober 1990 verabschiedet und trat am 1. Januar 1991 in Kraft[149].

II. Rechtsnatur und Struktur

Das ESchG stellt ein strafrechtliches Nebengesetz dar. Das heute 14[150] Paragraphen umfassende ESchG beginnt mit den zentralen Verbotsnormen der §§ 1 und 2 ESchG. § 1 ESchG regelt die missbräuchliche Verwendung von Fortpflanzungstechniken, worunter sowohl zu missbilligende Maßnahmen des Vorgangs der künstlichen Befruchtung als auch zu missbilligende Verwendungen bereits erzeugter Embryonen zu Fortpflanzungszwecken fallen. Ergänzend regelt § 2 ESchG die missbräuchliche Verwendung extrakorporal verfügbarer Embryonen zu anderen als zu Fortpflanzungszwecken. In den §§ 3–7 ESchG werden weitere Regelungen getroffen, die der Manipulation im Rahmen der IVF sowie dem Zugriff auf den Embryo entgegenwirken sollen. § 8 ESchG enthält Begriffsbestimmungen und die §§ 9–12 ESchG straf- und bußgeldbewährte Regelungen zum Arztvorbehalt.

147 BR-Drs. 745/90.

148 BR-Drs. 745/90, S. 5.

149 BGBl. I 1990, 2746, in Kraft getreten am 01.01.1991.

150 In Kraft trat das ESchG mit nur 13 Paragraphen; § 3a eingef. m. W. v. 08. 12. 2011 durch G v. 21. 11. 2011 (BGBl. I, 2228).

III. Regelungsinhalte

Das ESchG soll in erster Linie Ärzten und Naturwissenschaftlern die rechtlichen Grenzen der IVF sowie der Anwendung gentechnischer Methoden am menschlichen Körper aufzeigen[151]. Anders als der Name des Gesetzes vermuten lässt, erstreckt sich der strafrechtliche Schutz des Embryos im Wesentlichen auf den Zeitraum seiner Existenz in vitro[152,153]. Dieser beginnt mit der Kernverschmelzung und endet, sobald der Embryo transferiert wurde und sich in der Gebärmutter eingenistet hat[154,155]. Verhindert werden sollen in diesem Zeitraum vor allem der Missbrauch fortpflanzungsmedizinischer und humangenetischer Verfahren sowie die Instrumentalisierung extrakorporaler Embryonen[156]. Um feststellen zu können, ab wann ein Missbrauch anzunehmen ist, müssen die sich zum Teil wechselseitig beeinflussenden Rechtsgüter beachtet werden, die durch die Anwendung der fortpflanzungsmedizinischen Verfahren gefährdet oder verletzt sein können[157]. Dies sind das Leben und die körperliche Unversehrtheit des Embryos, das Leben, die körperliche Unversehrtheit und das Persönlichkeitsrecht der den Embryo austragenden Frau, das Persönlichkeitsrecht der Gametenspender, die Menschenwürde aller Beteiligten sowie das Kindeswohl des noch nicht geborenen Kindes[158]. Daneben muss auch das Interesse der Bevölkerung an einem verfassungsrechtlich und ethisch

---

151 BT-Drs. 11/5460, S. 6.

152 BT-Drs. 11/5460, S. 7.

153 § 1 Abs. 1 Nr. 6, Abs. 4 und § 2 Abs. 1 ESchG schützen auch den Embryo in vivo bis zur Nidation.

154 BT-Drs. 11/5460, S. 7; anders noch § 1 Diskussionsentwurf eines Gesetzes zum Schutz von Embryonen (BMJ), 29.04.1986, a. a. O.

155 Imprägnierte Eizellen (Eizellen im Vorkernstadium/sog. 2-Pronuklei-Zellen) sind lediglich durch § 1 Abs. 2 ESchG erfasst, der ihre Erzeugung zu anderen als Fortpflanzungszwecken verbietet. Zum Schutz des Embryos in vivo vgl. unter Kapitel 2 I. 1.

156 *Bals-Pratsch/Dittrich/Frommel*, JRE 2010, 87, 93; *Schlink*, Aktuelle Fragen des pränatalen Lebensschutzes, 2002, S. 17 f., *Roxin/Schroth*, Handbuch des Medizinstrafrechts, 2010, S. 556.

157 *Günther*/Taupitz/Kaiser, ESchG, 2. Aufl., 2014, C. II. Vor § 1 Rn. 3.

158 *Günther*/Taupitz/Kaiser, ESchG, 2. Aufl., 2014, C. II. Vor § 1 Rn. 3.

vertretbaren Vorgehen im Rahmen fortpflanzungsmedizinischer Verfahren Beachtung finden[159].

Das ESchG ist nicht als grundsätzlich lebensgerichtet anzusehen, da zur Erreichung dieses Zwecks und zum Schutz der betroffenen Rechtsgüter mitunter die Entstehung von Embryonen in zulässiger Weise verhindert oder deren Verwerfung gestattet wird[160,161].

Darüber hinaus muss beachtet werden, dass die Regelungen des ESchG lückenhaft[162] und im Gesamtkonzept des strafrechtlichen Schutzes nicht widerspruchsfrei sind[163]. Dies ist dem Umstand geschuldet, dass mit dem ESchG lediglich dort ein strafrechtliches Verbot geschaffen worden ist, wo dies zum Schutz von höherrangigen Rechtsgütern als unverzichtbar angesehen wurde[164]. Weitere auch nicht strafrechtliche Regelungen sollten einem noch zu schaffenden, einheitlichen Fortpflanzungsmedizingesetz vorbehalten bleiben, da nicht alle aufgeworfenen Fragen dem Strafrecht unterstellt oder zu diesem Zeitpunkt einer konsensfähigen Lösung zugeführt werden konnten[165]. Da ein solches Fortpflanzungsmedizingesetz bis heute nicht geschaffen wurde, sind viele der damals aufgeworfenen Fragen unbeantwortet geblieben und haben durch die rasanten Fortschritte der Fortpflanzungsmedizin nicht an Aktualität verloren. Auf die sich daraus ergebenden Fragen und Problemstellungen für die fortpflanzungsme-

---

159 Vgl. *Taupitz*, AJP 2009, 688, 693 f.

160 *Bals-Pratsch/Dittrich/Frommel*, JRE 2010, 87, 93; *Roxin/Schroth*, Handbuch des Medizinstrafrechts, 2010, S. 556.

161 Vgl. §§ 1 Abs. 1 Nr. 2, 2 Abs. 2, 6 Abs. 2, 7 Abs. 2 Nr. 1 lit. a ESchG.

162 So fehlt es an vielen Stellen an für die Praxis wichtigen Vorgaben hinsichtlich der Zulässigkeit und Voraussetzungen sowie Folgen der fortpflanzungsmedizinischen Verfahren (z. B. bezüglich der Samenspende, des Umgangs mit überzähligen Embryonen, der Anwendbarkeit der Verfahren auch bei nichtehelichen Lebensgemeinschaften u. a.).

163 *Deutsche Akademie der Naturforscher Leopoldina e.V.*, Ein Fortpflanzungsmedizingesetz für Deutschland, 2017, S. 5, *Deutsche Akademie der Naturforscher Leopoldina e.V./Union der deutschen Akademien der Wissenschaften e.V.*, Fortpflanzungsmedizin in Deutschland – für eine zeitgemäße Gesetzgebung, 2019, S. 5, 13; Günther/*Taupitz*/Kaiser, ESchG, 2. Aufl., 2014, B. V. Rn. 66.

164 BT-Drs. 11/5460, S. 6; BT-Drs. 11/8057, S. 12.

165 Vgl. Stenografische Protokolle der 73. Sitzung des Rechtsausschusses des Deutschen Bundestages vom 9. März 1990; BT-Drs. 11/5710; BT-Drs. 11/6155; BT-Drs. 11/8057, S. 3, 12 f.; BR-Drs. 745/90; S. 5 f.

dizinische Praxis soll an dieser Stelle nicht eingegangen werden. Sofern sie für den für diese Arbeit gesteckten Rahmen von Bedeutung sind, werden sie an der Stelle behandelt, an der sie relevant sind.

Dabei werden die folgenden Regelungen/Vorschriften in die Betrachtung mit einbezogen:

- Das Verbot der Herbeiführung einer gespaltenen Mutterschaft
  Dieses findet seinen Niederschlag im Verbot der Eizellspende (§ 1 Abs. 1 Nr. 1 ESchG), dem Verbot der Herbeiführung einer Schwangerschaft bei einer Frau, von der die Eizelle nicht stammt (§ 1 Abs. 1 Nr. 2 ESchG), dem Verbot einer Frau, einen Embryo vor dessen Nidation zu entnehmen, um ihn einer anderen Frau zu übertragen (§ 1 Abs. 1 Nr. 6 ESchG), dem Verbot der Ersatzmutterschaft (§ 1 Abs. 1 Nr. 7 ESchG) und dem Verbot, künstliche Befruchtungen zu anderen Zwecken als der Herbeiführung einer Schwangerschaft anzuwenden (§ 1 Abs. 2 ESchG)
- Das Verbot der Erzeugung und Verwendung von Embryonen zu fremdnützigen Zwecken (§§ 1 Abs. 1 Nr. 2, 6 und 2 ESchG)
- Das Verbot innerhalb eines Zyklus mehr als drei Eizellen zu befruchten (§ 1 Abs. 1 Nr. 3, 4 ESchG)
- Das Verbot der zielgerichteten Erzeugung überzähliger Embryonen (§§ 1 Abs. 1 Nr. 4, 5 und 1 Abs. 2 ESchG)
- Das Verbot der Durchführung einer künstlichen Befruchtung bei oder die Übertragung eines Embryos auf eine Ersatzmutter (§ 1 Abs. 1 Nr. 7)
- Das Verbot der wissentlichen postmortalen Befruchtung (§ 4 Abs. 1 Nr. 3 ESchG)
- Die Definition des Embryos (§ 8 Abs. 1 ESchG)

IV. Sonstige für die Fortpflanzungsmedizin bedeutsame Regelungen

Da im weiteren Verlauf der Analyse eine kritische Auseinandersetzung mit den bestehenden Regelungen des ESchG stattfindet und darauf aufbauend Reformüberlegungen erläutert werden, muss zunächst ein Blick auf andere, die Fortpflanzungsmedizin betreffende Regelungen geworfen werden. Dies ist erforderlich, da die Reformüberlegungen nicht im luftleeren Raum entstehen. Sie müssen vielmehr mit den bestehenden Regelungen in Einklang gebracht werden, da nur so ein in sich stimmiges Gesamtkonzept des Fortpflanzungsmedizinrechts geschaffen werden kann, das es den Rechtsanwendern ermöglicht, die für sie bestehenden Möglichkeiten, aber auch Grenzen zu erkennen.

Es werden dazu die europa- und verfassungsrechtlichen Grundlagen, die einfachgesetzlichen Regelungen des Transplantations-, Arzneimittel-, Stammzellen- und Samenspenderregistergesetzes sowie abschließend die Regelungen der Richtlinien der Bundesärztekammer (BÄK) dargestellt. Nicht angeführt werden hingegen die Vorschriften des Bürgerlichen Rechts und des Sozialrechts, die insbesondere bei der Einbeziehung Dritter im Rahmen reproduktionsmedizinischer Verfahren relevant werden. Zu denken ist an abstammungs-, unterhalts- und erbrechtliche Vorschriften sowie die sozialrechtlichen Vorschriften in Bezug auf die Übernahme der Behandlungskosten durch die gesetzliche Krankenversicherung. Sollte es zu einer Änderung des Rechts der Fortpflanzungsmedizin kommen, müsste der Gesetzgeber auch die sich ergebenden bürgerlich-rechtlichen und sozialrechtlichen Folgefragen beantworten und einer Regelung unterziehen. Diese sollte nicht in das ESchG oder ein neu zu schaffendes Fortpflanzungsmedizingesetz integriert werden, sondern vielmehr an der entsprechenden Stelle im Bürgerlichen Recht[166] und/oder Sozialrecht[167] aufgenommen werden[168].

1. Europarechtliche Grundlagen

Das EU-Recht enthält nur in den EU-Grundfreiheiten Regelungen, die den deutschen Gesetzgeber beim Erlass eines Fortpflanzungsmedizingesetzes binden[169]. Vor allem die Niederlassungsfreiheit aus Art. 49 ff.

166 Zu denken ist insbesondere an abstammungsrechtliche, unterhaltsrechtliche und erbrechtliche Regelungen sowie die Sicherung des Rechts des Kindes auf Kenntnis der genetischen Abstammung.

167 Zu denken ist hier insbesondere an die Kostenübernahme durch die gesetzlichen Krankenkassen.

168 *Zimmermann*, Reproduktionsmedizin und Gesetzgebung, 2011, S. 35.

169 *Gassner u. a.*, Fortpflanzungsmedizingesetz, 2013, S. 25 f.

des Vertrages über die Arbeitsweise der Europäischen Union (AEUV) und die Dienstleistungsfreiheit aus Art. 56 ff. AEUV müssen Beachtung finden. Nach dem im Unionsrecht etablierten[170] Prinzip der gegenseitigen Anerkennung, dass der EuGH anhand der Cassis-De-Dijon-Rechtsprechung[171] entwickelt hat, sind Beschränkungen der Grundfreiheiten zulässig, wenn sie nicht nach der Staatsangehörigkeit differenzieren und zudem „notwendig sind, um zwingenden Erfordernissen gerecht zu werden“[172]. Sofern diese Vorgaben beachtet werden, stehen die EU-Grundfreiheiten dem Erlass eines Fortpflanzungsmedizingesetzes nicht entgegen.

Die Verträge über die Europäische Union (EUV) und die Arbeitsweise der Europäischen Union (AEUV) enthalten darüber hinaus keine unmittelbaren sachlichen Vorgaben für den Bereich der Fortpflanzungsmedizin[173]. Zudem besteht keine Kompetenznorm für den Erlass von EU-Sekundärrecht, welchem Anwendungsvorrang vor den nationalen Gesetzen zukommen würde[174].

Daneben bindet auch die EU-Grundrechtecharta (EU-GRCh)[175] den deutschen Gesetzgeber nicht, da sie gem. Art. 51 Abs. 1 S. 1 Var. 2 EU-GRCh nur für die Durchführung des Rechts der Union Bindungswirkung entfaltet[176].

Auch die Europäische Menschenrechtskonvention (EMRK) enthält keine Regelungen, die den deutschen Gesetzgeber beim Erlass eines Fortpflanzungsmedizingesetzes unmittelbar binden. Ausgestaltet als völkerrechtlicher Vertrag kommt der EMRK gem. Art. 59 Abs. 2 GG

---

170 *Eckert*, ZLR 1990, 518, 527; *Horst*, ZLR 1990, 543, 546 f.

171 EuGH Urt. v. 20.02.1979 – Rs 120/78, Sgl. 1979, 649 ff.

172 EuGH Urt. v. 20.02.1979 – Rs 120/78, Sgl. 1979, 649.

173 *Gassner u. a.*, Fortpflanzungsmedizingesetz, 2013, S. 25.

174 *Gassner u. a.*, Fortpflanzungsmedizingesetz, 2013, S. 25.

175 Charta der Grundrechte der Europäischen Union (EU-GRCh).

176 *Dorneck*, Das Recht der Reproduktionsmedizin de lege lata und de lege ferenda, 2018, S. 43; *Gassner u. a.*, Fortpflanzungsmedizingesetz, 2013, S. 25 f.; a. A. tritt für ein weites Verständnis dessen ein, was als Durchführung des Rechts der Union anzusehen sein soll. Es soll nach dieser genügen, wenn durch das Unionsrecht nur begrenzende Regelungen vorgegeben oder einzelne Teilaspekte geregelt werden (*Ohler*, NVwZ 2013, 1433, 1436 f.; *Jarass*, NVwZ 2012, 457, 460; *Eckstein*, ZIS 2013, 220, 223).

nur der Rang eines einfachen Bundesgesetzes zu[177]. Sie ist allerdings bei der Auslegung der Grundrechte des Grundgesetzes nach dem Prinzip der völkerrechtsfreundlichen Auslegung zu beachten[178]. Auch ein zu schaffendes Fortpflanzungsmedizingesetz müsste sich an ihr messen lassen. Dabei gilt es jedoch zu beachten, dass die Wirkung der EMRK dort ihre Grenze findet, wo die Grundrechte oder rechtsstaatliche Grundsätze unterschritten würden[179].

Zuletzt kann auch das Übereinkommen über Menschenrechte und Biomedizin des Europarates (kurz Biomedizinkonvention/BMK) den deutschen Gesetzgeber beim Erlass eines Fortpflanzungsmedizingesetzes nicht binden, da dieses bis heute von Deutschland nicht ratifiziert wurde[180].

177 BVerfG Urt. v. 26.03.1987 – 2 BvR 589/79, BVerfGE 74, 358 ff. = NJW 1987, 2427; *Gassner u. a.*, Fortpflanzungsmedizingesetz, 2013, S. 26 f.; *Grabenwarter/Pabel*, EMRK, Teil 1 § 2 Rn. 1; *Langenfeld*, Die Stellung der EMRK im Verfassungsrecht der Bundesrepublik Deutschland, in: Bröhmer (Hrsg.), Der Grundrechtsschutz in Europa, 2002, S. 95; *Meyer-Ladewig/Nettesheim*/von Raumer, EMRK, Einleitung Rn. 14, 18; Spickhoff/*Müller-Terpitz*, Medizinrecht, Art. 14 EMRK Rn. 2; *Zehetgruber*, ZJS 2016, 52 f.; kritisch *Breuer*, NVwZ 2005, 412; *Ruffert*, EuGRZ 2007, 245, 246 ff.; sich für eine Stärkung bis hin zu Verfassungsrang aussprechend *Ambos*, ZStW 115 (2004), 583, 587 m. w. N.; *Walter*, ZaöRV 1999, 961, 972 ff.

178 BVerfG Urt. v. 04.05.2011 – 2 BvR 2333/08, 2 BvR 2365/09, 2 BvR 571/10, 2 BvR 740/10, 2 BvR 1152/10, BVerfGE 128, 326 = NJW 2011, 1931; *Gassner u. a.*, Fortpflanzungsmedizingesetz, 2013, S. 27; *Langenfeld*, Die Stellung der EMRK im Verfassungsrecht der Bundesrepublik Deutschland, in: Bröhmer (Hrsg.), Der Grundrechtsschutz in Europa, 2002, S. 95 f. m. w. N.; *Meyer-Ladewig/Nettesheim*/von Raumer, EMRK, Einleitung Rn. 19; Spickhoff/*Müller-Terpitz*, Medizinrecht, Art. 14 EMRK Rn. 3; *Zehetgruber*, ZJS 2016, 52 f.

179 BVerfG Beschl. v. 26.03.1987 – 2 BvR 589/79, 2 BvR 740/81, 2 BvR 284/85, BVerfGE 74, 358 = NJW 1987, 2427; BVerfG Urt. v. 04.05.2011 – 2 BvR 2333/08, 2 BvR 2365/09, 2 BvR 571/10, 2 BvR 740/10, 2 BvR 1152/10, BVerfGE 128, 326 = NJW 2011, 1931.

180 BT-Drs. 17/12996, S. 4; Günther/*Taupitz*/Kaiser, ESchG, 2. Aufl., 2014, B. II. Rn. 13.

2. Verfassungsrechtliche Grundlagen

a) Gesetzgebungskompetenz zum Zeitpunkt des Gesetzerlasses und heute

Als das ESchG 1990 erlassen wurde, besaß der Bundesgesetzgeber keine allgemeine Gesetzgebungskompetenz für reproduktions- und biomedizinische Sachverhalte[181]. Da es ihm für den Schutz besonders hochrangiger Rechtsgüter jedoch unverzichtbar erschien, zeitnah gesetzliche Regelungen zu erlassen[182], schuf er das ESchG als strafrechtliches Nebengesetz, wofür er gem. Art. 74 Abs. 1 Nr. 1 GG die Gesetzgebungskompetenz innehatte und bis heute -hat.

Erst 1994 wurde Art. 74 Abs. 1 Nr. 26 GG geschaffen[183], der dem Bundesgesetzgeber die konkurrierende Gesetzgebungszuständigkeit für „die künstliche Befruchtung beim Menschen ..." einräumt. Damit wollte man auf die zunehmende Bedeutung und die Fortschritte im Bereich der Reproduktions- und Biomedizin reagieren und eine ausdrückliche, umfassende Gesetzgebungskompetenz schaffen[184]. Im Rahmen der Föderalismusreform 2006 wurde der Wortlaut der Vorschrift noch einmal dahingehend geändert, dass nunmehr „die medizinisch unterstützte Erzeugung menschlichen Lebens" erfasst ist. Damit besteht mit Art. 74 Abs. 1 Nr. 26 GG heute eine Kompetenznorm, die ein umfassendes Fortpflanzungsmedizingesetz auf Bundesebene außerhalb des Strafrechts möglich macht[185].

b) Vorgaben des Grundgesetzes für den Gesetzgeber

Nachdem festgestellt wurde, dass der Bund die Gesetzgebungskompetenz im Bereich der Reproduktions- und Biomedizin besitzt, stellt sich die Frage, ob auch Regelungsbedarf gegeben ist oder ob der Gesetzgeber die Ausgestaltung dieses Bereichs Rechtsverordnungen, Gerichten

181 *Müller-Terpitz*, ZRP 2016, 51, 53.
182 BT-Drs. 11/5460, S. 6.
183 BGBl. I 1994, 3146, in Kraft getreten am 15.11.1994.
184 BT-Drs. 12/6633, S. 9.
185 *Beitz*, Zur Reformbedürftigkeit des Embryonenschutzgesetzes, 2008, S. 98; *Neidert*, MedR 1998, 347; Günther/*Taupitz*/Kaiser, ESchG, 2. Aufl., 2014, B. III. Rn. 17.

oder der Ärzteschaft überlassen könnte[186]. Dabei soll an dieser Stelle zunächst nur auf die Frage eingegangen werden, wann grundsätzlich Regelungsbedarf auf Seiten des Gesetzgebers angenommen werden kann. Auf die Frage, ob ein solcher Regelungs- oder Reformbedarf im Bereich der Reproduktionsmedizin gegeben ist, wird in Kapitel 3 und im zweiten Teil dieser Arbeit vertieft eingegangen.

Regelungsbedarf ist nach dem rechtsstaatlichen Vorbehalt des Gesetzes immer dann anzunehmen, wenn beschränkend in Grundrechte eingegriffen werden soll[187]. Rechtssetzungsmacht kommt nach dem sog. Parlamentsvorbehalt dabei nur dem Deutschen Bundestag und den Länderparlamenten zu, da aufgrund der besonderen Bedeutung der entsprechenden Regelungen eine demokratische Legitimation gegeben sein muss[188]. Eine Delegation auf andere Rechtssetzungsinstitutionen kommt somit nicht in Betracht[189]. Wie weit der Parlamentsvorbehalt im Einzelnen geht und welche Materien genau von ihm umfasst sind, richtet sich nach der sog. Wesentlichkeitstheorie[190]. Nach dieser muss das Parlament wesentliche Entscheidungen für die Verwirklichung der Grundrechte selbst treffen[191]. Was als wesentlich in diesem Sinne anzusehen ist, muss mittels einiger eher offen formulierter und nicht unumstrittener Kriterien anhand des Einzelfalles ermittelt werden[192]. Für die Wesentlichkeit einer Materie sprechen beispielsweise die Grundrechtsrelevanz, die Bedeutung für die Allgemeinheit bzw. das Gemeinwesen, die Größe des Adressatenkreises, die Langfristigkeit der Festlegungen sowie die Konkretisierung offenen Verfassungsrechts[193]. Das Kriterium der politischen Umstrittenheit wird zwar vom Bundesver-

186 Lediglich eine Regelung des Fortpflanzungsmedizinrechts durch berufsrechtliche Regelungen wird, soweit ersichtlich, in Erwägung gezogen.

187 Maunz/Dürig-*Grzeszick*, GG, Art. 20 Rn. 81; Stelkens/Bonk/*Sachs*, VwVfG, § 44 Rn. 49.

188 Maunz/Dürig-*Grzeszick*, GG, Art. 20 Rn. 106.

189 BVerfG Urt. v. 14.07.1998 – 1 BvR 1640/97, BVerfGE 98, 218, 251 = NJW 1998, 2515; Maunz/Dürig-*Grzeszick*, GG, Art. 20 Rn. 106.

190 *Staupe*, Parlamentsvorbehalt und Delegationsbefugnis, 1986, S. 237.

191 BVerfG Urt. v. 21.12.1977 – 1 BvL 1/75, BVerfGE 47, 46, 79 m. w. N. = NJW 1978, 807, 810.

192 *Staupe*, Parlamentsvorbehalt und Delegationsbefugnis, 1986, S. 238 ff. m. w. N.

193 Maunz/Dürig-*Grzeszick*, GG, Art. 20 Rn. 107; eine Übersicht über die in der Lehre vertretenen Positiv- sowie Negativkriterien findet sich bei *Reimer*, Das Parlamentsgesetz als Steuerungsmittel und Kontrollmaßstab, in: Hoffmann-Riem/

fassungsgericht abgelehnt[194], in der Lehre aber zumindest indirekt herangezogen[195]. Sofern die Regelungsbedürftigkeit festgestellt werden kann, bestimmen sich auch die Anforderungen an die Regelungsdichte nach der Wesentlichkeitstheorie[196]. Dabei gilt, dass die Anforderungen an die Regelungsdichte umso höher sind, je wesentlicher die zu regelnde Materie ist[197].

Dieser Regelungsbedarf besteht dabei auch dann fort, wenn Regelungen in dem betroffenen Bereich geschaffen wurden, die nicht alle regelungsbedürftigen Fragen abdecken, denen der Gesetzgeber falsche Prognosen zugrunde gelegt hat[198] oder die aufgrund von erheblichen Entwicklungen neu überdacht werden müssen[199]. Den Gesetzgeber trifft somit eine Beobachtungs-, Prüfungs- und Nachbesserungspflicht[200].

3. Transplantationsgesetz (TPG)[201]

Das TPG soll einen rechtlichen Rahmen für die Organ- und Gewebespende schaffen und den Organ- und Gewebehandel verbieten[202].

Schmidt-Aßmann/Voßkuhle (Hrsg.), Grundlagen des Verwaltungsrechts, Band 1, 2. Aufl., 2012, § 9 Rn. 48 m. w. N.

194 BVerfG Urt. v. 08.08.1978 – 2 BvL 8/77, BVerfGE 49, 89, 126 f.; BVerfG Urt. v. 14.07.1998 – 1 BvR 1640/97, BVerfGE 98, 218, 251.

195 *Bauer/Möllers*, JZ 1999, 697, 702; *Degenhart*, Staatsorganisationsrecht, 33. Aufl., Rn. 331; *Gärditz*, ZfL 2014, 42, 44; *Staupe*, Parlamentsvorbehalt und Delegationsbefugnis, 1986, S. 249 f.

196 *Bogdany*, Gubernative Rechtssetzung, 1999, S. 189; Maunz/Dürig-*Grzeszick*, GG, Art. 20 Rn. 106.

197 Maunz/Dürig-*Grzeszick*, GG, Art. 20 Rn. 106.

198 BVerfG Beschl. v. 18.12.1968 – 1 BvL 5/64, 1 BvL 14/64, 1 BvL 5/65, 1 BvL 12/65, BVerfGE 25, 1, 12 f. = NJW 1968, 499, 500.

199 BVerfG Beschl. v. 08.08.1978 – 2 BvL 8/77, BVerfGE 49, 89 = NJW 1979, 359.

200 BVerfG Urt. v. 22.05.1963 – 1 BvR 78/56, BVerfGE 16, 147 = NJW 1963, 1243, 1246 f.; BVerfG, BVerfG Beschl. v. 08.08.1978 – 2 BvL 8/77, BVerfGE 49, 89 = NJW 1979, 359; *Mayer*, Die Nachbesserungspflicht des Gesetzgebers, 1996, S. 39 ff.

201 Gesetz über die Spende, Entnahme und Übertragung von Organen und Geweben (Transplantationsgesetz – TPG).

202 *Häberle*, in: Erbs/Kohlhaas (Hrsg.), Strafrechtliche Nebengesetze, § 1 TPG Rn. 2; MüKo/*Tag*, StGB, Vor. §§ 1 ff. TPG Rn. 1.

§ 1 Abs. 2 TPG regelt die Spende und die Entnahme von menschlichen Organen oder Geweben zum Zweck der Übertragung, die Übertragung der Organe oder der Gewebe und das Verbot des Handels mit menschlichen Organen oder Geweben. Gewebe in diesem Sinne sind gem. § 1a Nr. 4 TPG alle aus Zellen bestehenden Bestandteile des menschlichen Körpers, die keine Organe sind, einschließlich einzelner menschlicher Zellen.

Unstreitig erfasst sind somit Keimzellen[203]. Umstritten ist hingegen, ob auch imprägnierte Eizellen und Embryonen in den Anwendungsbereich des TPG fallen. Dagegen spricht § 1 Abs. 2 TPG. Nach diesem muss es um die Spende und Entnahme zum Zweck der Übertragung gehen. Eizellen dürfen jedoch nicht zum Zweck der Imprägnation und anschließenden Übertragung auf eine andere Frau entnommen werden. Auch die Spende nachträglich überzählig gewordener imprägnierter Eizellen ist unzulässig[204]. Sie fallen somit nicht in den Anwendungsbereich des TPG[205]. Hinsichtlich Embryonen findet sich eine ausdrückliche Erklärung bereits in der Gesetzesbegründung, wonach „der Embryo als solcher [nicht] vom Anwendungsbereich des Gesetzes erfasst wird"[206]. Zudem dürfen auch Embryonen nicht gespendet und zum Zweck der Übertragung auf eine andere Frau entnommen werden[207]. Sie fallen somit ebenfalls nicht in den Anwendungsbereich des TPG.

Nachdem festgestellt wurde, dass allein Keimzellen dem Anwendungsbereich des TPG unterfallen, muss nun noch geprüft werden, welche Vorgaben das TPG für die Verwendung von Keimzellen macht. Dabei ist insbesondere § 8b Abs. 2 i. V. m. Abs. 1 TPG zu beachten. Dieser stellt abweichend von § 8 TPG geringere Anforderungen an die Gewinnung menschlicher Samenzellen, die für die medizinisch unter-

203 BT-Drs. 16/3146, S. 21; *Hübner/Pühler*, MedR 2017, 929, 933.

204 Str. siehe dazu im Detail Teil 2 Kapitel 4 VI.

205 A. A. ohne nähere Begründung, *Beitz*, in: Terbille/Clausen/Schroeder-Printzen (Hrsg.), Münchner Anwaltshandbuch Medizinrecht, 2013, § 13 Rn. 107; *Frister/Börgers*, Rechtliche Probleme bei der Kryokonservierung von Keimzellen, in: Fristen/Olzen (Hrsg.), Rechtliche Fragestellungen in der Reproduktionsmedizin, 2009, S. 93, 102 m. w. N.

206 BT-Drs. 1646, S. 23.

207 § 1 Abs. 1 Nr. 6 ESchG.

stützte Befruchtung bestimmt sind, auf[208]. Vorausgesetzt werden lediglich die Einwilligung des aufgeklärten Samenspenders in die Entnahme und Übertragung sowie eine Dokumentation.

Näher bestimmt werden diese Voraussetzungen durch § 6 TPG-Gewebeverordnung (TPG-GewV)[209,210], die auf Grundlage der Ermächtigung aus § 16a TPG erlassen wurde. Gemäß § 6 Abs. 1 TPG-GewV ist es für die Verwendung von Keimzellen im Rahmen von Maßnahmen einer medizinisch unterstützten Befruchtung erforderlich, dass nach ärztlicher Beurteilung die Verwendung medizinisch indiziert ist und der gesundheitliche Schutz der Empfängerin und des Kindes gewährleistet wird. Zudem werden Verfahrens-, Qualitäts- und Dokumentationsvorschriften aufgestellt.

Gemäß § 6 Abs. 2 TPG-GewV ist es bei der donogenen[211] Verwendung von Samenzellen im Rahmen von Maßnahmen einer medizinisch unterstützten Befruchtung darüber hinaus notwendig, dass der Spender nach ärztlicher Beurteilung aufgrund seines Alters, seines Gesundheitszustandes und seiner Anamnese für die Samenspende geeignet ist und durch die Verwendung der gespendeten Samenzellen bedingte Gesundheitsrisiken für andere ausgeschlossen sind.

4. Arzneimittelgesetz (AMG)[212]

Wie bereits angesprochen wurde, soll das AMG die Sicherheit des Arzneimittelverkehrs schützen. Deshalb bedürfen gem. §§ 20b, 20c

208 Reglungen hinsichtlich der Eizellspende finden sich aufgrund des in § 1 Abs. 1 Nr. 1 ESchG enthaltenen Verbots der Eizellspende nicht.

209 Verordnung über die Anforderungen an Qualität und Sicherheit der Entnahme von Geweben und deren Übertragung nach dem Transplantationsgesetz vom 26. März 2006 (BGBl. I, 512).

210 Auch hier finden sich Reglungen hinsichtlich der Eizellspende aufgrund des in § 1 Abs. 1 Nr. 1 ESchG enthaltenen Verbots der Eizellspende nicht.

211 § 6 Abs. 2 TPG-GewV spricht von heterologer Verwendung. Die Darstellung erfolgt jedoch einheitlich nach dem dieser Arbeit zugrundeliegenden Begriffsverständnis.

212 Gesetz über den Verkehr mit Arzneimitteln (Arzneimittelgesetz – AMG).

AMG[213] Einrichtungen, die Gewebe im Sinne des § 1a Nr. 4 TPG zur Verwendung beim Menschen gewinnen, Laboruntersuchungen an diesen vornehmen oder in sonstiger Weise mit ihnen umgehen (insb. Be- oder Verarbeitung, Konservierung, Prüfung, Lagerung sowie das Inverkehrbringen) einer Erlaubnis. Da reproduktionsmedizinische Zentren Einrichtungen in diesem Sinne[214] und Keimzellen Gewebe im Sinne des § 1a Nr. 4 TPG sind, ist der Anwendungsbereich dieser Erlaubnisanforderungen eröffnet[215]. Welche Anforderungen für die Erteilung der Erlaubnis erfüllt sein müssen, wird im Detail von der Arzneimittel- und Wirkstoffverordnung (AMWHV)[216] vorgegeben. Es handelt sich bei diesen um Verfahrens-, Qualitäts- und Dokumentationsvorschriften, bei deren Vorliegen die Erlaubnis gem. §§ 20b Abs. 1 S. 3, 20c Abs. 2 S. 1 AMG zu erteilen ist.

Eine Ausnahme von der Erlaubnispflicht findet sich in § 20d Abs. 1 AMG für den Fall, dass die Tätigkeit durch einen Arzt oder eine zur Ausübung der Heilkunde beim Menschen befugte Person vorgenommen wird, um das Gewebe oder die Gewebezubereitung persönlich bei einem Patienten anzuwenden. Davon ausgenommen sind nur diejenigen Tätigkeiten, die auf das Inverkehrbringen des Gewebes oder der Gewebezubereitung abzielen. Darüber hinaus ist es unerheblich, ob das Gewebe oder die Gewebezubereitung dem Spender rückübertragen (autologe Anwendung) oder auf einen von ihm personenverschiedenen Patienten übertragen wird (allogene Anwendung)[217]. Problematisch ist bei dieser Vorschrift, dass ihre Reichweite nicht zweifelsfrei

---

213 Die Vorschriften wurden durch das Gewebegesetz, welches die RL 2004/23/EG des Europäischen Parlaments und des Rates vom 31. März 2004 zur Festlegung von Qualitäts- und Sicherheitsstandards bei der Beschaffung, Testung, Verarbeitung, Lagerung und Verteilung von Gewebe und Zellen umsetzt, in das AMG eingefügt.

214 Vgl. Art. 3 lit o) RL 2004/23/EG.

215 Vgl. § 13 Abs. 1a Nr. 1 AMG.

216 Verordnung über die Anwendung der Guten Herstellungspraxis bei der Herstellung von Arzneimitteln und Wirkstoffen und über die Anwendung der Guten fachlichen Praxis bei der Herstellung von Produkten menschlicher Herkunft vom 3. November 2006 (BGBl. I, 2523).

217 *Pannenbecker*, in: Kügel/Müller/Hofmann (Hrsg.), Arzneimittelgesetz, § 20d Rn. 4; *Rehmann*, Arzneimittelgesetz, § 20d Rn. 1.

bestimmt werden kann und somit zumindest nicht stets von einer Erlaubnisbefreiung ausgegangen werden kann[218,219].

5. Stammzellengesetz (StZG)[220]

Das StZG soll verhindern, „dass der Verbrauch menschlicher Embryonen [...] von Deutschland aus veranlasst wird und durch die Zulassung der Einfuhr [...] [eine] Ausweitung der Nachfrage nach neuen Stammzellen hervorgerufen wird mit der Folge, dass weitere Embryonen vernichtet werden“[221]. Durch die Regelungen des StZG sollen die Regelungen des ESchG ergänzt werden. Diese verbieten ausnahmslos die Gewinnung von Stammzellen aus vorhandenen menschlichen Embryonen sowie die Erzeugung menschlicher Embryonen zu Forschungszwecken in Deutschland[222]. Das StZG bezieht sich daher nur auf die Gewinnung menschlicher Embryonen sowie die Erzeugung menschlicher Embryonen zu Forschungszwecken im Ausland und ist im Gegensatz zum ESchG weiter gefasst. Die §§ 4 Abs. 2, 5, 6 StZG enthalten strenge Voraussetzungen, unter denen die Einfuhr und Verwendung embryonaler Stammzellen zu Forschungszwecken ausnahmsweise gestattet sind[223]. Mit diesen Regelungen versucht der Gesetzgeber seinen staatlichen Schutzpflichten gegenüber der Menschen-

218 *Zimmermann*, Reproduktionsmedizin und Gesetzgebung, 2011, S. 128.

219 Nicht sicher beurteilt werden können z. B. Fälle, in denen Gewebe zum Zweck der Weiterbehandlung in einem anderen Zentrum herausverlangt werden (*Frommel u. a.*, JRE 2010, 96, 98). In einer solchen Konstellation bestünde wohl für beide Zentren eine Erlaubnispflicht.

220 Gesetz zur Sicherstellung des Embryonenschutzes im Zusammenhang mit Einfuhr und Verwendung menschlicher embryonaler Stammzellen (Stammzellgesetz - StZG).

221 BT-Drs. 14/8394, S. 8.

222 Vgl. §§ 1 Abs. 1 Nr. 2, Nr. 6, 2 ESchG.

223 Die embryonalen Stammzellen müssen vor dem 01.05.2007 gewonnen (§ 4 Abs. 2 Nr. 1a) und ursprünglich für reproduktionsmedizinische Zwecke erzeugt worden sein. Sie dürfen nicht mehr für diesen Zweck in Betracht kommen, wobei keine Anhaltspunkte dafür vorliegen dürfen, dass dies aufgrund von Gründen der Fall ist, die an den Embryonen selbst liegen (§ 4 Abs. 2 Nr. 1b), die Überlassung muss unentgeltlich stattfinden (§ 4 Abs. 2 Nr. 1c) und es dürfen keine sonstigen gesetzlichen Regelungen, insbesondere keine des ESchG, entgegenstehen (§ 4 Abs. 2 Nr. 2). Das Forschungsvorhaben muss hochrangigen Forschungszielen dienen

würde, dem Recht auf Leben und der Forschungsfreiheit gerecht zu werden[224]. Da die Forschung an und mit Embryonen nicht in den Kernbereich der vorliegenden Arbeit fällt, wirken sich die Regelungen des StZG auf die noch zu behandelnden Fragestellungen und den am Ende vorzulegenden Regelungsvorschlag nur am Rande aus. Sie sollen daher an dieser Stelle nicht näher betrachtet werden.

6. Samenspenderregistergesetz (SaRegG)[225]

Das SaRegG wurde gemeinsam mit § 1600d Abs. 4 BGB n. F. durch das Gesetz zur Regelung des Rechts auf Kenntnis der Abstammung bei heterologer Verwendung von Samen vom 17. Juli 2017 eingeführt und trat am 1. Juli 2018 in Kraft[226]. Es soll das grundrechtlich verbürgte Recht jedes Menschen auf Kenntnis der eigenen Abstammung aus Art. 2 Abs. 1 i. V. m. Art. 1 Abs. 1 GG sowie dessen Durchsetzung absichern[227]. Zur Erreichung dieses Zwecks sieht das SaRegG die Schaffung eines zentralen Samenspenderregisters vor und regelt die Aufgaben der an der Samenspende beteiligten Institutionen[228]. Zudem regelt es die Rechte der von der Samenspende betroffenen Personen, insbesondere die Geltendmachung des Auskunftsanspruches der (vermeintlich)[229] durch Samenspende gezeugten Personen[230]. Beachtet werden muss jedoch, dass das SaRegG nur den Auskunftsanspruch der nach dem 1. Juli 2018 durch heterologe Verwendung von Samen gezeugten Kinder erfasst und dies auch nur dann, wenn die Befruchtung im Rahmen einer ärztlichen Behandlung stattgefunden hat.

(§ 5 Nr. 1) und nicht an anderen Zelltypen durchführbar sein (§ 5 Nr. 2). Zudem sind die besonderen Verfahrens- und Formvorschriften zu beachten (§ 6).

224 BT-Drs. 14/8394, S. 8.

225 Gesetz zur Errichtung eines Samenspenderregisters und zur Reglung der Auskunftserteilung über den Spender nach heterologer Verwendung von Samen.

226 BGBl. I 2017, 2513.

227 BT-Drs. 18/11291, S. 1.

228 *Frie*, NZFam 2018, 817, 817 f.

229 Gemäß § 10 Abs. 1 SaRegG genügt für den Auskunftsanspruch, dass die Person *vermutet*, dass sie durch heterologe Verwendung von Samen im Rahmen der ärztlich unterstützten Befruchtung gezeugt worden ist.

230 *Frie*, NZFam 2018, 817, 817, 820 f.

7. Richtlinien der BÄK

Die (Muster-)Richtlinie der BÄK zur assistierten Reproduktion soll eine wesentliche Orientierungshilfe[231] für die beteiligten Ärzte bei der Anwendung der Verfahren der assistierten Reproduktion darstellen, indem sie „neben der Zusammenfassung von medizinischen Indikationen und Kontraindikationen für die verschiedenen Behandlungsverfahren strukturelle sowie ablaufs- und ergebnisorientierte Anforderungen praxisorientiert darlegt“[232]. Sie wurde von den meisten Landesärztekammern[233] übernommen und dadurch in das Berufsrecht überführt. Inhaltlich greift sie die Regelungen des ESchG auf und konkretisiert diese an einigen Stellen. Sie geht dabei von einer eher restriktiven Auslegung des ESchG aus[234].

Die Richtlinie ist jedoch in rechtlicher Hinsicht überholt und entspricht nicht mehr dem aktuellen Stand der Erkenntnisse der medizinischen Wissenschaft und Technik[235]. Dies sah auch die BÄK und hat sich gegen eine erneute Fortschreibung der Richtlinie entschieden[236]. Stattdessen wurde eine neue Richtlinie über die Entnahme und Übertragung von menschlichen Keimzellen im Rahmen der assistierten Reproduktion beschlossen[237]. Diese enthält im Gegensatz zu der (Muster-)Richtlinie „bewusst keine Interpretationen von rechtlich nicht eindeutig geregelten, gesellschaftspolitischen Fragen“, sondern beschränkt

231 *BÄK*, (Muster-)Richtlinie zur Durchführung der assistierten Reproduktion, Novelle 2006, DÄBl. 2006, A 1392.

232 *BÄK*, (Muster-)Richtlinie zur Durchführung der assistierten Reproduktion, Novelle 2006, DÄBl. 2006, A 1392.

233 Baden-Württemberg, Bremen, Hessen, Mecklenburg-Vorpommern, Niedersachsen, Nordrhein, Rheinland-Pfalz, Saarland, Sachsen, Sachsen-Anhalt, Schleswig-Holstein, Thüringen und Westfalen-Lippe.

234 Es wird z. B. davon ausgegangen, dass grundsätzlich maximal drei Embryonen einzeitig befruchtet werden dürfen (*BÄK*, (Muster-)Richtlinie zur Durchführung der assistierten Reproduktion, Novelle 2006, Kommentar, DÄBl. 2006, A 1398, 1400).

235 *BÄK*, Hinweis zur (Muster-)Richtlinie, abrufbar unter: http://www.bundesaerztekammer.de/richtlinien/richtlinien/assistierte-reproduktion/ (Stand: 02.01.2020); *Hübner/Pühler*, MedR 2017, 929, 934.

236 *Hübner/Pühler*, MedR 2017, 929, 934.

237 Richtlinie zur Entnahme und Übertragung von menschlichen Keimzellen im Rahmen der assistierten Reproduktion, DÄBl. 2018, A. 1.

sich auf die Festschreibung des „allgemein anerkannten Stand[es] der Erkenntnisse der medizinischen Wissenschaft“[238].

Im Rahmen der Reform des ESchG beziehungsweise bei der Schaffung eines neuen Fortpflanzungsmedizingesetzes kommt den Richtlinien keine große Bedeutung zu. Sofern man den Ärztekammern Normsetzungskompetenz zuspricht und somit von der Wirksamkeit des auf den Richtlinien beruhenden Berufsrechts ausgeht, darf man nicht verkennen, dass dieses die Rechte der Patienten nicht einschränken oder zu einer Verschärfung der Regelungen des ESchG oder des neu zu schaffenden Fortpflanzungsmedizingesetzes führen darf[239].

Wenn es um die Frage geht, wie die fortpflanzungsmedizinischen Regelungen in der Zukunft ausgestaltet werden sollen, entfalten die Richtlinien somit keine Bindungswirkung[240]. Grundlage der Überlegungen müssen die aktuelle Rechtslage und der aktuelle Stand der Erkenntnisse der medizinischen Wissenschaft und Technik sein, da anderenfalls praxisuntaugliche und rechtswidrige Regelungen geschaffen würden.

8. Zusammenfassung

Die im Rahmen von Reformüberlegungen im Bereich des Fortpflanzungsmedizinrechts neben den Vorschriften des ESchG zu beachtenden Vorschriften binden den Gesetzgeber kaum. Das Europarecht verbietet nur Beschränkungen der Grundfreiheiten, sofern sie nach der Staatsangehörigkeit differenzieren. Die einfachgesetzlichen Regelungen des Transplantations-, Arzneimittel- und Stammzellengesetzes wirken sich lediglich auf einzelne Punkte aus. Sofern sie im Widerspruch zu den neu zu schaffenden Regelungen des Fortpflanzungsmedizinrechts stehen, ist eine Anpassung durch den Gesetzgeber vorzu-

238 *Richter-Kuhlmann*, DÄBl. 2018, A 1050, A 1050 f. m. V. a. Krüssel.

239 *Bals-Pratsch/Dittrich/Frommel*, JRE 2010, 87, 88; *Krekeler*, MedR 2017, 867.

240 Der Richtlinie zur Entnahme und Übertragung von menschlichen Keimzellen im Rahmen der assistierten Reproduktion (DÄBl. 2018, A. 1) kommt jedoch eine erhebliche Bedeutung zu, da sie aufgrund ihrer Aktualität ein gewichtiges Indiz für den aktuellen Stand der Erkenntnisse der medizinischen Wissenschaft und Technik liefert.

nehmen. Daneben kommt auch den Richtlinien der BÄK keine unmittelbare Bindungswirkung zu.

Die Änderungsüberlegungen haben sich daher maßgeblich und fast ausschließlich an den Vorgaben des Grundgesetzes zu orientieren. Die Regelungen des neu geschaffenen SaRegG können für die Ausgestaltung des Rechts auf Kenntnis der eigenen Abstammung als Orientierungshilfe dienen.

Kapitel 3: Reformbedürftigkeit und warum bisherige Reformbemühungen gescheitert sind

Bereits seit dem Inkrafttreten des EschG[241] werden immer wieder eine (klarstellende) Änderung des bestehenden Gesetzes[242] sowie die Schaffung eines neuen, umfangreichen Fortpflanzungsmedizingesetzes[243] gefordert[244]. Ungeachtet dessen besteht das ESchG seit nahezu 30 Jahren unverändert fort. Es soll daher dargestellt werden, aus welchen Gründen das ESchG vielfacher und anhaltender Kritik ausgesetzt ist (I.) und weshalb bisherige Reformbemühungen gescheitert sind (II.).

241 *Deutsch* hat bereits unmittelbar nach der Verabschiedung des ESchG darauf hingewiesen, dass dieses nur eine „Momentaufnahme" darstellt, die einer gesetzlichen Nachbesserung bedürfen wird. Dies gelte vor allem dann, wenn man die vom ESchG abweichenden Regelungen im Ausland betrachtet (NJW 1991, 721, 725).

242 Entschließung Ib-05 „Für Rechtssicherheit bei unerfülltem Kinderwunsch" des 120. Deutschen Ärztetages 2017, S. 213; *Katzorke/Kolodziej*, Reproduktionsmedizin 2001, 325, 330; *Müller-Terpitz*, ZRP 2016, 51.

243 *Diedrich/Hasani*, Der Gynäkologe 2013, 883, 884, 888; *DGGEF/DGGG/DGRM/BRZ*, Diskussionspapier zu den Vorbereitungen für ein Fortpflanzungsmedizingesetz (FMG), Reproduktionsmedizin 2001, 301; *Günther*/Taupitz/Kaiser, ESchG, 2. Aufl., 2014, Kap. B. V. Rn. 66 ff.; *Katzorke/Kolodziej*, Reproduktionsmedizin 2001, 325, 330; *Nationaler Ethikrat*, Genetische Diagnostik vor und während der Schwangerschaft, 2003, S. 9; Schlussbericht der Enquete-Kommission „Recht und Ethik in der modernen Medizin" vom 14.05.2002, BT-Drs. 14/9020, S. 64 ff.

244 Nur ganz vereinzelt wird die Auffassung vertreten, dass eine Gesetzesänderung nicht erforderlich ist, da das ESchG naheliegende Auslegungsspielräume enthalte, die genutzt werden können (*Bals-Pratsch/Dittrich/Frommel*, JRE 2010, 87; *Frommel*, Reproduktionsmedizin 2002, 158; *dies.*, JRE 2007, 27). *Frommel* hält daher eine „Wertungswidersprüche vermeidende Klarstellung" des Sinnes der Vorschriften für ausreichend (Reproduktionsmedizin 2002, 158).

I. Kritik an der bestehenden Rechtslage

Aufgrund der Vielzahl der gegen die geltende Rechtslage im Bereich der Fortpflanzungsmedizin vorgebrachten Gründe ist es nicht möglich und für den weiteren Gang der Darstellung auch nicht erforderlich, diese ausführlich und vollständig darzustellen. Es soll vielmehr ein Überblick über die bestehende Kritik vermittelt werden, der den Reformbedarf offensichtlich macht.

1. Ausgestaltung als strafrechtliches Nebengesetz

Da dem Bundesgesetzgeber zum Zeitpunkt des Erlasses des ESchG die Zuständigkeit für ein umfassendes Fortpflanzungsmedizingesetz fehlte, wurde das ESchG als strafrechtliches Nebengesetz konzipiert. Strafrechtliche Verbote wurden nur dort geschaffen, wo dies für den Schutz besonders hochrangiger Schutzgüter unverzichtbar erschien[245,246]. Es handelt sich daher lediglich um die Absicherung eines Minimalstandards[247], was zur Folge hat, dass viele fortpflanzungsmedizinische Fragestellungen ausgeklammert werden mussten[248].

Zudem verhindert die strafrechtliche Ausgestaltung eine entwicklungsoffene Anwendung des Gesetzes auf die sich verändernde Lebenswirklichkeit, da das Bestimmtheitsgebot und das Analogieverbot aus Art. 103 Abs. 2 GG und § 1 StGB den Vorschriften beinahe jede Flexibilität nehmen[249]. Eine Anwendung der Vorschriften auf neue Gefährdungstatbestände oder Techniken ist somit von vornherein ausgeschlossen[250].

Es kann daher festgestellt werden, dass die strafrechtliche Ausgestaltung für den Bereich der Fortpflanzungsmedizin ungeeignet ist, da sie der Lebenswirklichkeit und den in diesem Bereich stetig stattfinden-

245 BT-Drs. 11/5460, S. 6; BT-Drs. 11/8057, S. 12.
246 Dies entspricht dem im Strafrecht geltenden Ultima-Ratio-Prinzip.
247 *Deutsch*, NJW 1991, 721, 723.
248 *Müller-Terpitz*, ZRP 2016, 51, 53.
249 *Müller-Terpitz*, ZRP 2016, 51, 53; *Renzikowski*, Gynäkologische Endokrinologie 2004, 172.
250 *Müller-Terpitz*, ZRP 2016, 51, 53.

den wissenschaftlichen und gesellschaftlichen Entwicklungen nicht gerecht wird. Schlimmstenfalls bringt sie sogar weniger Nutzen mit sich, als sie Schaden verursacht[251].

2. Lückenhaftigkeit der bestehenden Regelungen

Dass eine Vielzahl fortpflanzungsmedizinischer Fragestellungen nicht im ESchG geregelt werden konnte[252], war den an dem Gesetzgebungsverfahren Beteiligten bewusst und wurde in Kauf genommen, da nach geänderter Gesetzgebungszuständigkeit eine Gesamtlösung für den Bereich der Fortpflanzungsmedizin geschaffen werden sollte[253]. Zu diesen von Anfang an bestehenden offenen Fragestellungen sind durch den rasanten medizinischen Fortschritt unterdessen weitere hinzugekommen, für deren Beantwortung das ESchG nur zum Teil herangezogen werden kann.

Diese Lückenhaftigkeit führt für Rechtsanwender und Betroffene vor allem deshalb zu einer erheblichen Rechtsunsicherheit, weil der Lückenhaftigkeit keine nachvollziehbare Systematik zugrunde liegt.

Zu vielen Fragestellungen finden sich keine Regelungen im Gesetz. Bereits grundsätzliche Aussagen über die Zulässigkeit fortpflanzungsmedizinischer Techniken sowie ihrer Voraussetzungen fehlen[254]. Auch hinsichtlich allgemein als zulässig empfundener Techniken, wie z. B. der Insemination, der Samenspende und der (nachträglichen) Embryonenspende, fehlt es an greifbaren Regelungen. Die Zulässigkeit wird daher aus dem Schweigen des Gesetzes[255] und den hinter den Regelungen stehenden Rechtsgedanken und Schutzgütern hergeleitet[256]. Aber auch hinsichtlich der als unzulässig angesehenen Techniken schaffen es die gegebenen Regelungen nicht immer, bestehende Fragen zweifels-

251 *Günther*/Taupitz/Kaiser, ESchG, 2. Aufl., 2014, B. IV. Rn. 41.

252 *Müller-Terpitz*, ZRP 2016, 51, 53.

253 Vgl. Stenografische Protokolle der 73. Sitzung des Rechtsausschusses des Deutschen Bundestages vom 9. März 1990; BT-Drs. 11/5710; BT-Drs. 11/6155; BT-Drs. 11/8057, S. 3, 12 f.; BR-Drs. 745/90, S. 5 f.

254 *Zimmermann*, Reproduktionsmedizin und Gesetzgebung, 2011, S. 15.

255 *Deutsch*, NJW 1991, 721, 723.

256 *Müller-Terpitz*, ZRP 2016, 51, 53.

frei zu beantworten[257]. Dies liegt zum einen an der umstrittenen Auslegung der entsprechenden Vorschriften, zum anderen daran, dass sich die Techniken und ihre Beurteilung aufgrund der erheblichen Entwicklungen der vergangenen Jahrzehnte mitunter stark verändert haben[258].

Es kann daher festgestellt werden, dass das ESchG aufgrund seiner Lückenhaftigkeit viele Fragen offenlässt und daher an zahlreichen Stellen keine abschließende rechtliche Beurteilung zulässt.

3. Unklare Terminologie

Die rasanten medizinischen Fortschritte haben dazu geführt, dass die Definition des Embryos in § 8 Abs. 1 ESchG in Kritik geraten ist. *Renzikowski* spricht sogar davon, dass sie „von der medizinischen Entwicklung geradezu überrollt" wurde[259].

Gemäß § 8 Abs. 1 ESchG gilt bereits die befruchtete, entwicklungsfähige menschliche Eizelle vom Zeitpunkt der Kernverschmelzung an, ferner jede einem Embryo entnommene totipotente Zelle, die sich bei Vorliegen der dafür erforderlichen weiteren Voraussetzungen zu teilen und zu einem Individuum zu entwickeln vermag, als Embryo.

Die Kritik knüpft an verschiedenen Stellen an. Die Definition geht von einer geschlechtlichen Entstehung von Embryonen aus, was durch die Formulierung „befruchtete […] Eizelle" und das Abstellen auf die Kernverschmelzung, also die Verschmelzung von Ei- und Samenzelle, zum Ausdruck kommt[260]. Durch neue Techniken, wie die somatische Kerntransplantation und die Parthenogenese, entstandene Embryonen sind daher nicht erfasst[261]. Daran ändert auch der Umstand nichts,

257 Ein stark diskutiertes und anschauliches Bespiel dafür ist die Frage, wie viele Eizellen einer Frau innerhalb eines Zyklus befruchtet werden dürfen, ohne dass dadurch gegen § 1 Abs. 1 Nr. 5 ESchG verstoßen wird. Siehe dazu Teil 2 Kapitel 4 I.

258 Siehe dazu sogleich Teil 1 Kapitel 3 I. 3., 4. und 5.

259 *Renzikowski*, Gynäkologische Endokrinologie 2004, 172, 173.

260 *Günther*/Taupitz/Kaiser, ESchG, 2. Aufl., 2014, B. V. Rn. 70; *Müller-Terpitz*, ZRP 2016, 51, 53.

261 BT-Drs. 13/11263, S. 26; *Günther*/Taupitz/Kaiser, ESchG, 2. Aufl., 2014, B. V. Rn. 70.

dass die Definition grundsätzlich offen ist und lediglich den Beginn des strafrechtlichen Schutzes des Embryos festlegen will[262], denn das Analogieverbot des Art. 103 Abs. 2 GG verbietet es, weitere, anders entstandene Embryonen unter die Definition zu subsumieren. Daher wäre es schon wegen des Bestimmtheitsgebotes aus Art. 103 Abs. 2 GG geboten, die Definition neu zu fassen[263].

Zudem geht die Definition von der Schutzwürdigkeit totipotenter Zellen aus, die einem Embryo entnommen wurden. Da der Zeitpunkt, an dem eine Zelle die Grenze von der Totipotenz zur Pluripotenz überschreitet, naturwissenschaftlich umstritten ist[264], sollte der Gesetzgeber für die rechtssichere Anwendung der Vorschriften bestimmen, wann diese als überschritten angesehen werden kann. Aufgrund der durch neue Techniken möglichen Reprogrammierung von Zellen, durch die heute bereits sog. induzierte pluripotente Stammzellen (iPS) gewonnen werden können, sollte der Gesetzgeber zudem bestimmen, ob künftig nur ursprüngliche oder auch reprogrammierte totipotente Zellen von der Definition umfasst sein sollen[265].

Auch die für die Schutzwürdigkeit vorausgesetzte Entwicklungsfähigkeit wird aufgrund ihrer Unbestimmtheit kritisiert. Einigkeit besteht insofern dahingehend, dass nur lebende Embryonen geschützt werden[266]. Befruchtete Eizellen oder Embryonen, die sich gar nicht mehr entwickeln, sind somit aus dem Schutzbereich des ESchG ausgenommen. Schwierigkeiten und Unsicherheiten für den Rechtsanwender bestehen daher, wenn es um die Frage der Abgrenzung zwischen vollständig fehlender und suboptimaler Entwicklung geht[267]. Eine Klar-

---

262 BT-Drs. 13/11263, S. 13; BT-Drs. 14/7546, S. 24; die h. M. geht davon aus, dass die Totipotenz nach dem 8-Zell-Stadium verloren geht (*Gordijn*, Die Versprechungen der Stammzelltechnologie, in: Siep/Quante (Hrsg.), Der Umgang mit dem beginnenden menschlichen Leben, S. 87, 94; Günther/Taupitz/*Kaiser*, ESchG, 2. Aufl., 2014, A.II. Rn. 39; *Pelchen/Häberle*, in: Erbs/Kohlhaas (Hrsg.), Strafrechtliche Nebengesetze, § 8 ESchG Rn. 1; *Taupitz/Hermes*, MedR 2015, 244, 245).

263 BT-Drs. 14/7546, S. 24 f.

264 BT-Drs. 13/11263, S. 23.

265 *Günther*/Taupitz/Kaiser, ESchG, 2. Aufl., 2014, B. V. Rn. 71.

266 BT-Drs. 11263, S. 15; *Jungfleisch*, Fortpflanzungsmedizin als Gegenstand des Strafrechts?, 2005, S. 95; *Koch*, JRE 2004, 24, 26.

267 *Neidert*, MedR 2007, 279, 285.

stellung seitens des Gesetzgebers wäre daher ebenso in Bezug auf diesen Punkt wünschenswert.

Zuletzt wird auch die Uneinheitlichkeit der Definitionen des Embryos in § 8 Abs. 1 ESchG und § 3 Nr. 4 StZG kritisiert und eine Vereinheitlichung gefordert[268,269].

Anhand der Vielzahl der an der Embryonendefinition entstandenen Kritikpunkte wird deutlich, dass eine den aktuellen Stand der wissenschaftlichen Erkenntnisse und Techniken berücksichtigende Anpassung des Embryonenbegriffs erforderlich ist.

4. Rechtsunsicherheit aufgrund unklarer Auslegung

Aber auch an anderen Stellen führen Unklarheiten hinsichtlich der Auslegung zu Unsicherheiten, die eine Behandlung nach dem aktuellen Stand der Erkenntnisse der medizinischen Wissenschaft und Technik verwehren oder zu erheblichen Strafbarkeitsrisiken der Behandelnden führen. Die Auslegung des § 1 Abs. 1 Nr. 5 ESchG (i. V. m. § 1 Abs. 1 Nr. 3 ESchG) bereitet die größten Schwierigkeiten.

Gemäß § 1 Abs. 1 Nr. 5 ESchG ist es verboten, mehr Eizellen einer Frau zu befruchten, als ihr innerhalb eines Zyklus übertragen werden sollen. Übertragen werden sollen, wie aus § 1 Abs. 1 Nr. 3 ESchG hervorgeht, aber keine Eizellen, sondern Embryonen und davon maximal drei. Ob aus diesem Zusammenspiel der Normen die sog. „Dreierre-

268 *Bioethik-Kommission Rheinland-Pfalz*, Fortpflanzungsmedizin und Embryonenschutz, 2005, S. 71.

269 *Taupitz* weist darauf hin, dass das Problem im Wesentlichen nicht in den unterschiedlichen Definitionen der verschiedenen Gesetze, sondern vielmehr in der uneinheitlichen Behandlung des Embryos im ESchG selbst liegt (mit näheren Erläuterungen Günther/*Taupitz*/Kaiser, ESchG, 2. Aufl., 2014, C.II. § 8 Rn. 13). Diese unterschiedliche Behandlung stellt für *Gutmann* gar einen Verstoß gegen das Bestimmtheitsgebot des Art. 103 Abs. 2 GG dar (in: Roxin/Schroth (Hrsg.), Medizinstrafrecht, Auf der Suche nach einem Rechtsgut, S. 353, 355 f.).

gel"[270,271], nach der nur drei Eizellen befruchtet und über das Vorkernstadium hinaus kultiviert werden dürfen, oder der sog. „Deutsche Mittelweg"[272,273], nach dem so viele Eizellen befruchtet und über das Vorkernstadium hinaus kultiviert werden dürfen, wie „nach dem jeweiligen Stand der medizinischen Forschung und der ärztlichen Erfahrung erforderlich sind"[274], um maximal drei Embryonen mit guten Entwicklungsmöglichkeiten zu erhalten, folgt, ist umstritten[275].

Eine zumindest klarstellende Neuregelung ist daher ebenso an dieser Stelle erforderlich. Dem kann auch nicht mit dem Argument entgegengetreten werden, dass bestehende Auslegungsspielräume lediglich genutzt werden müssten[276], da die bestehenden Strafbarkeitsrisiken nicht selten dazu führen, dass die behandelnden Ärzte der restriktiven und somit sichereren Auslegung folgen[277], auch wenn sie dadurch die schlechteren Erfolgschancen ihrer Patienten in Kauf nehmen müssen.

270 *BÄK*, (Muster-)Richtlinie zur Durchführung der assistierten Reproduktion, Novelle 2006, Kommentar, DÄBl. 2006, A 1398, 1400; *Koch*, JRE 2004, 24, 26 f.; Spickhoff/*Müller-Terpitz*, Medizinrecht, § 1 ESchG Rn. 17; *Renzikowski*, Gynäkologische Endokrinologie 2004, 172 ff.; *Vogt*, Methoden der künstlichen Befruchtung: „Dreierregel" versus „Single Embryo Transfer", 2008, S. 70 ff.

271 Auch als herkömmliche Auslegung/Lesart bezeichnet.

272 AG Wolfratshausen, Urt. v. 30.04.2008 – 6 C 677/06, ZfL 2008, 121; LG Göttingen, Urt. v. 22.10.2009 – 2 S 24/07 zitiert bei *Taupitz/Hermes*, Der Gynäkologe 2015, 169, 174 Fn. 44; Staatsanwaltschaft Darmstadt, Einstellungsbescheid v. 26.11.2013 – 300 Js 11580/13 zitiert bei *Taupitz/Hermes*, Der Gynäkologe 2015, 169, 174 Fn. 45; Staatsanwaltschaft München I, Einstellungsbescheid v. 22.04.2014 – 124 Js 20236 zitiert bei *Taupitz/Hermes*, Der Gynäkologe 2015, 169, 174 Fn. 45; *Bals-Pratsch/Dittrich/Frommel*, JRE 2010, 87, 89 f.; *Frommel*, Reproduktionsmedizin 2002, 158 ff.; *dies.*, JRE 2002, 158; 2004, 104; 2007, 27; *Neidert*, MedR 2007, 279, 283; *Taupitz/Hermes*, Der Gynäkologe 2015, 169, 171 ff.; *Ziller*, Der Gynäkologe 2017, 409, 412 f.

273 Auch als liberale Auslegung/Lesart bezeichnet.

274 *Frommel*, Behindert das Embryonenschutzgesetz (ESchG) die deutsche Reproduktionsmedizin?, Thesenpapier, abgedruckt bei: Vogt, Methoden der künstlichen Befruchtung, 2007, S. 215.

275 Siehe dazu im Detail Teil 2 Kapitel 4 I.

276 *Bals-Pratsch/Dittrich/Frommel*, JRE 2010, 87.

277 Günther/*Taupitz*/Kaiser, ESchG, 2. Aufl., 2014, B. III. Rn. 30c.

5. Fehlende Berücksichtigung des aktuellen Standes der wissenschaftlichen Erkenntnisse

Wie bereits angesprochen, steht das ESchG zudem in der Kritik, weil eine Behandlung nach dem aktuellen wissenschaftlichen Stand nicht möglich ist[278]. Dieser Einwand kann auch durch eine liberale Auslegung des ESchG nicht ausgeräumt werden. Denn selbst wenn man über diese z. B. die Frage nach der zulässigen Höchstzahl der zu befruchtenden Eizellen, die über das Vorkernstadium hinaus kultiviert werden dürfen, vielleicht noch beantworten kann, so scheitert sie spätestens an Fragen nach der Zulässigkeit anderer Techniken, wie z. B. des sog. elektiven Single-Embryo-Transfers (eSET) oder der Eizell- und Embryonenspende. Diese in anderen Ländern etablierten Techniken können heute zum aktuellen wissenschaftlichen Stand gezählt werden. Auch wenn dies nicht automatisch bedeutet, dass eine Zulassung in Deutschland ebenfalls erfolgen muss, so wären zumindest eine Überprüfung und Anpassung der Regelungen des ESchG an die veränderten Rahmenbedingungen wünschenswert, da der Gesetzgeber bisher eine „Strategie des veralteten Rechts“[279] verfolgt, „die zu einem fortschreitenden Verlust an normativer Steuerungskraft führt“[280].

6. Wertungswidersprüche

Auch die an einigen Stellen im ESchG und im Zusammenspiel des ESchG mit anderen fortpflanzungsmedizinischen Vorschriften zu findenden Wertungswidersprüche werden häufig kritisiert.

Insbesondere das unterschiedliche Schutzniveau von Embryonen in vitro, die bis zu ihrer Einnistung in die Gebärmutter in den Schutzbereich des ESchG fallen, und Embryonen in vivo, die ab der Einnistung in die Gebärmutter in den Schutzbereich der §§ 218 ff. StGB fallen,

278 *Montag/van der Ven*, Reproduktionsmedizin 2002, 147, 151; *Diedrich*, Der Gynäkologe 2010, 612; *Diedrich/Hansi*, Der Gynäkologe 2013, 883, 884.

279 *Müller-Terpitz*, ZRP 2016, 51, 52.

280 *Müller-Terpitz*, ZRP 2016, 51, 52.

wird stark kritisiert[281]. Denn den Embryonen in vitro kommt ein hoher und absolut gewährter Schutz zu, während Embryonen in vivo nur ein geringer Schutz eingeräumt wird, der sich erst mit zunehmender Entwicklung kontinuierlich erhöht. Es entsteht daher „eine Art Achterbahn“[282] des embryonalen Schutzes.

Daneben wird kritisiert, dass einige embryonenschutzrechtliche Vorschriften bestehende Probleme nicht lösen, sondern lediglich auf einen anderen Zeitpunkt verlagern, wodurch es zu viel gravierenderen Belastungen für die Betroffenen und den eigentlich zu schützenden Embryo kommen kann. Dies gilt für das Verbot des electiven Single-Embryo-Transfers (eSET)[283]. Bei Anwendung dieses Verfahrens wird nur derjenige Embryo transferiert, der das höchste Entwicklungspotential aufweist[284]. Durch die Beschränkung auf nur einen zu transferierenden Embryo kann die Wahrscheinlichkeit einer Mehrlingsschwangerschaft erheblich gesenkt werden[285]. § 1 Abs. 1 Nr. 3, Nr. 5 ESchG verbietet die Anwendung des Verfahrens in Deutschland jedoch. Um trotzdem eine hohe Schwangerschaftswahrscheinlichkeit erreichen zu können, werden in Deutschland häufig zwei oder sogar drei Embryonen transferiert, was wiederum eine sehr hohe Mehrlingsschwangerschaftsrate zur Folge hat[286]. Um die Gefahren für die Frau und die sich entwickelnden Embryonen/Föten zu reduzieren, wird dann nicht selten ein sog. Embryo-/Fetozid durchgeführt, bei dem ein oder mehrere Embryo/Embryonen oder Fötus/Föten gezielt im Mutterleib abgetötet wer-

281 *Dreier*, ZRP 2002, 377, 379 ff.; *Ipsen*, NJW 2004, 268 ff.; *Jungfleisch*, Fortpflanzungsmedizin als Gegenstand des Strafrechts?, 2005, S. 120 ff.; *Nationaler Ethikrat*, Zum Import menschlicher Embryonaler Stammzellen, 2001, S. 19 ff.; *Ratzel/Ulsenheimer*, Reproduktionsmedizin 1999, 428, 429; *Sendler*, NJW 2001, 2148 ff.; *Fischer*, StGB, 65. Aufl., 2018, vor 211 ff. Rn. 10; a. A. *Beckmann*, MedR 2001, 169, 174 f.; *Herzog*, ZRP 2001, 393, 394; *Renzikowski*, Gynäkologische Endokrinologie 2004, 172, 176 f.

282 *Dreier*, Bioethik, 2013, S. 68; *ders.*, ZRP 2002, 377, 382.

283 Näher dazu Teil 2 Kapitel 4 II.

284 *Neidert*, MedR 2007, 279, 280.

285 *Kreß*, JRE 2005, 23; *Neidert*, MedR 2007, 279, 281.

286 Die Rate der Zwillingsgeburten betrug 2015 in Frischzyklen 21,5 %, in Kryo-Zyklen 15,3 %; die Rate der Drillingsgeburten sowohl im Frischzyklus als auch im Kryo-Zyklus 0,6 % (DIR Jahrbuch 2016, modifizierter Nachdruck; JRE 1. Sonderheft 2017, S. 23).

den[287]. Die vor dem Transfer verbotene Reduktion wird daher nur zeitlich nach hinten verschoben. Dabei überzeugt auch der Einwand nicht, dass die Reduktion zu diesem Zeitpunkt aufgrund anderer Umstände erfolgt, da diese bewusst selber geschaffen wurden[288]. Ein ähnliches Problem stellt sich bei der Frage der Geschlechtsvorbestimmung des Kindes. Gemäß § 3 ESchG ist es verboten, eine Eizelle mit einer vorher nach dem Geschlecht ausgewählten Samenzelle zu befruchten, es sei denn, die Auswahl diente dem Zweck der Verhinderung einer schwerwiegenden geschlechtsgebundenen Erbkrankheit. Nicht verboten sind hingegen die genetische Untersuchung des Kindes während der Schwangerschaft, z. B. mittels Fruchtwasseranalyse oder nichtinvasivem pränatalen Screening[289], und ein daraufhin erfolgender Schwangerschaftsabbruch[290,291]. Dies führt in Konstellationen, in denen eine geschlechtsgebundene Erkrankung des Kindes befürchtet wird, die jedoch keine Ausnahme des § 3 ESchG darstellt, zu nahezu absurden Ergebnissen[292]. Die Schwangerschaft muss in diesen Fällen bis zu einem möglichen Test ausgetragen und kann bei negativem Ergebnis abgebrochen werden[293], da ein anfänglicher Test durch § 3 ESchG verwehrt wird. Den Betroffenen wird daher zugemutet, „quasi intrauterin[es] Roulette“ zu spielen[294].

287 *Zentrale Kommission der BÄK*, Mehrlingsreduktion mittels Fetozid, DÄBl. 1989, A. 2218.

288 Siehe dazu im Detail Teil 2 Kapitel 4 II. 1. a).

289 Die derzeit angebotenen Screenings können die kindliche DNA auf die Trisomien 13, 18 und 21 sowie auf Abweichungen der Anzahl der Geschlechtschromosomen untersuchen. Das Geschlecht des Kindes kann dabei ohne Weiteres mitbestimmt werden.

290 Günther/*Taupitz*/Kaiser, ESchG, 2. Aufl., 2014, B. III. Rn. 29.

291 § 15 Abs. 1 S. 2 Gendiagnostikgesetz (GenDG) muss jedoch beachtet werden. Nach diesem darf die Mitteilung des Geschlechtes erst nach Ablauf der zwölften Schwangerschaftswoche erfolgen.

292 *Geilen*, ZStW 103 (1991), 829, 839.

293 Beachtet werden muss dabei jedoch, dass die embryopathische Indikation, also die Abtreibung aufgrund einer Krankheit oder Behinderung des Kindes, mit der Änderung der §§ 218 ff. StGB im Jahr 1995 abgeschafft wurde. Eine Abtreibung ist daher nur dann möglich, wenn die Schwangere geltend machen kann, dass die Krankheit oder Behinderung des Kindes für sie eine schwere psychische Beeinträchtigung darstellt, die nicht anders als durch den Schwangerschaftsabbruch abgewendet werden kann.

294 *Geilen*, ZStW 103 (1991), 829, 839.

Ebenfalls kritisiert wird, dass Verstöße von unterschiedlicher Schwere und Qualität unter gleicher Strafandrohung in einer Norm zusammengefasst werden[295]. Dies zeigt sich an § 1 Abs. 1 Nr. 2 ESchG, der es verbietet, Eizellen zu einem anderen Zweck zu befruchten, als eine Schwangerschaft der Frau herbeizuführen, von der die Eizelle stammt. Die Norm erfasst zum einen die Eizellspende und somit das Ziel, eine Schwangerschaft bei einer von der Eizellspenderin verschiedenen Frau herbeizuführen. Zum anderen erfasst sie aber auch jede andere Verwendung, die ohne die Absicht, eine Schwangerschaft herbeiführen zu wollen, durchgeführt wird. Bei der ersten Variante ist die Handlung dabei auf den Erhalt des Embryos gerichtet, wohingegen die zweite Variante jede beliebige, den Embryo instrumentalisierende Handlung erfasst[296]. Die Schwere und Qualität der zweiten Variante sind daher deutlich höher als die der ersten, sodass diese pauschale Zusammenfassung in einer Norm nicht überzeugen kann[297].

Als wenig überzeugend wird auch die Regelung zum Verbot der postmortalen Befruchtung empfunden. Gemäß § 4 Abs. 1 Nr. 3 ESchG ist es verboten, eine Eizelle mit dem Samen eines Mannes nach dessen Tod zu befruchten. Ein entsprechendes Verbot der Befruchtung einer Eizelle nach dem Tod der Frau, von der sie stammt, lässt sich § 1 Abs. 1 Nr. 2 ESchG entnehmen[298]. Unter diese beiden Verbote fällt nach umstrittener Auffassungauch die Weiterkultivierung von Eizellen im Vorkernstadium[299], nicht jedoch der Embryonentransfer. Dies ist als widersprüchlich anzusehen. Die Unterscheidung zwischen Eizellen im Vorkernstadium und Embryonen erscheint beliebig, da die nach dem Willen des Gesetzgebers zu schützende Generationenfolge bei beiden

295 *Geilen*, ZStW 103 (1991), 829, 838 ff.
296 *Geilen*, ZStW 103 (1991), 829, 838.
297 *Geilen*, ZStW 103 (1991), 829, 838.
298 *May*, Rechtliche Grenzen der Fortpflanzungsmedizin, 2003, S. 138.
299 LG Neubrandenburg, Urt. v. 12.08.2009 – 2 O 111/09 = FamRZ 2010, 686; *BÄK*, (Muster-)Richtlinie zur Durchführung der assistierten Reproduktion, Novelle 2006, Kommentar, DÄBl. 2006, A 1398, 1402; *Coester-Waltjen*, Was erlaubt das Recht?, in: Woopen (Hrsg.), Fortpflanzungsmedizin in Deutschland, 2016, S. 92, 98; *Krüger*, Das Verbot der post-mortem-Befruchtung, 2010, S. 6; a. A. OLG Rostock, Urt. v. 07.05.2010 – 7 U 67/09 = MedR 2010, 874; *Ulsenheimer*, Arztstrafrecht in der Praxis, 5. Aufl., 2015,Teil 7 I. 3. a) Rn. 841. Siehe dazu auch Teil 2 Kapitel 4 VIII.

in gleicher Weise in Gefahr gerät, sodass diese Regelung nicht überzeugen kann[300].

Ebenfalls als nicht überzeugend wird mitunter auch die Unterscheidung zwischen Samen- und Eizellspende angesehen[301], da sie zumindest nach den heute vorliegenden medizinischen und psychologischen Erkenntnissen nicht erforderlich ist, um das Wohl des Kindes oder der potentiellen Eizellspenderinnen zu schützen.

Die angesprochenen vielfältigen Widersprüche im ESchG und im Zusammenspiel des ESchG mit anderen fortpflanzungsmedizinischen Vorschriften machen deutlich, dass eine Überprüfung der bestehenden Regelungen zum Zweck der Behebung dieser Widersprüche in jedem Fall angezeigt ist.

7. Vernachlässigung der Bedürfnisse und Nöte der Betroffenen

Nicht vergessen werden darf bei all den Diskussionen um die juristische Genauigkeit und Widerspruchslosigkeit sowie den aktuellen Stand der wissenschaftlichen Erkenntnisse, dass die fortpflanzungsmedizinischen Vorschriften einen intimen Lebensbereich betreffen. Die Bedürfnisse und Nöte der Betroffenen treten in den Diskussionen jedoch viel zu oft in den Hintergrund[302]. Auch wenn sich das ESchG in erster Linie an Ärzte und Naturwissenschaftler richtet, sollte eine Überarbeitung stets mit Blick auf die Betroffenen erfolgen.

Zunächst sind dafür die bereits benannten Auslegungsprobleme und Widersprüche aufzulösen und bestehende Regelungslücken zu schließen.

Zudem sollten einige Regelungen überdacht werden, deren Grundlage als zweifelhaft angesehen werden kann oder die im schlimmsten Fall sogar zu Nachteilen für die Betroffenen und Kinder führen können.

So sollte zunächst die Anknüpfung an den Ehe-Status (oder das Vorliegen einer festgefügten Partnerschaft) für die Zulässigkeit der Durch-

300 *Coester-Waltjen*, Was erlaubt das Recht?, in: Woopen (Hrsg.), Fortpflanzungsmedizin in Deutschland, 2016, S. 92, 98.

301 Näheres dazu unter Teil 2 Kapitel 4 IV. b).

302 *Geisthövel*, Reproduktionsmedizin 2002, 144, 145.

führung und anteiligen Kostenübernahme der Behandlung durch die Krankenkassen[303] überdacht werden. Die Lebensrealität zeigt, dass zunehmend mehr Kinder in nichtehelichen Lebensgemeinschaften oder bei alleinerziehenden Elternteilen aufwachsen, ohne dass dies einen nachweisbar negativen Einfluss auf das Kindeswohl hat[304].

Deutsche Ärzte sollten zudem über Behandlungsmöglichkeiten im Ausland, die in Deutschland verboten sind, aufklären und beraten dürfen. Nur so können den Betroffenen ein zutreffendes Bild von den Chancen und Risiken der entsprechenden Behandlungsmöglichkeiten vermittelt und eine umfassende Betreuung von Anfang an gewährleistet werden. Denn das Beratungsverbot verhindert Auslandsbehandlungen nicht, sondern führt allenfalls dazu, dass die Betroffenen die Auslandsbehandlung verschweigen. Dies kann wiederum schwerwiegende Folgen für die Gesundheit der Frau und des Kindes haben, wenn die in Deutschland behandelnden Ärzte aufgrund fehlender Informationen keine optimale Behandlung wählen können[305].

Zuletzt sei noch auf die mit einer Auslandsbehandlung verbundenen Folgeprobleme hingewiesen. Diese können sich vor allem ergeben, wenn ein Kind im Ausland von einer Leihmutter ausgetragen wurde und dann von den Wunscheltern[306] nach Deutschland geholt werden soll. Für diese und ähnlich gelagerte Konstellationen muss klar geregelt werden, ob und unter welchen Voraussetzungen Ein- und Ausreisemöglichkeiten des Kindes bestehen, welche Rechtslagen anerkannt werden und wie Pass- und Staatsangehörigkeitsfragen zu entscheiden

303 Die Frage, für wen und in welchem Umfang eine Kostenübernahme durch die Krankenkassen möglich ist, wird im weiteren Verlauf der Arbeit ausgeklammert bleiben, da es sich bei dieser um eine sozialversicherungsrechtliche Fragestellung handelt.

304 *Geisthövel*, Reproduktionsmedizin 2002, 144, 145.

305 Dieser Punkt würde an Bedeutung verlieren, wenn die entsprechenden Behandlungsmöglichkeiten auch in Deutschland zugelassen werden würden.

306 Diejenigen, die durch die Inanspruchnahme reproduktionsmedizinischer Maßnahmen Eltern werden wollen, sollen im Folgenden als Wunscheltern bezeichnet werden. Der unterdessen überholte und eher negativ belegte Begriff der „Bestelleltern“ (so z. B. BT-Drs. 11/4154, S. 7) soll keine Verwendung finden.

sind[307,308]. Zudem muss das Recht des Kindes auf Kenntnis der eigenen Abstammung gesichert werden[309].

Die angesprochenen Punkte zeigen, dass die Regelungen des ESchG zum Teil nicht (mehr) der Lebenswirklichkeit entsprechen und die Lage der Betroffenen durch sie unnötig erschwert wird. Auch aus diesem Grund sind Änderungen, die die Bedürfnisse und Nöte der Betroffenen mehr einbeziehen, dringend angezeigt.

8. Zusammenfassung

Der gegebene Überblick macht deutlich, dass die Regelungen des ESchG reformbedürftig sind. Selbst wenn man die einzelnen Gründe für sich genommen noch nicht als ausreichend ansehen mag, so zeigt die Vielzahl der vorgebrachten Gründe doch, dass die geltende Rechtslage den Rechtsanwendern und auch den Betroffenen nicht gerecht wird. Eine umfassende Reform des ESchG oder die Neuschaffung eines Fortpflanzungsmedizingesetzes[310] bieten die Chance, all diese Gründe auszuräumen und so Rechtssicherheit und einheitliche Behandlungsbedingungen zu schaffen.

II. Scheitern bisheriger Reformbemühungen

Obwohl die Gründe, die heute für eine Reform des Fortpflanzungsmedizinrechts vorgebracht werden, zum Teil schon seit der Verabschiedung des ESchG bekannt und immer wieder thematisiert worden sind, ist der Gesetzgeber – mit Ausnahme der punktuellen Neuregelung des

307 *Coester-Waltjen*, Was erlaubt das Recht?, in: Woopen (Hrsg.), Fortpflanzungsmedizin in Deutschland, 2016, S. 92, 103.

308 Die Regelungen sollten jedoch nicht in das ESchG oder ein neu zu schaffendes Fortpflanzungsmedizingesetz integriert, sondern an den jeweils passenden Stellen geregelt werden.

309 *Coester-Waltjen*, Was erlaubt das Recht?, in: Woopen (Hrsg.), Fortpflanzungsmedizin in Deutschland, 2016, S. 92, 103.

310 Zu der Frage, welcher dieser beiden Wege eingeschlagen werden sollte, siehe Teil 3 Kapitel 1.

§ 3a ESchG – bisher untätig geblieben[311]. Im Folgenden soll daher dargestellt werden, woran bisherige Reformbemühungen gescheitert sind und welchen Herausforderungen sich der Gesetzgeber im weiteren Rechtsbildungsprozess stellen muss.

1. Streit über aufzunehmende Regelungsinhalte

Unklar ist zunächst, was in materiell-rechtlicher Hinsicht von der allgemein gehaltenen Forderung nach einem „einheitlichen Fortpflanzungsmedizingesetz" erfasst sein soll. Die Forderung wird regelmäßig im Rahmen der Auseinandersetzung mit einzelnen als reformbedürftig angesehenen Punkten[312] erhoben, sodass sich konkrete Regelungsvorschläge in den allermeisten Fällen nur auf diese Punkte beziehen[313]. Was bisher fehlte, ist ein in sich widerspruchsfreies Gesamtkonzept der aufzunehmenden Fragestellungen[314].

Um diesem Umstand entgegenzutreten, hat eine Gruppe Augsburger und Münchner Rechtswissenschaftler einen ersten Entwurf eines (einheitlichen) Fortpflanzungsmedizingesetzes (AME-FMedG) vorgelegt[315]. Der AME-FMedG zeigt, dass es durchaus möglich ist, ein widerspruchsfreies Gesamtkonzept für ein einheitliches Fortpflanzungsmedizingesetz zu schaffen. Der Entwurf zeichnet sich dadurch aus, dass er neben einer klaren rechtlichen Ausgestaltung der bisher im ESchG zum Teil nur ungenügend geregelten oder verbotenen Techniken und Verfahren[316] zahlreiche Regelungen zu den Voraussetzungen[317] und Rahmenbedingungen der Durchführung fortpflanzungsmedizinischer Maßnahmen[318], Regelungen zu Folgefragen[319] sowie

311 *Müller-Terpitz*, ZRP 2016, 51, 52.
312 So z. B. bei der Frage nach der Zulässigkeit und den Voraussetzungen der PID oder des eSET.
313 *Zimmermann*, Reproduktionsmedizin und Gesetzgebung, 2011, S. 21 ff.
314 *Zimmermann*, Reproduktionsmedizin und Gesetzgebung, 2011, S. 21.
315 *Gassner u. a.*, Fortpflanzungsmedizingesetz, 2013.
316 Vgl. §§ 4–12 AME-FMedG.
317 Vgl. §§ 17–21 AME-FMedG.
318 Vgl. §§ 24–26 AME-FMedG.
319 Vgl. §§ 13–16, 22,23 AME-FMedG.

Sanktionen im Falle von Verstößen gegen die als besonders wichtig empfundenen Regelungen[320] enthält.

Um ein einheitliches Fortpflanzungsmedizingesetz auf den Weg zu bringen, sollten zunächst die aufzunehmenden Fragestellungen erarbeitet werden. Hierfür könnte der AME-FMedG eine gute Grundlage bieten. Anhand dieses Fragenkataloges könnten die umstrittenen und schwer zu beantworteten Einzelfragen diskutiert und einer konsensfähigen Lösung zugeführt werden[321].

2. Dissens über den moralischen und rechtlichen Status des Embryos

Die Untätigkeit des Gesetzgebers auf dem Gebiet des Fortpflanzungsmedizinrechts hängt maßgeblich mit der sowohl national als auch international unbeantwortet gebliebenen Frage zusammen, welcher moralische und rechtliche Status dem Embryo zukommen soll[322]. Da diese Frage durch vielfältige moralische, medizinische, juristische und auch religiöse Vorstellungen geprägt ist und nicht einfach mit den Argumenten einer Disziplin beantwortet werden kann, konnte noch keine konsensfähige Antwort gefunden werden[323].

Diesen Umstand darf der Gesetzgeber jedoch nicht als Vorwand nutzen, um auf dem Gebiet der Fortpflanzungsmedizin untätig zu bleiben. Bei einem derart wesentlichen Bereich, bei dem es um Lebensschutzdiskussionen geht, kommt ihm eine aus den grundrechtlichen Schutzpflichten erwachsende Regelungspflicht zu, die er nicht ignorieren kann[324]. Dies hat der Gesetzgeber erkannt und wiederholt Versuche gestartet, um den bestehenden Dissens aufzulösen und eine Änderung

---

320 Vgl. §§ 27, 28 AME-FMedG.

321 Eine erste sehr ausführliche Auseinandersetzung mit dem Entwurf liefert *Dorneck*, Das Recht der Reproduktionsmedizin de lege lata und de lege ferenda, 2018.

322 *Müller-Terpitz*, ZRP 2016, 51, 51 f.

323 Siehe dazu im Detail Teil 2 Kapitel 2.

324 *Zimmermann*, Reproduktionsmedizin und Gesetzgebung, 2011, S. 20, 41 ff.

des ESchG in die Wege leiten zu können[325,326]. Jedoch führte keiner dieser Anläufe auch nur annähernd zu einheitlichen Ergebnissen. So unterschieden die Stellungnahmen mitunter zwischen Mehrheits- und Minderheitsvotum und widersprachen sich untereinander. Die an sich wünschenswerte Auseinandersetzung mehrerer Gremien mit der Thematik hat daher womöglich sogar zu einer Behinderung des Rechtsbildungsprozesses beigetragen[327].

Der nach wie vor bestehende Dissens wird sich auch in absehbarer Zeit nicht auflösen lassen. Dies gilt umso mehr, als dass die einzelnen Interessengruppen, egal ob Ethiker, Mediziner oder Juristen, keine einheitliche Meinung vertreten. Diese Uneinheitlichkeit spiegelt sich in den Positionen der Parteien wider, sodass sich derzeit niemand berufen zu fühlen scheint, eine Änderung des ESchG zu initiieren[328].

Damit dieser Umstand nicht zu einem vollständigen Stillstand des Rechtsbildungsprozesses führt, bieten sich zwei Möglichkeiten. Zunächst könnte man sich darauf beschränken, nur diejenigen Fragen einer Regelung zu unterziehen, für die schon heute ein Konsens gefunden werden kann. Dies ist vor allem bezüglich bereits anerkannter Techniken und Verfahren möglich, für die es bisher keine gesetzlichen Regelungen gibt[329]. Durch dieses Vorgehen würde zumindest hinsichtlich eines Teils der Fragestellungen Rechtssicherheit geschaffen und einheitliche Behandlungsbedingungen würden ermöglicht. Daneben bestünde jedoch auch die Option, dass man weitere Fragen mit einbezieht und sich in Bezug auf diese auf einen Minimalkonsens verstän-

325 Musterentwurf eines Fortpflanzungsmedizingesetzes der Länder, abgedruckt bei: Der Frauenarzt 1994, 438 ff., 441 ff.; Hausinterner Entwurf eines Fortpflanzungsmedizingesetzes des Bundesgesundheitsministeriums, BT-Drs. 14/1305, BT-Drs. 14/577, S. 30.

326 Auch verschiedene Gremien und die Wissenschaft beschäftigten sich mit den fortpflanzungsmedizinischen Fragestellungen: BT-Drs. 14/5350, S. 3; BT-Drs. 14/9020, S. 64; *DGGEF/DGGG/DGRM/BRZ*, Diskussionspapier zu den Vorbereitungen für ein Fortpflanzungsmedizingesetz (FMG), Reproduktionsmedizin 2001, 301; *Nationaler Ethikrat*, Genetische Diagnostik vor und während der Schwangerschaft, 2003, S. 9, 75, 107, 114; *Bioethikkommission Rheinland-Pfalz*, Fortpflanzungsmedizin und Embryonenschutz, 2005.

327 *Zimmermann*, Reproduktionsmedizin und Gesetzgebung, 2011, S. 20 f.

328 *Renzikowski*, Gynäkologische Endokrinologie 2004, 172, 173; *Taupitz*, AJP 2009, 688, 695.

329 Z. B. Insemination, Samenspende und (nachträgliche) Embryonenspende.

digt. Die größte Schwierigkeit dieses Vorgehens betrifft die Ermittlung des Minimalkonsenses. Im Vorfeld kann nicht abgeschätzt werden, ob dieser hin zu einer Liberalisierung oder Verschärfung ausfallen wird. Gleichwohl bietet dieser Weg die Chance, die festgefahrene Situation aufzulösen und Bewegung in das Fortpflanzungsmedizinrecht zu bringen. Sofern durch erste Regelungen eine Akzeptanz für Veränderungen geschaffen werden kann, können diese den Weg für weitere Veränderungen ebnen. So hat der hoch umstrittene und ebenfalls den Status des Embryos tangierende § 3a ESchG, der unter bestimmten Voraussetzungen die Durchführung der Präimplantationsdiagnostik gestattet, gezeigt, dass hoch umstrittene Regelungen nach ihrer Schaffung Akzeptanz erfahren können, die im Vorfeld mitunter nicht für möglich gehalten wurde.

3. Spannungsverhältnis zwischen Recht und medizinisch-wissenschaftlichem Fortschritt

Zuletzt sei an dieser Stelle noch darauf hingewiesen, dass sich der Gesetzgeber im Spannungsverhältnis zwischen Recht und medizinisch-wissenschaftlichem Fortschritt befindet. Daraus erwachsen drei wesentliche Herausforderungen, denen er sich bei der Änderung des Fortpflanzungsmedizinrechts stellen muss.

Die Anwendung neuer Techniken und Verfahren wird immer mit unüberschaubaren und unvorhersehbaren Risiken einhergehen. Es ist daher Aufgabe des Gesetzgebers, zu entscheiden, wie er mit diesen umgehen will. Er muss sich dabei stets vor Augen halten, dass nicht näher bestimmbare Risiken, allein und ohne weitere Begründung, keine absoluten Verbote rechtfertigen können. Es muss vielmehr ein sorgfältiger Abwägungsprozess stattfinden, in den die Chancen der in Rede stehenden Regelungen, ihre Bedeutung für die Funktionsfähigkeit der medizinischen Forschung und Praxis sowie die sich aus ihnen ergebenden Risiken einbezogen werden[330].

330 *Zimmermann*, Reproduktionsmedizin und Gesetzgebung, 2011, S. 23.

Da das Recht der Fortpflanzungsmedizin medizinisch-wissenschaftliche Techniken und Verfahren regelt, ist stets eine Abhängigkeit des Rechts von den medizinisch-naturwissenschaftlichen Definitionen und Erkenntnissen gegeben[331]. Um ein praxistaugliches Fortpflanzungsmedizinrecht schaffen zu können, ist daher ein gutes Verständnis der relevanten Definitionen und Abläufe unerlässlich, da dem Gesetzgeber nur darauf aufbauend eine rechtlich sinnvolle Regelung der Materie gelingen kann[332]. Betrachtet man die geltende Rechtslage, so fällt sofort auf, dass es zwischen den medizinisch-wissenschaftlichen und den rechtlichen Definitionen derzeit an Einheitlichkeit fehlt. Zudem wird der aktuelle Stand der Erkenntnisse nicht berücksichtigt, da seit der Schaffung des ESchG keine Anpassung an diesen stattgefunden hat. Im Zuge einer Änderung des Fortpflanzungsmedizinrechts sollte sich der Gesetzgeber dieses Umstandes bewusst sein und die gegebenen Abweichungen überprüfen und gegebenenfalls anpassen.

Zuletzt sieht sich der Gesetzgeber auch im Bereich des Fortpflanzungsmedizinrechts mit dem Problem konfrontiert, dass die zu schaffenden Regelungen zum einen dem Bestimmtheitsgebot genügen müssen, zum anderen aber auch offen genug sein sollen, um auf neue Entwicklungen und Erkenntnisse schnell und flexibel reagieren zu können. Diese Aufgabe stellt eine besondere Herausforderung dar, da neue Entwicklungen und Erkenntnisse die Fortpflanzungsmedizin fortlaufend verändern. Der Gesetzgeber sollte sich daher, aufbauend auf einem guten Verständnis der zu regelnden Sachverhalte, überlegen, wo Regelungen erforderlich sind und wie eng diese gefasst sein müssen bzw. sollen. Abweichungen von medizinisch-wissenschaftlichen Definitionen und Erkenntnissen sollten dabei allenfalls dann in Betracht gezogen werden, wenn sie für eine sinnvolle rechtliche Regelung als erforderlich angesehen werden[333].

331 *Zimmermann*, Reproduktionsmedizin und Gesetzgebung, 2011, S. 23.

332 *Zimmermann*, Reproduktionsmedizin und Gesetzgebung, 2011, S. 23.

333 Dies kann beispielsweise dann der Fall sein, wenn es um die genaue Bestimmung gewisser Eigenschaften des Embryos geht. Eine entsprechende Regelung findet sich hinsichtlich der Entwicklungsfähigkeit aktuell in § 8 Abs. 2 ESchG.

4. Zusammenfassung

Der Gesetzgeber sieht sich im Bereich des Fortpflanzungsmedizinrechts mit einer Vielzahl von wichtigen und umstrittenen Fragen konfrontiert. Um eine Reform in diesem Bereich in die Wege leiten zu können, bedarf es daher zunächst der Klärung zweier wesentlicher Grundsatzfragen. Dies sind zum einen die Frage, welche Probleme, Techniken und Verfahren Gegenstand der Reform sein und welche (vorerst) ausgeklammert bleiben sollen, und zum anderen die Frage nach dem moralischen und rechtlichen Status des Embryos. Um beide Fragen beantworten und die zu ändernden oder zu schaffenden Regelungen umsetzen zu können, muss dabei stets das zwischen dem Recht und dem medizinisch-wissenschaftlichen Fortschritt bestehende Spannungsverhältnis beachtet und, soweit es geht, aufgelöst werden.

Teil 2: Die einzelnen regelungsbedürftigen Punkte

Nachdem einleitend ein Überblick über das ESchG[334] und die an ihm geübte Kritik im Allgemeinen[335] gegeben wurde, wendet sich die Darstellung einzelnen Problemen, Techniken und Verfahren im Rahmen der assistierten Reproduktion zu, die als regelungs- und reformbedürftig empfunden werden. Dies ist erforderlich, da im dritten Teil dieser Arbeit Überlegungen dazu angestellt werden sollen, wie der Gesetzgeber dem ermittelten Reformbedarf begegnen sollte[336].

Zunächst wird noch einmal kurz erläutert, welche Probleme, Techniken und Verfahren Gegenstand dieser Arbeit und des damit einhergehenden Reformvorschlags sind und welche ausgeklammert werden (Kapitel 1).

Daran anschließend wird der Status des Embryos bestimmt, da die Beurteilung einzelner Verfahren und Techniken von diesem abhängt[337]. An der Frage nach dem Status des Embryos hat sich ein heftiger Streit entfacht, der seit Jahrzehnten erbittert geführt wird und dessen Beilegung in absehbarer Zeit nicht erwartet werden kann[338]. Daher kann

---

334 Siehe dazu Teil 1 Kapitel 2 I. – III.

335 Siehe dazu Teil 1 Kapitel 3 I.

336 Siehe dazu Teil 3.

337 Die Statusfrage stellt sich im Rahmen dieser Arbeit nur, wenn mehr Embryonen erzeugt werden, als einzeitig auf die Frau übertragen werden sollen (Teil 2 Kapitel 4 I.), und bei der Frage nach dem Umgang mit überzähligen Embryonen (Teil 2 Kapitel 4 II. 2. a)).

338 *Bayertz*, Die Wahrheit über den moralischen Status menschlicher Embryonen, in: Maio/Just (Hrsg.), Die Forschung an embryonalen Stammzellen in ethischer und rechtlicher Perspektive, 2003, S. 178 ff.; BMG (Hrsg.), Fortpflanzungsmedizin in Deutschland, 2001, S. 46 ff.; *Damschen/Schönecker* (Hrsg.), Der moralische Status menschlicher Embryonen, 2003; *Diedrich/Hepp/von Otte* (Hrsg.), Reproduktionsmedizin in Klinik und Forschung, 2007, S. 31 ff.; *Giwer*, Rechtsfragen der Präimplantationsdiagnostik, 2001, S. 62 ff.; *Lumer*, Der moralische Status von Embryonen – internalistisch begründet, in: Lenzen (Hrsg.), Wie bestimmt man den Sta-

und soll diese Arbeit die vertretenen Standpunkte nicht detailliert abbilden. Sie soll vielmehr einen Überblick über den Meinungsstand geben und den dieser Arbeit zugrundliegenden Standpunkt darstellen (Kapitel 2).

Aufbauend auf den ersten beiden Kapiteln wird dann untersucht, unter welchen Voraussetzungen und für wen die Inanspruchnahme reproduktionsmedizinischer Maßnahmen zulässig ist respektive sein soll (Kapitel 3), bevor die als regelungs- und reformbedürftig empfundenen Probleme, Techniken und Verfahren einzeln herausgegriffen und einer näheren Betrachtung unterzogen werden (Kapitel 4).

---

tus von Embryonen?, 2004, S. 212 ff.; *Maio* (Hrsg.), Der Status des extrakorporalen Embryos, 2007; *Zimmermann*, Reproduktionsmedizin und Gesetzgebung, 2011, S. 83 ff.

Kapitel 1: Untersuchungs- und Regelungsgegenstand

Im weiteren Verlauf der Arbeit sollen diejenigen Probleme, Techniken und Verfahren im Rahmen der assistierten Reproduktion behandelt werden, die der Überwindung von Sterilität/Infertilität und der Herbeiführung einer Schwangerschaft dienen[339]. Ausgeklammert werden soll dabei die Präimplantationsdiagnostik, da diese zwar auch der Herbeiführung einer Schwangerschaft dient, die Übertragung der mittels IVF oder ICSI entstandenen Embryonen jedoch erst nach zellbiologischer und molekulargenetischer Untersuchung erfolgen soll, wenn eine befürchtete – vor allem chromosomale – Erbkrankheit ausgeschlossen werden kann. Nicht erfasst sind daneben die im ESchG geregelten Techniken der Keimbahnintervention, des therapeutischen Klonens sowie der Chimären- und Hybridbildung, da diese nicht der Fortpflanzung dienen[340].

Dieser Zuschnitt wird gewählt, da eine eindeutige gesetzliche Regelung in diesem Bereich für die Praxis und die betroffenen Patienten/Paare von erheblicher Bedeutung ist. Dies gilt insbesondere vor dem Hintergrund, dass das ESchG nicht mehr den medizinisch-technischen Erkenntnissen entspricht und hinter den Neuregelungen des Fortpflanzungsmedizinrechts in vielen anderen europäischen Ländern zurückbleibt. Da zahlreiche Fragen in diesem Bereich schon seit langer Zeit intensiv diskutiert werden und Techniken und Verfahren zum Teil auch ohne gesetzliche Regelung Einzug in den medizinischen und gesellschaftlichen Alltag gefunden haben, kann zudem gehofft werden,

339 Mit erfasst sind dabei auch die Fälle der sog. sozialen Indikation. Eine solche liegt immer dann vor, wenn eine alleinstehende Person oder ein homosexuelles (Ehe-)Paar die Verwirklichung des eigenen Kinderwunsches nicht allein realisieren kann, weil dafür die Beteiligung mindestens einer weiteren Person des anderen Geschlechts erforderlich ist. Siehe dazu Teil 2 Kapitel 3 IV. 2.

340 *Gassner u. a.*, Fortpflanzungsmedizingesetz, 2013, S. 33.

dass für diesen Bereich des Rechts eher ein Konsens gefunden werden kann, als wenn gleich eine umfassende Reform des ESchG anstrebt würde. Dieser Zuschnitt bietet zudem die Möglichkeit, die zu ändernden und zu schaffenden Regelungen aus dem strafrechtlich ausgestalteten ESchG herauszunehmen und in einem neu zu schaffenden Fortpflanzungsmedizingesetz zu regeln[341].

341 Der Frage, ob eine Reform des ESchG erfolgen oder ein neues Fortpflanzungsmedizingesetz geschaffen werden sollte, widmet sich Teil 3 Kapitel 1.

Kapitel 2: Der Status des Embryos

Ausgangspunkt vieler reproduktionsmedizinischer Streitigkeiten ist die Frage nach dem Status des Embryos. Dieser ist seit Jahrzehnten heftig umstritten und eine Auflösung des bestehenden Dissenses ist in absehbarer Zeit nicht zu erwarten. Dies ist vor allem dem Umstand geschuldet, dass der Status des Embryos für viele Disziplinen[342] von Bedeutung ist und somit nicht einer allein die Definitionsmacht zukommen kann, sondern vielmehr die Expertise aller mit einfließen muss[343]. Als problematisch erweist sich dabei, dass sich die verschiedenen Disziplinen zum Teil auf die gleichen Begrifflichkeiten und Argumente beziehen, diesen aber eine eigene Konzeption zugrunde legen[344,345]. Zudem darf die Beantwortung der Statusfrage nicht aufgrund von Intuitionen, Erwartungen oder Wahrnehmungsmustern erfolgen, sondern muss vielmehr Ergebnis einer Reflexion sein[346]. Gruppendiskussionen ha-

---

342 Zu denken ist hier insbesondere an die Ethik, die Medizin, die Naturwissenschaften im Allgemeinen, die Rechtswissenschaft und die Theologie.

343 *Bayertz*, Drei Thesen zum moralischen Status menschlicher Embryonen in vitro: in: BMG (Hrsg.), Fortpflanzungsmedizin in Deutschland, 2001, S. 81 ff.; *Frommel*, Satus des Embryo: Juristische Aspekte, in: BMG (Hrsg.), Fortpflanzungsmedizin in Deutschland, 2001, S. 67 ff.; *Honnefelder*, Status des Embryos: Ethisch-philosophische Aspekte, in: BMG (Hrsg.), Fortpflanzungsmedizin in Deutschland, 2001, S. 76 ff.; *Maio/Hilt*, Der Status des extrakorporalen Embryos im interdisziplinären Zugang – Grundlagen, Herausforderungen und Ergebnisse, in: Maio (Hrsg.), Der Status des extrakorporalen Embryos, 2007, S. 11 f.

344 *Maio/Hilt*, Der Status des extrakorporalen Embryos im interdisziplinären Zugang – Grundlagen, Herausforderungen und Ergebnisse, in: Maio (Hrsg.), Der Status des extrakorporalen Embryos, 2007, S. 11, 22.

345 Besonders deutlich sei dies im Rahmen der Projektarbeit am Beispiel der Potentialität geworden. Die beteiligten Mediziner und Biologen hätten Potentialität fast durchweg als an die Wahrscheinlichkeit gekoppelte Entwicklungsfähigkeit gedeutet, wohingegen Ethiker und Theologen die dispositionelle Möglichkeit damit assoziiert hätten.

346 *Maio/Hilt*, Der Status des extrakorporalen Embryos im interdisziplinären Zugang – Grundlagen, Herausforderungen und Ergebnisse, in: Maio (Hrsg.), Der Status des extrakorporalen Embryos, 2007, S. 11, 31.

ben gezeigt, dass die subjektive Bewertung der Schutzwürdigkeit von Embryonen stark von der (antizipierten) Gestalt, ihrer Entstehungsart und dem mit ihnen verfolgten Zweck abhängig ist[347]. Diese für die subjektive Bewertung bedeutenden Kriterien dürfen für die Statusbestimmung selbst nicht herangezogen werden, da dadurch schon eine implizite Vorentscheidung getroffen werden würde[348]. Ihnen kommt erst in einem zweiten Schritt, bei der näheren Betrachtung einzelner Probleme, Verfahren und Techniken, eine größere Bedeutung zu.

Auch wenn der Status des Embryos für viele in dieser Arbeit zu beurteilenden Techniken und Verfahren keine Bedeutung entfaltet, da Embryonen durch diese gerade erst erzeugt werden sollen, muss er einer näheren Betrachtung unterzogen werden[349,350]. Denn bei der Anwendung der IVF und der ICSI stellen sich immer – unabhängig davon, ob Gameten Dritter verwendet werden – zwei wesentliche Vorfragen, von deren Beantwortung die Durchführung und die Erfolgschance der Behandlung nicht unwesentlich abhängen. Dies ist zum einen die Frage, ob mehr Embryonen erzeugt werden dürfen, als einzeitig auf eine Frau übertragen werden sollen[351], und zum anderen, wie mit überzähligen Embryonen umgegangen werden soll[352].

Da der Status des Embryos die Grundlage für die Beantwortung dieser Fragen darstellt, soll er im Folgenden einer näheren Betrachtung unterzogen werden. Die hier vertretene Auffassung soll eine mögliche Beantwortung der Statusfrage liefern, die als Grundlage für die in dieser Arbeit vorgestellten Reformüberlegungen, aber auch für eine um-

347 *Maio/Hilt*, Der Status des extrakorporalen Embryos im interdisziplinären Zugang – Grundlagen, Herausforderungen und Ergebnisse, in: Maio (Hrsg.), Der Status des extrakorporalen Embryos, 2007, S. 11, 32 f.

348 *Plötner*, Der moralische Status des menschlichen Embryos, abrufbar unter: http://www.imabe.org/index.php?id=492 (Stand: 02.01.2020); *Maio/Hilt*, Der Status des extrakorporalen Embryos im interdisziplinären Zugang – Grundlagen, Herausforderungen und Ergebnisse, in: Maio (Hrsg.), Der Status des extrakorporalen Embryos, 2007, S. 11, 33 f.

349 Dies gilt für die Samen-, Eizell- und anfängliche Embryonenspende.

350 Die Statusfrage stellt sich außerhalb des für diese Arbeit gesteckten Rahmens dann, wenn es um die Frage geht, ob Embryonen von vornherein für andere als für fortpflanzungsmedizinische Zwecke gezeugt werden dürfen, und bei der Beurteilung der Zulässigkeit der PID.

351 Siehe dazu Teil 2 Kapitel 4 II.

352 Siehe dazu Teil 2 Kapitel 4 II. 2. a).

fangreiche Überarbeitung des Rechts der Fortpflanzungsmedizin dienen kann.

I. Bestimmung des juristischen Status des Embryos

Für die vorliegende Arbeit soll der Status des Embryos juristisch bestimmt werden, da der juristische Status für den weiteren Gang der Untersuchung die Beurteilungsgrundlage bilden wird. Er zeichnet sich dabei in Abgrenzung zum moralischen Status dadurch aus, dass er nur die Grenzen bestimmen kann und soll, in denen ein Umgang mit dem Embryo als rechtlich zulässig anzusehen ist, und nicht auch danach fragt, wie mit dem Embryo optimalerweise umgegangen werden soll[353].

Ausgangspunkt der Bestimmung des juristischen Status des Embryos ist die Frage, ob dieser als Schutzberechtigter i. S. d. Art. 1 Abs. 1 und Art. 2 Abs. 2 S. 1 GG anzusehen ist.

1. Lebensschutz aus Art. 2 Abs. 2 S. 1 GG

Art. 2 Abs. 2 S. 1 GG schützt nur das menschliche Leben. Die Frage, ab wann der Embryo als menschliches Leben in diesem Sinne anzusehen ist, ist umstritten und muss zunächst einer näheren Betrachtung unterzogen werden, bevor in einem zweiten Schritt die ebenfalls umstrittene Frage beantwortet werden kann, ab wann und in welchem Umfang diesem Menschenwürdeschutz aus Art. 1 Abs. 1 GG zukommt.

a) Mögliche Anknüpfungspunkte für den Beginn menschlichen Lebens

Da die Bestimmung des Beginns menschlichen Lebens untrennbar mit der Entwicklung des Embryos verbunden ist, kann diese nicht losgelöst von biologisch-empirischen Vorgaben vorgenommen werden[354].

---

353 *Vöneky/Petersen*, EuR 2006, 340; *Zimmermann*, Reproduktionsmedizin und Gesetzgebung, 2011, S. 84.

354 *Pap*, MedR 1986, 229, 232.

Als Anknüpfungspunkt für die „Menschwerdung" werden verschiedene Entwicklungsstufen in Betracht gezogen. Relevant sind dabei insbesondere: 1. die Verschmelzung der Vorkerne[355,356], 2. die Nidation[357], 3. die Individuation[358], 4. die Ausbildung des Nervensystems/Großhirns[359], 5. die ersten Kindsbewegungen, 6. die extrauterine Überlebensfähigkeit[360] und 7. die Geburt[361].

Da die Individuation in unmittelbarer zeitlicher Nähe zur Nidation stattfindet[362] und eine zeitlich klare Abgrenzung beider Entwicklungsstufen nur schwer möglich ist, sollen sie im Folgenden als eine Entwicklungsstufe angesehen und zusammen behandelt werden[363].

---

355 *Böckenförde*, JZ 2003, 809, 812; *Faßbender*, MedR 2003, 279, 281; *Hufen*, MedR 2001, 440, 447; *Lücke*, MedR 2002, 432, 433; *Mildenberger*, MedR 2002, 293, 298 f.; *Müller-Terpitz*, ZfL 2006, 34, 36.

356 Hier wird die Terminologie des § 8 Abs. 1 ESchG aufgegriffen. Eine Verschmelzung der Vorkerne zu einem diploiden, von einer Zellmembran umgebenen Kern der Zygote gibt es nicht. Es finden vielmehr die beiden haploiden Chromosomensätze der Vorkerne zur Zellteilung zusammen. Ab diesem Moment enthält die Zygote statt zweier haploider Vorkerne ein sich teilendes diploides Genom (*Günther*/Taupitz/Kaiser, ESchG, 2. Aufl., 2014, A. II. Rn. 37).

357 *Coester-Waltjen*, FamRZ 1984, 230, 235; *Dreier*, Bioethik, 2013, S. 38 ff.; *Dressler*, Verfassungsfragen des Embryonenschutzes hinsichtlich der Reproduktionsmedizin, 1992, S. 46 ff.; *Heun*, Restriktionen assistierter Reproduktion aus verfassungsrechtlicher Sicht, in: Bockenheimer-Lucius/Thorn/Wendehorst (Hrsg.), Umwege zum eigenen Kind, 2008, S. 49, 53; *Rosenau*, Der Streit um das Klonen und um das deutsche Stammzellgesetz, in: Schreiber u. a. (Hrsg.), Recht und Ethik im Zeitalter der Gentechnik, 2003, S. 135, 146 ff.; vgl. die Darstellung bei *Pap*, MedR 1986, 229, 232; *Taupitz*, NJW 2001, 3433, 3438.

358 *Heun*, JZ 2002, 517, 522 f.; *Hofmann*, JZ 1986, 253, 258 f.; vgl. die Darstellung bei *Spieckerkötter*, Verfassungsfragen der Humangenetik, 1989, S. 40 f.

359 *Joerden*, Jus 2003, 1051, 1053; vgl. die Darstellung bei *Pap*, MedR 1986, 229, 232.

360 US Supreme Court of Justice, Entsch. v. 22.01.1973, Roe v. Wade 410 U.S. 113, 152–154.

361 *Hoerster*, Ethik des Embryonenschutzes, 2002, S. 87 ff.; vgl. die Darstellung bei *Pap*, MedR 1986, 229, 232.

362 *Müller-Terpitz*, Der Schutz des pränatalen Lebens, 2007, S. 40.

363 So auch *Dorneck*, Das Recht der Reproduktionsmedizin de lege lata und de lege ferenda, 2018, S. 59; *Schroth*, JZ 2002, 170, 176.

b) Nicht überzeugende Anknüpfungspunkte für den Beginn menschlichen Lebens

Die Ausbildung des Nervensystems/Großhirns kann als Anknüpfungspunkt nicht überzeugen. Anders als beim Hirntod, der den Eintritt eines irreversiblen Zustandes beschreibt und auf den bei der Bestimmung des Endes des menschlichen Lebens abgestellt wird, handelt es sich bei der Ausbildung des Nervensystems/Großhirns um einen dynamischen Prozess, der keine zeitlich genaue Bestimmung zulässt[364].

Auch die übrigen nach der Nidation liegenden Entwicklungsstufen können als Anknüpfungspunkt nicht überzeugen. Gegen sie spricht, dass sie nicht zeitlich genau bestimmt werden können, da sie von der individuellen Entwicklung des Embryos und der physischen und psychischen Verfassung der werdenden Mutter sowie dem aktuellen Stand der medizinischen Erkenntnisse beeinflusst werden. Die nach der Nidation liegenden Entwicklungsstufen erscheinen daher willkürlich und können nicht überzeugen.

Dies entspricht auch der Rechtsprechung des BVerfG[365], nach der dem Embryo jedenfalls mit der Nidation Lebens- und Würdeschutz zukommt, und der weit überwiegenden Auffassung in der Literatur, in der Entwicklungsstadien, die nach der Nidation liegen, nur noch ganz selten als Anknüpfungspunkt gewählt werden.

Es muss daher nur geklärt werden, ob menschliches Leben i. S. d. Art. 2 Abs. 2 S. 1 GG bereits mit der Verschmelzung der Vorkerne oder erst mit der Nidation beginnt.

c) Die Kernverschmelzung als Anknüpfungspunkt für den Beginn menschlichen Lebens

Die Vertreter der Auffassung, dass menschliches Leben bereits mit der Verschmelzung der Vorkerne beginnen soll, rekurrieren zunehmend stärker auf die für die Bestimmung des moralischen Status des Embryos maßgeblichen SKIP-Argumente[366]. Nach diesen soll der Embryo

---

364 *Pap*, MedR 1986, 229, 232.

365 BVerfG, Urt. v. 25.02.1975 – 1 BvF 1-6/74, BVerfGE 39, 1, 41 = NJW 1975, 573.

366 *Dorneck*, Das Recht der Reproduktionsmedizin de lege lata und de lege ferenda, 2018, S. 60; *Hofmann*, JZ 1986, 253, 258 f.

bereits der Spezies Mensch angehören (sog. Speziesargument), sich kontinuierlich als Mensch entwickeln (sog. Kontinuitätsargument), mit dem späteren Menschen identisch sein (sog. Identitätsargument) und das Potential besitzen, zum voll entwickelten Menschen zu werden (sog. Potentialitätsargument). Daraus ließe sich nur der Schluss ziehen, dass menschliches Leben bereits gegeben und zu schützen sei. Darüber hinaus wird zum Teil vertreten, dass bei Zweifeln hinsichtlich der für den Beginn menschlichen Lebens maßgeblichen Entwicklungsstufe der Grundsatz „in dubio pro embryone" gelten müsse, um der Gefahr zu begegnen, dass einem Grundrechtsträger fälschlicherweise der Schutz entzogen werden könnte[367]. Dies entspräche auch der Rechtsprechung des BVerfG[368], nach der in Zweifelsfällen derjenigen Auslegung Vorrang einzuräumen ist, die die juristische Wirkungskraft der Grundrechtsnormen am stärksten entfaltet[369].

d) Die Nidation als Anknüpfungspunkt für den Beginn menschlichen Lebens

Die Vertreter der Auffassung, dass menschliches Leben erst mit der Nidation beginnen soll, stellen hingegen darauf ab, dass es dem Embryo erst nach der Einnistung in die Gebärmutter möglich ist, sich selbstständig zu entwickeln, da erst durch die Nidation das Entwicklungsprogramm vervollständigt sei[370]. Dieses bestehe nicht nur aus den im Embryo selbst angelegten Faktoren, sondern hänge „in existen-

367 *Pap*, Extrakorporale Befruchtung und Embryonentransfer aus arztrechtlicher Sicht, 1987, S. 241 f.; *Plötner*, Der moralische Status des menschlichen Embryos, abrufbar unter: http://www.imabe.org/index.php?id=492 (Stand: 02.01.2020).

368 *Pap*, Extrakorporale Befruchtung und Embryonentransfer aus arztrechtlicher Sicht, 1987, S. 241 f.

369 BVerfG, Beschl. v. 17.01.1957 – 1 BvL 4/45, BVerfGE 6, 55, 72 = NJW 1957, 417, 418; BVerfG Beschl. v. 13.10.1971 – 1 BvR 280/66, BVerfGE 32, 54, 71 = NJW 1971, 2299; BVerfG, Urt. v. 25.02.1975 – 1 BvF 1–6/74, BVerfGE 39, 1, 38 = NJW 1975, 573, 575.

370 *Nüsslein-Vollhard*, Der Mensch nach Maß – unmöglich, SZ vom 1./2.12.2001 „Bei Säugetieren ist erst mit der Einnistung in den Uterus der Mutter das Entwicklungsprogramm vollständig. Erst während dieser erstaunlichen und wundersamen Symbiose zweier Individuen wird das Programm ausgeführt."; sich darauf berufend: *Schroth*, JZ 2002, 170, 175 f.; mit anderer Begründung beruft sich auch die Gegenauffassung auf die Vervollständigung des Entwicklungsprogramms; so z. B. *Gröner*, Klonen, Hybrid- und Chimärenbildung unter Beteiligung totipotenter menschlicher Zellen, in: Günther/Keller (Hrsg.) Fortpflanzungsmedizin und

zieller und nicht ersetzbarer Weise von der Symbiose mit dem mütterlichen Organismus"[371] ab, die „eine wesentliche Voraussetzung dafür [ist], [dass] sich [der Embryo] aus sich heraus zum Menschen oder – wie das BVerfG es [...] formuliert hat – „als" Mensch"[372] entwickelt. Darüber hinaus wird darauf abgestellt, dass der strafrechtliche Schutz aus § 218 Abs. 1 S. 2 StGB erst ab der Nidation eingreift. Auch wenn einfaches Recht grundsätzlich nicht dazu geeignet ist, den Schutzbereich grundrechtlicher Normen zu bestimmen[373], lasse sich der Norm dennoch entnehmen, dass der Embryo ab der Nidation Lebensschutz genießen soll. Durch die der Nidation nachfolgende Individuation sei zudem die Teilung des Embryos zu Mehrlingen ausgeschlossen, sodass mit Erreichen dieser Entwicklungsstufe vom Vorliegen einer individuellen genetischen Identität ausgegangen werden könne[374]. Vorher bestünde „zwar schon artspezifisches, aber noch kein individuelles menschliches Leben"[375,376].

Humangenetik – Strafrechtliche Schranken?, 1987, S. 293, 306; *Müller-Terpitz*, ZfL 2006, 34, 37.

371 *Nationaler Ethikrat*, Genetische Diagnostik vor und während der Schwangerschaft, 2003, S. 126; auch zitiert bei *Beckmann*, Stellungnahme zu der öffentlichen Anhörung „Stammzellenforschung" am 09.05.2007, BT A-Drs. 16(18)193j, S. 5.

372 *Zybries*, „Vom Zeugen zum Erzeugen? Verfassungsrechtliche und rechtspolitische Fragen der Bioethik", Rede beim Humboldt-Forum der Humboldt-Universität zu Berlin am 29.10.2003, abrufbar unter: https://www.zeit.de/reden/wissenschaft/Bioethik_031030 (Stand: 02.01.2020), auch zitiert bei *Beckmann*, Stellungnahme zu der öffentlichen Anhörung „Stammzellenforschung" am 09.05.2007, BT A-Drs. 16(18)193j, S. 5.

373 Eine Ausnahme bilden in diesem Zusammenhang normgeprägte Grundrechte wie die Ehe und das Eigentum (*Axer*, BeckOK Grundgesetz, Art. 14 Rn. 7; *Haydn-Quindeau*, NJOZ 2018, 201, 203; *Jarass*/Pieroth, Grundgesetz, Art. 6 Rn. 14; *Voßkuhle/Kaiser*, Jus 2009, 313, 314).

374 *Coester-Waltjen*, FamRZ 1984, 230, 235; *Heun*, JZ 2002, 517, 522; *Müller-Terpitz*, Der Schutz des pränatalen Lebens, 2007, S. 133 ff.

375 BVerfG, Urt. v. 25.02.1975 – 1 BvF 1-6/74, BVerfGE 39, 1, 37 = NJW 1975, 573, 574 f.

376 Darauf Bezug nehmend: *Hofmann*, JZ 1986, 253, 258; *Böckle*, Antikonzeption und Nidationshemmung in katholisch-theologischer Sicht, in: Kepp/Köster (Hrsg.), Empfängnisverhütung aus Verantwortung, 1968, S. 26, 31; Dreier/*Dreier*, GG, Art. 1 Abs. 1 Rn. 81 ff.

e) Stellungnahme

Der Auffassung, nach der menschliches Leben bereits mit der Verschmelzung der Vorkerne beginnen soll, kann nicht gefolgt werden. Weder die einzelnen SKIP-Argumente noch ihre Zusammenschau vermögen zu überzeugen. Gegen das Speziesargument spricht, dass der Embryo ohne nähere Begründung dem geborenen Menschen gleichgestellt wird. Ob der Embryo und der geborene Mensch gleichzustellen sind, soll durch die Frage nach dem Status des Embryos jedoch gerade erst geklärt werden[377]. Gegen das Kontinuitäts- und das Potentialitätsargument spricht, dass beide nur eine Möglichkeit und keine Wirklichkeit abbilden[378]. Denn beide setzen voraus, dass sich der Embryo in der Gebärmutter einnistet, um sich dann als Mensch zu entwickeln. Nur bei ca. einem Drittel der Embryonen ist dies jedoch der Fall[379], sodass die Nidation als maßgebliche Entwicklungsstufe für den Beginn menschlichen Lebens angesehen werden muss[380]. Zuletzt spricht gegen das Identitätsargument, dass erst durch die der Nidation nachfolgende Individuation die Teilung des Embryos zu Mehrlingen ausgeschlossen ist, sodass vor Erreichen dieser Entwicklungsstufe nicht vom Vorliegen einer individuellen genetischen Identität ausgegangen werden kann.

Es kann also festgestellt werden, dass menschliches Leben i. S. d. Art. 2 Abs. 2 S. 1 GG ab dem Zeitpunkt vorliegen dürfte, in dem die Nidation abgeschlossen ist. Der sich aus Art. 2 Abs. 2 S. 1 GG ergebende Lebensschutz kann ab diesem Zeitpunkt jedoch noch nicht in vollem Umfang angenommen werden, sondern steigt vielmehr mit dem zu-

---

377 *Zimmermann*, Reproduktionsmedizin und Gesetzgebung, 2011, S. 85.

378 *Lumer*, Der moralische Status von Embryonen – internalistisch begründet, in: Lenzen (Hrsg.), Wie bestimmt man den „moralischen Status" von Embryonen?, 2004, S. 212, 214 ff.

379 Im Rahmen der medizinisch assistierten Fortpflanzung kann sogar von noch geringeren Prozentzahlen ausgegangen werden, da nur ca. 1/4 bis 1/3 der befruchteten Eizellen die Implantationsfähigkeit erreicht (Schreiben des DVR vom 28.06.2005 unterzeichnet von Geisthövel/Beier, JRE 2005, 203, 205; *Neidert*, MedR 2007, 279, 281). Von diesen als implantationsfähig anzusehenden Embryonen nistet sich dann wiederum nur 1/5 bis 1/4 ein (*Neidert*, MedR 2007, 279, 281).

380 Dreier/*Dreier*, GG, Art. 1 Rn. 85, 275.

nehmenden Wachstum und der zunehmenden Entwicklung des Embryos kontinuierlich bis zur Geburt an[381].

2. Würdeschutz aus Art. 1 Abs. 1 GG

Art. 1 Abs. 1 GG schützt die „Würde des Menschen". Daher stellt sich die Frage, ab wann und in welchem Umfang dem Embryo diese zuzuerkennen ist. Ihr kommt im Rahmen der Beurteilung des juristischen Status des Embryos eine besondere Bedeutung zu, da die Menschenwürde, anders als das Recht auf Leben aus Art. 2 Abs. 2 S. 1 GG, vorbehaltslos gewährt wird[382].

Allein das Vorliegen menschlichen Lebens i. S. d. Art. 2 Abs. 2 S. 1 GG lässt keinen zwingenden Schluss darauf zu, ob und in welchem Umfang dem Embryo Menschenwürde zukommt, weshalb hierzu unterschiedliche Auffassungen vertreten werden.

Vertreten wird zum einen, dass menschlichem Leben – von seinem Beginn an – voller Menschenwürdeschutz zuzuerkennen sei[383], zum anderen, dass der Menschenwürdeschutz erst mit zunehmendem Wachstum und zunehmender Entwicklung des Embryos kontinuierlich ansteigt[384].

---

381 *Dederer*, AöR 2002, 1 ff.; *Dreier*, ZRP 2002, 377 ff.; *ders.*, JZ 2007, 261, 267 ff.; *ders.*, JZ 2008, 297 ff.; *Neidert*, DÄBl. 2000, A 3483; *Zimmermann*, Reproduktionsmedizin und Gesetzgebung, 2011, S. 91; a. A. für einen vollen Lebensschutz von Anfang an: *Hoerster*, JZ 2008, 295, 296; *Müller-Terpitz*, ZfL 2006, 34, 37 f.

382 Der Menschenwürdeschutz gilt absolut und ist einer Güterabwägung nicht zugänglich (BVerfG, Beschl. v. 03.06.1987 – 1 BvR 313/85 = NJW 1987, 2661, 2662; Maunz/Düring-*Herdegen*, GG, Art. 1 Abs. 1 Rn. 73; *Kohl*, Menschenwürde: Relativierung oder notwendiger Wandel?, 2007, S. 46).

383 *Beitz*, Zur Reformbedürftigkeit des Embryonenschutzgesetzes, 2009, S. 42; *Böckenförde*, JZ 2003, 809, 812; *Herdegen*, JZ 2001, 773, 774; *Hoerster*, JURA 2011, 241, 244; *Müller-Terpitz*, ZfL 2006, 34, 37 f.; *Nationaler Ethikrat*, Genetische Diagnostik vor und während der Schwangerschaft, 2003, S. 80 f.; *Spieker*, ZfL 2008, 98, 99 f.

384 *Heun*, JZ 2002, 517; *Hufen*, JZ 2004, 313, 315; *Kloepfer*, JZ 2002, 417, 420; *Rosenau*, Der Streit um das Klonen und um das deutsche Stammzellgesetz, in: Schreiber u. a. (Hrsg.), Recht und Ethik im Zeitalter der Gentechnik, 2003, S. 135, 148 ff.; *Schreiber*, MedR 2003, 367, 370.

a) Von Beginn an voller Würdeschutz

Die Vertreter der Auffassung, dass menschlichem Leben von seinem Beginn an voller Menschenwürdeschutz zuzuerkennen sei[385], rekurrieren regelmäßig auf die Rechtsprechung des BVerfG[386]. Nach dieser soll menschlichem Leben, wo es existiert, Menschenwürde zuzuerkennen sein, unabhängig davon, „ob der Träger sich dieser Würde bewusst ist und sie selbst zu wahren weiß"[387]. Allein „die von Anfang an im menschlichen Sein angelegten potentiellen Fähigkeiten [sollen danach] genügen, um die Menschenwürde zu begründen"[388]. Da die weitere Entwicklung des Embryos mit keinen wesentlichen Zäsuren mehr verbunden sei[389], entwickele sich der Embryo als Mensch und nicht zum Menschen[390], sodass ihm ab der „Menschwerdung"[391] voller Menschenwürdeschutz zuerkannt werden müsse.

385 *Beitz*, Zur Reformbedürftigkeit des Embryonenschutzgesetzes, 2009, S. 42; *Böckenförde*, JZ 2003, 809, 812; *Herdegen*, JZ 2001, 773, 774; *Hoerster*, JURA 2011, 241, 244; *Müller-Terpitz*, ZfL 2006, 34, 37 f.; *Nationaler Ethikrat*, Genetische Diagnostik vor und während der Schwangerschaft, 2003, S. 80 f.; *Spieker*, ZfL 2008, 98, 99 f.

386 *Hoerster*, JURA 2011, 241, 244; *Müller-Terpitz*, ZfL 2006, 34, 38; *Spieker*, ZfL 2008, 98, 99 f.

387 BVerfG, Urt. v. 25.02.1975 – 1 BvF 1-6/74, BVerfGE, 39, 1, 41 = NJW 1975, 573, 575.

388 BVerfG, Urt. v. 25.02.1975 – 1 BvF 1-6/74, BVerfGE, 39, 1, 41 = NJW 1975, 573, 575.

389 *Kersten*, Das Klonen von Menschen, 2004, S. 550 ff.; abstellend auf den Zeitpunkt der Kernverschmelzung *Schockenhoff*, Zum moralischen und ontologischen Status des Embryos, in: Damschen/Schönecker (Hrsg.), Der moralische Status menschlicher Embryonen, 2003, S. 11, 26.

390 BVerfG, Urt. v. 25.02.1975 – 1 BvF 1-6/74, BVerfGE 39, 1, 37 = NJW 1975, 573, 574 f.; BVerfG, Urt. v. 28.05.1993 – 2 BvF 2/90, 4/92, 5/92, BVerfGE 88, 203, 252 = NJW 1993, 1751, 1753.

391 Die meisten Vertreter dieser Auffassung sehen den Beginn menschlichen Lebens schon in der Kernverschmelzung. Dem Embryo soll der volle Würdeschutz danach bereits ab Kernverschmelzung zukommen. Die Argumentation lässt sich jedoch problemlos auch auf die Auffassung übertragen, nach der menschliches Leben erst mit der Nidation beginnt, da lediglich an einen anderen Zeitpunkt angeknüpft wird und sich keine Abweichungen hinsichtlich der Intensität des Würdeschutzes ergeben.

b) Stufenweise anwachsender Würdeschutz

Die Vertreter der Auffassung, dass der Menschenwürdeschutz erst mit zunehmendem Wachstum des Embryos kontinuierlich ansteige, berufen sich hingegen darauf, dass weder Art. 1 Abs. 1 GG noch die Rechtsprechung des BVerfG eine zwingende Aussage dahingehend enthalten, dass menschlichem Leben von Anfang an voller Menschenwürdeschutz zuzusprechen sei und dieser sich parallel zum Lebensschutz entwickeln müsse[392]. Denn Art. 1 Abs. 1 GG schütze gerade nicht die Würde des menschlichen Lebens, sondern die Würde des Menschen[393]. Zwischen dem Beginn menschlichen Lebens – egal ob man dieses bereits ab der Kernverschmelzung oder erst mit der Nidation annehmen mag – und dem durch die Geburt begründeten Menschsein, lägen noch derart gewichtige Entwicklungsstufen, dass von einer Stufung oder Abstufung menschlichen Lebens hin zum „vollwertigen" Menschen ausgegangen werden könne. Daher könne es nicht überzeugen, dem bloßen menschlichen Leben, egal auf welcher Entwicklungsstufe es sich gerade befindet, vollen Würdeschutz zuzuerkennen[394].

Zur Begründung der Stufung oder Abstufung des Würdeschutzes werden zwei Auffassungen vertreten – zum einen, dass dem Embryo noch keine Grundrechtsträgerschaft zuzuerkennen sei, ihm aufgrund des objektiv-rechtlichen Gehalts der Menschenwürde jedoch Schutz zukomme[395]. Hierfür wird eine Analogie zur Nachwirkungsrechtspre-

---

392 *Dorneck*, Das Recht der Reproduktionsmedizin de lege lata und de lege ferenda, 2018, S. 64; *Herdegen*, JZ 2001, 773, 775; *Heun*, JZ 2002, 517, 518; *Rosenau*, Der Streit um das Klonen und um das deutsche Stammzellgesetz, in: Schreiber u. a. (Hrsg.), Recht und Ethik im Zeitalter der Gentechnik, 2003, 135, 148 ff.; *Schreiber*, MedR 2003, 367, 370.

393 Ein in Bayern vom 22. Mai bis 4. Juni 2003 durchgeführtes Volksbegehren „Menschenwürde ja – Menschenklonen niemals!" versuchte daher die bayerische Verfassung dahingehend ändern zu lassen, dass man folgende Konkretisierung aufnehmen sollte „Die Würde des Menschen ist während seiner gesamten Entwicklung von der Zeugung bis zum Tod in Gesetzgebung und Wissenschaft zu achten …" (*Ludwig*, Leserbrief, DÄBl. 2003, A 1597).

394 *Vönkey/Petersen*, EuR 2006, 340, 348 ff.

395 *Frommel*, ZRP 1990, 351, 352; *Hartleb*, in: Maio (Hrsg.), Der Status des extrakorporalen Embryos, 2007, S. 191, 228; *Ipsen*, JZ 2001, 989, 991, 993; *Wendtland*, Die Forschung mit menschlichen embryonalen Stammzellen als Gegenstand der Rechtsetzung, 2004, S. 144 f.

chung gezogen[396], weshalb auch von Spiegelbildtheorie gesprochen werden kann[397]. Zum anderen wird davon ausgegangen, dass dem Embryo schon eine eingeschränkte Grundrechtsträgerschaft zuzuerkennen sei, die sich an der fortschreitenden Entwicklung des Embryos orientiere. Es wird daher zum Teil von einer Grundrechts-„Anwartschaft“[398] des Embryos gesprochen, die mit zunehmendem Wachstum und zunehmender Entwicklung immer weiter bis hin zum Beginn der Geburt erstarkt und mit dieser zum Vollrecht anwachse.

c) Stellungnahme

Der Auffassung, nach der dem menschlichen Leben von seinem Beginn an voller Menschenwürdeschutz zuzuerkennen sei, kann nicht gefolgt werden. Sie liefert keine überzeugenden Argumente dafür, dass der volle Würdeschutz unabhängig von der Entwicklung des Embryos bereits ab der „Menschwerdung“ zuzuerkennen ist. Auch die als Hauptargument angeführte Rechtsprechung des BVerfG vermag die Auffassung nicht zu stützen, denn sie besagt nur, dass dem menschlichen Leben ab seinem Beginn überhaupt Menschenwürde zuzusprechen ist, und liefert keine Antwort, welche Intensität dieser zukommt. Da das BVerfG die derzeitigen Regelungen zum Schwangerschaftsabbruch als verfassungsgemäß erachtet hat, kann vielmehr festgestellt werden, dass die Entscheidungen selbst von einem gestuften Menschenwürdeschutz ausgehen[399]. Anderenfalls müssten die Entscheidungen als in sich widersprüchlich angesehen werden[400].

---

396 *Hartleb*, Die verfassungsrechtliche Statusdebatte zum extrakorporalen Embryo anhand der Kriterien Intentionalität, Artspezifität, Entstehungsart, Extrakorporalität und Potentialität, in: Maio (Hrsg.), Der Status des extrakorporalen Embryos, 2007, S. 191, 228.

397 *Dederer*, AöR 2002, 1, 13; *Dreier*, Lebensschutz und Menschenwürde in der bioethischen Diskussion, in: Dreier/Huber (Hrsg.), Bioethik und Menschenwürde, 2002, S. 9, 20; *Pap*, Extrakorporale Befruchtung, 1987, S. 261.

398 *Schütze*, Die Bedeutung von Statusargumenten für das geltende deutsche Recht, in: Sturma/Heinrichs/Honnefelder (Hrsg.), Jahrbuch der Wissenschaft und Ethik 2000, S. 305, 322 f.; ebenfalls zitiert von: *Kloepfer*, JZ 2002, 417, 420.

399 *Dreier*, ZRP 2002, 377, 379 f.

400 *Ipsen*, JZ 2001, 989, 991 f.

Daher erscheint es überzeugender, den Würdeschutz mit zunehmendem Wachstum und zunehmender Entwicklung des Embryos kontinuierlich bis zur Geburt ansteigen zu lassen. Für diese Auffassung spricht, dass Wertungswidersprüche zum Regelungskonzept der §§ 218 ff. StGB vermieden werden können[401]. Denn auch nach den §§ 218 ff. StGB nimmt der Schutz des Embryos ab der Nidation bis hin zur Geburt kontinuierlich zu[402] und kann in subjektiv empfundenen Konfliktsituationen hinter die Interessen der Schwangeren zurücktreten[403]. Würde man der Auffassung folgen, nach der allein das Vorliegen menschlichen Lebens für die Begründung vollen Würdeschutzes genügen würde, stünde das Regelungskonzept der §§ 218 ff. StGB dazu im Widerspruch. Davon ist jedoch nicht auszugehen, wie die Billigung der §§ 218 ff. StGB durch das BVerfG zeigt.

Dabei ist nicht davon auszugehen, dass der Schutz des Embryos nur aus dem objektiv-rechtlichen Gehalt der Menschenwürde folgt und dem Embryo noch keine Grundrechtsträgerschaft zuerkannt werden kann, denn die Spiegelbildtheorie vermag nicht zu überzeugen. Auch wenn die Analogie zur Nachwirkungsrechtsprechung im ersten Moment plausibel erscheinen mag, verkennt sie doch die unterschiedlichen Ausgangssituationen der Beurteilung[404], denn die Nachwirkung der Grundrechte kann an die zuvor uneingeschränkte Grundrechtsberechtigung des Verstorbenen anknüpfen. Eine Grundrechtsberechtigung des Embryos kann hingegen gerade noch nicht angenommen werden, sodass es bereits an einer Vergleichbarkeit der beiden Situationen fehlt. Es ist daher allein überzeugend, dem Embryo zunächst eine eingeschränkte Grundrechtsträgerschaft ähnlich einem Grundrechts-„Anwartschaftsrecht“ zuzuerkennen, die mit zunehmendem Wachstum und zunehmender Entwicklung immer weiter erstarkt und somit einen abwägungsoffenen Würdeschutz begründet.

---

401 *Dorneck*, Das Recht der Reproduktionsmedizin de lege lata und de lege ferenda, 2018, S. 65; *Heun*, JZ 2002, 517, 523.

402 *Dreier*, ZRP 2002, 377 ff.; *ders.*, JZ 2007, 261, 267 ff.; *ders.*, JZ 2008, 297 ff.; MüKo/*Gropp*, StGB, Vor § 218 StGB Rn. 38, 48 ff.

403 MüKo/*Gropp*, StGB, Vor § 218 StGB Rn. 38.

404 *Hartleb*, Die verfassungsrechtliche Statusdebatte zum extrakorporalen Embryo anhand der Kriterien Intentionalität, Artspezifität, Entstehungsart, Extrakorporalität und Potentialität, in: Maio (Hrsg.), Der Status des extrakorporalen Embryos, 2007, S. 191, 229; *Jofer*, Regulierung der Reproduktionsmedizin, 2014, S. 377.

II. Ergebnis

Nach der hier vertretenen Auffassung kann hinsichtlich des juristischen Status des Embryos festgehalten werden, dass menschliches Leben ab der Nidation anzunehmen sein dürfte. Ab diesem Zeitpunkt kommen dem Embryo Lebensschutz aus Art. 2 Abs. 2 S. 1 GG und Menschenwürdeschutz aus Art. 1 Abs. 1 GG zu. Da mit der Nidation das Entwicklungsprogramm des Embryos vervollständigt wird, er bis hin zur Geburt jedoch noch wesentliche Entwicklungsschritte durchlaufen muss, können sowohl Lebens- als auch Menschenwürdeschutz nicht von Beginn an in vollem Umfang angenommen werden. Es erscheint vielmehr überzeugend, diesen mit zunehmendem Wachstum und zunehmender Entwicklung des Embryos kontinuierlich bis zur Geburt ansteigen zu lassen. Man kann daher von einer Grundrechts-„Anwartschaft" des Embryos sprechen, die mit zunehmendem Wachstum und zunehmender Entwicklung immer weiter bis hin zum Beginn der Geburt erstarkt und mit dieser zum Vollrecht anwächst. Da der Schutz des Embryos vor seiner Geburt somit hinter dem vollen Lebens- und Würdeschutz aus Art. 2 Abs. 2 S. 1 GG und Art. 1 Abs. 1 GG zurückbleibt, ist eine Abwägung zwischen dem Schutz des Embryos und den verfassungsrechtlich geschützten Interessen und Rechten Dritter möglich und geboten.

Kapitel 3: Zulässigkeit der Inanspruchnahme reproduktionsmedizinischer Maßnahmen

Nachdem die dieser Arbeit zugrundliegende Auffassung zum Status des Embryos dargestellt wurde, soll nun auf die Voraussetzungen eingegangen werden, unter denen die Inanspruchnahme reproduktionsmedizinischer Maßnahmen zulässig ist respektive sein soll.

Da sich die Arbeit im Folgenden auf diejenigen Probleme im Rahmen reproduktionsmedizinischer Maßnahmen beschränkt, die bei den Techniken und Verfahren bestehen, die ausschließlich der Überwindung von Sterilität/Infertilität und der Herbeiführung einer Schwangerschaft dienen, muss auf die allgemeine Zulässigkeit reproduktionsmedizinischer Maßnahmen nicht näher eingegangen werden. Denn auch wenn immer noch vereinzelte Stimmen die Zulässigkeit reproduktionsmedizinischer Maßnahmen im Allgemeinen verneinen, wird diese von der breiten Fachöffentlichkeit und der Gesellschaft[405] angenommen. Dies wird insbesondere daran deutlich, dass sich reproduktionsmedizinische Maßnahmen im medizinischen Alltag etabliert haben und immer öfter in Anspruch genommen werden[406,407].

---

405 Dies gilt für die Verfahren im homologen und quasi-homologen System weit überwiegend, im donogenen System mit konstellationsbezogenen Abstufungen zunehmend mehr.

406 *Merz*, Reproduktionsmedizin 2000, 295; *Seehaus u. a.*, Reproduktionsmedizin 2000, 102.

407 Nach den Zahlen des *DIR Jahrbuch 2016* wurden nach Transfer im Jahr 2015 20.949 Kinder geboren und 2016 100.844 Behandlung erfasst (JRE Sonderheft 1 2017, 8, 22). Nach den Zahlen des *DIR Jahrbuch 2006* wurden 2006 4.452 Kinder nach Transfer geboren und 58.806 Behandlungen erfasst (S. 6, 7, abrufbar unter: https://www.deutsches-ivf-register.de/perch/resources/downloads/dirjahrbuch2006.pdf (Stand: 02.01.2020)).

Umstritten sind hingehen die Fragen, wer reproduktionsmedizinische Maßnahmen in Anspruch nehmen darf und welche Voraussetzungen dafür gelten respektive gelten sollen. Diese Fragen sind weder einfach noch pauschal zu beantworten, da verschiedenste (Beziehungs-)Konstellationen denkbar sind, in denen reproduktionsmedizinische Maßnahmen zur Verwirklichung eines bestehenden Kinderwunsches Anwendung finden können. Um diese näher zu bestimmen, sollen sie vorangestellt kurz erläutert und es soll auf das dieser Arbeit zugrunde liegende Begriffsverständnis eingegangen werden (I.). Sodann soll untersucht werden, welche Vorgaben die derzeit geltenden Regelungen enthalten (II.), um darauf aufbauend zu prüfen, ob Regelungs- und Reformbedarf gegeben ist. Dabei wird auf das Recht auf Fortpflanzung der Wunscheltern eingegangen (III.) und gefragt, ob die Inanspruchnahme reproduktionsmedizinischer Maßnahmen vom Vorliegen weiterer Voraussetzungen abhängig ist (IV.).

I. Begrifflichkeiten

Die Zeugung eines Kindes ist aufgrund der bestehenden reproduktionsmedizinischen Möglichkeiten heute nicht mehr an die Vereinigung von Mann und Frau gebunden. Dadurch können in die Behandlung Dritte mit einbezogen werden. Dies wird meist auch sprachlich zum Ausdruck gebracht, wobei keine einheitliche Terminologie ausgemacht werden kann.

Der vorliegenden Arbeit soll daher das folgende Begriffsverständnis zu Grunde gelegt werden: Grundsätzlich ist von einer Unterscheidung zwischen homologem und heterologem System auszugehen[408]. Das homologe System erfasst dabei all diejenigen Maßnahmen, bei denen

408 Mitunter wird die Bezeichnung „heterologe Insemination" kritisiert, da diese insbesondere im internationalen Vergleich unüblich und daher irreführend (wenn nicht sogar falsch) sei. Es solle vielmehr zwischen homologem und donogenem System unterschieden werden, vgl. *Günther/Fritzsche*, Reproduktionsmedizin 2000, 249 Fn. 1; 2001, 214 Fn. 1; *Günther u. a.*, Reproduktionsmedizin 2001, 271 Fn. 1; *Katzorke*, Entstehung und Entwicklung der Spendersamenbehandlung in Deutschland, in: Bockenheimer-Lucius/Thorn/Wendehorst (Hrsg.), Umwege zum eigenen Kind, 2008, S. 89, 90.

ausschließlich Ei- und Samenzellen eines miteinander verheirateten Ehepaares verwendet werden[409,410]. Das heterologe System erfasst hingegen all diejenigen Maßnahmen, bei denen auch oder ausschließlich Ei- und Samenzellen nicht miteinander verheirateter Personen verwendet werden[411,412]. Vom heterologen System sind daher wesentlich mehr (Beziehungs-)Konstellationen erfasst, sodass eine nochmalige Unterteilung sinnvoll erscheint, um auch sprachlich zum Ausdruck zu bringen, was für eine Konstellation gemeint sein soll, da davon in nicht wenigen Fällen die rechtliche Beurteilung abhängt.

Werden ausschließlich Ei- und Samenzellen eines in einer festgefügten heterosexuellen Partnerschaft[413] lebenden Paares verwendet, soll vom quasi-homologen System gesprochen werden[414], da sich die Konstellation nur durch die fehlende Eheschließung vom homologen System unterscheidet.

---

409 *Grziwotz*, in: Henckschen u. a. (Hrsg.), Beck´sches Notarhandbuch, 6. Aufl., 2015, B. VII. Rn. 78; *Rüsken*, NJW 1998, 1745, 1746; *Zimmermann*, Reproduktionsmedizin und Gesetzgebung, 2011, S. 96.

410 Nach der Richtlinie der BÄK zur Entnahme und Übertragung von menschlichen Keimzellen im Rahmen der assistierten Reproduktion sind vom homologen System all diejenigen Maßnahmen erfasst, bei denen ausschließlich Keimzellen von Personen verwendet werden, die angeben, eine Intimbeziehung miteinander zu führen (ausdrücklich bezieht sich die Richtlinie dabei nur auf die Samenspende im homologen System; DÄBl. 2018, A 1, A 3).

411 *Rüsken*, NJW 1998, 1745, 1746; *Zimmermann*, Reproduktionsmedizin und Gesetzgebung, 2011, S. 96.

412 Nach der Richtlinie der BÄK zur Entnahme und Übertragung von menschlichen Keimzellen im Rahmen der assistierten Reproduktion sind vom heterologen System all diejenigen Maßnahmen erfasst, bei denen ausschließlich Keimzellen von Personen verwendet werden, die angeben, keine Intimbeziehung miteinander zu führen (ausdrücklich bezieht sich die Richtlinie dabei nur auf die Samenspende im heterologen System; DÄBl. 2018, A 1, A 3).

413 Auf die heterosexuelle Ausrichtung der Partnerschaft wird an dieser Stelle nur deshalb explizit abgestellt, weil die ausschließliche Verwendung von Ei- und Samenzellen der Lebenspartner nur in einer solchen denkbar ist. Konstellationen, auf die diese Aussage aufgrund von Transgeschlechtlichkeit und vorgenommenen Geschlechtsangleichungen ausnahmsweise nicht zutrifft, sollen als sehr seltener Spezialfall bewusst aus der Betrachtung ausgenommen werden.

414 *Bredthauer*, in: Scholz/Kleffmann/Doering-Strienig (Hrsg.), Praxishandbuch Familienrecht, 33. Aufl., 2018, Teil T 3. Abs. II. 8. Rn. 141; *Grziwotz*, in: Henckschen u. a. (Hrsg.), Beck´sches Notarhandbuch, 6. Aufl., 2015, B. VII. Rn. 78; *Zimmermann*, Reproduktionsmedizin und Gesetzgebung, 2011, S. 96.

Werden hingegen auch oder ausschließlich Ei- und Samenzellen Dritter verwendet, soll vom donogenen System gesprochen werden[415]. Erfasst sind von diesem – ohne dass dadurch Rückschlüsse auf die rechtliche Zulässigkeit der reproduktionsmedizinischen Maßnahmen in diesen (Beziehungs-)Konstellationen gezogen werden können – verheiratete, in festgefügter Lebenspartnerschaft lebende und alleinstehende Personen, unabhängig von ihrer sexuellen Orientierung.

II. Bestehende Regelungen

Gesetzliche Regelungen, die näher bestimmen, wer reproduktionsmedizinische Maßnahmen in Anspruch nehmen darf, bestehen nach derzeitigem Recht nicht.

§ 27a Abs. 1 Nr. 3 und 4, Abs. 3 S. 3 SGB V bestimmt zwar, dass medizinische Maßnahmen zur Herbeiführung einer Schwangerschaft als Leistungen der Krankenbehandlung zum Teil von der gesetzlichen Krankenkasse übernommen werden, wenn die Wunscheltern miteinander verheiratet sind und ausschließlich Ei- und Samenzellen des Ehepaares verwendet werden. Es handelt sich dabei aber lediglich um eine Kostenübernahmeregelung, die eine Verpflichtung der gesetzlichen Krankenkassen begründet und nicht dazu geeignet ist, näher zu bestimmen, wer reproduktionsmedizinische Maßnahmen in Anspruch nehmen darf[416]. Allenfalls lässt sie daher den Schluss zu, dass jedenfalls verheirateten Paaren die Inanspruchnahme homologer reproduktionsmedizinischer Maßnahmen zustehen soll.

Auch die (Muster-)Richtlinie der BÄK zur Durchführung der assistierten Reproduktion[417] enthält Regelungen, die vorzugeben versuchen, wer reproduktionsmedizinische Maßnahmen in Anspruch nehmen

415 *Zimmermann*, Reproduktionsmedizin und Gesetzgebung, 2011, S. 96.

416 Die Regelung des § 27a SGB V wurde durch das BVerfG – Urt. v. 28.02.2007, 1 BvL 5/03, BVerfGE 117, 316 = NJW 2007, 1343 – gebilligt. Ihr lässt sich jedoch „kein generelles Unwerturteil [bzgl.] heterologer Verfahren […] entnehmen" (*Ratzel*, in: Berchtold/Huster/Rehborn (Hrsg.), Gesundheitsrecht, 2. Aufl., 2018, § 121a SGB V Rn. 7).

417 *BÄK*, (Muster-)Richtlinie zur Durchführung der assistierten Reproduktion vom 17.02.2006, DÄBl. 2006, A 1392.

darf. Nach Ziffer 3.1.1 sollen dies grundsätzlich nur Ehepaare oder in festgefügter Partnerschaft zusammenlebende Paare sein, die die Behandlung im (quasi-)homologen System vornehmen lassen[418]. Sofern eine Behandlung im (quasi-)homologen System nicht erfolgreich war oder aufgrund fehlender Erfolgschancen von Anfang an keinen Erfolg verspricht, soll unter den in Ziffer 5.3 genannten Voraussetzungen auch eine Behandlung im donogenen System zulässig sein[419]. Aus der Formulierung der Ziffer 3.1.1 geht hervor, dass sich die Regelungen nur auf heterosexuelle Ehepaare und in festgefügter Partnerschaft zusammenlebende heterosexuelle Paare beziehen soll, sodass alleinstehende Personen sowie homosexuelle Ehepaare und in festgefügter Partnerschaft zusammenlebende homosexuelle Paare reproduktionsmedizinische Maßnahmen nicht in Anspruch nehmen können sollen[420]. Da es sich bei der Frage, wer reproduktionsmedizinische Maßnahmen in Anspruch nehmen können soll, um eine weitreichende, die Verwirklichung der Grundrechte betreffende Entscheidungen handelt, ist eine Beantwortung durch die Ärzteschaft in Form einer Richtlinie nicht möglich und überschreitet die Befugnisse der BÄK[421]. Den genannten Ziffern kommt daher keine die Praxis bindende Aussagekraft zu[422]. Es bedarf vielmehr einer Entscheidung des parlamentarischen Gesetzgebers[423]. Dies hat offenbar auch die BÄK erkannt. Die neu geschaffene Richtlinie zur Entnahme und Übertragung von menschlichen Keimzellen im Rahmen der assistierten Reproduktion[424] enthält

418 *BÄK*, (Muster-)Richtlinie zur Durchführung der assistierten Reproduktion vom 17.02.2006, 2006, A 1392, A 1395.

419 *BÄK*, (Muster-)Richtlinie zur Durchführung der assistierten Reproduktion vom 17.02.2006, DÄBl. 2006, A 1392, A 1395, A 1397; die (Muster-)Richtlinie spricht an dieser Stelle vom heterologen System, da ihr ein anderes Begriffsverständnis zugrunde liegt als dieser Arbeit.

420 Siehe dazu auch Kommentar zur (Muster-)Richtlinie zur Durchführung der assistierten Reproduktion vom 17.02.2006, DÄBl. 2006, A 1398, A 1400.

421 *Rütz*, Heterologe Insemination – Die rechtliche Stellung des Samenspenders, 2008, S. 81 f. m. w. N.; *Taupitz*, AJP 2009, 688, 689.

422 *Rütz*, Heterologe Insemination – Die rechtliche Stellung des Samenspenders, 2008, S. 82.

423 *Rütz*, Heterologe Insemination – Die rechtliche Stellung des Samenspenders, 2008, S. 82; *Taupitz*, AJP 2009, 688, 689.

424 *BÄK*, Richtlinie zur Entnahme und Übertragung von menschlichen Keimzellen im Rahmen der assistierten Reproduktion, DÄBl. 2018, A 1.

keine Aussagen mehr, die Rückschlüsse darauf zulassen, wer reproduktionsmedizinisch Maßnahmen in Anspruch nehmen können soll.

Das ESchG enthält hingegen kaum fruchtbar zu machende Regelungen, wenn es um die Frage geht, wer reproduktionsmedizinische Maßnahmen in Anspruch nehmen darf. Aus den Regelungen lässt sich vielmehr lediglich der Schluss ziehen, dass die Vornahme reproduktionsmedizinischer Maßnahmen im donogenen System zulässig sein soll, wenn es um die Inanspruchnahme einer Samenspende geht. Dies folgt aus dem Umstand, dass die Eizellspende gem. § 1 Abs. 1 Nr. 1, Abs. 2 ESchG verboten, die Zulässigkeit der Samenspende hingegen allgemein anerkannt ist[425,426]. Darüber hinaus normiert das ESchG keine für die Durchführung reproduktionsmedizinischer Maßnahmen einzuhaltenden Zulässigkeitsvoraussetzungen, insbesondere nicht das Vorliegen einer rechtswirksamen Ehe. Mithin erlaubt das ESchG die Vornahme reproduktionsmedizinischer Maßnahmen im homologen und quasi-homologen sowie im donogenen System, sofern bei diesen nur eigene Eizellen und eigene oder gespendete Samenzellen zum Einsatz kommen[427]. Hinsichtlich der sexuellen Orientierung der die Behandlung in Anspruch nehmenden Personen enthält das ESchG keine Angaben, sodass sich Beschränkungen nur aus biologischen Gründen[428] ergeben können.

Es kann daher festgestellt werden, dass die bestehenden Regelungen keine verbindliche Aussage darüber enthalten, ob und in welchen (Be-

425 *Coester-Waltjen*, Reproduktionsmedizin 2002, 183, 184; *dies.*, Was erlaubt das Recht?, Vortrag auf der Jahrestagung des Deutschen Ethikrates 2014, S. 3; *Frommel u. a.*, JRE 2010, 96, 101; *Günther*/Taupitz/Kaiser, ESchG, 2. Aufl., 2014, C. II. § 1 Abs. 1 Nr. 1 Rn. 12.

426 Siehe dazu nun auch das „Gesetz zur Regelung des Rechts auf Kenntnis der Abstammung bei heterologer Verwendung von Samen", BGBl. I 2017, 2513, in Kraft getreten am 01.07.2018.

427 Eine Ausnahme dazu stellt die nachträgliche Embryonenspende dar. Siehe dazu Teil 2 Kapitel 4 II. 2. a) bb).

428 Alleinstehenden Männern und in einer homosexuellen Ehe bzw. Partnerschaft lebenden Männern kann der Wunsch nach einem eigenen Kind unter diesen Voraussetzungen nicht erfüllt werden, da dafür zwingend eine Eizellspende und die Bereitschaft einer Frau erforderlich ist, den/die durch die Spende erzeugten Embryo(nen) auszutragen.

ziehungs-)Konstellationen reproduktionsmedizinische Maßnahmen zulässig sind.

III. Recht auf reproduktive Selbstbestimmung

1. Herleitung des Rechts auf reproduktive Selbstbestimmung

Geht es um die Frage der Zulässigkeit einzelner reproduktionsmedizinischer Maßnahmen, muss stets das Recht auf reproduktive Selbstbestimmung[429] der (Wunsch-)Eltern beachtet werden. Auch wenn dieses keine ausdrückliche Regelung im Gesetz gefunden hat und verfassungsrechtliche Entscheidungen bisher fehlen, ist es doch allgemein anerkannt[430]. Zu seiner Herleitung werden dabei im Wesentlichen drei Ansätze vertreten[431].

Der erste sieht das Recht auf reproduktive Selbstbestimmung als Teil des allgemeinen Persönlichkeitsrechts aus Art. 2 Abs. 1 i. V. m. Art. 1 Abs. 1 GG an, da Entscheidungen, die die eigene Fortpflanzung betreffen, dem intimsten Kern der personalen Identität zuzuordnen seien[432]. Auch Handlungen und Methoden, die nicht auf die Gründung einer eigenen Familie abzielen – wie dies beispielsweise bei der Spende von Gameten der Fall ist –, sollen dabei vom Recht auf reproduktive Selbstbestimmung umfasst sein[433].

---

429 Synonym wird auch von „Recht auf Fortpflanzung", „Fortpflanzungsfreiheit" oder „Recht auf Nachkommenschaft" gesprochen.

430 Spickhoff/*Müller-Terpitz*, Medizinrecht, Art. 6 GG Rn. 1; *Zimmermann*, Reproduktionsmedizin und Gesetzgebung, 2011, S. 90.

431 Mitunter wird auch überlegt, direkt auf die Menschenwürde aus Art. 1 Abs. 1 GG abzustellen (Maunz/Düring-*Herdegen*, GG, Art. 1 Rn. 100); *Knopp* will das Recht auf reproduktive Selbstbestimmung hingegen als „Mosaikgrundrecht" begreifen, das sich aus verschiedenen Grundrechten zusammensetzt, je nachdem, welche Art und Methode der Fortpflanzung vorliegen (Recht auf Fortpflanzung und medizinischer Fortschritt, 2004, S. 251 f.).

432 *Coester-Waltjen*, Was erlaubt das Recht?, Vortrag auf der Jahrestagung des Deutschen Ethikrates 2014, S. 1; *Dorneck*, Das Recht der Reproduktionsmedizin de lege lata und de lege ferenda, 2018, S. 69; *Gassner u. a.*, Fortpflanzungsmedizingesetz, 2013, S. 31; *Kersten*, NVwZ 2018, 1248; *Ramm*, JZ 1989, 861, 870.

433 *Dorneck*, Das Recht der Reproduktionsmedizin de lege lata und de lege ferenda, 2018, S. 69 mit Verweis auf Spickhoff/*Steiner*, Art 2 GG Rn. 10.

Der zweite Ansatz sieht das Recht auf reproduktive Selbstbestimmung auf Grund der thematischen Nähe als Teil des Rechts auf Ehe und Familie aus Art. 6 GG an, da von diesem nicht nur die bestehende Familie, sondern auch die Entscheidung, eine solche zu gründen, umfasst sei[434]. Auf das allgemeine Persönlichkeitsrecht aus Art. 2 Abs. 1 i. V. m. Art. 1 Abs. 1 GG müsse nicht zurückgegriffen werden, da dieses gegenüber dem spezielleren Recht auf Ehe und Familie subsidiär sei[435]. Etwas anderes gelte nur dann, wenn es sich um Handlungen und Methoden handelt, die nicht auf die Gründung einer eigenen Familie abzielen[436].

Die dritte Auffassung geht hingegen davon aus, dass das Recht auf reproduktive Selbstbestimmung aus der Verbindung des allgemeinen Persönlichkeitsrechts aus Art. 2 Abs. 1 i. V. m. Art. 1 Abs. 1 GG und des Rechts auf Ehe und Familie aus Art. 6 GG herzuleiten sei[437,438].

Gefolgt werden soll hier der erstgenannten Auffassung, nach der das Recht auf reproduktive Selbstbestimmung als Teil des allgemeinen Persönlichkeitsrechts aus Art. 2 Abs. 1 i. V. m. Art. 1 Abs. 1 GG anzusehen ist. Dafür spricht, dass von diesem die reproduktive Selbstbestimmung in all ihren Facetten umfasst ist. Denn auch die Entscheidung, eine andere Person oder ein Paar bei der Gründung einer Familie zu unterstützen – z. B. durch die Gametenspende –, ist eine, die der reproduktiven Selbstbestimmung zuzuordnen ist[439]. Eine Differenzierung da-

434 Dreier/*Gröschner*, GG, Art. 6 Rn. 65; *Lammers*, Leihmutterschaft in Deutschland, 2017, S. 175 f.; Spickhoff/*Müller-Terpitz*, Medizinrecht, Art. 6 GG Rn. 2; *Voss*, Leihmutterschaft in Deutschland, 2015, S. 271 ff.

435 *Lammers*, Leihmutterschaft in Deutschland, 2017, S. 175; Spickhoff/*Müller-Terpitz*, Medizinrecht, Art. 6 GG Rn. 2.

436 *Lammers*, Leihmutterschaft in Deutschland, 2017, S. 175 f.; Spickhoff/*Müller-Terpitz*, Medizinrecht, Art. 6 GG Rn. 2.

437 Alternativ wird auch davon gesprochen, dass das allgemeine Persönlichkeitsrecht aus Art. 2 Abs. 1 i. V. m. Art. 1 Abs. 1 GG durch das Recht auf Ehe und Familie aus Art. 6 GG verstärkt wird.

438 *Heun*, Restriktionen assistierter Reproduktion aus verfassungsrechtlicher Sicht, in: Bockenheimer-Lucius/Thorn/Wendehorst (Hrsg.), Umwege zum eigenen Kind, 2008, S. 49, 51 f.; *Schächinger*, Menschenwürde und Menschheitswürde, 2014, S. 137 f.

439 A. A. *Hieb*, Die gespaltene Mutterschaft im Spiegel des deutschen Verfassungsrechts, 2005, S. 30 f.; *Zimmermann*, Reproduktionsmedizin und Gesetzgebung, 2011, S. 102.

hingehend vornehmen zu wollen, ob Ziel der Handlung oder Maßnahme die Gründung einer eigenen Familie ist, erscheint nicht interessengerecht. Der Entscheidung kommt im Ergebnis jedoch keine Bedeutung zu, da beide Grundrechte ein vergleichbares Schutzniveau begründen[440].

Das Recht auf reproduktive Selbstbestimmung wird daneben auch von der Rechtsprechung des Europäischen Gerichtshof für Menschenrechte anerkannt, die es als Teil des Rechts auf Achtung des Privat- und Familienlebens aus Art. 8 Abs. 1 EMRK anerkennt[441].

2. Schutzbereich des Rechts auf reproduktive Selbstbestimmung

In personeller Hinsicht ist das Recht auf reproduktive Selbstbestimmung umfassend, d. h., jeder Mensch kann sich auf dieses berufen, unabhängig von seinem Beziehungsstatus und seiner sexuellen Orientierung[442]. Da der einzelne Mensch als Grundrechtsträger anzusehen ist, genießen alleinstehende Personen und in einer Beziehung lebende oder verheiratete (Ehe-)Paare unabhängig von ihrer sexuellen Orientierung den gleichen Grundrechtsschutz.

Aber auch in sachlicher Hinsicht ist das Recht auf reproduktive Selbstbestimmung umfassend, d. h., jeder kann selbst entscheiden, ob und wenn ja wann, mit wem und wie er sich fortpflanzen möchte[443]. Es steht daher jedem frei, empfängnisverhütende Maßnahmen zu ergreifen oder sich geschlechtlich sowie mit Hilfe reproduktionsmedizini-

440 *Gassner u. a.*, Fortpflanzungsmedizingesetz, 2013, S. 32, Spickhoff/*Müller-Terpitz*, Medizinrecht, Art. 6 GG Rn. 2.

441 EGMR, Urt. v. 10.04.2007, 6339/05 – Evans v. United Kingdom; EGMR, Urt. v. 04.12.2007, 44362/04 – Dickson v. United Kingdom = NJW 2009, 971.

442 *Gassner u. a.*, Fortpflanzungsmedizingesetz, 2013, S. 32; *Jofer*, Regulierung der Reproduktionsmedizin, 2014, S. 162 f.; *Kersten*, NVwZ 2018, 1248; *Rütz*, Heterologe Insemination – Die rechtliche Stellung des Samenspenders, 2008, 94 f.; Spickhoff/*Müller-Terpitz*, Medizinrecht, Art. 6 GG Rn. 5; *Zimmermann*, Reproduktionsmedizin und Gesetzgebung, 2011, S. 100.

443 *Coester-Waltjen*, Elternschaft außerhalb der Ehe – Sechs Juristische Prämissen und Folgerungen für die künstliche Befruchtung, in: BMG (Hrsg.), Fortpflanzungsmedizin in Deutschland, 2001, S. 158, 159; *Lehmann*, In-vitro-Fertilisation und ihre Folgen, 2007, S. 65 m. w. N.; *Ramm*, JZ 1989, 861, 870.

scher Maßnahmen fortzupflanzen[444]. Von dem grundrechtlichen Schutz sind dabei alle reproduktionsmedizinischen Maßnahmen, insbesondere auch Gameten- und Embryonenspenden, umfasst[445].

3. Beschränkbarkeit

Das Recht auf reproduktive Selbstbestimmung kann jedoch durch den Gesetzgeber beschränkt werden, wenn damit der Schutz anderer verfassungsrechtlich geschützter Rechtsgüter bezweckt wird, die ebenfalls einen Menschenwürdebezug aufweisen. Wegen der besonderen Bedeutung des Rechts auf reproduktive Selbstbestimmung sind dabei strenge Anforderungen an die Begründung der Einschränkung und deren Verhältnismäßigkeit zu stellen[446]. Daher genügt beispielsweise die bloße Vermutung, dass durch eine bestimmte Maßnahme das Kindeswohl gefährdet werden könnte, nicht, um eine Beschränkung des Rechts auf reproduktive Selbstbestimmung zu legitimieren[447]. Es müssen vielmehr gesicherte Erkenntnisse vorliegen, die eine solche Annahme zumindest weitüberwiegend wahrscheinlich erscheinen lassen, damit eine Beschränkung erwogen werden kann[448]. Sofern aufgrund der wiederstreitenden Interessen der kollidierenden Grundrechte eine Beschränkung zulässig ist, muss zudem versucht werden im Wege der sog. praktischen Konkordanz einen Ausgleich zu erreichen, sodass den

---

444 *Gassner u. a.*, Fortpflanzungsmedizingesetz, 2013, S. 32; *Hufen*, MedR 2001, 440, 442; *Rüsken*, NJW 1998, 1745, 1749; Spickhoff/*Müller-Terpitz*, Medizinrecht, Art. 6 GG Rn. 5.

445 *Gassner u. a.*, Fortpflanzungsmedizingesetz, 2013, S. 33; *Hieb*, Die gespaltene Mutterschaft im Spiegel des deutschen Verfassungsrechts, 2005, S. 30; a. A. *Heun*, Restriktionen assistierter Reproduktion aus verfassungsrechtlicher Sicht, in: Bockenheimer-Lucius/Thorn/Wendehorst (Hrsg.), Umwege zum eigenen Kind, 2008, S. 49, 52; *Zimmermann*, Reproduktionsmedizin und Gesetzgebung, 2011, S. 102.

446 *Gassner u. a.*, Fortpflanzungsmedizingesetz, 2013, S. 34; *Kersten*, NVwZ 2018, 1248, 1251.

447 *Deutsche Akademie der Naturforscher Leopoldina e.V./Union der deutschen Akademien der Wissenschaften e.V.*, Fortpflanzungsmedizin in Deutschland – für eine zeitgemäße Gesetzgebung, 2019, S. 28, 38; *Taupitz*, AJP 2009, 688, 695.

448 *Deutsche Akademie der Naturforscher Leopoldina e.V./Union der deutschen Akademien der Wissenschaften e.V.*, Fortpflanzungsmedizin in Deutschland – für eine zeitgemäße Gesetzgebung, 2019, S. 28, 38.

betroffenen Grundrechten zur größtmöglichen Geltung verholfen werden kann[449]. Dies muss bei der Beurteilung einzelner reproduktionsmedizinischer Techniken und Verfahren stets im Augen behalten werden und soll im weiteren Verlauf der Arbeit an den entscheidenden Stellen getan werden.

IV. Weitere Voraussetzungen für die Inanspruchnahme reproduktionsmedizinischer Maßnahmen

Nachdem festgestellt wurde, dass grundsätzlich jeder Person das Recht auf reproduktive Selbstbestimmung zusteht und auch die bestehenden Regelungen keine verbindlichen Aussagen dahingehend enthalten, wer unter welchen Voraussetzungen reproduktionsmedizinische Maßnahmen in Anspruch nehmen darf, stellt sich die Frage, ob eine Beschränkung des Zugangs zu diesen geboten erscheint. Sofern dies der Fall ist, müsste sie bei der Änderung des ESchG oder der Schaffung eines neuen Fortpflanzungsmedizingesetzes Beachtung finden. Zu prüfen ist daher zunächst, ob die Inanspruchnahme reproduktionsmedizinischer Maßnahmen auch außerhalb einer bestehenden heterosexuellen Ehe oder festgefügten Partnerschaft zulässig sein soll (1.), ob eine medizinische oder soziale[450] Indikation für sie gegeben sein muss (2.) und ob bestimmte Altersgrenzen eingehalten werden müssen (3.).

1. Voraussetzung eines bestimmten Beziehungsstatus

Wie bereits aufgezeigt wurde, ist die grundsätzliche Zulässigkeit der Inanspruchnahme reproduktionsmedizinischer Maßnahmen innerhalb einer bestehenden heterosexuellen Ehe und zunehmend auch innerhalb einer festgefügten heterosexuellen Lebenspartnerschaft weitestgehend unumstritten. Dem ist nicht zu widersprechen, da keine An-

449 *Gassner u. a.*, Fortpflanzungsmedizingesetz, 2013, S. 35.

450 Von sozialer Infertilität bzw. Unfruchtbarkeit sprechen auch *Deutsche Akademie der Naturforscher Leopoldina e.V./Union der deutschen Akademien der Wissenschaften e.V.*, Fortpflanzungsmedizin in Deutschland – für eine zeitgemäße Gesetzgebung, 2019, S. 43 und *Thorn*, Hessisches Ärzteblatt 2006, 173.

haltspunkte ersichtlich sind, die eine andere Beurteilung rechtfertigen würden.

Heftig umstritten ist hingegen die Zulässigkeit der Inanspruchnahme reproduktionsmedizinischer Maßnahmen durch in einer homosexuellen Ehe/eingetragenen Lebenspartnerschaft oder festgefügten homosexuellen Lebenspartnerschaft lebende oder alleinstehende Personen.

a) Homosexuelle (Ehe-)Paare

Wie soeben dargestellt wurde, steht das Recht auf reproduktive Selbstbestimmung jedem unabhängig von seiner sexuellen Orientierung und seinem Beziehungsstatus gleichermaßen zu[451]. Eine Beschränkung ist daher nur zum Schutz anderer verfassungsrechtlich geschützter Rechtsgüter zulässig. Solche sind hier jedoch nicht ersichtlich, sodass auch homosexuelle (Ehe-)Paare reproduktionsmedizinische Maßnahmen grundsätzlich in Anspruch nehmen können.

Insbesondere das immer wieder ins Feld geführte Argument des entgegenstehenden Kindeswohls ist nicht geeignet, eine gegenteilige Auffassung zu untermauern[452]. Die Vorstellung, dass die traditionelle „Familie" – bestehend aus Mutter, Vater und Kind – stets die beste Grundlage für die Entwicklung eines Kindes bilde, beruht auf bloßen Vermutungen, die durch die aktuelle Studienlage als zweifelhaft, wenn nicht sogar als widerlegt anzusehen sind. Nach dieser wird die Entwicklung eines Kindes weniger durch das Geschlecht der Eltern, sondern viel-

451 *Coester-Waltjen*, Elternschaft außerhalb der Ehe – Sechs Juristische Prämissen und Folgerungen für die künstliche Befruchtung, in: BMG (Hrsg.), Fortpflanzungsmedizin in Deutschland, 2001, S. 158, 160.

452 *Coester-Waltjen*, Elternschaft außerhalb der Ehe – Sechs Juristische Prämissen und Folgerungen für die künstliche Befruchtung, in: BMG (Hrsg.), Fortpflanzungsmedizin in Deutschland, 2001, S. 158, 160.

mehr durch die Qualität und Stabilität der Eltern-Kind-Beziehung sowie der sonstigen sozialen Umstände geprägt[453,454].

Dass sich auch der Gesetzgeber dieser Erkenntnis und der Lebenswirklichkeit nicht verschließt, zeigt sich durch die durch das Gesetz zur Einführung des Rechts auf Eheschließung für Personen des gleichen Geschlechts[455] möglich gewordene Adoption durch homosexuelle Ehepaare. Da das Adoptionsrecht nur auf das Bestehen einer Ehe und nicht auf das Geschlecht der Ehegatten abstellt, ist es nun ohne weiteres auch homosexuellen Ehepaaren möglich, ein Kind zu adoptieren.

Die Möglichkeit in eingetragener Lebenspartnerschaft lebender Personen, ein Kind allein anzunehmen oder das Kind des Lebenspartners im Wege der sog. Stiefkindadoption anzunehmen, war bereits zuvor durch § 9 Abs. 6, 7 Lebenspartnerschaftsgesetz (LPartG)ermöglicht worden[456]. Die gleichzeitige Annahme eines fremden Kindes durch beide gleichgeschlechtlichen Lebenspartner sowie die sukzessive Annahme des Kindes durch beide Lebenspartner im Wege einer Kettenadoption in zwei Schritten sollte damals jedoch noch verhindert werden[457]. Dem hat das BVerfG insoweit eine Absage erteilt, als es die sukzessive Adoption als zulässig erklärt hat[458]. Daraufhin wurde in § 9 Abs. 7 S. 2 LPartG der Verweis auf § 1742 BGB aufgenommen[459] und

453 *Bos/Hakvoort*, Journal of Psychosomatic Obstricts & Gynaecology 2007, 121 ff.; *Bos/v. Balen/Boom*, American Journal of Orthopsychiatry 2007, 38 ff.; *Rupp/Bergold*, Zusammenfassung, in: Rupp (Hrsg.), Die Lebenssituation von Kindern in gleichgeschlechtlichen Lebenspartnerschaften, 2009, S. 281, 305 f.; *Wainright/Patterson*, Journal of Family Psychology 2006, 526 ff.

454 Zudem sprechen gegen die Annahme, dass die Ehe die beste Grundlage für die Entwicklung des Kindes ist die konstant hohe Scheidungsrate und die hohe Dunkelziffer an Übergriffen, die innerhalb einer Ehe auf Kinder ausgeübt werden (*Baumann-Hölzle*, Elternschaft außerhalb der Ehe – Ethische Gesichtspunkte unter Berücksichtigung des Wohles der Kinder, in: BMG (Hrsg.), Fortpflanzungsmedizin in Deutschland, 2001, S. 163).

455 BGBl. I 2017, 2787.

456 Mit Wirkung vom 01.01.2005 eingefügt durch Gesetz vom 15.12.2004 (BGBl. I, 3396).

457 MüKo/*Wacke*, BGB, § 9 LPartG, Rn. 10.

458 BVerfG, NJW 2013, 847.

459 Mit Wirkung vom 27.06.2014 geändert durch Gesetz vom 20.06.2014 (BGBl. I, 786).

somit die sukzessive Adoption ermöglicht. Eine gemeinsame Adoption ist hingegen nach wie vor nach den Vorschriften des LPartG nicht möglich. Durch die Schaffung des Gesetzes zur Einführung des Rechts auf Eheschließung für Personen des gleichen Geschlechts ist dies aber auch nicht mehr erforderlich, da die in einer eingetragenen Lebenspartnerschaft lebenden Partner diese gem. § 20a LPartG[460] in eine Ehe umwandeln lassen können, mit der Folge, dass eine gemeinsame Adoption nach den allgemeinen adoptionsrechtlichen Vorschriften zulässig ist.

Diese Vorschriften belegen, dass das Kindeswohl der grundsätzlichen Zulässigkeit der Inanspruchnahme reproduktionsmedizinischer Maßnahmen durch homosexuelle (Ehe-)Paare nach der Ansicht des Gesetzgebers nicht entgegenstehen kann. Denn sie zeigen auf, dass auch der Gesetzgeber davon ausgeht, dass homosexuelle (Ehe-)Paare gleichermaßen geeignet sind, ein Kind großzuziehen. Der Einwand, dass hier unterschiedliche Sachverhalte miteinander verglichen würden, die eine unterschiedliche Beurteilung rechtfertigten, da es zum einen um die rechtliche Zuordnung eines bereits existenten Kindes und zum anderen um die Frage der Zeugung eines gerade noch nicht existenten Kindes geht, überzeugt nicht. Sofern man die Auffassung vertreten mag, dass durch die Art der Zeugung und Austragung eine Gefährdung des zu zeugenden Kindes begründet werden kann, führt diese nicht zur grundsätzlichen Unzulässigkeit reproduktionsmedizinischer Maßnahmen, sondern kann allenfalls im Rahmen der Prüfung einzelner reproduktionsmedizinischer Maßnahmen herangezogen werden, um deren Unzulässigkeit anzunehmen. Darauf wird im weiteren Verlauf der Arbeit noch genauer einzugehen sein, da homosexuelle (Ehe-)Paare bei der Inanspruchnahme reproduktionsmedizinischer Maßnahmen immer auf die Beteiligung dritter Personen des anderen Geschlechts angewiesen sind. Dies gilt insbesondere für männliche homosexuelle (Ehe-)Paare, da diese nicht nur auf eine Eizellspende, sondern auch auf eine Leih-/Ersatzmutter angewiesen sind.

460 Mit Wirkung vom 01.10.2017 eingefügt durch Gesetz vom 20.07.2017 (BGBl. I, 2787).

b) Alleinstehende Personen

Auch alleinstehenden Personen kommt das Recht auf reproduktive Selbstbestimmung zu. Im Gegensatz zu heterosexuellen und homosexuellen (Ehe-)Paaren unterscheidet sich die Situation bei ihnen maßgeblich dadurch, dass von vorneherein nur ein Elternteil existiert, der die Versorgung des Kindes übernehmen will. Jedoch genügt allein dieser Umstand nicht, um zu begründen, warum alleinstehende Personen reproduktionsmedizinische Maßnahmen grundsätzlich nicht in Anspruch nehmen können sollen. Auch das Adoptionsrecht ermöglicht es alleinstehenden Personen, ein Kind anzunehmen (§ 1741 Abs. 2 S. 1 BGB), wenn die erforderlichen Rahmenbedingungen erfüllt sind. Der Gesetzgeber bringt somit zum Ausdruck, dass er selbst nicht davon ausgeht, dass die Erziehung von Kindern allein Paaren vorbehalten sein soll.

Zudem gilt es zu beachten, dass die Versagung der Zulässigkeit reproduktionsmedizinischer Maßnahmen insbesondere bei alleinstehenden Frauen sogar zu einer Verschlechterung der Situation sowohl für die Wunschmutter als auch für das zu zeugende Kind führen kann. Sofern keine medizinische Indikation entgegensteht, bleiben der Wunschmutter verschiedene andere Wege, ihren Kinderwunsch zu realisieren. Neben der Möglichkeit einer Auslandsbehandlung kommen insbesondere die sog. Becherspende oder ungeschützter Geschlechtsverkehr in Betracht[461]. Diese Möglichkeiten können mit erheblich höheren Risiken für die Gesundheit von Wunschmutter und Kind verbunden sein, als dies bei der Vornahme reproduktionsmedizinischer Maßnahmen der Fall ist. Dies gilt insbesondere dann, wenn bei der Behandlung im Ausland geringere medizinische Standards gelten oder die Wunschmutter den Samenspender/Sexualpartner nicht kennt. Neben den gesundheitlichen Risiken für Wunschmutter und Kind wird bei einem solchen Vorgehen das Recht des Kindes auf Kenntnis der eigenen Abstam-

461 Für die Heimbefruchtung mittels Becherspende finden sich zahlreiche Angebote im Internet. Neben kommerziellen Angeboten (beispielsweise Cryos International, https://dk-de.cryosinternational.com/) sind zunehmend mehr nicht kommerzielle (Vermittlungs-)Angebote anzutreffen (beispielsweise unter https://www.co-eltern.de/; http://www.samenspender-info.de/; http://www.spermaspender-samenspender4you.com/).

mung gefährdet[462], da in einigen Ländern die anonyme Samenspende zulässig ist und auch Spender- und Sexualkontakte außerhalb des reproduktionsmedizinischen Bereichs vollkommen anonym ablaufen können.

2. Indikation

Darüber hinaus stellt sich die Frage, ob die Inanspruchnahme reproduktionsmedizinischer Maßnahmen von einer bestimmten Indikation abhängig gemacht werden sollte. Denkbar sind eine medizinische und eine soziale Indikation.

Bei Vorliegen einer medizinischen Indikation ist die Zulässigkeit der Inanspruchnahme reproduktionsmedizinischer Maßnahmen zu bejahen[463]. Eine solche ist immer dann anzunehmen, wenn die Person oder das (Ehe-)Paar unfruchtbar/vermindert fruchtbar ist[464], wenn eine genetische Disposition vorliegt, aufgrund derer die Durchführung der Präimplantationsdiagnostik zulässig ist, oder im Falle der Herbeiführung einer Schwangerschaft durch Geschlechtsverkehr die ernste Gefahr besteht, dass eine schwere Infektionskrankheit übertragen wird.

Umstritten ist hingegen, ob auch das Vorliegen einer bloß sozialen Indikation für die Zulässigkeit der Inanspruchnahme reproduktionsmedizinischer Maßnahmen genügen soll[465]. Eine solche liegt immer dann vor, wenn eine alleinstehende Person oder ein homosexuelles

---

462 *Grzitwotz*, NZFam 2014, 1065, 1070.

463 *Dorneck*, Das Recht der Reproduktionsmedizin de lege lata und de lege ferenda, 2018, S. 84; *Zimmermann*, Reproduktionsmedizin und Gesetzgebung, 2011, S. 104.

464 Einen Indikationskatalog enthalten: *BÄK*, (Muster-)Richtlinie zur Durchführung der assistierten Reproduktion vom 17.02.2006, DÄBl. 2006, A 1392, A 1394 f.; *Bundesausschuss der Ärzte und Krankenkassen*, Richtlinie über ärztliche Maßnahmen zur künstlichen Befruchtung, S. 6.

465 Dafür: *Dorneck*, Das Recht der Reproduktionsmedizin de lege lata und de lege ferenda, 2018, S. 88; bezogen nur auf die Samenspende: *Arbeitskreis für Donogene Insemination*, Richtlinie zur Qualitätssicherung der Behandlung mit Spendersamen in Deutschland, S. 6; dagegen: *BÄK*, (Muster-)Richtlinie zur Durchführung der assistierten Reproduktion vom 17.02.2006, DÄBl. 2006, A 1392, A 1395; *Ratzel*, in: Brechthold/Huster/Rehborn (Hrsg.), Gesundheitsrecht, § 121a SGB V Rn. 13 f.

(Ehe-)Paar die Verwirklichung des eigenen Kinderwunsches nicht allein realisieren kann, weil dafür die Beteiligung mindestens einer weiteren Person des anderen Geschlechts erforderlich ist. Es sind in diesem Fall die Lebensumstände, die dem Kinderwunsch entgegenstehen. Sofern *Ratzel* meint, dass „bei der künstlichen Befruchtung einer lesbischen Frau ausschließlich die (eigennützige) Durchsetzung ihres Wunsches maßgeblich [sei], und dies, obwohl sie sich für eine Lebensplanung entschieden hat, die die Fortpflanzung auf natürlichem Wege ausschließt“[466], kann dem nicht gefolgt werden. Auch wenn bis heute nicht abschließend geklärt ist, wodurch die sexuelle Orientierung festgelegt wird, so legen die bisherigen Untersuchungen doch nahe, dass es sich um ein Zusammenspiel biologischer, kultureller und sozialer Faktoren handelt. Die Behauptung, dass Homosexualität stets auf einer bewussten Entscheidung beruhen würde, greift zu kurz. Dies gilt für homosexuelle Frauen und Männer gleichermaßen. Ähnliche Bedenken könnte man auch insbesondere heterosexuellen, alleinstehenden Personen entgegenhalten. Man könnte argumentieren, dass diese sich lediglich einen Partner suchen müssten, um mit diesem den Kinderwunsch zu realisieren, sodass die Inanspruchnahme reproduktionsmedizinischer Maßnahmen nicht erforderlich sei. Auch diese Behauptung würde jedoch zu kurz greifen und der Lebenswirklichkeit vieler alleinstehender Personen widersprechen. Denn in vielen Fällen werden diese einen passenden Partner, mit dem sogar die Verwirklichung des bestehenden Kinderwunsches möglich erscheint, nicht gefunden haben. Da die Fruchtbarkeit, insbesondere der Frau, mit zunehmendem Alter abnimmt[467], andererseits aber die Risiken einer Schwangerschaft zunehmen, ist das reproduktionsmedizinisch nutzbare Zeitfenster beschränkt. Fehlt genau in dieser Phase ein passender Lebenspartner und möchte die alleinstehende Person den Kinderwunsch trotzdem reali-

466 *Ratzel*, in: Brechthold/Huster/Rehborn (Hrsg.), Gesundheitsrecht, § 121a SGB V Rn. 13 f.

467 Die Fruchtbarkeit von Frauen ist mit 23 Jahren am höchsten und bleibt bis Anfang 30 relativ stabil. Ab 30 nimmt die Fruchtbarkeit stärker, ab 35 und 40 deutlich stärker ab (*Mann*, Die Fruchtbarkeit endet viel früher, als die meisten denken, abrufbar unter: https://www.focus.de/familie/experten/spaete-familienplanung-die-fruchtbarkeit-endet-viel-frueher-als-die-meisten-denken_id_6145408.html (Stand: 02.01.2020). Bei Männern nimmt die Produktion von Spermien sowie deren Funktionsfähigkeit ab 40 ab.

sieren, kann die Inanspruchnahme reproduktionsmedizinischer Maßnahmen ein sinnvoller Weg sein. Die Inanspruchnahme reproduktionsmedizinischer Maßnahmen sollte daher ebenso bei Vorliegen einer sozialen Indikation zulässig sein. Auch das Argument, dass hier die Interessen des zu zeugenden Kindes vernachlässigt werden und die Motivation der alleinstehenden Person nicht hinreichend hinterfragt wird, kann daran nichts ändern. Denn dieses Argument überzeugt nicht, um die Zulässigkeit reproduktionsmedizinischer Maßnahmen bei sozialer Indikation grundsätzlich zu verneinen, sondern zeigt allenfalls auf, dass flankierende Regelungen erforderlich sind.

Liegt hingegen weder eine medizinische noch eine soziale Indikation vor, ist die Inanspruchnahme reproduktionsmedizinischer Maßnahmen unzulässig[468].

3. Altersgrenze

Es stellt sich zuletzt die Frage, ob die Zulässigkeit von reproduktionsmedizinischen Maßnahmen an bestimmte Altersgrenzen, ähnlich denen des § 27a Abs. 3 S. 1 SGB V, gebunden sein sollte. Nach § 27a Abs. 3 S. 1 SGB V haben nur versicherte Frauen zwischen der Vollendung des 25. und des 40. Lebensjahrs, versicherte Männer lediglich zwischen der Vollendung des 25. und des 50. Lebensjahrs Anspruch auf Sachleistungen zur Herbeiführung einer Schwangerschaft. Der Vorschrift liegt dabei der Gedanke zugrunde, dass die Solidargemeinschaft nicht mit übermäßigen Kosten belastet werden soll[469]. Die gezogenen Altersgrenzen seien dafür geeignet, da für die Herbeiführung einer Schwangerschaft bei einer älteren Frau in der Regel mehr Versuche notwendig sind und die Kosten daher meist deutlich höher ausfallen als bei einer jungen Frau[470]. Wie oben bereits ausgeführt wurde,

---

468 So auch *Dorneck*, Das Recht der Reproduktionsmedizin de lege lata und de lege ferenda, 2018, S. 85 ff.; *Lammers*, Leihmutterschaft in Deutschland, 2017, S. 206; *Zimmermann*, Reproduktionsmedizin und Gesetzgebung, 2011, S. 104.

469 *Dorneck*, Das Recht der Reproduktionsmedizin de lege lata und de lege ferenda, 2018, S. 89.

470 *Lang*, in: Becker/Kingreen (Hrsg.), SGB V, § 27a Rn. 17; Knickrehm/Kreikebohm/*Waltermann*, SGB, § 27a SGB V Rn. 11.

handelt es sich bei § 27a Abs. 3 S. 1 SGB V jedoch nur um eine Kostenübernahmeregelung. Sie ermöglicht daher keine Rückschlüsse darauf, ob über den sozialversicherungsrechtlichen Bereich hinaus eine altersmäßige Begrenzung der reproduktionsmedizinischen Maßnahmen geboten erscheint. Es muss geprüft werden, ob sich eine derartige Begrenzung durch medizinische Erkenntnisse oder andere Umstände begründen lässt.

Hinsichtlich einer Altersuntergrenze sollte gelten, dass die Inanspruchnahme reproduktionsmedizinischer Maßnahmen stets das Erreichen der Volljährigkeit der die Maßnahme in Anspruch nehmenden Person(en) voraussetzt. Eine darüber hinausgehende allgemeine Beschränkung erscheint nicht erforderlich.

Schwieriger stellt sich die Situation dar, wenn es darum geht, ob eine Altersobergrenze gesetzlich vorgegeben werden sollte.

Richtig ist, dass mit zunehmendem Alter der Frau die Wahrscheinlichkeit abnimmt, schwanger zu werden sowie die Schwangerschaft erfolgreich auszutragen, und gleichzeitig die Wahrscheinlichkeit steigt, dass Schwangerschaftskomplikationen auftreten. Dies gilt für die natürliche und die assistierte Reproduktion gleichermaßen. Während die Wahrscheinlichkeit, innerhalb eines Zyklus schwanger zu werden, bei auch sonst günstigen Voraussetzungen bei Frauen Anfang 20 bei ca. 25 % liegt, hat sie sich bei Frauen mit 37 fast halbiert und liegt nur noch bei 13 %[471]. Die Wahrscheinlichkeit innerhalb eines Zyklus nach Embryonentransfer schwanger zu werden, lag 2016 bei Frauen mit 35 bei 36 %, bei Frauen mit 40 nur noch bei 25 %[472]. Die sog. Baby-take-home-Rate[473] lag dabei bei Frauen mit 35 bei 27 %, bei Frauen mit 40 nur noch bei 15 %[474].

Auf den ersten Blick scheinen die Schwangerschaftsraten, die nach Embryonentransfer erreicht werden, sehr hoch, da sie sogar über den

471 *Peschel/Thaler*, gyne Juli 2009, 10; vgl. auch *Bäurle*, Bis später, Baby!, ÄrzteZeitung online vom 27.02.2017, abrufbar unter: https://www.aerztezeitung.de/medizin/fachbereiche/gynaekologie/article/930580/social-freezing-bis-spaeter-baby.html (Stand: 02.01.2020) nach der die Wahrscheinlichkeit mit 25 Jahren innerhalb eines Zyklus schwanger zu werden bei 23 % und mit 35 Jahren bei 16 % liegt.

472 *DIR Jahrbuch 2016*, JRE Sonderheft 1 2017, 8, 13.

473 Beschreibt die Geburtenrate pro Embryonentransfer.

474 *DIR Jahrbuch 2016*, JRE Sonderheft 1 2017, 8.

Schwangerschaftsraten liegen, die bei natürlicher Zeugung erreicht werden. Dies ist jedoch dem Umstand geschuldet, dass bei der assistierten Reproduktion andere Ausgangsbedingungen vorliegen. Während bei der natürlichen Zeugung regelmäßig nur eine Eizelle zur Befruchtung zur Verfügung steht, die durch ein Spermium befruchtet werden kann, sich regelgerecht entwickeln und den Weg durch den Eileiter in die Gebärmutter finden und sich dort einnisten muss, wird der Vorgang bei der assistierten Reproduktion unterstützt und vereinfacht. Durch hormonelle Stimulation wird die Eizellreifung der Frau gefördert, sodass deutlich mehr Eizellen für die assistierte Befruchtung gewonnen werden können[475]. Diese werden dann in einer Petrischale mit den Spermien des Mannes zusammengeführt. Je nach Indikation wird dabei die IVF[476], bei der ca. 100.000[477] funktionsfähige und gut motile Spermien mit einer Eizelle zusammengeführt werden, oder die ICSI, bei der jeweils ein Spermium gezielt in die Eizelle eingeführt wird, angewendet[478]. Danach wird die Entwicklung der imprägnierten Eizellen[479] beobachtet[480]. Nur diejenigen die sich regelgerecht zu Emb-

475 *BZgA*, Sehnsucht nach einem Kind – Möglichkeiten und Grenzen der Medizin, 2017, S. 21 f.

476 Eine Indikation für die IVF ist insbesondere bei Zustand nach Tubenamputation, operativ nicht behebbaren Tubenfaktoren, ursächlich nicht behandelbaren Fertilitätsstörungen des Mannes, Endometriose und idiopathischer Infertilität gegeben (*BÄK*, Richtlinie zur Entnahme und Übertragung von menschlichen Keimzellen im Rahmen der assistierten Reproduktion, DÄBl. 2018, A 1, A 12 Ziffer 3.3.2.2).

477 Während *Diedrich u. a.* von einer Mindestanzahl von 50.000 – 100.000 Samenzellen ausgehen (Reproduktionsmedizin im internationalen Vergleich, 2008, S. 26) und auch *Strowitzki* ca. 100.000 Samenzellen für ausreichend erachtet (Assistierte Reproduktionstechniken (ART) und Leihmutterschaft – medizinische Aspekte, in: Ditzen/Weller (Hrsg.), Regulierung der Leihmutterschaft, 2018, S. 23, 25), sollen es nach der Richtlinie zur Entnahme und Übertragung von menschlichen Keimzellen im Rahmen der assistierten Reproduktion der BÄK 100.000 – 500.000 Samenzellen sein (DÄBl. 2018, A 1, A 12 Ziffer 3.3.2.2).

478 *Diedrich u. a.*, Reproduktionsmedizin im internationalen Vergleich, 2008, S. 26.

479 Von imprägnierten Eizellen spricht man, wenn das Spermium in die Eizelle eingedrungen ist. Nach wenigen Stunden bilden sich die sog. Vorkerne der Keimzellen aus (es beginnt das sog. Vorkernstadium), die nach ca. 18–24 Stunden miteinander verschmelzen (sog. Konjugation). Mit Abschluss der Kernverschmelzung ist der Embryo entstanden.

480 *BÄK*, Richtlinie zur Entnahme und Übertragung von menschlichen Keimzellen im Rahmen der assistierten Reproduktion, DÄBl. 2018, A 1, A 13 Ziffer 3.3.2.3.

ryonen entwickeln – maximal jedoch drei[481,482] – werden dann als Embryo zwei bis sechs Tage nach der Entnahme der Eizellen in die Gebärmutter der Frau transferiert[483,484]. Erst ab diesem Zeitpunkt verlaufen die natürliche und assistierte Reproduktion gleich. Unterschiede ergeben sich nur noch dadurch, dass bei der assistierten Reproduktion regelmäßig intensiver auf optimale Rahmenbedingungen geachtet und die Frau engmaschig überwacht wird.

Die nach Inanspruchnahme reproduktionsmedizinischer Maßnahmen erreichten Schwangerschaftsraten belegen, dass die Durchführung reproduktionsmedizinischer Maßnahmen auch in einem Alter von 40 Jahren noch erfolgversprechend sein kann.

Bei Frauen, die älter als 40 sind, verschlechtern sich die Werte rapide. Bei 44-jährigen Frauen lag die Schwangerschaftsrate 2016 nur noch bei 8,5 % pro Behandlungszyklus, die Baby-take-home-Rate lediglich noch bei 3,2 %[485]. Die Werte für Frauen ab 45 werden im Jahrbuch des IVF-Registers nicht mehr aufgeschlüsselt. Auch wenn die Zahlen verdeutlichen, dass die Erfolgsaussichten reproduktionsmedizinischer Maßnahmen in großem Umfang vom Alter der Frau abhängen, so ermöglichen sie doch keinen allgemeinverbindlichen Rückschluss darauf, ab welchem Alter die Durchführung einer reproduktionsmedizinischen Maßnahme von vornherein kaum noch Aussicht auf Erfolg verspricht. Denn neben dem Alter der Frau gibt es eine Vielzahl anderer Faktoren, die das Gelingen reproduktionsmedizinischer Maßnahmen beeinflussen. Zu nennen sind insbesondere die Indikation für die Durchführung der Maßnahme, sonstige gesundheitliche Beeinträchtigungen und äußere Faktoren[486]. Eine klare Altersgrenze, ab der die Inanspruchnahme reproduktionsmedizinischer Maßnahmen aus medizinischer Sicht nicht mehr als erfolgversprechend und damit als nicht

---

481 Durchschnittlich werden 1,88 Embryonen pro Behandlungszyklus übertragen (*DIR Jahrbuch 2016*, JRE Sonderheft 1 2017, 8).

482 Zu dem Streit um die Dreierregel und den „Deutschen Mittelweg" siehe Teil 2 Kapitel 4 I.

483 *BZgA*, Sehnsucht nach einem Kind – Möglichkeiten und Grenzen der Medizin, 2017, S. 24.

484 Zur IVF und ICSI siehe Teil 1 Kapitel 1 IV. 2.

485 *DIR Jahrbuch 2016*, JRE Sonderheft 1 2017, 8, 13.

486 Beispielsweise Stress, Übergewicht und eine ungesunde Lebensweise.

mehr anzuwenden anzusehen sein soll, kann daher nicht bestimmt werden.

Auch der Umstand, dass mit zunehmendem Alter der Frau die Wahrscheinlichkeit für das Auftreten von Schwangerschaftskomplikationen steigt, kann allein keine andere Beurteilung begründen. Denn auch jungen Frauen, bei denen Risikofaktoren vorliegen[487], die die Wahrscheinlichkeit für das Auftreten von Schwangerschaftskomplikationen erhöhen, kann die Inanspruchnahme reproduktionsmedizinischer Maßnahmen zur Realisierung ihres Kinderwunsches nicht grundsätzlich verwehrt werden.

Zu beachten sind bei der Frage, ob für reproduktionsmedizinische Maßnahmen eine bestimmte Altersobergrenze gesetzlich vorgegeben werden sollte, auch die Interessen des/der Kinder. Um diesen gerecht werden zu können, soll angenommen werden, dass die Eltern grundsätzlich bis zum Erreichen der Volljährigkeit in der Lage sein sollen, den psychischen, körperlichen, affektiven und materiellen Belangen des Kindes gerecht zu werden[488]. Diese Fähigkeit kann jedoch weder durch eine bestimmtes Mindest- noch ein bestimmtes Höchstalter sicher angenommen oder ausgeschlossen werden, da dafür nicht allein das Alter der Eltern eine Rolle spielt, sondern vielmehr auch beruflichen, sozialen und familiären Belangen eine besondere Bedeutung zukommt.

Weder die Erfolgsaussichten oder drohenden Risiken noch die Kindeswohlinteressen können daher sicher vorgeben, ab wann die Inanspruchnahme reproduktionsmedizinischer Maßnahmen nicht mehr als zulässig anzusehen sein soll. Es wird daher erwogen, die Entscheidung darüber, ob das Alter der Wunscheltern im konkreten Fall der Durchführung reproduktionsmedizinischer Maßnahmen entgegensteht, dem behandelnden Arzt zu übertragen[489]. Dem kann jedoch nicht uneingeschränkt gefolgt werden. Dagegen spricht zunächst, dass

487 Beispielsweise Herz-, Kreislauf-, Lungen- und Nierenkrankheiten, Infektionskrankheiten (z. B. Hepatitis, HIV), Diabetes.

488 *Dorneck*, Das Recht der Reproduktionsmedizin de lege lata und de lege ferenda, 2018, S. 89; *Nationale Ethikkommission im Bereich Humanmedizin (Schweiz)*, Die medizinisch unterstützte Fortpflanzung, 2013, S. 40.

489 *Dorneck*, Das Recht der Reproduktionsmedizin de lege lata und de lege ferenda, 2018, S. 89 f.; vgl. auch Art. 3 Abs. 2b FMedG-S.

die Beurteilung von einer Vielzahl schwer objektivierbarer Faktoren abhängig ist, sodass vor dem Hintergrund der Chancengleichheit Probleme auftreten können, wenn die alleinige Entscheidungsmacht beim behandelnden Arzt liegt[490]. Daneben kann die Übertragung allein auf den Arzt das Arzt-Patienten-Verhältnis stark belasten. Dies gilt insbesondere dann, wenn sich der Arzt gegen die Durchführung der begehrten reproduktionsmedizinischen Maßnahme ausspricht. Die Kinderwunschpatienten/das Kinderwunschpaar könnten sich in der Hoffnung auf eine positive Entscheidung herausgefordert fühlen, weitere Ärzte aufzusuchen. Darüber hinaus muss beachtet werde, dass bei vollständigem Fehlen bestimmter Altersgrenzen für die Inanspruchnahme reproduktionsmedizinischer Maßnahmen, gerade im Fall der Legalisierung weiterer reproduktionsmedizinischer Maßnahmen, wie der Eizell- und Embryonenspende, eine erhöhte Gefahr der extensiveren Nutzung bis ins hohe Alter besteht. Denn gerade bei Inanspruchnahme einer Eizell- oder Embryonenspende kann auch bei einer älteren Frau eine Schwangerschaft erfolgreich bis hin zur Geburt führen, wie Beispiele aus den Medien immer wieder eindrucksvoll beweisen[491]. Diese Schwangerschaften gehen in den allermeisten Fällen mit stark erhöhten Risiken für Mutter und Kind(er) einher, die kaum mehr zu verantworten sind. Auch wenn angenommen werden kann, dass Ärzte bei einer Lockerung der reproduktionsmedizinischen Regelungen ihren ärztlichen Heilauftrag weiterhin verantwortungsvoll wahrnehmen werden, sollte der in diesem Fall bestehenden Missbrauchsgefahr von vornherein regulierend entgegengewirkt werden.

Es erscheint daher geboten, dass bereits der Gesetzgeber eine Altersobergrenze für die Inanspruchnahme reproduktionsmedizinischer Maßnahmen vorgibt. Diese sollte bei Frauen die Vollendung des 50.

---

490 *Jofer*, Regulierung der Reproduktionsmedizin, 2014, S. 235.

491 Den wohl extremsten bisher bekanntgewordenen Fall stellt die Vierlingsschwangerschaft der damals 65-jährigen Annegret Raunigk aus Berlin im Jahr 2015 dar (*Spiewak*, Dubioser Rekord, Zeit online vom 16.04.2015, abrufbar unter https://www.zeit.de/2015/16/kuenstliche-befruchtung-schwangerschaft-vierlinge-berlin (Stand: 02.01.2020)). Weitere Beispiele belegen jedoch, dass es sich nicht um einen Einzelfall handelt.

Lebensjahres[492,493], bei Männern die Vollendung des 55. Lebensjahres sein[494]. Diese Altersgrenzen bewegen sich innerhalb des natürlichen reproduktiven Zeitfensters[495] und ermöglichen an den individuellen Ausgangsbedingungen orientierte Einzelfallentscheidungen, die insbesondere auch dem Kindeswohl gerecht werden können. Die Entscheidung im Einzelfall sollte darüber hinaus dem behandelnden Arzt übertragen werden, da dieser die Erfolgsaussichten im konkreten Fall bestimmen und sich ein Bild von den Wunscheltern und ihrer konkreten Lebenssituation verschaffen kann.

V. Ergebnis

Jeder Mensch hat das verfassungsrechtlich verbürgte Recht, über seine Fortpflanzung selbst zu entscheiden. Gesetzgeberische Beschränkungen reproduktionsmedizinischer Maßnahmen stellen daher rechtfertigungsbedürftige Eingriffe dar[496]. Aufgrund der besonderen Bedeutung des Rechts müssen an die Rechtfertigung solcher Beschränkungen

---

492 So auch *Jofer*, Regulierung der Reproduktionsmedizin, 2014, S. 236; *Lammers*, Leimutterschaft in Deutschland, 2017, S. 206; in Bezug nur auf die Inanspruchnahme einer Eizellspende *Deutsche Akademie der Naturforscher Leopoldina e.V./ Union der deutschen Akademien der Wissenschaften e.V.*, Fortpflanzungsmedizin in Deutschland – für eine zeitgemäße Gesetzgebung, 2019, S. 10, 71.

493 Behandlungsrichtlinien, die sich unter den Reproduktionsmedizinern in den USA und Europa durchgesetzt haben, sehen eine Behandlung der Frau nur bis zur Vollendung des 55. Lebensjahrs vor (*Bernard*, Kinder machen, 2014, S. 339). Aus den oben gesagten Gründen sollte eine durch den Gesetzgeber vorzugebende Grenze jedoch früher ansetzen.

494 Bei homosexuellen (Ehe-)Paaren sollten diese Altersobergrenzen entsprechend gelten, dies insbesondere für lesbische Frauen, bei denen nur für die die Schwangerschaft austragende Frau die Altersobergrenze von 50 angesetzt werden sollte.

495 Die Menopause der Frau tritt regelmäßig zwischen dem 45. und 55. Lebensjahr ein. Es kann daher davon ausgegangen werden, dass die Menopause durchschnittlich mit 50 einsetzt (*Bioethikkommission Österreich*, Fortpflanzungsmedizinrechts-Änderungsgesetz 2015 – FMedRÄG 2015, S. 7 f., abrufbar unter: https://www.bundeskanzleramt.gv.at/documents/131008/549639/FMedRAEG_2015.pdf/385d8844-4878-43d1-b10e-92d8b25c947f (Stand: 02.01.2020)).

496 Ein Anspruch auf die Gewährung reproduktionsmedizinischer Maßnahmen oder deren Zulassung besteht hingegen nicht, da es sich bei dem Recht auf reproduktive Selbstbestimmung um ein Abwehr- und nicht um ein Leistungsrecht handelt (*Coester-Waltjen*, Elternschaft außerhalb der Ehe – Sechs Juristische Prämissen

strenge Anforderungen gestellt werden. Die vorstehende Prüfung hat gezeigt, dass die derzeit bestehenden Regelungen keine Beschränkungen dahingehend enthalten, für wen unter welchen Voraussetzungen die Inanspruchnahme reproduktionsmedizinischer Maßnahmen allgemein zulässig sein soll. In Zukunft sollten heterosexuelle und homosexuelle (Ehe-)Paare und alleinstehende Personen reproduktionsmedizinische Maßnahmen gleichermaßen in Anspruch nehmen können, sofern eine medizinische oder soziale Indikation vorliegt. Dabei sollte jedoch für alle gleichermaßen eine Altersobergrenze gelten, die bei Frauen bei der Vollendung des 50. Lebensjahrs und bei Männern bei der Vollendung des 55. Lebensjahrs liegt.

und Folgerungen für die künstliche Befruchtung, in: BMG (Hrsg.), Fortpflanzungsmedizin in Deutschland, 2001, S. 158, 160).

Kapitel 4: Regelungs- und reformbedürftige Probleme/Maßnahmen im Rahmen der assistierten Reproduktion

Im Folgenden soll geprüft werden, ob eine Beschränkung der für diese Arbeit bedeutsamen reproduktionsmedizinischen Maßnahmen und Verfahren, wie sie das ESchG vorsieht, vor dem heutigen Wissens- und Erkenntnisstand gerechtfertigt werden kann.

Dazu soll zunächst die Frage beantwortet werden, wie viele Embryonen im Rahmen der assistierten Reproduktion erzeugt werden dürfen (I.), um darauf aufbauend zu untersuchen, ob der sog. elektive Single-Embryo-Transfer (eSET) als zulässig anzusehen ist (II.).

Nachdem damit die Fragen behandelt wurden, die sich allgemein im Rahmen der assistierten Reproduktion stellen, werden diejenigen Fragen untersucht, die durch die Einbeziehung weiterer Personen in den reproduktionsmedizinischen Vorgang entstehen. Dazu sollen die Samenspende (III.), die Eizellspende (IV.), das Social Freezing (V.)[497], die Embryonenspende (VI.) und die Leih-/Ersatzmutterschaft (VII.) untersucht werden, bevor auf die sich grundsätzlich stellende Frage eingegangen wird, ob auch die postmortale Befruchtung (VIII.) als zulässig anzusehen ist.

497 Auch wenn beim Social Freezing keine Einbeziehung einer weiteren Person in den reproduktionsmedizinischen Vorgang stattfindet, soll es an dieser Stelle behandelt werden, da es als Unterfall der Eizellspende, sozusagen als Eizellspende an sich selbst, verstanden werden kann.

I. Dreierregel versus „deutscher Mittelweg"

Die Frage, wie viele Eizellen einer Frau einzeitig befruchtet[498] und über das Vorkernstadium hinaus kultiviert werden dürfen, ist in den vergangenen Jahrzehnten immer wieder Gegenstand medizinischer und juristischer Diskussionen gewesen. Dies ist dem Umstand geschuldet, dass die Erfolgsaussichten der Behandlung mitunter nicht unwesentlich davon abhängen, ob es drei oder mehr Eizellen sind. Denn nicht jede Eizelle, die befruchtet wird, entwickelt sich zu einem entwicklungs- und implantationsfähigen Embryo. Es ist daher möglich, dass bei der Befruchtung von drei Eizellen kein einziger Embryo entsteht, der die medizinisch-tatsächliche Fähigkeit besitzt, sich unter den dafür erforderlichen Bedingungen zu einem lebenden Menschen zu entwickeln. Da es aufgrund des medizinischen Fortschritts heute möglich ist, die Entwicklung von imprägnierten Eizellen[499] bis hin zu entwicklungs- und implantationsfähigen Embryonen relativ sicher im Vorfeld zu bestimmen, da diese wesentlich von den individuellen Merkmalen der Keimzellgeber abhängt, kann mit hoher Wahrscheinlichkeit im Vorfeld prognostiziert werden, wie viele Eizellen befruchtet werden müssen, um bis zu drei Embryonen zu erhalten, die auf die Frau übertragen werden können[500]. Da die Frage nach der zulässigen (Höchst-)Zahl der zu befruchtenden Eizellen somit eine besondere Bedeutung für die medizinische und juristische Praxis, insbesondere aber für die Betroffenen, besitzt, soll auf diese im Folgenden näher eingegangen werden. Dazu werden zunächst die vertretenen Auffassungen dargestellt (1.) und anschließend erläutert, welcher zu folgen ist (2.).

---

498 Zu der Frage, was unter „befruchten" zu verstehen ist, siehe Teil 2 Kapitel 4 VI.

499 Bei imprägnierten Eizellen handelt es sich um Eizellen, in die bereits ein Spermium eingedrungen, es jedoch noch nicht zur Verschmelzung des mütterlichen und väterlichen Vorkerns gekommen ist.

500 *Taupitz/Hermes*, Der Gynäkologe 2015, 169, 170; Die Fehlerquote der erstellten Prognosen soll bei ca. 10–20 % liegen (*Frister*, GuP 2012, 10, 13 mit Verweis auf eine mündliche Auskunft von Ulrich Hilland, 1. Vorsitzende des Bundesverbandes Reproduktionsmedizinischer Zentren e.V.); *Noss* spricht sogar davon, dass die Prognose mit an Sicherheit grenzender Wahrscheinlichkeit, die jedoch immer mit unvermeidbaren Abweichungen verbunden ist, richtig sei (DÄBl. 2016, A 1374).

1. Vertretene Auffassungen

a) Sog. Dreierregel

Gemäß § 1 Abs. 1 Nr. 5 ESchG darf ein Arzt nur so viele Eizellen einer Frau befruchten, wie ihr innerhalb eines Zyklus übertragen werden sollen. Die Regelung ist sprachlich ungenau, da der Frau später Embryonen und keine Eizellen übertragen werden sollen[501]. Dessen ungeachtet wird aus der Regelung im Zusammenspiel mit § 1 Abs. 1 Nr. 3 ESchG – nach dem einer Frau innerhalb eines Zyklus nicht mehr als drei Embryonen übertragen werden dürfen – geschlussfolgert, dass auch nur maximal drei Eizellen befruchtet werden dürfen[502]. Es wird daher von der sog. Dreierregel gesprochen.

Für diese Auffassung wird die Entstehungsgeschichte des ESchG angeführt. Während des Gesetzgebungsverfahrens wurde zunächst davon ausgegangen, dass die Befruchtung und Übertragung von bis zu vier Eizellen/Embryonen zulässig seien, da es „bei Verwendung einwandfreier Ei- und Samenzellen in 80 % der Fälle zu einer extrakorporalen Befruchtung kommt"[503]. Der behandelnde Arzt sei „deshalb in keinem Fall genötigt [...], mehr als vier Eizellen zu befruchten", um eine ausreichende Anzahl an zu übertragenden Embryonen zu erhalten[504]. Im weiteren Verlauf des Gesetzgebungsverfahrens einigte man sich auf Betreiben des Bundesrates[505] sowie des Rechtsausschusses des Bundestages[506] dahingehend, eine zahlenmäßige Begrenzung der zu übertragenden Embryonen in § 1 Abs. 1 Nr. 3 ESchG auf lediglich drei festzuschreiben[507]. Daraus schlussfolgern die Vertreter der Dreierregel, dass

501 *Günther*/Taupitz/Kaiser, ESchG, 2. Aufl. 2014, B. V. Rn. 73.

502 *BÄK*, (Muster-)Richtlinie zur Durchführung der assistierten Reproduktion, Novelle 2006, Kommentar, DÄBl. 2006, A 1398, A 1400; Prütting/*Höfling/Engels*, Fachanwaltskommentar Medizinrecht, 5. Aufl., 2019, § 1 ESchG Rn. 20 f.; *Koch*, JRE 2004, 24, 26 f.; Spickhoff/*Müller-Terpitz*, Medizinrecht, § 1 ESchG Rn. 17; *Renzikowski*, Gynäkologische Endokrinologie 2004, 172 ff.; *Vogt*, Methoden der künstlichen Befruchtung: „Dreierregel" versus „Single Embryo Transfer", 2008, S. 70 ff.

503 BT-Drs. 11/5460, S. 9.

504 BT-Drs. 11/5460, S. 9.

505 BT-Drs. 11/5460, Anlage 2, S. 13, 14.

506 BT-Drs. 11/8057, S. 14.

507 BT-Drs. 11/8057, S. 14.

diese bewusst getroffene Regelung ebenso für § 1 Abs. 1 Nr. 5 ESchG als Orientierung gelten müsse[508].

Auch der Normzweck des § 1 Abs. 1 Nr. 5 ESchG lege diese Auslegung nahe, denn § 1 Abs. 1 Nr. 5 ESchG soll dem Entstehen überzähliger Embryonen entgegenwirken[509], die im Sinne des § 2 Abs. 1 ESchG missbräuchlich oder zur Herbeiführung einer gespaltenen Mutterschaft verwendet werden könnten[510]. Daneben soll auch die Befruchtung „auf Vorrat" verhindert werden, wie aus der Eingrenzung der Norm auf einen Zyklus hervorgeht[511]. Gestützt wird diese Beschränkung dabei insbesondere auf das Argument, dass die Zukunft der überzähligen Embryonen ungewiss sei, woran auch die Möglichkeit der Kryokonservierung nichts ändere[512], denn ein Großteil der Embryonen würde die Kryokonservierung nicht überleben oder aufgrund des Erfolges vorhergehender Transferversuche dauerhaft überzählig werden[513]. Dem stünden auch die Gesundheitsinteressen der Frau – sich nicht wiederholt hormonellen Stimulationen und invasiven Eizellentnahmen aussetzen zu müssen – nicht entgegen, da die Kryokonservierung von imprägnierten Eizellen als zulässig anzusehen ist. Wiederholte Eingriffe wären daher nicht erforderlich, da mehr Eizellen gewonnen und imprägniert werden können, als in einem Zyklus benötigt werden, und diese dann nach Kryokonservierung und Abschluss der Befruchtung übertragen werden könnten[514].

---

508 *Renzikowski*, Gynäkologische Endokrinologie 2004, 172, 175.

509 BT-Drs. 11/5460, S. 9.

510 BT-Drs. 11/5460, S. 9; *Günther*/Taupitz/Kaiser, ESchG, 2. Aufl., 2014, C. II. § 1 Abs. 1 Nr. 5 Rn. 2.

511 *Günther*/Taupitz/Kaiser, ESchG, 2. Aufl., 2014, C. II. § 1 Abs. 1 Nr. 5 Rn. 3 mit Verweis auf den Kabinettsbericht zur künstlichen Befruchtung beim Menschen, BT-Drs. 11/1856, S. 4.

512 *Günther*/Taupitz/Kaiser, ESchG, 2. Aufl., 2014, C. II. § 1 Abs. 1 Nr. 5 Rn. 3 mit Verweis auf den Kabinettsbericht zur künstlichen Befruchtung beim Menschen, BT-Drs. 11/1856, S. 4.

513 *Günther*/Taupitz/Kaiser, ESchG, 2. Aufl., 2014, C. II. § 1 Abs. 1 Nr. 5 Rn. 3 mit Verweis auf den Kabinettsbericht zur künstlichen Befruchtung beim Menschen, BT-Drs. 11/1856, S. 4.

514 *Günther*/Taupitz/Kaiser, ESchG, 2. Aufl., 2014, C. II. § 1 Abs. 1 Nr. 5 Rn. 3.

b) Sog. deutscher Mittelweg

Die Vertreter des sog. Deutschen Mittelweges gehen hingegen davon aus, dass eine klare Beschränkung auf maximal drei zu befruchtende Eizellen dem ESchG nicht entnommen werden kann[515]. Nach ihnen soll es dem Arzt aufgrund einer individuellen Prognose möglich sein, so viele Eizellen zu befruchten und über das Vorkernstadium hinaus zu kultivieren, wie nach dem jeweiligen Stand der medizinischen Forschung und der ärztlichen Erfahrung erforderlich sind, um so viele Embryonen zu erhalten, wie übertragen werden sollen – maximal jedoch drei[516].

Der Auslegung des ESchG, wie sie von den Vertretern der Dreierregel vorgenommen wird, könne nicht gefolgt werden. Denn aus dem Umstand, dass § 1 Abs. 1 Nr. 3 ESchG eine enumerative Beschränkung auf maximal drei einzeitig auf eine Frau zu übertragende Embryonen enthält, könne gerade nicht geschlossen werden, dass diese Beschränkung auch für § 1 Abs. 1 Nr. 5 gelten müsse[517]. Wäre es Anliegen des Gesetzgebers gewesen, auch die Zahl der zu befruchtenden Eizellen zu beschränken, hätte er dies durch eine enumerative Festschreibung im Gesetz tun können und hätte nicht auf die systematische Auslegung zurückgreifen müssen[518]. Dies gelte insbesondere deshalb, weil die SPD-Fraktion einen entsprechenden Änderungsantrag in den Gesetzgebungsprozess eingebracht hatte, nachdem eine Beschränkung der zu befruchtenden Eizellen auf drei vorgesehen war[519]. Dieser wurde je-

515 AG Wolfratshausen, Urt. v. 30.04.2008 – 6 C 677/06 = ZfL 2008, 121; Staatsanwaltschaft München I, medstra 2015, 64; BFH, NJW 2017, 3022; *Bals-Pratsch/Dittrich/Frommel*, JRE 2010, 87, 89 f.; *Frommel*, Reproduktionsmedizin 2002, 158; *dies.*, JRE 2002, 158; 2004, 104; 2007, 27; *Kersten*, NVwZ 2018, 1248, 1251; *Neidert*, MedR 2007, 279, 283; *Taupitz/Hermes*, Der Gynäkologe 2015, 169, 171 ff.; *Ziller*, Der Gynäkologe 2017, 409, 412 f.

516 *Taupitz/Hermes*, Der Gynäkologe 2015, 169, 170.

517 *Frommel*, JRE 2004, 299; *Günther*/Taupitz/Kaiser, ESchG, 2. Aufl., 2014, C. II. § 1 Abs. 1 Nr. 5 Rn. 8; *Taupitz/Hermes*, Der Gynäkologe 2015, 169, 171.

518 AG Wolfratshausen, Urt. v. 30.04.2008 – 6 C 677/06 = ZfL 2008, 121, 122; BFH, NJW 2017, 3022, 3024; Staatsanwaltschaft München I, medstra 2015, 64; Debatte der *DVR-Fachkommission*, JRE 2004, 299; *Frommel*, Reproduktionsmedizin 2002, S. 158 ff.; *dies.*, JRE 2002, 158; 2004, 104; 2007, 27, 29.

519 BFH, NJW 2017, 3022, 3024; *Frommel*, JRE 2007, 27, 31.

doch abgelehnt[520]. Zudem spräche gegen eine Orientierung des § 1 Abs. 1 Nr. 5 ESchG an § 1 Abs. 1 Nr. 3 ESchG, dass sich beide Varianten auf unterschiedliche Lebenssachverhalte beziehen und für eine Gleichbehandlung daher mehr erforderlich wäre als die bloße Möglichkeit einer dahingehenden Auslegung[521]. Wolle man bei der Frage nach der zulässigen Anzahl zu befruchtender Eizellen die Gesetzessystematik bemühen, müsste man seit der Schaffung des § 3a ESchG im Jahr 2011 auch diesen heranziehen[522]. Denn auch, wenn dieser ebenfalls keine enumerative Aussage dahingehend enthält, wie viele Eizellen befruchtet werden dürfen, war bereits im Gesetzgebungsverfahren allen Beteiligten klar[523], dass die Präimplantationsdiagnostik nur sinnvoll durchgeführt werden kann, wenn mehr – abhängig von dem Einzelfall und der in Rede stehenden Krankheit –, mindestens jedoch sieben Eizellen befruchtet werden dürfen[524].

Auch die Entstehungsgeschichte könne heute nicht mehr für die Dreierregel angeführt werden, da die damals zugrunde gelegten Erkenntnisse in mehrfacher Hinsicht überholt seien. Nach dem heutigen Stand der Erkenntnisse entwickeln sich auch bei Verwendung einwandfreier Ei- und Samenzellen nur in ca. 40 % der Fälle Embryonen mit gutem Implantationspotential[525]. Greift man die Überlegungen des Gesetzgebers auf und legt die dem heutigen Stand der Erkenntnisse entsprechende Wahrscheinlichkeit zugrunde, führt dies zu der Annahme, dass man zumindest von einer Sechserregel ausgehen müsste[526].

Auch das Argument, dass die Dreierregel dem Sinn und Zweck der Norm am ehesten gerecht würde, vermag die Vertreter des Deutschen Mittelweges nicht zu überzeugen. Denn die heutigen medizinischen Erkenntnisse ermöglichen es, dass Mediziner sehr sichere Prognosen

520 BT-Drs. 11/8057, S. 14.
521 AG Wolfratshausen, Urt. v. 30.04.2008 – 6 C 677/06 = ZfL 2008, 121, 122.
522 *Kreß*, ZRP 2011, 68; *Kubiciel*, NStZ 2013, 382, 385; Günther/*Taupitz*/Kaiser, ESchG, 2. Aufl., 2014, C. II. § 3a Rn. 40.
523 BT-Drs. 17/5450, S. 7; *BÄK*, DÄBl. 2011, A 1701, A 1703, A 1706; *Deutscher Ethikrat*, Präimplantationsdiagnostik, 2011, S. 27, 31 f., 91 f., 134 f.; *Kreß*, ZRP 2011, 68.
524 *Kreß*, ZRP 2011, 68.
525 *Neidert*, MedR 2007, 279, 281; *Taupitz/Hermes*, Der Gynäkologe 2015, 169, 173.
526 *Frommel*, JRE 2007, 27, 29 f.; *Günther*, Zur Auslegung des § 1 Abs. 1 Nr. 5 ESchG, in: Hoyer (Hrsg.), FS Schroeder, 2006, S. 451.

dahingehend abgeben können, wie viele Eizellen befruchtet werden müssen, um die zu übertragende Anzahl an Embryonen – allenfalls jedoch drei – erzeugen zu können[527]. Die Befürchtung, dass es bei einer Befruchtung von mehr als drei Eizellen zu einer gravierenden Anzahl überzähliger Embryonen kommen würde, denen ein ungewisses Schicksal bevorstünde, sei daher nur bedingt begründet. Dies gelte insbesondere deshalb, weil nie ausgeschlossen werden kann, dass es im Rahmen der assistierten Befruchtung zu überzähligen Embryonen kommt. Diese können auch bei einer Beschränkung auf drei zu befruchtende Eizellen beispielsweise dadurch entstehen, dass die Frau ihre Einwilligung hinsichtlich der zu übertragenden Embryonen beschränkt oder vollständig widerruft oder die Übertragung aus gesundheitlichen Gründen nicht möglich ist. Die Kryokonservierung sei zudem mittlerweile ein gutes und erprobtes Verfahren, das die meisten Embryonen unbeschadet überstehen, weshalb sie gut für einen späteren Behandlungszyklus aufbewahrt werden können[528].

2. Stellungnahme

Eine klare Beschränkung auf maximal drei zu befruchtende Eizellen ist dem ESchG nicht zu entnehmen und kann auch mithilfe der von den Vertretern der sog. Dreierregel ins Feld geführten Argumente nicht begründet werden.

Hätte der Gesetzgeber eine Beschränkung auf drei zu befruchtende Eizellen gewollt, hätte er diese durch eine enumerative Festschreibung klar und unmissverständlich – auch im Wege einer Gesetzesänderung – schaffen können. Dies wäre aufgrund der strafrechtlichen Aus-

527 *Taupitz/Hermes*, Der Gynäkologe 2015, 169, 170; Die Fehlerquote der erstellten Prognosen soll bei ca. 10–20 % liegen (*Frister*, GuP 2012, 10, 13 mit Verweis auf eine mündliche Auskunft von Ulrich Hilland, 1. Vorsitzende des Bundesverbandes Reproduktionsmedizinischer Zentren e.V.); *Noss* spricht sogar davon, dass die Prognose mit an Sicherheit grenzender Wahrscheinlichkeit, die jedoch immer mit unvermeidbaren Abweichungen verbunden ist, richtig sei (DÄBl. 2016, A 1374).

528 So überleben heute ca. 70–90 % der Embryonen die Kryokonservierung nach Vitrifikation (*Diedrich/Ludwig/Griesinger*, Reproduktionsmedizin, 2013, S. 240).

gestaltung des ESchG vor dem Hintergrund des Bestimmtheitsgrundsatzes des Art. 103 Abs. 2 GG geboten gewesen[529].

Da sich § 1 Abs. 1 Nr. 3 ESchG und § 1 Abs. 1 Nr. 5 ESchG hinsichtlich der Regelungsinhalte unterscheiden[530], kann auch nicht geschlussfolgert werden, dass die zahlenmäßige Beschränkung des § 1 Abs. 1 Nr. 3 ESchG ebenso für § 1 Abs. 1 Nr. 5 ESchG gelten müsse. Vielmehr sprechen die Entstehungsgeschichte und der Regelungszweck des § 1 Abs. 1 Nr. 5 ESchG dafür, dass der aktuelle Stand der medizinischen Erkenntnisse bei der Bestimmung der zulässigen Anzahl der zu befruchtenden Eizellen Berücksichtigung finden soll. Denn wird die Entscheidung, wie viele Eizellen befruchtet werden sollen, aufgrund einer relativ sicheren, individuellen Prognose getroffen, ist Ziel, gerade so viele entwicklungs- und implantationsfähige Embryonen zu erzeugen, wie tatsächlich übertragen werden sollen. Da höhergradige Mehrlingsschwangerschaften aufgrund der mit ihnen verbundenen Gesundheitsrisiken für Mutter und Kinder vermieden werden sollen, wird die angestrebte Zahl zu übertragender Embryonen in den meisten Fällen nur bei ein bis zwei liegen[531,532]. Die Entstehung von überzähligen Embryonen ist dabei dank der heutigen medizinischen Möglichkeiten kaum

529 AG Wolfratshausen, Urt. v. 30.04.2008 – 6 C 677/06 = ZfL 2008, 121, 122; *Günther*/Taupitz/Kaiser, ESchG, 2. Aufl., 2014, C. II. § 1 Abs. 1 Nr. 5 Rn. 11.

530 AG Wolfratshausen, Urt. v. 30.04.2008 – 6 C 677/06 = ZfL 2008, 121, 122; *Frommel*, JRE 2007, 27, 29.

531 Mehr als zwei Embryonen sollen grundsätzlich nur dann übertragen werden, wenn die Patientin älter als 38 (bzw. 40) Jahre ist oder bei jüngeren Patientinnen schon mindestens zwei Behandlungszyklen bei auch sonst schlechten Voraussetzungen erfolglos geblieben sind (*BÄK*, (Muster-)Richtlinie zur Durchführung der assistierten Reproduktion vom 17.02.2006, DÄBl. 2006, A 1392, A 1397; *Spitzer/Freude/Urdl*, Speculum 2011, 8, 9).

532 Sofern zur Vermeidung von Mehrlingsschwangerschaften lediglich ein Embryo übertragen werden soll, käme man bei konsequenter Anwendung der Dreierregel zu dem Ergebnis, dass auch nur eine imprägnierte Eizelle über das Vorkernstadium hinaus kultiviert werden dürfte. Die Wahrscheinlichkeit, dass sich diese dann zu einem Embryo mit gutem Implantationspotential entwickelt und am Ende zur Geburt eines Kindes führt, ist jedoch sehr gering. Die (vor allem psychischen) Belastungen für die IVF-Patientin wären dadurch unglaublich hoch. (*Frommel*, Reproduktionsmedizin 2002, 158, 159).

mehr zu erwarten[533]. Sie sollte darüber hinaus in Kauf genommen werden, um die Effizienz reproduktionsmedizinischer Behandlungen zu steigern. Die oft beklagte Preisgabe der Rechte und Interessen des Embryos steht dabei nicht zu befürchten, da Sanktionen weiterhin möglich sind, wenn überzählige Embryonen vorsätzlich erzeugt oder deren Entstehung zumindest billigend in Kauf genommen wird[534].

Entstehen entgegen der aufgestellten Prognose überzählige Embryonen, bietet die Kryokonservierung heute eine erprobte und zuverlässige Methode, um sie für weitere Behandlungszyklen aufzubewahren[535]. Diese können erforderlich werden, wenn in einem ersten Behandlungszyklus keine Schwangerschaft mit anschließender Geburt eines Kindes herbeigeführt werden kann oder wenn nach einem erfolgreichen Behandlungszyklus mit anschließender Geburt eines Kindes ein Geschwisterkind geboren werden soll.

Nichtsdestotrotz zeigen die seit Jahrzenten geführten Diskussionen, dass dringender Klarstellungsbedarf seitens des Gesetzgebers besteht, um Rechtssicherheit für alle Beteiligten zu schaffen und eine bestmögliche und den aktuellen Erkenntnissen entsprechende Behandlung der Patienten zu ermöglichen. Da die Zahl der Eizellen, die befruchtet werden müssen, um voraussichtlich so viele entwicklungs- und implantationsfähige Embryonen zu erzeugen, wie auch tatsächlich übertragen werden sollen, von Fall zu Fall stark variiert, sollte eine offene Regelung geschaffen werden, die eine interessengerechte Lösung aller Fälle ermöglicht. Auf eine enumerative Festlegung sollte dabei verzichtet werden. Dies gilt insbesondere vor dem Hintergrund, dass für die sinnvolle Durchführung der Präimplantationsdiagnostik nach dem Stand der heutigen Erkenntnisse zwischen sieben und neun Eizellen

533 Dies gilt insbesondere deshalb, weil nach § 8 Abs. 1 ESchG überhaupt nur diejenigen Embryonen erfasst sind, die auch als entwicklungsfähig anzusehen sind. All diejenigen Embryonen, die nicht (mehr) entwicklungsfähig sind, zählen somit bei der Bestimmung, ob überzählige Embryonen entstanden sind, nicht mit.

534 AG Wolfratshausen, Urt. v. 30.04.2008 – 6 C 677/06 = ZfL 2008, 121, 122 f.; BFH, NJW 2017, 3022, 3024; Staatsanwaltschaft München I, medstra 2015, 64; *Taupitz/Hermes*, Der Gynäkologe 2015, 169, 170.

535 Siehe zum Umgang mit (endgültig) überzähligen Embryonen Teil 2 Kapitel 4 II. 2. a).

befruchtet werden müssen[536], für die Anwendung der IVF und ICSI regelmäßig nur vier bis sechs[537].

II. Elektiver Single-Embryo-Transfer (eSET)

Daneben stellt sich die Frage, ob auch bewusst mehr Embryonen erzeugt werden dürfen, als auf eine Frau einzeitig übertragen werden sollen. Von der Beantwortung dieser Frage hängt die Zulässigkeit des sog. elektiven Single-Embryo-Transfer (eSET) ab. Bei diesem sollen durch IVF oder ICSI mehrere Embryonen erzeugt werden[538], von denen nur derjenige Embryo auf die Frau übertragen werden soll, der nach morphologischen Untersuchungen die höchste Implantationschance aufweist[539,540]. Durch dieses Vorgehen soll zum einen die Schwangerschaftsrate erhöht und gleichzeitig die Wahrscheinlichkeit (höhergradiger) Mehrlingsschwangerschaften minimiert werden[541]. Die Ergebnisse der morphologischen Untersuchungen können dabei als zuverlässig angesehen werden, da der Embryo regelmäßig erst drei bis fünf Tage[542] nach der Befruchtung auf die Frau übertragen werden

536 Günther/*Taupitz*/Kaiser, ESchG, 2. Aufl., 2014, C. II. § 3a Rn. 40.

537 Regelmäßig vier: *Günther*/Taupitz/Kaiser, ESchG, 2. Aufl., 2014, C. II. § 1 Abs. 1 Nr. 5 Rn. 9; jedenfalls fünf: *Günther*, Zur Auslegung des § 1 Abs. 1 Nr. 5 ESchG, in: Hoyer u. a. (Hrsg.), FS Schroeder, 2006, S. 449, 451; etwa sechs: *Frommel*, Reproduktionsmedizin 2002, 158, 160.

538 Um einen Embryo mit guter Implantationschance zu erhalten, müssen durchschnittlich vier bis sechs Embryonen erzeugt und einer morphologischen Untersuchung unterzogen werden (*Montag/van der Ven*, Reproduktionsmedizin 2002, 147, 150). Von sechs bis acht Embryonen spricht *Dorneck* (Das Recht der Reproduktionsmedizin de lege lata und de lege ferenda, 2018, S. 291).

539 *Neidert*, MedR 2007, 279, 280.

540 Abhängig von der Indikation und den individuellen Erfolgschancen der Behandlung können auch die zwei Embryonen übertragen werden, die die höchste Implantationschance aufweisen. Man spricht dann vom sog. elektiven Double-Embryo-Transfer (eDET).

541 *Neidert*, MedR 2007, 279, 281.

542 International lässt sich beobachten, dass der Trend dahin geht, die Embryonen erst am fünften Tag im sog. Blastozystenstadium zu übertragen, da so eine höhere Schwangerschafts- und Geburtsraterate erzielt werden kann (*Glujovsky u. a.*, Cleavage stage versus blastocyst stage embryo transfer in assisted reproductive technology, abrufbar unter: https://www.cochranelibrary.com/cdsr/doi/10.1002/14651858.CD002118.pub5/full (Stand: 02.01.2020)).

soll. Bis zu diesem Zeitpunkt kann die Entwicklung von der Eizelle bis hin zum Embryo anhand des sog. Eizell-, Vorkern- und Embryoscoring beurteilt werden[543,544]. Zeigen sich dabei Hinweise darauf, dass die Entwicklung nicht regelgerecht erfolgt – es beispielsweise zu einer verzögerten Zellteilung oder ungeraden Zellzahl kommt, die Zellgröße variiert oder eine starke Fragmentierung auftritt –, kann auf eine schlechte(re) Implantationschance geschlossen werden[545]. Weisen die Untersuchungen mehrere geeignete Embryonen aus, können diese für spätere Behandlungszyklen kryokonserviert werden[546]. Nicht geeignete Embryonen werden hingegen aussortiert und sterben ab[547,548].

1. Vorteile des eSET im Vergleich zum aktuellen deutschen Vorgehen

a) Erhöhung der Schwangerschaftsrate und Minimierung der Wahrscheinlichkeit (höhergradiger) Mehrlings-schwangerschaften

Wie bereits angesprochen wurde, soll durch den eSET die Schwangerschaftsrate erhöht und die Wahrscheinlichkeit (höhergradiger) Mehrlingsschwangerschaften minimiert werden[549].

543 Günther/*Taupitz*/Kaiser, ESchG, 2. Aufl., 2014, C. II. § 1 Abs. 1 Nr. 3 Rn. 5; *Neidert*, MedR 2007, 279, 281.

544 Rechtlich problematisch ist dabei nur das Embryoscoring, da Eizell- und Vorkernscoring vor der Kernverschmelzung liegen und das ESchG somit noch keine Anwendung findet (*Neidert*, MedR 2007, 279, 281). Studien haben jedoch gezeigt, dass dieses im Vergleich zum Eizell- und Vorkernscoring deutlich aussagekräftigere Ergebnisse liefern und somit den Behandlungserfolg erheblich besser fördern kann (*Küpker/Diedrich*, Die deutsche Fortpflanzungsmedizin – Brennpunkt ethischer Reflexionen zwischen Aufklärung und Postmoderne, in: Bender/Diedrich/Künzel (Hrsg.), Endokrinologie und Reproduktionsmedizin II, 2003, S. 266).

545 *Montag/van der Ven*, Reproduktionsmedizin 2002, 147, 148 ff.; *Neidert*, MedR 2007, 279, 281.

546 *Neidert*, MedR 2007, 279, 281.

547 Günther/*Taupitz*/Kaiser, ESchG, 2. Aufl., 2014, C. II. § 1 Abs. 1 Nr. 3 Rn. 5; *Neidert*, MedR 2007, 279, 281.

548 Im Ausland werden zum Teil auch Embryonen mit geringer Implantationschance aussortiert (Günther/*Taupitz*/Kaiser, ESchG, 2. Aufl., 2014, C. II. § 1 Abs. 1 Nr. 3 Rn. 5; *Neidert*, MedR 2007, 279, 281).

549 *Neidert*, MedR 2007, 279, 281.

Werden die Schwangerschafts- und Mehrlingsraten, die in Deutschland nach assistierter Reproduktion erreicht werden, mit denen aus Ländern, in denen der eSET bereits zum Standardverfahren gehört, verglichen, so zeigt sich, dass der eSET sowohl die Schwangerschaftsrate erhöhen als auch die Wahrscheinlichkeit für (höhergradige) Mehrlingsschwangerschaften deutlich minimieren kann. In Deutschland kam es 2016 bei Frisch-Embryotransfer zu einer Schwangerschaftsrate von 32,2 % und bei Transfer nach Auftauzyklus zu einer Schwangerschaftsrate von 27 %[550]. Nach eSET werden hingegen Schwangerschaftsraten von bis zu 50 % erreicht[551].

Noch deutlicher sind die Unterschiede, wenn man sich die Zahlen hinsichtlich der Wahrscheinlichkeit einer Mehrlingsschwangerschaft ansieht. Während die Wahrscheinlichkeit einer Mehrlingsschwangerschaft nach natürlicher Empfängnis bei etwas über 1 % liegt[552], lag sie nach assistierter Reproduktion in Deutschland 2016 bei etwas über 22 %[553,554]. Bei Anwendung des eSET kann die Wahrscheinlichkeit einer Mehrlingsschwangerschaft hingegen auf 5–10 % reduziert werden[555], wobei höhergradige Mehrlingsschwangerschaften nahezu ausgeschlossen sind.

---

550 *DIR Jahrbuch 2016*, JRE Sonderheft 1 2017, 8, 22.

551 *Montag/van der Ven*, Sonderheft Reproduktionsmedizin 4/2002, 147, 148; *Groenewold*, Zu geringe Erfolgsrate, zu viele Mehrlingsgeburten, Pressemitteilung der Universität Lübeck vom 18.09.2003, abrufbar unter: https://www.uni-luebeck.de/aktuelles/nachricht/artikel/zu-geringe-erfolgsrate-zu-viele-mehrlingsgeburten.html (Stand: 02.01.2020).

552 1,2 % Zwillingsschwangerschaften, 0,01 % Drillingsschwangerschaften (*Diedrich u. a.*, Reproduktionsmedizin im internationalen Vergleich, 2008, S. 41).

553 21,5 % Zwillingsschwangerschaften, 0,6 % Drillingsschwangerschaften (*DIR Jahrbuch 2016*, JRE Sonderheft 1 2017, 11).

554 Obwohl die Senkung der Mehrlingsschwangerschaftsrate nach künstlicher Befruchtung erklärtes Ziel der Reproduktionsmediziner ist, konnte die Mehrlingsschwangerschaftsrate nach künstlicher Befruchtung in den vergangenen Jahren nicht erreicht werden. Sie liegt nach wie vor über 20 %.

555 Von 1982 bis 2006 konnte die Wahrscheinlichkeit einer Mehrlingsschwangerschaft nach ART durch die Implementierung des eSET in Schweden von 30 % auf 5 % gesenkt werden (*Revermann/Hüsing*, Fortpflanzungsmedizin, 2011, S. 139). In Großbritannien konnte die Wahrscheinlichkeit einer Mehrlingsschwangerschaft nach ART durch eine die Durchführung des eSET vorgebende Gesetzesänderung im Jahr 2003 innerhalb von nur 15 Monaten von 29 % auf 9,5 % gesenkt werden (*Revermann/Hüsing*, Fortpflanzungsmedizin, 2011, S. 139).

Damit der sich aus der Senkung der Mehrlingsschwangerschaftsrate ergebende Vorteil deutlich wird, soll an dieser Stelle auf die im Vergleich zu einer Einlingsschwangerschaft signifikant höheren prä- und perinatalen Risiken, die eine Mehrlingsschwangerschaft für Mutter und Kinder mit sich bringt[556], sowie auf den zur Mehrlingsreduktion durchgeführten Embryo-/Fetozid[557] eingegangen werden. Denn nur, wenn man die als erheblich einzustufenden Gefahren und deren Folgen vor Augen hat, kann eine ausgewogene Abwägung der Vor- und Nachteile des eSET erfolgen, die als Grundlage für eine Entscheidung für oder gegen seine Zulassung dienen kann.

Die gesundheitlichen Risiken für Mutter und Kinder bei einer Mehrlingsschwangerschaft sind vielfältig. Mehrlingsschwangerschaften gehen mit einer höheren Fehlgeburts-, Frühgeburts- und Totgeburtsrate, einer höhere Kaiserschnittrate, einem geringeren Geburtsgewicht und einer höheren Kindersterblichkeit bis ins erste Lebensjahr einher[558]. Während der Schwangerschaft leidet die Mutter zudem häufiger an Anämie, Hypertonie und (Prä-)Eklampsie[559]. Hinzu tritt für die werdenden Eltern eine enorme psychosoziale Belastung, insbesondere dann, wenn sich Komplikationen entwickeln oder die Kinder als unreife Frühgeborene zur Welt kommen[560].

Sind die Risiken, die mit einer Mehrlingsschwangerschaft verbunden sind, im konkreten Fall für Mutter und/oder Kinder als sehr hoch einzustufen, kommt es insbesondere bei höhergradigen Mehrlingsschwangerschaften immer wieder zu Embryo-/Fetoziden, um die Überlebenschancen des Embryos/Fötus bzw. der anderen Embryonen/

556 *Diedrich u. a.*, Reproduktionsmedizin im internationalen Vergleich, 2008, S. 41 ff., *Neidert*, MedR 2007, 279, 281; *Rieger u. a.*, DÄBl. 2007, A 1147, A 1148.

557 Bis zur Vollendung der 10. SSW p. m. (entspricht der 12 SSW p. c.) spricht man vom Embryozid, nach der Vollendung der 10. SSW p. m. vom Fetozid (*Hepp*, Der Gynäkologe 1998, 261, 262).

558 *Diedrich u. a.*, Reproduktionsmedizin im internationalen Vergleich, 2008, S. 41 ff.; *Groenewold*, Zu geringe Erfolgsrate, zu viele Mehrlingsgeburten, Pressemitteilung der Universität Lübeck vom 18.09.2003, abrufbar unter: https://www.uni-luebeck.de/aktuelles/nachricht/artikel/zu-geringe-erfolgsrate-zu-viele-mehrlingsgeburten.html (Stand: 02.01.2020); *Neidert*, MedR 2007, 279, 281; *Rieger u. a.*, DÄBl. 2007, A 1147, A 1148.

559 *Kreß*, JRE 2005, 23.

560 *Kowalcek*, JRE 2008, 280, 281 f.

Föten zu erhöhen[561]. Es handelt sich bei diesen Mehrlingsreduktionen regelmäßig nicht um krankheitsbedingte selektive Embryo-/Fetozide, sondern um unselektive Embryo-/Fetozide, bei denen derjenige Embryo/Fötus abgetötet wird, der am besten erreichbar ist[562]. Da die Schwangerschaft bei Mehrlingsreduktion regelmäßig fortbesteht, verbleibt der abgetötete Embryo/Fötus in der Gebärmutter der Frau und wird absorbiert oder bei der Geburt mazeriert ausgeschieden[563]. Die Entscheidung für einen Embryo-/Fetozid und dessen Durchführung stellt für die werdenden Eltern oft eine sehr schwerwiegende Belastung dar, die mit anhaltendem Bedauern bis hin zu Depressionen verbunden sein kann. Zudem führt die Mehrlingsreduktion in 15 bis 23 % der Fälle zu einem Komplettabort, der die oft schon so lang herbeigesehnte Schwangerschaft beendet[564].

Da nicht sicher gesagt werden kann, ob die Mehrlingsreduktion einen positiven Einfluss auf den weiteren Verlauf der Schwangerschaft und die Entwicklung des verbliebenen Embryos/Fötus bzw. der verbliebenen Embryonen/Föten ausübt, wird sie eher auf die anderenfalls befürchteten langwierigen psychosozialen Belastungen für die Mutter in der Schwangerschaft und Elternzeit mit mehreren (kranken) Kindern als auf eine medizinische Indikation zurückgeführt[565]. Es ist daher zu befürchten, dass der Embryo-/Fetozid prospektiv in die Behandlung mit einbezogen wird[566], um gute Erfolgschancen der Behandlung trotz der bestehenden Beschränkungen zu erreichen. Ein Vorgehen, das zur Verwirklichung des Kinderwunsches die Abtötung eines oder mehre-

561 *Neidert*, MedR 2007, 279, 281.

562 *Diedrich u. a.*, Reproduktionsmedizin im internationalen Vergleich, 2008, S. 47 f.

563 *Diedrich u. a.*, Reproduktionsmedizin im internationalen Vergleich, 2008, S. 48.

564 Unterschiede ergeben sich hinsichtlich der Art der Reduktion. So kommt es im Fall einer Reduktion von zwei Embryonen/Föten auf einen Embryo/Fötus in 17 % der Fälle zum Komplettabort, bei einer Reduktion von drei Embryonen/Föten auf einen Embryo/Fötus in 23 % der Fälle zum Komplettabort und bei einer Reduktion von vier auf zwei Embryonen/Föten in 15 % der Fälle zu einem Komplettabort (*Diedrich u. a.*, Reproduktionsmedizin im internationalen Vergleich, 2008, S. 4 m. V. a. *Evans u. a.*, Selective terminations for structural, chromosomal, and mendelian anomalies: international experience. Am J Obstet Gynecol. 1999; 181: 893–897).

565 *Hepp*, Der Gynäkologe 1998, 261, 264.

566 *Hepp*, Der Gynäkologe 1998, 261, 264.

rer Embryos/Embryonen bzw. Fötus/Föten einkalkuliert, pervertiert die Kinderwunschbehandlung und ist ethisch nicht vertretbar[567].

Wie hoch die Zahl der Embryo-/Fetozide zur Reduktion einer Mehrlingsschwangerschaft ist, kann nicht sicher gesagt werden. Zum einen werden die Embryo-/Fetozide nicht mit einer Indikation erfasst, zum anderen kann angenommen werden, dass Paare die Behandlung im Ausland vornehmen lassen, wenn sich im Inland kein Arzt dazu bereiterklärt[568,569].

Da durch den eSET die Schwangerschaftsrate erhöht und die Wahrscheinlichkeit einer Mehrlingsschwangerschaft deutlich verringert werden kann, ist er aus Sicht der Reproduktionsmediziner und Betroffenen die angestrebte Behandlungsmethode[570].

b) Realisierbarkeit und Finanzierbarkeit der Kinderwunschbehandlung

Durch die seit dem Inkrafttreten der Neureglung des § 27a SGB V bestehende Beschränkung der Übernahme der Behandlungskosten durch die gesetzliche Krankenkasse besteht das Problem, dass die Verwirklichung des Kinderwunsches stark von den finanziellen Möglichkeiten der Kinderwunschpatienten abhängt. Durch die hohe finanzielle Belastung wird das Interesse, Mehrlingsschwangerschaften entgegenzuwirken, konterkariert[571]. Nicht wenige Kinderwunschpatienten werden sich vor diesem Hintergrund für den Transfer mehrerer Embryonen entscheiden, um den eigenen Kinderwunsch realisieren zu können. Die mit einer Mehrlingsschwangerschaft einhergehenden Gefahren werden dabei oft verdrängt oder als weniger gravierend als eine anderenfalls drohende Kinderlosigkeit wahrgenommen. Die Steigerung der

567 *Hepp*, Der Gynäkologe 1998, 261, 264.

568 Mit Fallbeispiel *Thorn*, Reproduktives Reisen, 2008, S. 10.

569 In manchen Ländern ist der Embryo-/Fetozid zur Mehrlingsreduktion weniger umstritten. Er wird beispielsweise in Großbritannien und Spanien sogar empfohlen.

570 *Rieger u. a.*, DÄBl. 2007, A 1147, A 1148.

571 Die Behandlungskosten pro Versuch liegen bei ca. 2.000 bis 4.000 Euro, sind jedoch stark von dem Einzelfall und der gewählten Behandlungsmethode abhängig. Die Krankenkassen übernehmen bei Vorliegen der Voraussetzungen des § 27a SGB V jedoch nur maximal 50 % der Behandlungskosten und das auch nur bei den ersten drei Versuchen.

Effizienz der Behandlungsmethoden ist daher auch vor dem Hintergrund der Realisierbarkeit und Finanzierbarkeit des Kinderwunsches von Bedeutung.

c) Eindämmung des Reproduktionstourismus und Sicherung guter Behandlungsstandards

Zudem könnte durch die Zulassung des eSET der Reproduktionstourismus eingeschränkt und eine sichere und verantwortungsvolle Behandlung der Patienten von Anfang an gewährleistet werden. Denn durch die hohen physischen und psychischen, aber vor allem auch finanziellen Belastungen, die mit einer Auslandsbehandlung einhergehen, kann nicht ausgeschlossen werden, dass sich Kinderwunschpatienten bei einer Auslandsbehandlung unvernünftig viele Embryonen transferieren lassen, sofern es im Behandlungsland keine Beschränkungen gibt. Die durch ein solches Vorgehen hervorgerufenen (höhergradigen) Mehrlingsschwangerschaften gehen mit den soeben dargestellten Risiken für Mutter und Kinder einher und führen zu einer Belastung des deutschen Kassensystems[572]. Zudem wird die im Ausland durchgeführte Kinderwunschbehandlung nach der Rückkehr nicht immer offengelegt, sodass die im Inland behandelnden Ärzte nicht über wesentliche, die Behandlung betreffende Informationen verfügen. Eine bestmögliche Behandlung kann daher nicht immer gewährleistet werden.

2. Nachteile des eSET

Trotz dieser offensichtlichen Vorteile ist der eSET in Deutschland umstritten. Stark kritisiert wird, dass durch die Anwendung des eSET zwangsläufig überzählige Embryonen entstehen und es zu einer Embryonenselektion kommt.

572 *Thorn*, Reproduktives Reisen, 2008, S. 12.

a) Überzählige Embryonen

Da ein Schutzzweck des ESchG darin liegt, die Entstehung überzähliger Embryonen zu verhindern, wird der eSET (teilweise) als nicht mit dem ESchG vereinbar angesehen, da befürchtet wird, dass durch dessen Zulassung deutlich mehr überzählige Embryonen entstehen werden. Als überzählige Embryonen[573] in diesem Sinne sollen Embryonen anzusehen sein, deren Übertragung auf die Frau, von der die Eizellen stammen, aus rechtlichen oder tatsächlichen Gründen[574] endgültig nicht mehr möglich ist[575].

Die Entstehung überzähliger Embryonen könnte jedoch aufgrund der Vorteile, die mit dem eSET verbunden sind, zukünftig hinzunehmen sein. Für diesen Fall stellt sich die Frage, wie im Fall der Zulassung des eSET mit überzähligen Embryonen umgegangen werden kann/soll. In Betracht kommen dabei die Kryokonservierung sowie die Embryonenspende für andere Kinderwunschpatienten oder zu Forschungszwecken.

aa) Kryokonservierung

Werden Embryonen für einen Behandlungszyklus nicht benötigt, können sie kryokonserviert und dadurch für die weitere Behandlung aufbewahrt werden. Bei der Kryokonservierung werden die Embryonen langsam (sog. slow freezing) oder schnell (sog. Vitrifikation) eingefroren und in flüssigem Stickstoff bei -196 °C gelagert[576]. Das ESchG enthält außer dem in § 9 Nr. 4 ESchG normierten Arztvorbehalt keine Angaben zur Zulässigkeit und Durchführung der Kryokonservierung.

---

573 Vorgeschlagen wurde auch, von „elternfreien Embryonen" (*Lehmann*, ZfL 2008, 106) oder „verwaisten Embryonen" (*Hacker*, Ethische und rechtliche Beurteilung des genome editing in der Forschung an humanen Zellen, 2017, S. 8 f.) zu sprechen.

574 *Günther*/Taupitz/Kaiser, ESchG, 2. Aufl., 2014, B. V. Rn. 76.

575 *Beitz*, Zur Reformbedürftigkeit des Embryonenschutzgesetzes, 2009, S. 105 ff.; *Dorneck*, Das Recht der Reproduktionsmedizin de lege lata und de lege ferenda, 2018, S. 234; *Zimmermann*, Reproduktionsmedizin und Gesetzgebung, 2011, S. 155.

576 *Diedrich/Ludwig/Griesinger*, Reproduktionsmedizin, 2013, S. 234, 236 ff.; *Hübinger*, Bedeutung der Vitrifikation für die Kryokonservierung und Kryofixierung, 2013, S. 12 ff.

Sofern die Kryokonservierung dem Erhalt des Embryos dient, ist sie jedoch als zulässig anzusehen, wie sich aus § 2 Abs. 1 und § 9 Nr. 4 ESchG ergibt[577]. Flankierende Regelungen zu Melde- und Dokumentationspflichten enthält das ESchG nicht[578]. Diese können sich lediglich aus dem allgemeinen Arztrecht und dem TPG ergeben[579]. Auch gesetzliche Höchstgrenzen für die Dauer der Kryokonservierung existieren nicht[580].

Problematisch ist bei der Kryokonservierung, dass sie zunächst nur den Status quo absichert und nicht zu einer Lösung des Problems, wie mit überzähligen Embryonen umgegangen werden kann/soll, beiträgt[581]. Zudem ergeben sich aus dem Umstand, dass die Kryokonservierung bisher keine gesetzliche Regelung erfahren hat, Folgeprobleme. Diese entstehen insbesondere dann, wenn sich der Mann, von dem die Samenzellen, und die Frau, von der die Eizellen stammen, hinsichtlich der weiteren Verwendung der Embryonen nicht einig sind[582] oder einer von beiden stirbt[583]. Daneben liegt die Gefahr vor, dass generationsversetzte Menschen entstehen[584], wenn die Embryonen über einen sehr langen Zeitraum kryokonserviert und dann zur Embryonenspende freigegeben werden[585].

---

577 Günther/*Taupitz*/Kaiser, ESchG, 2. Aufl., 2014, C. II. § 9 Rn. 13.

578 Günther/*Taupitz*/Kaiser, ESchG, 2. Aufl., 2014, C. II. § 9 Rn. 12 m. w. N.

579 Günther/*Taupitz*/Kaiser, ESchG, 2. Aufl., 2014, C. II. § 9 Rn. 12.

580 Günther/*Taupitz*/Kaiser, ESchG, 2. Aufl., 2014, C. II. § 9 Rn. 12.

581 *Lehmann*, ZfL 2008, 106, 112; *Zimmermann*, Reproduktionsmedizin und Gesetzgebung, 2011, S. 150.

582 Bisher beschäftigte nur der Fall die Gerichte, dass der Mann die Einwilligung zur homologen Verwendung seines Samens widerrufen hat (LG Bonn, Urt. v. 19.10.2016 – AZ: 1 O 42/16 = FamRZ 2017, 447). Dies ist wahrscheinlich auf den Umstand zurückzuführen, dass die Frau nicht gegen ihren Willen zur Übertragung eines Embryos gezwungen werden kann (*Mayr*, NZFam 2018, 913).

583 Nach dem Tod des Partners klagen hingegen sowohl Männer als auch Frauen auf Herausgabe der kryokonservierten imprägnierten Eizellen und/oder Embryonen (OLG Karlsruhe, Urt. v. 17.06.2016 – AZ: 14 U 165/15 = FamRZ 2016, 1790; OLG München, Urt. v. 22.02.2017 – AZ: 3 U 4080/16 = MedR 2018, 415).

584 BT-Drs. 11/8057, S. 14; *Laufs/Uhlenbruck*, Handbuch des Arztrechts, 2002, § 129 Rn. 25.

585 Den wohl extremsten bisher bekanntgewordenen Fall stellt die Geburt von Emma Wren Gibson dar, die als Embryo mehr als 24 Jahre kryokonserviert lagerte, bevor sie auf ihre (25-jährige) Mutter transferiert wurde (*von Hardenberg*, Das Baby aus dem Ei, SZ vom 20.12.2017, abrufbar unter: https://www.sueddeutsche.de/pa

Nichtsdestotrotz sollte die Kryokonservierung zulässig bleiben, da sie ein wichtiger Bestandteil des Verfahrens der künstlichen Befruchtung ist und entstandene überzählige Embryonen vor dem Absterben bewahren kann[586]. Es sollten jedoch flankierende gesetzliche Regelugen geschaffen werden, die Melde- und Dokumentationspflichten sowie eine gesetzliche Höchstdauer der Kryokonservierung festlegen[587].

bb) Nachträgliche Embryonenspende[588, 589] an andere Kinderwunschpaare

Sofern Embryonen nicht mehr auf die Frau, von der die Eizellen stammen, übertragen werden können – weil die Frau gestorben ist, gesundheitliche Gründe gegen eine Schwangerschaft sprechen oder sie ihre Einwilligung widerrufen hat[590] –, besteht die Möglichkeit die überzäh-

norama/eingefrorener-embryo-das-baby-aus-dem-eis-1.3799604 (Stand: 02.01.2020)).

586 Mittlerweile überleben ca. 70–90 % der Embryonen die Kryokonservierung; *Diedrich/Ludwig/Griesinger* gehen von einer Überlebensrate nach Vitrifikation von 72–90 % aus (Reproduktionsmedizin, 2013, S. 240), *Nawroth/Liebermann* sogar von einer Überlebensrate nach Vitrifikation von über 90 % (Der Gynäkologe 2013, 896, 898 m. w. N.).

587 Siehe dazu Teil 3 Kapitel 2 II. 3. c) und 5. a).

588 Unter den Begriff der nachträglichen Embryonenspende werden die Konstellationen gefasst, in denen der Embryo nicht zum Zweck der Spende erzeugt wurde. Sofern der Embryo zum Zweck der Spende erzeugt wurde, wird von anfänglicher Embryonenspende gesprochen.

589 Alternativ wird die nachträgliche Embryonenspende auch als Embryonenadoption bezeichnet (*Lehmann*, ZfL 2008, 106, 112 ff.) oder es wird zwischen der Sichtweise der abgebenden genetischen Eltern (Embryonenspende) und der der annehmenden künftigen sozialen Eltern (Embryonenadoption) unterschieden (*Deutscher Ethikrat*, Embryonenspende, Embryonenadoption und elterliche Verantwortung, 2016, S. 9, 13). Der Begriff der Embryonenadoption soll nicht verwendet werden, da durch die Adoption eines bereits geborenen Kindes die Rechtsbeziehung zwischen Annehmendem und Kind durch einen staatlichen Hoheitsakt begründet wird (§ 1752 BGB). Im Falle der nachträglichen Embryonenspende wird die Rechtsbeziehung zumindest zur Mutter jedoch bereits durch die Geburt begründet (§ 1591 BGB).

590 Die Entscheidung zum Transfer kann nicht gegen den Willen der Frau, von der die Eizellen stammen, erzwungen werden, da die Einwilligung zum Transfer eine höchstpersönliche Entscheidung darstellt, die im Moment des Transfers zu treffen ist (*Deutsch*, MDR 1985, 177, 180).

ligen Embryonen anderen Kinderwunschpatienten zu spenden[591]. Davon ist bereits nach der geltenden Gesetzeslage auszugehen[592], da § 2 Abs. 1 ESchG nur die Verwendung von Embryonen zu einem nicht ihrer Erhaltung dienenden Zweck verbietet[593]. Auch § 1 Abs. 1 Nr. 6 Var. 1 ESchG soll Embryonenspenden lediglich „im Vorfeld" verhindern, indem bestraft wird, wer „einen Embryo vor Abschluss seiner Einnistung in der Gebärmutter [mit Spendeabsicht] entnimmt"[594]. Hinsichtlich der nachträglichen Embryonenspende hat sich der Gesetzgeber bewusst für eine Strafbarkeitslücke entschieden[595]. Sofern ein Embryo nachträglich nicht mehr auf die Frau, von der die Eizelle stammt, übertragen werden kann, wird die Spende an andere Kinderwunschpatienten gegenüber dem Absterbenlassen als vorzugswürdig angesehen, da sie die einzige Möglichkeit bietet, das Leben des Embryos zu retten[596]. Daher wird in dieser Konstellation ausnahmsweise die gespaltene Mutterschaft gebilligt[597,598].

---

591 Sofern die Embryonen aufgrund des Todes der Frau, von der die Eizellen stammen, überzählig werden, können sich jedoch Probleme in Bezug auf die Wirksamkeit der Einwilligung zur Spende ergeben.

592 BT-Drs. 4154, S. 7; BT-Drs. 11/5460, S. 8 f.; *Dorneck*, medstra 2018, 259, 260; *Günther*/Taupitz/Kaiser, ESchG, 2. Aufl., 2014, C. II. § 2 Rn. 44; *Müller-Terpitz*, ZRP 2016, 51, 53; *Taupitz*, in: Taupitz u. a., JRE 2015, 42, 53; *Zimmermann*, Reproduktionsmedizin und Gesetzgebung, 2011, S. 154.

593 Die Embryonenspende ist daher gerade nicht erfasst (*Günther*/Taupitz/Kaiser, ESchG, 2. Aufl., 2014, C. II. § 2 Rn. 44).

594 BT-Drs. 11/5460, S. 8; Günther/*Taupitz*/Kaiser, ESchG, 2. Aufl., 2014, C. II. § 1 Abs. 1 Nr. 6 Rn. 1 f., 6.

595 BT-Drs. 11/5460, S. 9; Günther/*Taupitz*/Kaiser, ESchG, 2. Aufl., 2014, C. II. § 1 Abs. 1 Nr. 6 Rn. 6 f.; Prütting/*Höfling/Engels*, Medizinrecht, 5. Aufl., 2019, § 1 ESchG Rn. 6, 23; *Schleissing*, Ethik und Recht in der Fortpflanzungsmedizin, 2014, S. 69.

596 Günther/*Taupitz*/Kaiser, ESchG, 2. Aufl., 2014, C. II. § 1 Abs. 1 Nr. 6 Rn. 6.

597 *Günther*/Taupitz/Kaiser, ESchG, 2. Aufl., 2014, B. V. 79 und C. II. § 2 Rn. 44; Günther/*Taupitz*/Kaiser, ESchG, 2. Aufl., 2014, C. II. § 1 Abs. 1 Nr. 1 Rn. 1; § 1 Abs. 1 Nr. 6 Rn. 6; Spickhoff/*Müller-Terpitz*, Medizinrecht, § 1 ESchG Rn. 8.

598 Entgegen diesen eindeutigen Ausführungen in der Gesetzesbegründung wird zum Teil vertreten, dass sich ein Verbot der Embryonenspende aus der Zusammenschau von § 1 Abs. 1 Nr. 1, 2, 3 und 7 ESchG ergebe, da diese zum Ausdruck brächten, dass es Ziel des Gesetzes sei, die gespaltene Mutterschaft im Interesse des Kindes zu unterbinden (*Arndt*, Biotechnologie in der Medizin, 2004, S. 69 Rn. 224).

Auch verfassungsrechtlich ergeben sich keine Bedenken. Nach der hier vertretenen Auffassung kommt dem Embryo vor seiner Nidation noch kein Lebens- und Würdeschutz aus Art. 2 Abs. 2 S. 1 und Art. 1 Abs. 1 GG zu. Auch wenn der Embryo in vitro damit nicht völlig schutzlos gestellt und eine Verletzung des ihm zukommenden Schutzstatus grundsätzlich möglich ist, würde – selbst wenn man eine Verletzung annehmen wollte – das verfassungsrechtlich verbürgte Recht auf Fortpflanzungsfreiheit der Spender- und Empfängereltern überwiegen[599].

Positiv ist in diesen Konstellationen, dass die Spende der Embryonen nicht mit weiteren Belastungen der genetischen Eltern verbunden ist, da die Embryonen bereits im Rahmen der eigenen Behandlung gewonnen wurden[600].

Nichtsdestotrotz hat es der Gesetzgeber unterlassen, einen Rechtsrahmen für die Spende überzähliger Embryonen zu schaffen. Es besteht daher das Bedürfnis nach einer ausdrücklichen Zulassung und flankierenden Regelungen[601]. Dies gilt insbesondere vor dem Hintergrund, dass sich 17 der 124 reproduktionsmedizinischen Zentren im Jahr 2013 zum Netzwerk Embryonenspende zusammengeschlossen haben, um die Vermittlung überzähliger Embryonen (und imprägnierter Eizellen)[602] zu ermöglichen[603].

599 Auch Vertreter der Auffassung, dass dem Embryo ab der Kernverschmelzung voller Lebens- und Würdeschutz aus Art. 2 Abs. 1 S. 1 und Art. 1 Abs. 1 GG zukommen soll, sprechen sich für die Zulässigkeit der nachträglichen Embryonenspende aus. Sie sehen die Embryonenspende zum Teil als verfassungsrechtlich geboten an, da die einzige Möglichkeit, den Embryo vor der Verwerfung zu retten, die Spende sei (*Hillgruber*, ZfL 2002, 2, 6). Einige von ihnen gehen dabei sogar so weit, dass sie den Staat als verpflichtet ansehen, die Spende der Embryonen zu ermöglichen und sich aktiv für die Sicherung seines Lebensrechts einzusetzen (*Jofer*, Regulierung der Reproduktionsmedizin, 2014, S. 520).

600 *Kaiser*, Elternglück durch Fremdspende und Leihmutterschaft, in: Götz u. a. (Hrsg.), FS Brudermüller, 2014, S. 357, 358 f.

601 *Müller-Terpitz*, ZfL 2006, 34, 41; *Löhnig*, ZRP 2015, 76, 77.

602 Die Spende von imprägnierten Eizellen wird aktuell nicht mehr vermittelt, da die Rechtsunsicherheiten zu groß sind (Vgl. *Deutsche Akademie der Naturforscher Leopoldina e.V./Union der deutschen Akademien der Wissenschaften e.V.*, Fortpflanzungsmedizin in Deutschland – für eine zeitgemäße Gesetzgebung, 2019, S. 76).

603 *Deutscher Ethikrat*, Embryonenspende, Embryonenadoption und elterliche Verantwortung, 2016, S. 11 f., mittlerweile nehmen bereits 18 Fortpflanzungsmedizinische Zentren am Netzwerk teil, vgl. https://www.netzwerk-embryonenspende.de/ueber_uns/ueber_uns.html (Stand: 02.01.2020).

Es stellt sich jedoch die Frage, ob die nachträgliche Embryonenspende auch im Fall der Zulassung des eSET eine geeignete Möglichkeit darstellen würde, die Zahl der endgültig überzähligen Embryonen gering zu halten. Denn es ist davon auszugehen, dass bei Zulassung des eSET auch bei Anwendung der größtmöglichen ärztlichen Sorgfalt mehr Embryonen entstehen werden, als es bei der derzeitigen Behandlung der Fall ist. Sofern diese dann nicht für weitere Behandlungszyklen benötigt werden, müssen sie als endgültig überzählig angesehen werden.

Dagegen soll sprechen, dass nur ein geringer Teil der Kinderwunschpaare bereit wäre, ihre Embryonen für die Behandlung anderer Wunscheltern freizugeben, wenn sie diese selbst nicht mehr nutzen können oder wollen[604]. Zudem wünschten sich viele Kinderwunschpatienten die Erfüllung des Kinderwunsches mit eigenen Gameten, sodass auf der anderen Seite auch die Nachfrage nach Embryonenspenden voraussichtlich geringer ausfallen würde, als Embryonen überzählig wären[605]. Dies gelte insbesondere deshalb, weil nach eSET regelmäßig nur diejenigen Embryonen zur Spende zur Verfügung stünden, die als weniger gut einzustufen seien[606].

Zudem wird gegen die nachträgliche Embryonenspende eingewandt, dass durch diese das Wohl des Kindes und dessen Identitätsfindung gefährdet würden[607] und es zu Konflikten zwischen genetischen und Wunscheltern kommen könnte, da die Wunscheltern die Chance bekommen haben, den Embryo der genetischen Eltern auszutragen.

Zuletzt wird, wie regelmäßig bei der Diskussion um die Zulässigkeit reproduktionsmedizinischer Maßnahmen und Techniken, bei der Spende überzähliger Embryonen ein Dammbruch befürchtet. *Taupitz* meint – jedoch ohne nähere Begründung –, dass man bei Zulassung

604 Ein Indiz dafür soll die geringe Spendebereitschaft in anderen Ländern sein. In den USA spenden beispielsweise nur 8 % der Kinderwunschpaare ihre überzähligen Embryonen (*Hawranek/Ahr*, Die Zeit vom 25.09.2014, abrufbar unter: https://www.zeit.de/2014/40/kuenstliche-befruchtung-embryo-spende (Stand: 02.01.2020)).

605 *Zimmermann*, Reproduktionsmedizin und Gesetzgebung, 2011, S. 153.

606 *Coester-Waltjen*, Reproduktionsmedizin 2002, 183, 198; *Vogt*, Methoden der künstlichen Befruchtung: „Dreierregel" versus „Single Embryo Transfer", 2007, S. 90; *Zimmermann*, Reproduktionsmedizin und Gesetzgebung, 2011, S. 155 f.

607 *Pap*, MedR 1986, 229, 235.

der Spende überzähliger Embryonen das Verbot der Leihmutterschaft kaum mehr rechtfertigen könne[608]. *Vogt* befürchtet, dass man, wenn man die Entstehung überzähliger Embryonen zulasse, dem Anreiz zur Forschung an und mit Embryonen Vorschub leisten würde, selbst wenn das Forschungsverbot des § 2 ESchG aufrechterhalten würde[609].

Die Argumente können nicht überzeugen, da sie sich auf bloße Vermutungen und nicht auf sichere Erkenntnisse beziehen.

Zunächst ist nicht sicher, ob die Spendebereitschaft der Kinderwunschpatienten mit überzähligen Embryonen nicht deutlich ansteigen würde, wenn rechtliche Rahmenbedingungen geschaffen und die Spende überzähliger Embryonen eine etablierte und anerkannte Option darstellen würde. Die bisherigen Untersuchungen legen nahe, dass schon heute ein großer Teil der Kinderwunschpatienten der Embryonenspende positiv gegenübersteht[610]. Auch, dass die dann zur Spende bereitstehenden Embryonen regelmäßig als weniger gut einzustufen seien, kann nicht belegt werden. Die Fallzahlen in Deutschland sind sehr gering und ein internationaler Vergleich ist aufgrund zum Teil sehr unterschiedlicher Behandlungsmöglichkeiten und Dokumentationen nur bedingt möglich[611]. Die Geburtenrate nach Embryonenspen-

608 *Taupitz*, ZRP 2002, 111, 114.

609 *Vogt*, Methoden der künstlichen Befruchtung: „Dreierregel" versus „Single Embryo Transfer", 2007, S. 94.

610 Nach einer Studie von *Armbrust* wären 36 % der deutschen Kinderwunschpaare bereit, selbst überzählige Embryonen zu spenden. 57 % von ihnen wären für die Legalisierung der Spende überzähliger Embryonen (Einstellung von deutschen Kinderwunschpaaren gegenüber dem Umgang und dem moralischen Status von kryokonservierten Eizellen im Vorkernstadium und kryokonservierten Embryonen, 2013, S. 55). Nach einer Studie von *Weghofer u. a.* wären sogar 66 % der Kinderwunschpatienten bereit, selbst Embryonen zu spenden (Geburtshilfe Frauenheilkunde 2002, 574, 575 f.). Zu einem ähnlichen Ergebnis kommt auch eine Übersichtsstudie von *Armbrust u. a.*, die in den Jahren 2000 bis 2008 international erhobene Daten zur Einstellung von Kinderwunschpaaren zum Umgang mit kryokonservierten Embryonen ausgewertet hat. Auch nach dieser ist die Akzeptanz gegenüber der Spende von Embryonen als hoch einzustufen, wobei beachtet werden muss, dass die Akzeptanz und Bereitschaft zur eigenen Spende für Forschungszwecke höher sind als für andere Kinderwunschpaare (Geburtshilfe und Frauenheilkunde 2009, 907 f.).

611 *Deutscher Ethikrat*, Embryonenspende, Embryonenadoption und elterliche Verantwortung, 2016, S. 11.

de bewegt sich international jedoch auf einem ähnlichen Niveau wie nach Behandlung mit eigenen Embryonen[612].

Auch dafür, dass das Wohl des Kindes und dessen Identitätsfindung nach Spende als überzähliger Embryo gefährdet seien, gibt es nach der bisherigen Studienlage keine Belege. Da das Kind als Wunschkind gezeugt und von seinen genetischen Eltern weggegeben wurde, damit es die Chance bekommt, geboren zu werden, sind Schwierigkeiten wie bei der Adoption, bei der sich eher die Frage stellt, warum man von den eigenen Eltern nicht gewollt wurde, nicht oder zumindest in einer anderen Intensität zu erwarten[613]. Zudem wirkt sich positiv auf die Identitätsfindung aus, dass die Wunscheltern bei der Spende überzähliger Embryonen bereits die Schwangerschaft miterleben und ein Beziehungsaufbau schon von Beginn an stattfinden kann[614]. Da in diesem Fall beide Wunscheltern nicht genetische Eltern des Kindes sind, kann bei der Spende eines Embryos die Belastung, die auf der Familie liegt, geringer sein, als wenn den Wunscheltern die Schwangerschaft durch Samen- oder Eizellspende ermöglicht worden wäre[615]. Den zudem befürchteten Konflikten zwischen genetischen und Wunscheltern kann durch sinnvolle gesetzliche Regelungen zu den Rahmenbedingungen der Spende entgegengewirkt werden. Es erscheint dabei insbesondere sinnvoll, dass die Spende überzähliger Embryonen nur dann möglich ist, wenn die eigene Behandlung erfolgreich verlaufen ist[616] und beide genetischen Eltern der Spende zugestimmt haben[617;618].

Für die Spende überzähliger Embryonen spricht auch, dass sie die genetischen Eltern aus dem moralischen Dilemma befreit, ihre überzäh-

612 *Deutscher Ethikrat*, Embryonenspende, Embryonenadoption und elterliche Verantwortung, 2016, S. 17 m. w. N.

613 *Deutscher Ethikrat*, Embryonenspende, Embryonenadoption und elterliche Verantwortung, 2016, S. 97 f.

614 *Lehmann*, ZfL 2008, 106, 113; *Wendehorst*, Reproduktionsmedizin 2003, 147.

615 *Wendehorst*, Reproduktionsmedizin 2003, 147.

616 So auch § 2 der Satzung des Netzwerks Embryonenspende vom 29.07.2015 i. V. m. den Leitideen und Zielen des Netzwerks Embryonenspende (beides abrufbar unter: https://www.netzwerk-embryonenspende.de/ziele/ziele.html (Stand: 02.01.2020)).

617 *Deutscher Ethikrat*, Embryonenspende, Embryonenadoption und elterliche Verantwortung, 2016, S. 102, 127; *Schumann*, MedR 2014, 736, 743 f.

618 Siehe dazu Teil 3 Kapitel 2 II. 2. d).

ligen, lebensfähigen Embryonen auf Dauer kryokonserviert zu lassen oder der Vernichtung preiszugeben[619].

Die vorgebrachten Argumente streiten für die Zulässigkeit der Spende überzähliger Embryonen. Da die Spende überzähliger Embryonen derzeit zwar als mit dem ESchG vereinbar angesehen wird, aber keinerlei Rahmenbedingungen gesetzlich geregelt sind, besteht Handlungsbedarf auf Seiten des Gesetzgebers[620]. Dieser würde sich noch verstärken, wenn der eSET als Behandlungsmethode zugelassen wird, da in diesem Fall mit mehr überzähligen Embryonen zu rechnen ist, für deren Vermittlung klare gesetzgeberische Vorgaben vorliegen sollten.

cc) Nachträgliche Embryonenspende zu Forschungszwecken

Teilt man die Befürchtung, dass die Mehrzahl der Kinderwunschpaare nicht bereit ist, ihre überzähligen Embryonen für andere Kinderwunschpatienten zu spenden, stellt sich die Frage, ob eine Spende zu Forschungszwecken eine Alternative im Umgang mit überzähligen Embryonen darstellen könnte[621]. Da die Forschung an und mit Embryonen respektive embryonalen Stammzellen höchst umstritten ist und kontrovers diskutiert wird, allerdings nicht unmittelbar Gegenstand dieser Arbeit sein soll, kann an dieser Stelle keine vertiefende

619 *Löhnig*, ZRP 2015, 76, 77.

620 Da die Spende überzähliger Embryonen bereits nach der geltenden Rechtslage möglich ist, besteht Handlungsbedarf insbesondere mit Blick auf das Recht des Kindes auf Kenntnis seiner Abstammung. Es sollte durch den Gesetzgeber sichergestellt werden, dass das Kind im Falle der Embryonenspende nicht nur ein Recht auf Kenntnis seiner genetischen Mutter und seines genetischen Vaters hat, sondern dieses auch effektiv ausüben kann. Auch hier empfehlen sich Regelungen ähnlich denen des SaRegG, die auf den besonderen Umstand einzugehen haben, dass beide bei der Entstehung des Embryos verwendeten Keimzellen von Dritten stammen.

621 Eine Studie von *Armbrust* belegt, dass deutsche Kinderwunschpatienten tendenziell eher bereit sind, ihre überzähligen Embryonen zu Forschungszwecken als für andere Kinderwunschpaare zu spenden. Nach dieser wären knapp 50 % der Paare bereit, ihre überzähligen Embryonen für Forschungszwecke zu spenden (46 % für die embryonale Stammzellforschung und 49 % für reproduktionsmedizinische Forschung). Zu einer Spende an andere Kinderwunschpaare wären hingegen nur 36 % der Paare bereit (Einstellung von deutschen Kinderwunschpaaren gegenüber dem Umgang und dem moralischen Status von kryokonservierten Eizellen im Vorkernstadium und kryokonservierten Embryonen, 2013, S. 55).

Auseinandersetzung mit der Thematik stattfinden. Da die Frage, ob überzählige Embryonen auch zu Forschungszwecken gespendet werden können, bei der Frage nach dem Umgang mit überzähligen Embryonen nach eSET jedoch nicht vollkommen außen vor gelassen werden kann, soll kurz auf sie eingegangen werden.

Gegen die Zulässigkeit der Spende überzähliger Embryonen zu Forschungszwecken spricht die derzeitige Gesetzeslage. Aus § 1 Abs. 1 Nr. 2 und Abs. 2 ESchG ergibt sich ein eindeutiges Verbot der Embryonenforschung[622]. Für überzählige Embryonen regelt § 2 Abs. 1 Var. 4 ESchG ergänzend, dass strafbar ist, wer einen Embryo zu einem nicht seiner Erhaltung dienenden Zweck verwendet. Davon erfasst ist die Forschung an und mit Embryonen, unabhängig davon, ob die Embryonen durch die Forschung verbraucht werden oder nicht[623]. § 1 Nr. 2 StZG verbietet darüber hinaus grundsätzlich die Einfuhr und Verwendung embryonaler Stammzellen. Jedoch lassen §§ 4 und 5 StZG unter strengen Voraussetzungen die Einfuhr von und die Forschung an und mit embryonalen Stammzellen zu. Durch dieses Regel-Ausnahme-Prinzip sollen einerseits die Menschenwürde und das Recht auf Leben der Embryonen geachtet und geschützt[624], andererseits aber auch die Freiheit der Forschung gewährleistet werden. Die Forschung ist danach dann als zulässig anzusehen, wenn wissenschaftlich begründet dargelegt ist, dass sie hochrangigen Forschungszielen für den wissenschaftlichen Erkenntnisgewinn dienen soll, die vorgesehene Fragestellung bereits so weit wie möglich vorgeklärt wurde und sich der angestrebte wissenschaftliche Erkenntnisgewinn nur durch Forschung mit embryonalen Stammzellen erreichen lässt. Zudem ist für jeden Fall der Einfuhr von und Forschung an und mit embryonalen Stammzellen die Durchführung eines Genehmigungsverfahrens gem. §§ 6 ff. StZG erforderlich.

Es stellt sich jedoch die Frage, ob in Deutschland nicht auch die Forschung an und mit überzähligen inländischen Embryonen unter stren-

---

622 *Spickhoff/Müller-Terpitz*, Medizinrecht, § 1 ESchG Rn. 9, 22.

623 *Spickhoff/Müller-Terpitz*, Medizinrecht, § 2 ESchG Rn. 2.

624 Dies ergibt sich aus § 1 StZG i. V. m. dem Gesetzesentwurf vom 27.02.2002 (BT-Drs. 14/8394, S. 7 f.; *Gerke/Taupitz*, Rechtliche Aspekte der Stammzellforschung in Deutschland, in: Zenke/Marx-Stölting/Schickl (Hrsg.), Stammzellforschung, 2018, S. 209, 217; *Taupitz*, GenTechnik & Recht 2003, 11, 13 Fn. 14).

gen Voraussetzungen – ähnlich oder gleich denen des StZG – zulässig sein sollte.

Gegen die Embryonenforschung wird eingewandt, dass im Falle ihrer Zulassung das gattungsspezifische Selbstverständnis des Menschen in Frage gestellt und dadurch die „schiefe Ebene“ erreicht würde[625]. Zudem sei die Embryonenforschung nicht mit dem Lebensrecht und der Menschenwürde des Embryos vereinbar. Dies gelte insbesondere vor dem Hintergrund der nationalsozialistischen Unrechtsherrschaft, die gezeigt habe, welche verheerenden Folgen der Missbrauch der Naturwissenschaften mit sich bringen kann[626]. Die Zulassung der Embryonenforschung sei zudem auch nicht erforderlich, da gleich geeignete ethisch vertretbare Alternativen verfügbar seien, insbesondere die Forschung mit induzierten pluripotenten Stammzellen (iPS-Zellen)[627]. Da iPS-Zellen durch Reprogrammierung normaler Körperzellen gewonnen und nahezu unbegrenzt vermehrt werden können, sei die Forschung an und mit ihnen als ethisch unproblematisch anzusehen[628].

Dem wird entgegengehalten, dass die Forschung an und mit iPS-Zellen zunehmend stärker in die Kritik gerät, da gerade nicht ohne weiteres davon ausgegangen werden kann, dass sie als ethisch unproblematisch anzusehen ist[629]. Dies läge zum einen daran, dass nicht ausgeschlossen werden kann, dass durch die Reprogrammierung totipotente Zellen gewonnen werden, denen aufgrund ihres Entwicklungspotentials ethisch ein ähnlicher Schutz zukommen müsste wie Embryonen[630].

625 *Dorneck*, Das Recht der Reproduktionsmedizin de lege lata und de lege ferenda, 2018, S. 252 m. V. a. Habermas, Auf schiefer Ebene, in: Fleischhacker (Hrsg.), Der Schutz des Menschen vor sich selbst, S. 39, 40.

626 *Taupitz* (Hrsg.), Das Menschenrechtsübereinkommen zur Biomedizin des Europarates — taugliches Vorbild für eine weltweit geltende Regelung?, 2002, S. 425; *Vogt*, Methoden der künstlichen Befruchtung: „Dreierregel“ versus „Single Embryo Transfer“, 2007, S. 165.

627 *Zenke/Marx-Stölting/Schickl*, Aktuelle Entwicklungen der Stammzellforschung, in: Zenke/Marx-Stölting/Schickl (Hrsg.), Stammzellforschung, 2018, S. 35, 45.

628 *Zenke/Marx-Stölting/Schickl*, Aktuelle Entwicklungen der Stammzellforschung, in: Zenke/Marx-Stölting/Schickl (Hrsg.), Stammzellforschung, 2018, S. 35, 43, 45.

629 *Gerke/Taupitz*, Rechtliche Aspekte der Stammzellforschung in Deutschland, in: Zenke/Marx-Stölting/Schickl (Hrsg.), Stammzellforschung, 2018, S. 222 Fn. 114 m. w. N.

630 *Zenke/Marx-Stölting/Schickl*, Aktuelle Entwicklungen der Stammzellforschung, in: Zenke/Marx-Stölting/Schickl (Hrsg.), Stammzellforschung, 2018, S. 35, 45.

Zum anderen konnten in Mausexperimenten lebensfähige Mäuse durch tetraploide Komplementierung aus iPS-Zellen hergestellt werden, sodass fraglich sei, ob die Unterscheidung zwischen Totipotenz und Pluripotenz als Abgrenzungskriterium bei der Bestimmung der Schutzwürdigkeit von Zellen herangezogen werden könne[631]. Zudem könne auf die Embryonenforschung zumindest nach derzeitigem Erkenntnisstand nicht verzichtet werden, da die Forschung mit iPS-Zellen nicht in jedem Fall eine sinnvolle Alternative darstellen würde. Dies läge daran, dass sich embryonale Stammzellen und iPS-Zellen hinsichtlich wichtiger Aspekte unterscheiden und embryonale Stammzellen Gegenstand der Forschung sind, weshalb sie einen Referenzpunkt für die Forschung an iPS-Zellen darstellen[632].

Auch die anderen gegen die Forschung mit überzähligen Embryonen vorgebrachten Argumente vermögen nicht zu überzeugen.

Als besonders fragwürdig erscheint vor dem Hintergrund der Zulassung der Forschung an und mit eingeführten embryonalen Stammzellen die Berufung auf die verheerenden Folgen des Missbrauchs der Naturwissenschaften zu Zeiten der nationalsozialistischen Unrechtsherrschaft. Die dadurch bestehende Differenzierung hinsichtlich der Forschung an und mit inländischen Embryonen und importierten Stammzellen offenbart eine absurde Doppelmoral, die so nicht aufrechterhalten werden kann. Überspitzt und die Zulassungsvoraussetzungen des StZG außer Acht lassend, könnte formuliert werden, dass der Gesetzgeber die Schutzwürdigkeit nach der Herkunft der Embryonen differenziert und somit eugenisch selektiert. Dies ist vor dem geschichtlichen Hintergrund Deutschlands durchaus problematisch. Das gilt insbesondere, wenn man bedenkt, dass ein nicht unerheblicher Teil der eingeführten embryonalen Stammzellen aus Israel stammt, das einen sehr liberalen Umgang mit Embryonen und der Forschung an ihnen betreibt[633].

---

631 *Zenke/Marx-Stölting/Schickl*, Aktuelle Entwicklungen der Stammzellforschung, in: Zenke/Marx-Stölting/Schickl (Hrsg.), Stammzellforschung, 2018, S. 35, 45 f. m. w. N.

632 *Zenke/Marx-Stölting/Schickl*, Aktuelle Entwicklungen der Stammzellforschung, in: Zenke/Marx-Stölting/Schickl (Hrsg.), Stammzellforschung, S. 35, 49.

633 *Wetz*, Haben Embryonen Würde?, in: Körtner/Kopetzki (Hrsg.), Embryonenschutz – Hemmschuh der Biomedizin?, 2003, S. 7, 15.

Da pränidativen Embryonen nach der hier vertretenen Auffassung noch kein Lebens- und Würdeschutz zukommt, kann dieser auch nicht für ein Verbot der Embryonenforschung streiten. Der den Embryonen aufgrund ihres menschlichen Ursprungs zukommende Schutzstatus ist nicht geeignet, eine Beschränkung der Forschungsfreiheit zu begründen[634].

Da auch das gattungsspezifische Selbstverständnis genauso wie die Verbote des ESchG nicht unveränderlich sind und dem Wandel der Wertvorstellungen der Gesellschaft unterliegen, sprechen sie nicht zwingend für die Aufrechterhaltung des Forschungsverbots mit überzähligen Embryonen. Sie können daher nur den Ausgangspunkt der Überlegungen hinsichtlich der Frage nach der Zulässigkeit der Forschung mit überzähligen Embryonen – und nicht deren Ergebnis – darstellen.

Da die gegen die Zulässigkeit der Forschung an und mit überzähligen Embryonen vorgebrachten Argumente nicht überzeugen können, sollte sie zugelassen und ihre Voraussetzungen sollten klar geregelt werden. Dies gilt insbesondere deshalb, weil nach der hier vertretenen Auffassung dem Embryo in vitro kein Lebens- und Würdeschutz zukommt, sodass der Forschungsfreiheit Vorrang vor dem Schutz der Embryonen eingeräumt werden muss[635]. Die bisher insbesondere aufgrund der Stichtagsregelung des § 4 Abs. 2 Nr. 1a StZG bestehende Beschränkung der Forschungsfreiheit, die sich daraus ergibt, dass nur vor dem 1. Mai 2007 gewonnene und damit für die Forschung unter Umständen weniger geeignete Stammzelllinien importiert werden dürfen, würde durch die Zulassung der Forschung an und mit überzähligen Embryonen beseitigt[636]. Die Qualität der Forschung, die Kompetenzentwicklung und die Konkurrenzfähigkeit deutscher Forscher im in-

634 Bezogen auf die Forschung mit importierten embryonalen Stammzellen *Faßbender*, MedR 2003, 279, 281 f.; *Kreß*, MedR 2015, 387.

635 Maunz/Düring-*Herdegen*, GG, Art. 1 Rn. 114.

636 *Gerke/Taupitz*, Rechtliche Aspekte der Stammzellforschung in Deutschland, in: Zenke/Marx-Stölting/Schickl (Hrsg.), Stammzellforschung, 2018, S. 209, 216 f.; *Hauskeller/Hick*, Embryonen, Tiermodelle, Chimären. Stammzell-Ethik in Großbritannien und Deutschland, in: Zenke/Marx-Stölting/Schickl (Hrsg.), Stammzellforschung, 2018, S. 179, 187.

ternationalen Vergleich könnten so besser als durch eine erneute Verschiebung des Stichtages[637] gewährleistet werden[638].

Als Voraussetzung für die Zulässigkeit der Forschung an und mit überzähligen Embryonen sollte zunächst bestimmt werden, dass die genetischen Eltern der Verwendung zu Forschungszwecken zustimmen müssen[639]. Es sollte zudem klar festgelegt werden, für welche Forschungszwecke und unter welchen Voraussetzungen Embryonen genutzt werden dürfen. Eine Orientierung könnten dafür die §§ 4 ff. StZG bieten. Darüber hinaus sollte bestimmt werden, bis zum wie vielten Tag nach ihrer Entstehung die Forschung an und mit Embryonen zulässig sein soll. Als Beispiel könnten die Regelungen aus Großbritannien, Schweden und Frankreich dienen, nach denen die Forschung an und mit Embryonen nur bis zu 14 Tage nach Entstehung der Embryonen zulässig ist[640,641].

Die hier angeführten Argumente sprechen für eine klar geregelte Zulassung der Spende von überzähligen Embryonen zu Forschungszwecken.

Erste Befragungen deuten an, dass sich Kinderwunschpaare eher bereit fühlen, ihre überzähligen Embryonen zu Forschungszwecken als zur Verwirklichung des Kinderwunsches anderer Kinderwunschpatienten zu spenden[642]. Die Zulassung der Spende zu Forschungszwecken wür-

637 Der in § 4 Abs. 2 Nr. 1a StZG enthaltene Stichtag wurde m. W. v. 21.08.2008 durch Gesetz vom 14.08.2008 (BGBl. I, 1708) vom 01.01.2002 auf den 01.05.2007 verschobenen.

638 Vgl. *Hauskeller/Hick*, Embryonen, Tiermodelle, Chimären. Stammzell-Ethik in Großbritannien und Deutschland, in: Zenke/Marx-Stölting/Schickl (Hrsg.), Stammzellforschung, 2018, S. 179, 187.

639 *Hacker*, Ethische und rechtliche Beurteilung des genome editing in der Forschung an humanen Zellen, 2017, S. 11.

640 *Hacker*, Ethische und rechtliche Beurteilung des genome editing in der Forschung an humanen Zellen, 2017, S. 11 f.

641 Für die Begrenzung auf den 14. Tag nach der Entstehung der Embryonen soll dabei vor allem sprechen, dass die Ausbildung des Nervensystems bis zu diesem Zeitpunkt noch nicht begonnen hat.

642 *Ambrust*, Einstellungen von deutschen Kinderwunschpaaren gegenüber dem Umgang und dem moralischen Status von kryokonservierten Eizellen im Vorkernstadium und kryokonservierten Embryonen, 2013, S. 55, danach sind 63 %/65 % (embryonale Stammzellforschung/reproduktionsmedizinische For-

de daher aller Voraussicht nach eine weitere Möglichkeit für den Umgang mit überzähligen Embryonen nach eSET darstellen.

b) Embryonenselektion

Zudem wird mitunter heftig kritisiert, dass der eSET mit einer (eugenischen) Selektion von Embryonen einherginge, da zwischen lebenswertem und nicht lebenswertem Leben unterschieden würde[643].

Dieser Argumentation kann jedoch nicht gefolgt werden, da die Auswahl allein anhand morphologischer Kriterien erfolgt[644]. Es wird daher nicht zwischen lebenswertem und nicht lebenswertem Leben, sondern zwischen gut und weniger gut entwickelten Embryonen und der daraus ableitbaren Entwicklungsfähigkeit differenziert. Eine Selektion aufgrund von Krankheit oder Geschlecht ist daher weder möglich noch beabsichtigt[645].

Ob die Embryonenauswahl anhand morphologischer Beobachtungen zulässig ist, muss an § 2 Abs. 1 ESchG gemessen werden[646]. Beachtet werden muss dabei, dass nach § 8 Abs. 1 ESchG nur entwicklungsfähige Embryonen von § 2 Abs. 1 ESchG erfasst sind. Morphologische Beobachtungen und auf diesen beruhende Auswahlentscheidungen sind daher unproblematisch zulässig, wenn der Embryo als nicht entwicklungsfähig anzusehen ist[647]. Es stellt sich daher die Frage, wann vom Vorliegen der Entwicklungsfähigkeit des Embryos ausgegangen werden kann/muss. Ist der Embryo arretiert, entwickelt er sich also gar nicht mehr, ist ihm die Entwicklungsfähigkeit abzusprechen und eine ihn betreffende Auswahlentscheidung verstößt nicht gegen § 2 Abs. 1

---

schung) der befragten Kinderwunschpatienten für die Legalisierung der Forschung und 46 %/49 % grundsätzlich auch selbst zu einer Spende bereit, nur 57 % der befragten Kinderwunschpatienten sind hingegen für die Legalisierung der Spende an andere Kinderwunschpaare und nur 36 % der befragten Kinderwunschpatienten grundsätzlich auch selbst zu einer Spende bereit.

643 *Vogt*, Methoden der künstlichen Befruchtung: „Dreierregel" versus „Single Embryo Transfer", 2007, S. 94.

644 *Frommel*, Reproduktionsmedizin 2002, 158, 159.

645 *Kreß*, JRE 2005, 23 ff.

646 *Günther*/Taupitz/Kaiser, ESchG, 2. Aufl., 2014, C. II. § 2 Rn. 7.

647 *Spickhoff/Müller-Terpitz*, Medizinrecht, § 2 Rn. 2; *Günther*/Taupitz/Kaiser, ESchG, 2. Aufl., 2014, C. II. § 2 Rn. 31, 36, 49.

ESchG. Schwieriger stellen sich die Konstellationen dar, in denen sich der Embryo zwar (noch) entwickelt, die Entwicklung jedoch nicht regelgerecht erfolgt. Um auch in diesen Konstellationen eine Entscheidung treffen zu können, bedarf es einer Bestimmung dessen, was unter Entwicklungsfähigkeit zu verstehen ist. Da es sich bei der Entwicklungsfähigkeit um einen unbestimmten Rechtsbegriff handelt, muss er durch abgewogene Auslegung ermittelt werden[648]. Entwicklungsfähigkeit kann eng nur als Fähigkeit zur Entwicklung bis zur nächsten Entwicklungsstufe, weiter als Fähigkeit zur Entwicklung bis hin zu einer bestimmten Entwicklungsstufe oder noch weiter als Fähigkeit zur Entwicklung bis hin zur Geburt reichen[649]. Schaut man sich den Schutzbereich des ESchG an, so legt dieser den Schluss nahe, dass die Entwicklungsfähigkeit bis zur Implantation/Nidation gemeint sein soll, da mit dieser der Schutz des ESchG endet[650]. Ob die Implantationsfähigkeit des Embryos angenommen werden kann, obliegt dabei der Entscheidung des Arztes, der anhand medizinischer Erkenntnisse einzelfallbezogen entscheiden muss[651]. Aufgrund der natürlichen Unwägbarkeiten kommt ihm dabei ein gewisser Beurteilungsspielraum zu[652]. Sofern sich der Embryo noch entwickelt und nach der ärztlichen Prognose die Implantationsfähigkeit nicht ausgeschlossen werden kann, greift somit der Schutz des § 2 Abs. 1 ESchG.

Es stellt sich jedoch die Frage, ob dieser sich aus § 2 Abs. 1 ESchG ergebende Schutz des Embryos in vitro im Rahmen der Abwägung nicht hinter den Schutz des Embryos/Fötus in vivo und der Mutter zurücktreten muss. Davon ist nach der hier vertretenen Auffassung auszugehen. Denn dem Embryo in vitro kommt nur der einfachgesetzliche Schutz des § 2 Abs. 1 ESchG zu, wohingegen der Embryo/Fötus in vivo und die Mutter durch das grundrechtlich verbürgte Recht auf Leben und die Menschenwürde aus Art. 2 Abs. 2 S. 1 GG und Art. 1 Abs. 1 GG geschützt werden. Vor dem Hintergrund der erheblichen Gefahren für den/die Embryo/Embryonen oder Fötus/Föten in vivo und die Mutter, die aus der derzeit nach wie vor üblichen Übertragung von

648 *Neidert*, MedR 2007, 279, 284.
649 *Neidert*, MedR 2007, 279, 284.
650 *Neidert*, MedR 2007, 279, 284 f.
651 *Neidert*, MedR 2007, 279, 285.
652 *Neidert*, MedR 2007, 279, 285.

mehr als zwei Embryonen innerhalb eines Behandlungszyklus resultieren, erscheint die Beeinträchtigung des Embryo in vitro vertretbar.

Mit dem eSET ist damit zwar eine Auswahl der Embryonen verbunden, diese kann jedoch nicht als Selektion bezeichnet werden. Sie ist zulässig, da der Schutz des Embryos in vitro hinter den Schutz des Embryos/Fötus in vivo und der Mutter zurücktreten muss.

3. Abwägung zwischen Vor- und Nachteilen des eSET

Den Vorteilen des eSET, die Schwangerschaftsrate nach IVF und ICSI zu erhöhen und gleichzeitig die Rate der Mehrlingsschwangerschaften zu senken, die Finanzierbarkeit und damit die Realisierbarkeit der Kinderwunschbehandlung zu gewährleisten, den Reproduktionstourismus einzudämmen und gute Behandlungsstandards zu gewährleisten, steht der Nachteil der Entstehung überzähliger Embryonen gegenüber. Da die Einführung des eSET somit sowohl positive als auch negative Folgen nach sich ziehen würde, muss eine Abwägung von Nutzen und Schaden sowie Chancen und Risiken erfolgen, um zu einer ethisch vertretbaren Entscheidung zu gelangen[653].

Die Einführung des eSET bei der Anwendung der IFV und ICSI würde zu einer Steigerung der Schwangerschaftsrate bei gleichzeitiger Senkung der Wahrscheinlichkeit einer Mehrlingsschwangerschaft führen. Dadurch könnten die bestehenden Gesundheitsrisiken für Mutter und Kind(er) deutlich gesenkt und Embryo-/Fetoziden vorgebeugt werden. Den Kinderwunschpatienten muss das Recht eingeräumt werden, unangemessene Folgen für ihre Gesundheit und ihr späteres Leben sowie für die Gesundheit und das spätere Leben der Embryonen durch Verweigerung des Transfers wenig bis gar nicht geeigneter Embryonen abzuwehren[654,655]. Für die Zulassung des eSET spricht zudem, dass zu erwarten ist, dass sich die Anzahl der Kinderwunschpatienten, die sich

653 *Herzog*, zitiert in: Kutzer, MedR 2002, S. 24.

654 *Frommel*, Reproduktionsmedizin 2002, 158, 169.

655 Aufgrund des Gebots des Nicht-Schadens gegenüber der Frau und den Schutzpflichten gegenüber dem zu zeugenden Kind ist die Entstehung überzähliger Embryonen vor dem Hintergrund der beschriebenen Vorteile hinnehmbar (*Deutsche Akademie der Naturforscher Leopoldina e.V./Union der deutschen Akademien*

für eine Behandlung ins Ausland begeben, minimieren würde. Aufgrund der nicht unerheblichen Kosten, die durch die Inanspruchnahme reproduktionsmedizinischer Maßnahmen entstehen, und die allenfalls anteilige Übernahme durch die gesetzlichen Krankenkassen sind viele Paare genötigt, bei der Realisierung ihres Kinderwunsches auch auf die Höhe der Behandlungskosten zu achten. Würde die nach IVF und ICSI erzielte Schwangerschaftsrate gesteigert, würden sich wahrscheinlich einige Betroffene, die momentan eine Behandlung im Ausland in Anspruch nehmen, für eine Behandlung in Deutschland entscheiden. Dadurch würde die Patientenautonomie gestärkt, da das Spannungsverhältnis zwischen Kinderwunsch und dessen Finanzierbarkeit, in dem sich Kinderwunschpatienten oft befinden, zwar nicht aufgelöst, doch aber abgemildert würde. Zudem spricht für die Zulassung des eSET, dass Kinderwunschpatienten nach dem anerkannten Stand der Wissenschaft behandelt werden könnten. Dass der eSET den anerkannten Stand der Wissenschaft darstellt, zeigt ein Blick in die Fachliteratur und auf die Entwicklungen in anderen Ländern[656]. Zunehmend mehr (Nachbar-)Länder Deutschlands erlauben den eSET[657] oder geben ihn sogar als Standardverfahren vor[658]. Da der eSET auch von vielen deutschen Reproduktionsmedizinern als anerkannter Stand der Wissenschaft und die Gesetzeslage als ungenügend angesehen wird, wird der eSET zumindest in Bayern und Baden-Württemberg bereits praktiziert[659]. Die bestehenden Unklarheiten und die sich daraus ergebenden Unterschiede hinsichtlich der Behandlungsmethoden führen nicht nur zu einer unterschiedlich(en) (guten) Behandlung der Kinderwunschpatienten, sondern schüren auch Unzufriedenheit und

---

der Wissenschaften e.V., Fortpflanzungsmedizin in Deutschland – für eine zeitgemäße Gesetzgebung, 2019, S. 57).

656 *Deutsche Akademie der Naturforscher Leopoldina e.V./Union der deutschen Akademien der Wissenschaften e.V.*, Fortpflanzungsmedizin in Deutschland – für eine zeitgemäße Gesetzgebung, 2019, S. 6, 11 f.

657 Belgien, Dänemark, Frankreich, Großbritannien, Italien, die Niederlande, Österreich, Spanien, Schweden und Tschechien (*Diedrich u. a.*, Reproduktionsmedizin im internationalen Vergleich, 2008, S. 50).

658 Als Standardverfahren vorgegeben ist der eSET in Schweden, Finnland und Belgien (*Diedrich u. a.*, Reproduktionsmedizin im internationalen Vergleich, 2008, S. 28; *Siegmund-Schultze*, DÄBl. 2008, A 2261).

659 *Diedrich u. a.*, Reproduktionsmedizin im internationalen Vergleich, 2008, S. 103.

Zwist zwischen den praktizierenden Reproduktionsmedizinern. Denn diejenigen Reproduktionsmediziner, die den eSET aufgrund der derzeitigen Gesetzeslage nicht anwenden, obwohl ihnen ihre ärztliche Berufspflicht auferlegt, die wirksamste und gleichzeitig schonendste Behandlung zu wählen[660], sind der Gefahr ausgesetzt, dass weniger Patienten zu ihnen kommen. Es kommt daher zunehmend stärker zu einer wirtschaftlichen Verzerrung, der seitens des Gesetzgebers dringend entgegengewirkt werden sollte.

Auf der anderen Seite würde die Einführung des eSET bei der Anwendung von IFV und ICSI zur Entstehung überzähliger Embryonen führen. Da Embryonen vor ihrer Nidation nach der hier vertretenen Auffassung noch kein Lebens- und Menschenwürdeschutz zuzuerkennen ist, kann die Entstehung überzähliger Embryonen aufgrund der erheblichen Vorteile des eSET, insbesondere der Vermeidung gesundheitlicher Gefahren für Mutter und Kind(er), in Kauf genommen werden. Der grundgesetzlich verbürgte Lebens- und Gesundheitsschutz von Mutter und Kind(ern) überwiegt gegenüber dem einfachgesetzlichen Schutz der Embryonen. Dies gilt insbesondere vor dem Hintergrund, dass aufgrund der prognostischen Möglichkeiten sehr sichere Schätzungen dahingehend möglich sind, wie viele Embryonen bei der Befruchtung einer bestimmten Anzahl von Eizellen entstehen werden. Ziel jedes Reproduktionsmediziners sollte es daher von vornherein sein, die Anzahl der überzähligen Embryonen möglichst gering zu halten. Durch die mit der Zulassung des eSET einhergehende Möglichkeit, befruchtete Eizellen über die Kernverschmelzung hinaus zu kultivieren, ist zudem damit zu rechnen, dass in Zukunft nicht wie bisher tausende imprägnierte Eizellen kryokonserviert werden[661]. Durch die Weiterkultivierung können arretierte imprägnierte Eizellen/Embryonen aussortiert und nur die Embryonen transferiert oder kryokonserviert werden, denen eine gute Implantationschance prognostiziert wird. Es kann daher zwar mit einem Anstieg überzähliger Embryonen gerechnet werden, gleichzeitig könnte aber die Zahl kryokonservierter „Präembryonen" deutlich reduziert werden. Zudem haben die obigen Ausführungen gezeigt, dass auch der Umstand, dass überzählige Emb-

660 *Diedrich*, Frauenarzt 2004, 1043.
661 *Lilie*, ZaeFQ, 2006, 673, 675.

ryonen entstehen können, nicht zwangsläufig zu ihrer Verwerfung führen muss. So bietet sich zum einen die Möglichkeit, überzählige Embryonen für weitere Behandlungszyklen zu kryokonservieren oder diese i. d. R. nach Kryokonservierung für andere Kinderwunschpaare oder im Falle der Aufhebung des Forschungsverbots zu Forschungszwecken zu spenden. Dem kann auch nicht der Einwand entgegengehalten werden, dass die Wunscheltern auf ihren Kinderwunsch verzichten oder ihn mittels der derzeit gängigen Behandlungsmethode realisieren könnten, der überzählige Embryo seine Entstehung aber nicht verhindern kann[662]. Ein derartiger Einwand berücksichtigt die schutzwürdigen Belange der Wunscheltern, eine eigene Familie zu gründen und sich und das Wunschkind dabei möglichst geringen Gesundheitsrisiken auszusetzen, zu wenig. Zuletzt sei darauf hingewiesen, dass durch die Einführung des eSET die Kosten für das Gesundheitssystem deutlich verringert werden könnten. Selbst wenn man davon ausgehen mag, dass die durch die gesetzlichen Krankenkassen zu tragenden Kosten für die Durchführung reproduktionsmedizinischer Maßnahmen ungefähr gleichblieben[663], so könnten die Kosten doch deutlich durch die Verringerung von Mehrlingsschwangerschaften gesenkt werden, da sich die Behandlungskosten bei einer Zwillingsschwangerschaft im Vergleich zu einer (normalen) Einlingsschwangerschaft bereits verdreifachen, bei einer Drillingsschwangerschaft sogar verzehnfachen[664].

4. Ergebnis

Wie in vielen (Nachbar-)Ländern auch sollte der eSET in Deutschland zugelassen werden. Dafür spricht zum einen die Erhöhung der nach IVF und ICSI erreichbaren Schwangerschaftsrate, zum anderen und

662 *Vogt*, Methoden der künstlichen Befruchtung: „Dreierregel" versus „Single Embryo Transfer", 2007, S. 104; Bezogen auf die Gesundheitsgefahren für die Frau bei Durchführung der PID: *Böckenförde*, DÄBl. 2003, A 1246, 1249.

663 Durch die Beschränkungen des § 27a SGB V (Kostenübernahme für maximal drei Behandlungen und auch nur in Höhe von maximal 50 % der Behandlungskosten) besteht derzeit wenig Sparpotential in diesem Bereich.

664 *Leinmüller*, JRE 2005, 22, 23.

vor allem die Minimierung der Wahrscheinlichkeit (höhergradiger) Mehrlingsschwangerschaften. Um einen bundeseinheitlichen Behandlungsstandard zu ermöglichen und auch die sich stellende Folgefrage nach dem Umgang mit überzähligen Embryonen zu regeln, sollte der Gesetzgeber zumindest die wesentlichen Eckpunkte durch eine ausdrückliche gesetzliche Regelung vorgeben.

III. Samenspende

Während die homologe Verwendung von Samen mittlerweile weitestgehend als zulässig angesehen wird, ist die donogene Verwendung von Samen (Samenspende[665]) nach wie vor ethisch und juristisch umstritten[666]. Dies ist vor allem auf den Umstand zurückzuführen, dass sich die Samenspende als Verfahren im medizinischen Alltag etabliert hat, es jedoch nach wie vor an ausdrücklichen gesetzlichen Regelungen hinsichtlich ihrer Zulässigkeit und Durchführung fehlt.

Die Regelung des § 1600 Abs. 4 BGB, nach der die durch Samenspende begründete Vaterschaft durch den Mann[667] und die Mutter nicht angefochten werden kann, wenn sowohl der Mann als auch die Mutter in die Vornahme der Samenspende eingewilligt haben, kann nicht herangezogen werden, um Rückschlüsse auf die Zulässigkeit der Samenspende zu ziehen[668,669], da die Samenspende in der Begründung des Bundesrates zum Gesetzesentwurf zu dieser Norm als rechtlich umstritten einordnet wurde[670]. Für den Fall, dass Samenspenden trotzdem durchgeführt werden, sollte lediglich eine Norm geschaffen werden, die auf die bestehenden Bedürfnisse der Kinder reagiert[671]. Dafür, dass die Samenspende als zulässiges Verfahren anerkannt ist, spricht jedoch das am 1. Juli 2018 in Kraft getretene SaRegG[672]. Durch dieses

---

665 Sofern im Rahmen dieser Arbeit von Samenspende gesprochen wird, ist immer die Verwendung von Samen im donogenen System gemeint.

666 *Günther*/Taupitz/Kaiser, ESchG, 2. Aufl., 2014, B. V. Rn. 83 ff.

667 Gemeint ist an dieser Stelle der Wunschvater und nicht der Samenspender.

668 *Jofer*, Regulierung der Reproduktionsmedizin, 2014, S. 159.

669 So aber *Rauscher*, Familienrecht, § 29 Rn. 817; *Roth*, JZ 2002, 651, 654.

670 BT-Drs. 14/2096, S. 7.

671 BT-Drs. 14/2096, S. 7.

672 BGBl. I 2017, 2513.

soll das durch die höchstrichterliche Rechtsprechung anerkannte Recht des Kindes auf Kenntnis der eigenen Abstammung gesichert werden. Zudem spricht für die Zulässigkeit der Samenspende das Schweigen des ESchG. Sofern dieses Regelungen über die Samenspende enthält, handelt es sich lediglich um punktuelle Beschränkungen der Samenspende[673]. So dürfen Samen nach § 3 S. 1 ESchG nicht anhand des Geschlechts ausgewählt und gem. § 4 Abs. 1 Nr. 1 ESchG nur mit der Zustimmung des Samenspenders verwendet werden. Eine Verwendung des Samens auch mit Zustimmung des Samenspenders ist nach seinem Tod gem. § 4 Abs. 1 Nr. 3 ESchG verboten. Daneben findet sich für alle reproduktionsmedizinischen Maßnahmen mit Spendersamen in § 9 Nr. 1, 11 Abs. 1 Nr. 1 ESchG ein Arztvorbehalt. Da es sich beim ESchG um ein Strafgesetz handelt, gilt der Grundsatz nulla poena sine lege, sodass das weitgehende Schweigen des Gesetzes einer Zulassung der Samenspende gleichkommt[674]. Dies gilt insbesondere deshalb, weil aus dem Gesetzgebungsverfahren und den punktuellen Regelungen des ESchG hervorgeht, dass der Gesetzgeber die Thematik der Samenspende durchaus gesehen hat. Allein der Umstand, dass die Verfolgung von Verstößen kaum praktikabel wäre, weil die Samenspende auch im privaten Umfeld oder durch Laien durchgeführt werden könne[675], kann nicht dafür ins Feld geführt werden, dass ein Verbot trotz fehlender gesetzlicher Regelung gelten soll. Dies gilt insbesondere vor dem Hintergrund, dass sich die Verbotstatbestände des ESchG immer nur an Ärzte und andere Fachleute richten, die beteiligten Wunscheltern, Gametenspender und Ersatz-/Leihmütter jedoch von der Strafbarkeit ausgenommen sind. Ein ähnliches Vorgehen wäre bezüglich der Samenspende möglich gewesen. Auch von der Ärzteschaft wird die Samenspende grundsätzlich angenommen und als reproduktionsmedizinische Maßnahme angeboten. Bereits der 73. deutsche Ärztetag sah in der Vornahme der Samenspende keinen Verstoß gegen die Standes-

673 *Günther*/Taupitz/Kaiser, ESchG, 2. Aufl., 2014, B. V. Rn. 82.

674 *Wendehorst*, Die rechtliche Regelung donogener ART in Deutschland und Österreich, in: Bockenheimer-Lucius/Thorn/Wendehorst (Hrsg.), Umwege zum eigenen Kind, 2008, S. 103, 106f.; a. A. allenfalls Tolerierung aber keinesfalls Zulassung der Methode (*Jofer*, Regulierung der Reproduktionsmedizin, 2014, S. 160).

675 *Günther*/Taupitz/Kaiser, ESchG, 2. Aufl., 2014, B. V. Rn. 90.

ethik und -ordnung mehr[676,677]. In der Richtlinie der BÄK zur Entnahme und Übertragung von menschlichen Keimzellen im Rahmen der assistierten Reproduktion finden sich nun detaillierte Regelungen darüber, in welchen Fällen und wie die Samenspende durchgeführt werden soll[678].

Nichtsdestotrotz wird die Zulässigkeit der Samenspende mit einer Vielzahl von Einwänden immer wieder in Frage gestellt. Dabei beziehen sich die Einwände nicht auf die Zulässigkeit der Samenspende an sich, sondern vielmehr auf deren Durchführung und mögliche Folgeprobleme. Sie sind daher nicht geeignet, eine andere Beurteilung hinsichtlich der Zulässigkeit der Samenspende zu begründen, sondern spiegeln lediglich das Erfordernis flankierender gesetzlicher Regelungen wider. An solchen fehlt es bisher jedoch. Eine detaillierte Regelung der Samenspende beinhalten bisher ausschließlich die Richtlinien der BÄK[679], was aufgrund der Bedeutung der Materie nicht als ausreichend angesehen werden kann. Um Rechtssicherheit für alle Beteiligten zu schaffen, ist es daher erforderlich, die Samenspende einer gesetzlichen Regelung zu unterziehen.

Um zu ermitteln, welche Regelungsinhalte dabei zwingend aufgenommen werden sollten, empfiehlt es sich, sich mit den vorgebrachten Einwänden auseinanderzusetzen. Dabei sollen an dieser Stelle nur die Einwände behandelt werden, die grundsätzlich geeignet sein können,

---

676 Ergebnisse des 73. Deutschen Ärztetages, 1970, S. 13 zitiert bei *Keller*/Günther/Kaiser, ESchG, 1992, B. III. Rn. 2.

677 Empfohlen wurde die Durchführung der Samenspende zu diesem Zeitpunkt aufgrund der offenen rechtlichen Fragen jedoch noch nicht (Ergebnisse des 73. Deutschen Ärztetages, 1970, S. 13 zitiert bei *Keller*/Günther/Kaiser, ESchG, 1992, B. III. Rn. 2).

678 So finden sich insbesondere Ausführungen zu den ergänzenden Inhalten der Aufklärung bei der heterologen Verwendung von Samenzellen (Ziffer 2.2.3), zu den Besonderheiten der Untersuchung bei Samenspende für die heterologe Verwendung (Ziffer 2.6.2.1) und zu den Indikationen für eine heterologe Insemination (Ziffer 3.3.2.1) (*BÄK*, Richtlinie zur Entnahme und Übertragung von menschlichen Keimzellen im Rahmen der assistierten Reproduktion, DÄBl. 2018, A 1, A7, A 8, A 12).

679 Nur in Bezug auf die (Muster-)Richtlinie der BÄK zur Durchführung der assistierten Reproduktion: *Wendehorst*, Die rechtliche Regelung donogener ART in Deutschland und Österreich, in: Bockenheimer-Lucius/Thorn/Wendehorst (Hrsg.), Umwege zum eigenen Kind, 2008, S. 103, S. 114.

die Zulässigkeit der Samenspende in Frage zu stellen oder inhaltlich zu beschränken. Regelungen, die die Durchführung der Samenspende im Detail ausgestalten, bleiben dem 3. Teil dieser Arbeit vorbehalten.

1. Mögliche Kindeswohlgefährdung durch Samenspende

Zuallererst wird bei der Diskussion um die Zulässigkeit reproduktionsmedizinischer Maßnahmen regelmäßig das Argument ins Feld geführt, dass die entsprechende Maßnahme das Kindeswohl gefährden würde. Dies ist auch bei der Samenspende der Fall. Demnach könne das Kindeswohl bereits durch die Art der Zeugung gefährdet sein. So wird immer wieder die Vermutung aufgestellt, dass insbesondere die psychosoziale Entwicklung von Kindern nach einer Samenspende gestört sein könnte. Die bloße Vermutung einer Kindeswohlgefährdung, gleich auf welche Maßnahme sie sich bezieht, ist jedoch nicht geeignet, ein Verbot der entsprechenden Maßnahme zu rechtfertigen[680]. Dies gilt bezogen auf die Samenspende insbesondere deshalb, weil es für diese Vermutung keine wissenschaftlichen Belege gibt. Die vorliegende Studienlage belegt vielmehr, dass insbesondere die psychosoziale Entwicklung der durch reproduktionsmedizinische Maßnahmen gezeugten Kinder durch die Art der Zeugung unbeeinflusst ist[681]. Auch für die Befürchtung, dass gesundheitliche Nachteile der durch Samenspende gezeugten Kinder zu erwarten seien, gibt es keine wissenschaftlichen Belege. Es ist vielmehr davon auszugehen, dass gesundheitliche Nachteile, sofern sie überhaupt angenommen werden können, nicht durch die Samenspende, sondern durch die für diese vorliegende Indikation begründet[682] oder auf eine im Rahmen reproduktionsmedizinischer Behandlungen häufig vorkommende Mehrlingsschwangerschaft zurückzuführen sind[683]. Die befürchteten psychosozialen und gesundheitlichen Nachteile rechtfertigen daher kein Verbot der Samenspende.

680 *Jofer*, Regulierung der Reproduktionsmedizin, 2014, S. 195.

681 *Diedrich/Banz-Jansen/Ludwig*, JRE 2011, 108, 110; *Thorn*, Hessisches Ärzteblatt 2006, 173, 175.

682 *Diedrich/Banz-Jansen/Ludwig*, JRE 2011, 108.

683 *Diedrich/Banz-Jansen/Ludwig*, JRE 2011, 108, 109; zu den Risiken von Mehrlingsschwangerschaften siehe Teil 2 Kapitel 4 II. 1. a).

Eine beachtliche Beeinträchtigung des Kindeswohls könnte es jedoch darstellen, wenn das verfassungsrechtlich verbürgte Recht des Kindes auf Kenntnis der eigenen Abstammung[684] nicht gesichert wäre[685]. Durch die Regelungen des SaRegG wird das Recht der ab dem 1. Juli 2018 durch ärztlich unterstützte Samenspende gezeugten Kinder auf Kenntnis ihrer Abstammung gesichert und dessen Durchsetzung geregelt. Da eine anonyme Samenspende im Rahmen einer reproduktionsmedizinischen Behandlung in Deutschland somit schon jetzt eindeutig nicht mehr zulässig ist, steht nicht zu befürchten, dass das Recht auf Kenntnis der eigenen Abstammung durch die Vornahme einer Samenspende verletzt wird. Sofern dennoch gegen die sich aus dem SaRegG ergebenden Pflichten verstoßen wird, sind gem. § 12 SaRegG Ordnungstrafen von bis zu 5.000 Euro bzw. 30.000 Euro möglich.

Vor dem Hintergrund des Rechts des Kindes auf Kenntnis der eigenen Abstammung stellt sich die Frage, ob die Verwendung von Mischsperma[686] zulässig ist, wenn die Daten der Samenspender erfasst werden. Auch wenn es derzeit an einer gesetzlichen Regelung fehlt, besteht Einigkeit dahingehend, dass die Verwendung von Mischsperma abzulehnen ist, da die Durchsetzung des Recht des Kindes auf Kenntnis der eigenen Abstammung dadurch übermäßig erschwert werden würde[687]. Diese Auffassung schlägt sich auch in einer entsprechenden Regelung in der (Muster-)Richtlinie der BÄK nieder[688]. Dem Kind würde im Fall der Zeugung durch Mischsperma die Last aufgebürdet, sich mit mehreren Männern auseinandersetzen und Vaterschaftstests durchführen

684 BVerfG, Urt. v. 31.01.1989 – 1 BvL 17/87 = NJW 1989, 891.

685 Bereits im Benda-Bericht wird dieser Punkt angesprochen. Eine dem Samenspender zugebilligte Anonymitätszusage wurde als verfassungsrechtlich nicht vertretbar eingestuft (2.2.1.1.2., a. a. O. (Fn. 123), S. 14); *Günther*/Taupitz/Kaiser, ESchG, 2. Aufl., 2014, B. V. Rn. 87.

686 Unter Mischsperma ist dabei ein Samengemisch aus Spermien mindestens zweier Spender zu verstehen.

687 *Deutsch*, MDR 1985, 177, 180; *Dorneck*, Das Recht der Reproduktionsmedizin de lege lata und de lege ferenda, 2018, S. 104; *Giesen*, FamRZ 1981, 413; *Jofer*, Regulierung der Reproduktionsmedizin, 2014, S. 227; Spickhoff/*Scholz*/*Middel*, Medizinrecht, § 8 a-c TPG Rn. 3.

688 *BÄK*, (Muster-)Richtlinie zur Durchführung der assistierten Reproduktion vom 17.02.2006, DÄBl. 2006, A 1392, A 1397; eine entsprechende Regelung fehlt in der Richtlinie der BÄK zur Entnahme und Übertragung menschlicher Keimzellen im Rahmen der assistierten Reproduktion.

zu müssen, um den genetischen Vater zu ermitteln. Sofern die potentiellen Väter ihre Einwilligung in die Vornahme des Vaterschaftstests nicht freiwillig geben wollen, müsste zudem vor jedem Vaterschaftstest eine gerichtliche Anordnung erwirkt werden[689]. Die Feststellung des genetischen Vaters könnte dadurch mit einer erheblichen, im Vorfeld nicht absehbaren zeitlichen und finanziellen Belastung verbunden sein, durch die die Verwirklichung des Rechts auf Kenntnis der eigenen Abstammung beinahe unmöglich gemacht werden könnte[690,691]. Aufgrund dieser Schwierigkeiten sollte ein ausdrückliches Verbot der Verwendung von Mischsperma geschaffen werden[692], ähnlich wie es in § 14 Abs. 3 FMedG-ÖR und Art. 22 Abs. 1 FMedG-S vorgesehen ist. Sofern *Jofer* eine Ausnahme von diesem Verbot für denkbar hält, wenn das Verbot der Ersatz-/Leihmutterschaft[693] nicht aufrechterhalten würde und ein homosexuelles männliches Paar den Kinderwunsch mittels Ersatz-/Leihmutter realisieren will[694], kann dem nicht gefolgt werden. Auch wenn es im ersten Moment nachvollziehbar erscheint, in diesem Fall über die Verwendung eines Samengemischs beider Männer nachzudenken[695], überzeugt ein solches Vorgehen am Ende nicht. Dem kann auch nicht entgegengehalten werden, dass das Recht des Kindes auf Kenntnis der eigenen Abstammung ausreichend dadurch gewahrt werden könnte, dass beide Männer als potentielle Väter festgehalten würden[696]. Denn auch in diesem Fall müsste das Kind zumindest einen Vaterschaftstest machen, um die genetische Vaterschaft feststel-

---

689 Palandt/*Brudermüller*, Einf. V. § 1591 Rn. 8 ff. 13.

690 *Löhning/Plettenberg*, Fortpflanzung im deutschen Recht, in: Dutta u. a. (Hrsg.), Künstliche Fortpflanzung und europäisches Familienrecht, 2015, S. 11, 14.

691 Zumindest die Kostenlast könnte jedoch dem Staat oder den sozialen Eltern auferlegt werden (*Dorneck*, Das Recht der Reproduktionsmedizin de lege lata und de lege ferenda, 2018, S. 104).

692 *Dorneck*, Das Recht der Reproduktionsmedizin de lege lata und de lege ferenda, 2018, S. 105; *Jofer*, Regulierung der Reproduktionsmedizin, 2014, S. 227.

693 Ersatzmutterschaft soll an dieser Stelle im Sinne des Verständnisses des ESchG verstanden werden. Hinsichtlich der für den weiteren Verlauf der Arbeit verwendeten Begrifflichkeiten siehe Teil 2 Kapitel 4 VII. 1.

694 *Jofer*, Regulierung der Reproduktionsmedizin, 2014, S. 227.

695 Dies sei in Amerika ein übliches Vorgehen (*Hornig*, Baby auf Bestellung, Der Spiegel vom 26.05.2008, abrufbar unter: http://www.spiegel.de/spiegel/print/d-57119337.html (Stand: 02.01.2020)).

696 So aber *Jofer*, Regulierung der Reproduktionsmedizin, 2014, S. 228.

len zu können. Verweigern beide potentiellen genetischen Väter die Einwilligung in die Vornahme des Vaterschaftstest, wäre das Kind auch in diesem Fall auf eine gerichtliche Ersetzung angewiesen. Daher sollte, die Zulässigkeit der Ersatz-/Leihmutterschaft unterstellt, auch bei einem homosexuellen männlichen Paar an einem Verbot der Verwendung eines Samengemischs festgehalten werden, um dem Kind von vornherein Klarheit über die eigene Abstammung zu ermöglichen.

Nach dem Gesagten steht das Kindeswohl der Anwendung der Samenspende grundsätzlich nicht entgegen. Wichtig ist jedoch, dass das Recht des Kindes auf Kenntnis der eigenen Abstammung gesichert wird. Davon ist seit der Schaffung des SaRegG auszugehen. Ergänzend sollte auch das Verbot der Verwendung von Mischsperma einer gesetzlichen Regelung unterzogen werden, da die Regelung in der (Muster-)Richtlinie der BÄK aufgrund der Bedeutung der Materie nicht ausreicht.

2. Vorwurf eugenischer Selektion

Gegen die Samenspende an sich wird vorgebracht, dass sie eine eugenische Selektion nach bestimmten Merkmalen ermöglicht[697]. Allein die Möglichkeit einer eugenischen Selektion ist aber wiederum nicht geeignet, ein generelles Verbot der Samenspende zu begründen. Dieser Vorwurf macht nur deutlich, dass es einer Entscheidung des Gesetzgebers bedarf, welche Auswahlkriterien im Rahmen der Samenspende einen Einfluss auf die Auswahlentscheidung haben dürfen und welche nicht. Denn es ist durchaus üblich und sinnvoll, den Samenspender anhand bestimmter medizinischer und phänotypischer Merkmale auszuwählen, die mit denen des Wunschvaters übereinstimmen, damit sich das Kind gut in die Familie integrieren kann und insbesondere gegenüber Dritten nicht die Vermutung erweckt wird, dass der Wunschvater nicht zugleich der genetische Vater des Kindes ist. Daher werden stets Blutgruppe, Augenfarbe, Haarfarbe, Körpergröße, Körpersub-

697 „Benda-Bericht", 2.2.1.1.2, a. a. O. (Fn. 123), S. 13; *Günther*/Taupitz/Kaiser, ESchG, 2. Aufl., 2014, B. V. Rn. 86.

stanz und Ethnie bei der Spenderauswahl berücksichtigt[698]. Daneben wird regelmäßig auch eine unauffällige (Familien-)Anamnese vorausgesetzt[699], ohne dass darin eine eugenische Selektion zu erblicken ist. Zuletzt setzt die Spende immer ein unauffälliges Ergebnis eines Infektionsparametertests voraus[700]. Nicht zulässig sollen hingegen Auswahlentscheidungen sein, die eine Geschlechterselektion[701] oder besondere Eigenschaften und Fähigkeiten des Kindes bezwecken[702]. Um Rechtssicherheit zu schaffen und der Befürchtung, dass eine Ausweitung der Auswahlkriterien dahingehend stattfinden könnte, dass durchaus zweifelhafte Auswahlkriterien mit einbezogen werden können, entgegenzutreten, sollten die zulässigen Auswahlkriterien durch den Gesetzgeber vorgegeben oder zumindest festgelegt werden, wem die Entscheidung über die zulässigen Auswahlkriterien obliegen soll.

3. Probleme durch wiederholte Spenden desselben Spenders

Bedenken gegen die Samenspende werden auch deshalb geäußert, weil die Samenspende aufgrund der fortlaufenden Neubildung von Samenzellen im Hoden des Mannes innerhalb kürzester Zeit wiederholt stattfinden kann. Bei regelmäßiger Spendenabgabe über Monate oder Jahre

698 *BÄK*, (Muster-)Richtlinie zur Durchführung der assistierten Reproduktion vom 17.02.2006, DÄBl. 2006, A 1392, A 1397; ähnlich auch § 22 Abs. 4 FMedG-S.

699 § 6 Abs. 2 TPG-GewV; *BÄK*, Richtlinie zur Entnahme und Übertragung von menschlichen Keimzellen im Rahmen der assistierten Reproduktion, DÄBl. 2018, A 1, A 8 Ziffer 2.6.2.1; Abschnitt 10 der Richtlinie des Arbeitskreises für Donogene Insemination, S. 24, nach dem jede chronische Erkrankung(s Häufung in der Familie) zum Ausschluss des Spenders führen soll; die Auswahl der in der Richtlinie genannten Erkrankungen ist jedoch nicht nachvollziehbar (*Schmidtke*, Humangenetische Aspekte, in: Duttge u. a. (Hrsg.), Heterologe Insemination, 2010, S. 9, 14).

700 § 6 Abs. 2 S. 3 i. V. m. Anlage 4 Nr. 2 TPG-GewV; *BÄK*, Richtlinie zur Entnahme und Übertragung von menschlichen Keimzellen im Rahmen der assistierten Reproduktion, DÄBl. 2018, A 1, A 8 Ziffer 2.6.2.1; Abschnitt 10 der Richtlinie des Arbeitskreises für Donogene Insemination, S. 24.

701 Hierzu findet sich ein grundsätzliches Verbot bereits in § 3 S. 1 ESchG. Gemäß § 3 S. 2 ESchG ist eine Auswahl eines Spermiums nach dem in ihm enthaltenen Geschlechtschromosom nur dann zulässig, wenn das Kind vor einer schwerwiegenden geschlechtsgebundenen Erbkrankheit bewahrt werden soll.

702 Richtlinie des Arbeitskreises für Donogene Insemination, S. 24.

hinweg sind dutzende bis hunderte Spenden durch ein und denselben Spender möglich. So verwundert es nicht, dass es Berichte über Samenspender gibt, die mehr als 600 Kinder gezeugt haben sollen[703,704].

Durch den durch das SaRegG geschaffenen § 1600d Abs. 4 BGB n. F. sind Samenspender von familien- und erbrechtlichen Ansprüchen ihrer durch Samenspende gezeugten Kinder befreit, sofern die Spende nach dem 1. Juli 2018 abgegeben wurde. Für den Samenspender ergeben sich durch die Vielfachspende daher heute keine rechtlichen und finanziellen Unsicherheiten mehr, die gegen die Vielfachspende sprechen würden.

Auf der anderen Seite sichert das SaRegG den Auskunftsanspruch der nach dem 1. Juli 2018 gezeugten Kinder auf Kenntnis ihrer Abstammung, sodass der Samenspender im Falle der Vielfachspende einer Vielzahl von Kontaktgesuchen seiner Kinder ausgesetzt sein kann. Dies kann von ihm als psychische Belastung empfunden werden, wenn die Kontaktgesuche Auswirkungen auf seine familiäre Situation haben können. Davon kann insbesondere dann ausgegangen werden, wenn seine Familie keine Kenntnis von seiner Tätigkeit als Samenspender hat. Allein dieser Umstand kann jedoch nicht gegen die Vielfachspende eingewandt werden, da der Samenspender vor der Spende umfangreich, auch über das Auskunftsrecht der durch seine Spende gezeugten Kinder, aufgeklärt werden muss. Lässt er sich trotz dieser Aufklärung auf die Samenspende ein, muss er auch die möglichen Beeinträchtigungen durch die spätere Kontaktaufnahme der mit seinem Samen gezeugten Kinder in Kauf nehmen.

Anders stellt sich die Lage jedoch hinsichtlich der durch Samenspende gezeugten Kinder dar. Diese haben gerade keinen Einfluss darauf, wie oft sich ihr genetischer Vater zur Samenspende bereiterklärt. Erfährt ein durch Samenspende gezeugtes Kind von einer Vielzahl genetischer Halbgeschwister, kann dies zu einer Identitäts- und Persönlichkeitskrise führen, da das Kind nicht nur die Existenz des genetischen Vaters,

703 *Dethloff/Gerhardt*, ZRP 2013, 91, 92.

704 Über das Donor Sibling Regisrty können sich Halbgeschwister suchen. Die größte dort zusammengekommene Gruppe umfasst über 105 Halbgeschwister (Stand 2008; *Hornig*, Baby auf Bestellung, Der Spiegel vom 26.05.2008, abrufbar unter: http://www.spiegel.de/spiegel/print/d-57119337.html (Stand: 02.01.2020)).

sondern auch die Existenz einer Vielzahl von Halbgeschwistern verarbeiten muss[705]. Dieser Umstand spricht für eine Beschränkung der möglichen Samenspenden durch ein und denselben Spender beziehungsweise für eine Beschränkung der Verwendungen des gespendeten Samens.

Zudem steigt mit der Anzahl der durch den Samen ein und desselben Spenders gezeugten Kinder die Gefahr, dass es zwischen den Halbgeschwistern zu verdeckten Geschwisterbeziehungen (Konsanguinität) kommt[706,707]. Sofern aus einer solchen Geschwisterbeziehung eine Schwangerschaft hervorgeht, ist diese aufgrund der genetischen Überschneidung der Eltern mit einer deutlich erhöhten Missbildungsgefahr des Kindes verbunden[708]. Dem kann auch nicht durch den Einwand begegnet werden, dass diese Gefahr bekannt ist und ihr durch Vermeidung einer Schwangerschaft oder durch Inanspruchnahme präimplantiver oder pränataler Kontrollmöglichkeiten begegnet werden kann[709]. Denn diese Möglichkeiten setzen stets die Kenntnis der Geschwisterbeziehung voraus, an der es in diesen Fällen in der Regel fehlen wird. Um dem Recht der durch Samenspende gezeugten Kinder auf reproduktive Selbstbestimmung gerecht zu werden, sollte daher eine Beschränkung der möglichen Samenspenden durch ein und denselben Spender beziehungsweise eine Beschränkung der Verwendungen des gespendeten Samens vorgesehen werden[710]. Wichtig ist, dass es dabei nicht darum geht, dass die Geburt von Kindern mit Missbildungen

705 *Jofer*, Regulierung der Reproduktionsmedizin, 2014, S. 229.

706 *Benda*, NJW 1985, 1730, 1732; „Benda-Bericht, 2.2.1.1.2., a. a. O. (Fn. 123), S. 13; *Nieschlag u. a.*, Keimzellspende: Möglichkeiten und Entwicklungen, in: BMG (Hrsg.), Fortpflanzungsmedizin in Deutschland, 2001, S. 109, 111.

707 Ebenso steigt die Gefahr, dass es zwischen dem Samenspender und einem mit seinem Samen gezeugten Kind zu einer (verdeckten) Verwandtschaftsbeziehung kommt.

708 *Zoll*, Genetische Risiken durch Keimzellspende, in: Bockenheimer-Lucius/Thorn/Wendehorst (Hrsg.), Umwege zum eigenen Kind, 2008, S. 123, 130.

709 *Dorneck*, Das Recht der Reproduktionsmedizin de lege lata und de lege ferenda, 2018, S. 102.

710 Dem steht auch nicht der Umstand entgegen, dass der Samenspender theoretisch neben seinen Spenden eine unbestimmbare Vielzahl von Frauen schwängern könnte, wodurch Halbgeschwister gezeugt würden, zu denen ebenfalls eine verdeckte Geschwisterbeziehung begründet werden könnte.

verhindert werden soll[711], sondern darum, dass die werdenden Eltern selbst darüber entscheiden, ob sie die Gefahr, ein missgebildetes Kind zu bekommen, eingehen wollen oder nicht[712].

Um die psychosoziale Entwicklung der durch Samenspende gezeugten Kinder nicht zu gefährden und verdeckten Geschwisterbeziehungen entgegenzuwirken, sollte eine Beschränkung der Verwendung des Samens ein und desselben Spenders vorgesehen werden. Dies könnte durch eine Vorgabe hinsichtlich der zulässigen Verwendungen des Samens[713] oder durch Vorgabe einer bestimmten Personen-/Beziehungszahl, bei der der Samen verwendet werden darf[714], geschehen. Vorzugswürdig erscheint die zweite Variante[715]. Durch die Begrenzung auf eine bestimmte Personen-/Beziehungszahl wird es Wunscheltern ermöglicht, weitere Kinder durch den Samen desselben Spenders zeugen zu lassen, ohne dass dabei darauf geachtet werden müsste, wie viele Kinder bereits durch den Samen des Spenders gezeugt wurden. Sie bietet für die durch Samenspende gezeugten Geschwisterkinder zudem die Möglichkeit, von den gleichen genetischen Eltern abzustammen und bei den gleichen sozialen Eltern aufzuwachsen. Es liegt dabei die Vermutung nahe, dass Identitäts- und Persönlichkeitsfindungsprozesse

711 *Dorneck*, Das Recht der Reproduktionsmedizin de lege lata und de lege ferenda, 2018, S. 103.

712 *Dorneck*, Das Recht der Reproduktionsmedizin de lege lata und de lege ferenda, 2018, S. 103.

713 Gemäß Art. 22 Abs. 2 FMedG-S ist die Verwendung des Spermas eines Spenders maximal für die Zeugung von acht Kindern zulässig; gem. Ziffer 5.3.1. (Muster-)Richtlinie der BÄK sollen die Ärzte darauf achten, dass das Sperma eines Spenders maximal für die Zeugung von zehn Kindern verwendet wird (DÄBl. 2006, A 1392, 1397); nach der Richtlinie donogene Insemination soll die Zahl lebender Nachkommen des Spenders auf 15 beschränkt sein (Richtlinie zur Qualitätssicherung der Behandlung mit Spendersamen in Deutschland, S. 25); Für eine Beschränkung, jedoch ohne konkrete Benennung, sprechen sich auch die *Deutsche Akademie der Naturforscher Leopoldina e.V. und die Union der deutschen Akademien der Wissenschaften e.V.* aus (Fortpflanzungsmedizin in Deutschland – für eine zeitgemäße Gesetzgebung, 2019, S. 64); *Zimmermann* hält eine Beschränkung auf etwa zehn Kinder für angemessen (Reproduktionsmedizin und Gesetzgebung, 2011, S. 110).

714 Gemäß § 14 Abs. 2 FMedG-ÖR ist die Verwendung des Spermas eines Spenders in maximal drei Ehen, eingetragenen Lebenspartnerschaften oder Lebensgemeinschaften zulässig.

715 So auch *Jofer*, Regulierung der Reproduktionsmedizin, 2014, S. 229 f.

durch diesen Umstand erleichtert werden können, da nur ein Samenspender in den Prozess der Familiengründung/-erweiterung einbezogen wurde. Eine Beschränkung der Verwendung des Samens eines Spenders auf maximal drei Ehen, eingetragene Lebenspartnerschaften oder Lebensgemeinschaften, wie sie § 14 Abs. 2 FMedG-ÖR vorsieht, erscheint dabei sinnvoll. Da nach der hier vertretenen Auffassung auch alleinstehenden Personen die Inanspruchnahme fortpflanzungsmedizinischer Maßnahmen offenstehen sollte, sollte eine entsprechende Regelung offener formuliert werden. Sinnvoll erscheint eine Regelung, wie sie § 5 Abs. 5 AME-FMedG vorschlägt, indem sie an die Frauen anknüpft, die die medizinisch unterstützte Fortpflanzung in Anspruch nehmen.

4. Ergebnis

Auch wenn die Samenspende zum jetzigen Zeitpunkt bereits als zulässig angesehen werden kann, haben die vorangegangenen Ausführungen gezeigt, dass sie dringend einer ausdrücklichen gesetzlichen Regelung unterzogen werden sollte. Aufgenommen werden sollten dabei insbesondere ein Verbot der Verwendung von Mischsperma, eine gesetzliche Bestimmung der bei der Auswahlentscheidung des Spenders zulässigen Auswahlkriterien und eine Beschränkung der Verwendung des Samens eines Spenders bei maximal drei Frauen.

IV. Eizellspende

Obwohl es sich bei der Eizellspende um eine der erfolgreichsten reproduktionsmedizinischen Maßnahmen handelt[716], ist sie in Deutschland gem. § 1 Abs. 1 Nr. 1 und 2, Abs. 2 ESchG vollständig verboten. Da sich im europäischen Vergleich ein Trend hin zur Legalisierung der Ei-

716 40–50 % der Behandlungen führen zu einer Schwangerschaft (*Langer*, Der Gynäkologe 2014, 244; *Wandt/Oertel*, Unerfüllter Kinderwunsch – letzter Ausweg Eizelltourismus?, abrufbar unter: https://www.rbb-online.de/klartext/ueber_den_tag_hinaus/soziales/letzter-ausweg-eizellentourismus.html (Stand: 02.01.2020)).

zellspende abzeichnet[717] und immer mehr deutsche Frauen eine Eizellspende im Ausland in Anspruch nehmen[718], stellt sich zunehmend stärker die Frage, ob die Eizellspende auch in Deutschland (zumindest eingeschränkt) zugelassen werden sollte.

1. Einwände gegen die Zulässigkeit der Eizellspende

Um zu dieser Frage Stellung beziehen zu können, empfiehlt es sich, sich mit den gegen die Zulässigkeit der Eizellspende vorgebrachten Einwänden auseinanderzusetzen und zu prüfen, ob diese (noch) überzeugen können.

a) Kindeswohlgefährdung

Sowohl der Gesetzgeber[719] als auch die Gegner der Eizellspende[720] begründen das Verbot der Eizellspende allem voran mit einer zu befürchtenden Kindeswohlgefährdung.

Durch den Umstand, dass das Kind von einer genetischen Mutter abstammt und von einer biologischen/sozialen Mutter ausgetragen und

717 Die Eizellspende ist in Belgien, Bulgarien, Dänemark, Finnland, Frankreich, Griechenland, Großbritannien, Irland, Italien, Kroatien, Malta, den Niederlanden, Österreich, Polen, Portugal, Schweden, der Slowakei, Slowenien, Spanien, der Tschechischen Republik und Ungarn erlaubt oder zumindest geduldet (*Coester-Waltjen*, in: Taupitz u. a., JRE 2015, 42, 51; *Deutsche Akademie der Naturforscher Leopoldina e.V./Union der deutschen Akademien der Wissenschaften e.V.*, Fortpflanzungsmedizin in Deutschland – für eine zeitgemäße Gesetzgebung, 2019, S. 68; *Diedrich u. a.*, Reproduktionsmedizin im internationalen Vergleich, 2008, S. 50).

718 Es kann nur geschätzt werden, wie viele Frauen eine Eizellspende im Ausland in Anspruch nehmen. *Giebel* spricht von 30.000 – 40.000 Frauen, die sich jährlich im Ausland behandeln lassen, vorrangig um eine Eizellspende in Anspruch nehmen zu können (Eizellspende, abrufbar unter: http://www.pharmazeutische-zeitung.de/index.php?id=68557 (Stand: 02.01.2020)). Nach den von *Conte* angegebenen Zahlen soll es sich bei ca. 700–900 dieser Frauen um deutsche Patientinnen handeln (Der Gynäkologe 2013, 841). *Gassner* spricht sogar von 1.000 – 3.000 deutschen Frauen, die für eine Behandlung mit einer Eizellspende ins Ausland gehen (ZRP 2015, 126).

719 BT-Drs. 11/5460, S. 7 f.

720 *Hüppe*, ZRP 2015, 126.

großgezogen wird, könne insbesondere die Identitätsfindung des Kindes gefährdet sein[721]. Eine Vergleichbarkeit mit der Samenspende, bei der eine Kindeswohlgefährdung, wie soeben gezeigt, nicht angenommen werden kann, soll nicht gegeben sein, da die gespaltene Mutterschaft das Kind stärker belasten würde als die gespaltene Vaterschaft, bei der es kein Auseinanderfallen von genetischem und biologischem Vater, sondern nur zwischen genetischem und sozialem Vater gibt[722].

Zudem bestünde bei der nicht anonymen Eizellspende die Gefahr, dass es zu Konflikten zwischen der genetischen und biologischen/sozialen Mutter kommt und sich diese negativ auf das Kindeswohl auswirken. Dies sei zum einen denkbar, wenn die genetische Mutter Einfluss auf das Kind zu nehmen versucht, da sie es als eigenes empfindet[723], zum anderen dann, wenn sich die biologische/soziale Mutter von dem Kind distanziert, weil bei ihm eine Erbkrankheit auftritt, die durch die genetische Mutter übertragen wurde[724].

Bei der anonymen Eizellspende würde hingegen das Recht des Kindes auf Kenntnis der eigenen Abstammung, genau wie bei der anonymen Samenspende, verletzt.

Das Argument der drohenden Kindeswohlgefährdung vermag nicht zu überzeugen, da ein strafrechtliches Verbot nicht durch eine bloße Vermutung gerechtfertigt werden kann[725]. Dies muss insbesondere deshalb gelten, weil den durch den Gesetzgeber geäußerten Befürchtungen in den vergangenen Jahrzehnten wiederholt namenhafte Wissenschaftler aus Rechtswissenschaft, Medizin und anderen Fachrichtungen entgegengetreten sind, die ihren Standpunkt auf die unterdessen vorliegende Studienlage stützen konnten[726].

---

721 BT-Drs. 11/6925, S. 4; *Wollenschläger*, MedR 2011, 21, 22.

722 „Benda-Bericht", 2.2.2.1.2., a. a. O. (Fn. 123), S. 18.

723 BT-Drs. 11/5460, S. 7; „Benda-Bericht", 2.2.2.1.2., a. a. O. (Fn. 123), S. 18; Günther/*Taupitz*/Kaiser, ESchG, 2. Aufl., 2014, C. § 1 Abs. 1 Nr. 1 Rn. 6.

724 BT-Drs. 11/5460, S. 7; Günther/*Taupitz*/Kaiser, ESchG, 2. Aufl., 2014, C. § 1 Abs. 1 Nr. 1 Rn. 6.

725 Günther/*Taupitz*/Kaiser, ESchG, 2. Aufl., 2014, C. § 1 Abs. 1 Nr. 1 Rn. 7.

726 *Deutsche Akademie der Naturforscher Leopoldina e.V./Union der deutschen Akademien der Wissenschaften e.V.*, Fortpflanzungsmedizin in Deutschland – für eine zeitgemäße Gesetzgebung, 2019, S. 9; Günther/*Taupitz*/Kaiser, ESchG, 2. Aufl., 2014, C. § 1 Abs. 1 Nr. 1 Rn. 7 m. w. N.

Auch wenn man mit guten Argumenten noch annehmen können mag, dass die Bindung zwischen Mutter und Kind während der Schwangerschaft stärker ist als die zwischen Vater und Kind, können hinsichtlich der Entwicklung des Kindes insgesamt nach entwicklungspsychologischen Erkenntnissen keine grundsätzlichen Unterschiede zwischen der Bindung zur Mutter und zum Vater festgestellt werden[727]. Es überzeugt daher nicht, die gespaltene Mutterschaft als kindeswohlgefährdender einzustufen als die gespaltene Vaterschaft.

Auch für die befürchteten Auseinandersetzungen zwischen genetischer und biologischer/sozialer Mutter gibt es keine ausreichenden Anhaltspunkte. Auch wenn diese nicht von vornherein ausgeschlossen werden können, werden sie doch eher die Ausnahme als die Regel darstellen. Es erscheint daher ausreichend, für den Fall entsprechender Auseinandersetzungen klare Regelungen vorzuhalten, mit denen der Situation im Interesse des Kindeswohles begegnet werden kann.

Der Einwand, dass das Recht des Kindes auf Kenntnis der eigenen Abstammung durch die anonyme Eizellspende verletzt würde, spricht lediglich für ein Verbot der anonymen Eizellspende. Um das Recht des Kindes auf Kenntnis der eigenen Abstammung abzusichern, sollten daher für die Eizellspende Vorschriften geschaffen werden, wie sie das SaRegG für die Samenspende vorsieht. Genau wie bei der Samenspende sollte zudem eine Beschränkung der Verwendung der Eizellen einer Spenderin bei maximal drei Frauen vorgesehen werden[728].

b) Gesundheitliche Risiken

Gegen die Eizellspende wird immer wieder eingewandt, dass sie aufgrund der für die Eizellspenderin gegebenen Risiken nicht verantwortet werden könne[729]. Bereits die Hormonbehandlung führe zu Nebenwirkungen wie Übelkeit, Erbrechen bis hin zum ovariellen Überstimu-

727 *Deutsche Akademie der Naturforscher Leopoldina e.V./Union der deutschen Akademien der Wissenschaften e.V.*, Fortpflanzungsmedizin in Deutschland – für eine zeitgemäße Gesetzgebung, 2019, S. 70; *Le Camus*, Väter: Die Bedeutung des Vaters für die psychologische Entwicklung des Kindes, 2003.

728 An dieser Stelle kann auf die Ausführungen zur Samenspende unter Teil 2 Kapitel 4 III. verwiesen werden.

729 *Hüppe*, ZRP 2015, 126.

lationssyndrom. Auch wenn es nur selten zu einem ovariellen Überstimulationssyndrom komme, stelle dieses eines der größten Risiken der Eizellspende dar, da es bei schweren Formen mit Komplikationen wie Eierstockzysten, Bauchwassersucht (Aszites), Luftnot (Dyspnoe) sowie Gerinnungsstörungen einhergehen kann[730]. Zudem stellt die Eizellgewinnung einen invasiven medizinischen Eingriff dar, der mit den üblichen Risiken eines operativen Eingriffs, insbesondere mit Blutungen, Infektionen und Narkosekomplikationen[731], einhergeht. Neben den physischen Risiken seien zudem psychische Risiken gegeben[732], da die Behandlung und die Auseinandersetzung mit ihren Folgen von der Spenderin als belastend empfunden werden können.

Auch wenn tatsächlich gesundheitliche Risiken für die Eizellspenderin bestehen, rechtfertigen sie kein Verbot der Eizellspende[733,734]. Durch den medizinisch-technischen Fortschritt sind die bestehenden Risiken heute als minimal anzusehen[735]. Das Auftreten eines ovariellen Überstimulationssyndroms ist aufgrund der verbesserten Hormonbehandlungen kaum noch zu befürchten. Die genannten Beeinträchtigungen treten zudem regelmäßig nur während der Behandlung auf und sind

730 *Graumann*, Eizellspende – Beitrag zur Selbstbestimmung oder Ausbeutung der Frau, in: Woopen (Hrsg.) Fortpflanzungsmedizin in Deutschland, 2016, S. 66.

731 Schlussbericht der Enquete-Kommission „Recht und Ethik in der modernen Medizin" vom 14.05.2002, BT-Drs. 14/9020, S. 36; *Gumpert*, Eizellspende, abrufbar unter: https://www.dr-gumpert.de/html/eizellspende.html (Stand: 02.01.2020).

732 *Hüppe*, ZRP 2015, 126.

733 *Coester-Waltjen*, Reproduktionsmedizin 2002, 183, 193; *Heun*, Restriktionen assistierter Reproduktion aus verfassungsrechtlicher Sicht, in: Bockenheimer-Lucius/Thorn/Wendehorst (Hrsg.), Umwege zum eigenen Kind, 2008, S. 49, 60; *Katzorke*, Reproduktionsmedizin 2000, 373.

734 Da die homologe IVF als zulässig angesehen wird, können allein die gesundheitlichen Risiken nicht für ein Verbot der Eizellspende sprechen (*Müller-Terpitz*, ZRP 2016, 51, 53; *Wollenschläger*, MedR 2011, 21, 25).

735 *Coester-Waltjen*, Was erlaubt das Recht?, in: Woopen (Hrsg.), Fortpflanzungsmedizin in Deutschland, 2016, S. 102; *Deutsche Akademie der Naturforscher Leopoldina e.V./Union der deutschen Akademien der Wissenschaften e.V.*, Fortpflanzungsmedizin in Deutschland – für eine zeitgemäße Gesetzgebung, 2019, S. 9; *Reinke*, Fortpflanzungsfreiheit und das Verbot der Fremdeizellspende, 2008, S. 110 f.

somit von vorübergehender Natur[736]. Insbesondere ist keine Beeinträchtigung der eigenen Ovarreserven der Eizellspenderin zu befürchten[737]. Die bestehenden gesundheitlichen Risiken können daher vor dem Hintergrund des Selbstbestimmungsrechts der Frau kein uneingeschränktes Verbot der Eizellspende rechtfertigen. Denn sofern die Eizellspenderin ordnungsgemäß über die bestehenden Risiken aufgeklärt wurde, liegt es allein an ihr, ob sie in die Durchführung der Eizellspende einwilligt oder nicht[738]. Bedenkt man, dass der Gesetzgeber auch an anderer Stelle invasive, mit Risiken einhergehende Eingriffe für legitim erachtet, die für den Betroffenen keinen unmittelbaren eigenen Vorteil begründen[739], so kann für die Eizellspende nichts anderes gelten.

Mitunter wird gegen die Eizellspende auch eingewandt, dass sie mit gesundheitlichen Risiken für die Eizellempfängerin und das Kind verbunden sei. Da die Eizelle vom Körper der Eizellempfängerin aufgrund der genetischen Unterschiede zum eigenen Organismus als „Fremdkörper" wahrgenommen werden kann, bestehe ein erhöhtes Fehlgeburtsrisiko. Zudem sei auch die weitere Schwangerschaft mit erhöhten Risiken verbunden, da es häufiger zum Auftreten von schwangerschaftsbedingtem Bluthochdruck (Gestationshypertonie) komme[740]. Die Risiken steigen dabei mit zunehmendem Alter der Eizellempfängerin noch einmal an.

736 Zudem geben Eizellspenderinnen nach erfolgter Spende an, dass sie die Rahmenbedingungen (häufiges Screening und Monitoring sowie den weiten Weg zur Klinik) störender als die eigentliche Behandlung finden (*Reinke*, Fortpflanzungsfreiheit und das Verbot der Fremdeizellspende, 2008, S. 110 f.).

737 *Deutsche Akademie der Naturforscher Leopoldina e.V./Union der deutschen Akademien der Wissenschaften e.V.*, Fortpflanzungsmedizin in Deutschland – für eine zeitgemäße Gesetzgebung, 2019, S. 67, 70 f. mit Verweis auf Stoop et al. (2012); *Diedrich/Ludwig/Grisinger*, Reproduktionsmedizin, 2013, S. 294 mit Verweis auf Bukulmez u. a., Fertil Steril 1994, 905.

738 *Kaiser*, Elternglück durch Fremdspende und Leihmutterschaft?, in: Götz u. a. (Hrsg.), FS Brudermüller, 2014, S. 357, 363; *Kersten*, NVwZ 2018, 1248, 1253; *Reinke*, Fortpflanzungsfreiheit und das Verbot der Fremdeizellspende, 2008, S. 114.

739 Blutspende und Lebensorganspende.

740 *Gumpert*, Eizellspende, abrufbar unter: https://www.dr-gumpert.de/html/eizellspende.html (Stand: 02.01.2020).

Auch wenn tatsächlich gesundheitliche Risiken für die Eizellempfängerin und das Kind bestehen, rechtfertigen sie kein Verbot der Eizellspende. Denn die Entscheidung der Eizellempfängerin, eine fremde Eizelle aufzunehmen, ist nach ordnungsgemäßer Aufklärung und Einwilligung von ihrem Selbstbestimmungsrecht gedeckt[741]. Und auch für das Kind ergeben sich keine Risiken, die eine andere Beurteilung rechtfertigen würden. Zwar ist es richtig, dass ein höheres Fehlgeburtsrisiko gegeben ist und auch die Wahrscheinlichkeit für das Auftreten einer Gestationshypertonie steigt, jedoch sind die dadurch begründeten Risiken insgesamt als so gering einzustufen, dass sie kein Verbot der Eizellspende rechtfertigen können. Zudem kann den Risiken durch eine gute Schwangerschaftsbetreuung entgegengewirkt werden. Verböte man die Eizellspende aufgrund der für das Kind gegebenen Risiken, käme es gar nicht zur Welt, was nicht als seinem Interesse entsprechend angesehen werden kann[742].

c) Ausbeutung der Eizellspenderin

Daneben wird immer wieder befürchtet, dass die Zulassung der Eizellspende mit der Ausbeutung der die Eizellen spendenden Frauen einherginge[743].

So wird befürchtet, dass im Falle der Zulassung der kommerziellen Eizellspende Frauen in prekären Lebenssituationen eine Eizellspende auch gegen ihren eigentlichen Willen durchführen lassen könnten, um den auf ihnen lastenden finanziellen Druck zu mindern. Da zudem davon auszugehen sei, dass die Nachfrage nach Eizellspenden das Angebot weit übersteigen wird, drohe eine unerwünschte Kommerziali-

741 Vgl. *Reinke*, Fortpflanzungsfreiheit und das Verbot der Fremdeizellspende, 2008, S. 110 f.

742 *Bernat*, MedR 1991, 308, 310; *Coester-Waltjen*, Was erlaubt das Recht?, in: Woopen (Hrsg.), Fortpflanzungsmedizin in Deutschland, 2016, S. 158; *Heun*, Restriktionen assistierter Reproduktion aus verfassungsrechtlicher Sicht, in: Bockenheimer-Lucius/Thorn/Wendehorst (Hrsg.), Umwege zum eigenen Kind, 2008, S. 49, 56; *Müller-Götzmann*, Artifizielle Reproduktion und gleichgeschlechtliche Elternschaft, 2009, S. 251.

743 *Beitz*, Zur Reformbedürftigkeit des Embryonenschutzgesetzes, 2009, S. 223 f.; *Hüppe*, ZRP 2015, 126; *Wollenschläger*, MedR 2011, 21,22.

sierungsdynamik, die einen Eizellhandel in Gang setzen könne[744]. Es läge daher die Vermutung nahe, dass vor allem Frauen in ärmeren Ländern als Eizellspenderinnen rekrutiert würden, um die bestehende Nachfrage befriedigen zu können[745]. Dadurch würden die Interessen zahlungswilliger und zahlungsfähiger deutscher Patienten über die Interessen der Eizellspenderinnen gestellt.

Aber auch für den Fall der Zulassung der altruistischen Eizellspende[746] wird befürchtet, dass Frauen einem gewissen Entscheidungsdruck ausgesetzt sein könnten, der es ihnen nicht ermöglicht, eine Entscheidung nach ihrem freien und unbeeinflussten Willen zu treffen[747]. Da die altruistische Eizellspende typischerweise im Familien- und Freundeskreis in Betracht kommt, kann die Konfrontation mit dem Wunsch, Eizellen gespendet zu bekommen, als Zwangssituation erlebt und die Spende als Weg des geringsten Widerstandes empfunden werden. Kommt es aufgrund der Eizellspende dann zu einer Schwangerschaft, bestehe erneut ein hohes emotionales Konfliktpotential, da die Schwangerschaft durch die Eizellspenderin regelmäßig, wenn auch entfernt, miterlebt werden kann[748].

Auch wenn die Befürchtungen durchaus ihre Berechtigung haben, rechtfertigen sie doch kein Verbot der Eizellspende. Sofern die Einwilligung der Eizellspenderin aufgeklärt und freiwillig erfolgt, ist die Durchführung der Eizellspende durch das Selbstbestimmungsrecht der

744 In Bezug auf die Eizellspende zum Zweck des Klonens: *Zentrale Ethikkommission*, Stellungnahme zum Forschungsklonen mit dem Ziel therapeutischer Anwendung, DÄBl. 2006, A 645, 646.

745 In Bezug auf die Eizellspende zum Zweck des Klonens: *Zentrale Ethikkommission*, Stellungnahme zum Forschungsklonen mit dem Ziel therapeutischer Anwendung, DÄBl. 2006, A 645, 646.

746 Eine einheitliche Definition dessen, was als altruistisch anzusehen sein soll, ist nicht zu finden. Im Rahmen dieser Arbeit soll die Bereitschaft zur Spende von Eizellen oder zur Durchführung einer Leihmutterschaft dann als altruistisch anzusehen sein, wenn sie nicht durch finanzielle Anreize, sondern aufgrund anderer Motive motiviert ist.

747 *Beitz*, Zur Reformbedürftigkeit des Embryonenschutzgesetzes, 2009, S. 223 f.; Schlussbericht der Enquete-Kommission „Recht und Ethik in der modernen Medizin“ vom 14.05.2002, BT-Drs. 14/9020, S. 37.

748 Schlussbericht der Enquete-Kommission „Recht und Ethik in der modernen Medizin“ vom 14.05.2002, BT-Drs. 14/9020, S. 37.

Eizellspenderin gedeckt[749]. Dies gilt insbesondere vor dem Hintergrund, dass sich viele Frauen nicht allein aufgrund finanzieller Motive für eine Eizellspende entscheiden. Für zahlreiche Frauen ist wichtig, dass sie durch ihre Spende ungewollt kinderlosen Paaren helfen können[750]. Das Gefühl, helfen zu wollen, kann dabei religiös motiviert/verstärkt sein. Daneben können jedoch auch praktische Gründe bedeutsam sein. So werden die Eizellspenderinnen umfangreichen medizinischen Tests unterzogen und erhalten so schon in jungen Jahren eine Auskunft über die eigene Fruchtbarkeit[751,752]. Zudem kann der Prozess der Spende als intensive Auseinandersetzung mit dem eigenen Körper und der Weiblichkeit verstanden und die eigene Einstellung zum Kinderwunsch überdacht werden. Konfrontiert mit dem Leid der Kinderwunschpaare kann die Eizellspende genutzt werden, um eigene Eizellen für später kryokonservieren zu lassen, um selbst vorgesorgt zu haben.

Die vorgebrachten Befürchtungen machen daher nur deutlich, dass es flankierender Regelungen bedarf, die die Voraussetzungen und Rahmenbedingungen der Eizellspende regeln[753]. Dazu gehört zuallererst die Frage, ob nur die altruistische oder auch die kommerzielle Eizellspende zulässig sein soll und wo die Grenze zwischen beiden Formen liegt. Da nicht ausgeschlossen werden kann, dass durch die kommerzi-

---

749 Vgl. *Gassner u. a.*, Fortpflanzungsmedizingesetz, 2013, S. 36; *Reinke*, Fortpflanzungsfreiheit und das Verbot der Fremdeizellspende, 2008, S. 110 f.

750 *Büchl*, Motive, abrufbar unter: http://www.eizellspende.com.de/spenderin/Motive.htm (Stand: 02.01.2020).

751 *Büchl*, Motive, abrufbar unter: http://www.eizellspende.com.de/spenderin/Motive.htm (Stand: 02.01.2020).

752 Auf der Seite einer in elf Ländern tätigen Kinderwunschklinik werden die Untersuchungen, die bei jeder potentiellen Spenderin durchgeführt werden, aufgezählt. Die klinische Untersuchung beinhaltet danach eine umfangreiche gynäkologische Untersuchung, bei der Veränderungen der Fortpflanzungsorgane wie Zysten, Myome und Polypen ausgeschlossen werden sollen. Daneben werden die Chromosomen auf Anomalien untersucht, um mögliche Schädigungen der späteren Kinder auszuschließen. Zudem findet auch eine Untersuchung auf Infektionskrankheiten wie HIV, Hepatitis und Syphilis statt. Neben den klinischen Untersuchungen ist zudem eine psychologische Untersuchung vorgesehen. (*IVI*, Eizellspende, abrufbar unter: https://ivi-fruchtbarkeit.de/assistierten-reproduktion-behandlungen/eizellenspende/ (Stand: 02.01.2020)).

753 Schlussbericht der Enquete-Kommission „Recht und Ethik in der modernen Medizin" vom 14.05.2002, BT-Drs. 14/9020, S. 37.

elle Eizellspende die finanzielle Notlage von Frauen ausgenutzt wird, sollte sie verboten bleiben. Nichtsdestotrotz sollte der Eizellspenderin auch bei der altruistischen Eizellspende eine Aufwandsentschädigung gezahlt werden, die den durch die medizinische Behandlung gegebenen Aufwand ausgleicht und gegebenenfalls anfallende Dienstausfälle abdeckt[754]. Daneben sollten Aufklärungs- und Beratungspflichten geschaffen werden, die den Interessen aller durch die Eizellspende Betroffenen gerecht werden.

d) Unnatürlichkeit der Art der Zeugung

Daneben wird auch die Unnatürlichkeit der Eizellspende gegen ihre Zulässigkeit eingewandt. Während die Samenspende nur einen natürlichen Vorgang nachahme, entferne sich die Eizellspende so weit von der natürlichen Fortpflanzung, dass sie als nicht mehr zulässig anzusehen sei[755]. Dies werde dadurch deutlich, dass die Samenspende weder medizinisches Wissen noch einen medizinischen Eingriff voraussetzt und somit von jedem Laien durchgeführt werden kann, die Eizellspende hingegen sowohl medizinisches Wissen als auch einen medizinischen Eingriff voraussetzt und daher nur von einem Arzt ausgeführt werden kann.

Da die Mutter-Kind-Beziehung zudem das natürlichste überhaupt denkbare Verhältnis zwischen Menschen darstelle, erscheine es als unmenschlich, dieses durch technische Manipulationen zu verhindern oder zu ersetzen[756].

Auch dieser Einwand überzeugt nicht. Allein der Umstand, dass die Eizellspende einen höheren Wissensstand und einen medizinischen Eingriff voraussetzt, rechtfertigt keine andere Beurteilung, als es bei der Samenspende der Fall ist[757]. Es handelt sich vielmehr auch bei der

754 Siehe dazu auch die Ausführungen bezüglich der Ersatz-/Leihmutterschaft unter Teil 2 Kapitel 4 VII.

755 Abschlussbericht der Bund-Länder-Arbeitsgruppe Fortpflanzungsmedizin, Beilage des Bundesanzeigers vom 06.01.1989, Jahrgang 41 Nr. 4a, S. 21.

756 *Benda*, Erprobung der Menschenwürde am Beispiel der Humangenetik, in: Flöhl (Hrsg.), Genforschung – Fluch oder Segen?, 1985, S. 205, 222.

757 *Coester-Waltjen*, Reproduktionsmedizin 2002, 183, 193; *Heun*, Restriktionen assistierter Reproduktion aus verfassungsrechtlicher Sicht, in: Bockenheimer-Lucius/Thorn/Wendehorst (Hrsg.), Umwege zum eigenen Kind, 2008, S. 49, 60.

Eizellspende um eine Form der unterstützten Fortpflanzung, mit der Besonderheit, dass eine gespendete Eizelle verwendet wird. Alle anderen Schritte laufen bis zum Transfer genau wie bei der Samenspende ab. Auch kann die Unnatürlichkeit nicht darauf gegründet werden, dass durch die Eizellspende die Mutter-Kind-Beziehung verhindert oder ersetzt wird. Zum Zeitpunkt, in dem die Eizellen der Spenderin entnommen werden, existiert noch keine solche Mutter-Kind-Beziehung, da ein Kind, zu dem eine Beziehung bestehen könnte, noch gar nicht existiert. Erst durch die extrakorporale Befruchtung entsteht ein Embryo, der auf die Empfängerin übertragen wird. Die Mutter-Kind-Beziehung kann bei der Eizellspende daher überhaupt erst mit dem Transfer des Embryos auf die Empfängerin begründet werden. Von einer normalen Entwicklung der Mutter-Kind-Beziehung zwischen Eizellempfängerin und Kind kann dabei ausgegangen werden[758].

e) Dammbruch

Gegen die Eizellspende wird zudem der Einwand erhoben, dass im Falle ihrer Zulassung ein Dammbruch drohe und man in der Folge auch weitere Verfahren, wie die Ersatz-/Leihmutterschaft und das Klonen, zulassen müsse[759]. Dies ist aber gerade nicht der Fall, da es den Verfahren an einer Vergleichbarkeit fehlt, weshalb aufgrund der Zulässigkeit des einen Verfahrens nicht auf die Zulässigkeit eines anderen geschlossen werden kann. Ein Dammbruch ist somit nicht zu befürchten[760].

f) Entscheidung des EGMR in der Sache S.H. u. a. vs. Österreich

Zuletzt wird gegen die Zulässigkeit der Eizellspende das Urteil der Großen Kammer des EGMR in der Sache S.H. u. a. vs. Österreich vom

758 *Bernat*, Rechtsfragen medizinisch assistierter Zeugung, 1989, S. 221; *Thorn*, Reproduktives Reisen, 2008, S. 17 m. w. N.; *Müller-Terpitz* spricht von einer identitätsstiftenden Chance, die durch die biologische Bindung zwischen Mutter und Kind begründet wird (AVR 2013, 42, 67).

759 *Hüppe*, in: Wandt/Oertel, Unerfüllter Kinderwunsch – letzter Ausweg Eizelltourismus?, abrufbar unter: https://www.rbb-online.de/klartext/ueber_den_tag_hinaus/soziales/letzter-ausweg-eizellentourismus.html (Stand: 02.01.2020).

760 Vgl. *Ratzel*, Der Gynäkologe 2014, 248.

3. November 2011 angeführt[761]. In diesem musste sich der EGMR unter anderem mit dem in § 3 Abs. 3 FMedG-ÖR a. F. enthaltenen Verbot der Eizellspende befassen. Anders als noch die Kleine Kammer[762] sah die Große Kammer in dem Verbot der Eizellspende keinen Verstoß gegen Art. 14 i. V. m. Art. 8 EMRK und somit keinen Fall der verbotenen Diskriminierung. Dies sei auf den Umstand zurückzuführen, dass den Konventionsstaaten in einem moralisch und ethisch so sensiblen Bereich wie der Fortpflanzungsmedizin ein weiter Beurteilungsspielraum zustehe[763]. Da eine einheitliche Auffassung der Konventionsstaaten in Bezug auf die Eizellspende nicht ausgemacht werden könne, müsse ein Verbot somit als (noch) vertretbar angesehen werden[764]. Aufgrund der Vergleichbarkeit von § 3 Abs. 3 FMedG-ÖR a. F. und § 1 Abs. 1 Nr. 1 ESchG sei die Entscheidung auch für Deutschland maßgeblich[765], weshalb das in § 1 Abs. 1 Nr. 1 ESchG enthaltene Verbot der Eizellspende als rechtskonform anzusehen sei.

Dem muss jedoch entgegengehalten werden, dass der EGMR selbst wiederholt betont hat, dass er seiner Entscheidung den Beurteilungszeitraum der späten 1990er Jahre zugrunde gelegt[766] und sich maßgeblich auf „gesellschaftliche Befürchtungen" oder „gesellschaftliche Akzeptanz" gestützt hat[767].

Da die Fortpflanzungsmedizin in den vergangenen Jahrzehnten erhebliche Fortschritte gemacht hat und die gesellschaftliche Akzeptanz gestiegen ist, lässt das Urteil keinen Schluss darauf zu, wie der EGMR unter Zugrundelegung des heutigen Beurteilungszeitraums entschieden hätte. Dies gilt insbesondere vor dem Hintergrund der zunehmenden Liberalisierung der Fortpflanzungsmedizin in vielen europäischen Ländern. Der Entscheidung des EGMR kann man daher allenfalls die Aussage entnehmen, dass das Verbot des § 1 Abs. 1 Nr. 1 ESchG im Zeitpunkt seiner Entstehung rechtskonform gewesen ist. Auch wenn man den Konventionsstaaten bei moralisch und rechtskulturell um-

761 EGMR, NJW 2012, 207 ff.
762 EGMR, BeckRS 2010, 13057.
763 EGMR, NJW 2012, 207, Rn. 94.
764 EGMR, NJW 2012, 207, Rn. 106.
765 *Müller-Terpitz*, AVR 2013, 42, 43.
766 EGMR, NJW 2012, 207, Rn. 107; *Müller-Terpitz*, AVR 2013, 42, 60.
767 *Müller-Terpitz*, AVR 2013, 42, 62.

strittenen Themen wie der Eizellspende einen sehr weiten Beurteilungsspielraum zuspricht, der sogar Entscheidungen gegen den sich abzeichnenden europäischen Konsens zulässt, so muss Grundlage einer solchen Entscheidung doch immer die moralische Grundüberzeugung der Gesellschaft des eigenen Landes sein[768]. Bloße Vermutungen genügen nicht, um hochrangige Individualrechtspositionen wie das in Rede stehende Recht auf Privatheit einzuschränken[769]. Eine moralische Grundüberzeugung der deutschen Bevölkerung, dass die Eizellspende verboten bleiben sollte, erscheint zumindest zweifelhaft[770]. Auch der österreichische Gesetzgeber scheint von einer solchen ablehnenden Grundüberzeugung der österreichischen Bevölkerung nicht mehr ausgegangen zu sein, da mit der Reform des Fortpflanzungsmedizingesetzes im Jahr 2015 die Eizellspende unter bestimmten Voraussetzungen für zulässig erklärt wurde.

g) Zwischenergebnis

Die Auseinandersetzung mit den gegen die Eizellspende vorgebrachten Einwänden hat gezeigt, dass keiner davon geeignet ist, ein absolutes Verbot der Eizellspende zu rechtfertigen. Die Einwände, dass die Zeugung durch Eizellspende als unnatürlich anzusehen sei, im Falle der Zulassung der Eizellspende ein Dammbruch zu erwarten und ein Verbot der Eizellspende durch die Entscheidung des EGMR vom 3. November 2011 getragen sei, vermögen insgesamt nicht zu überzeugen.

---

768 *Müller-Terpitz*, AVR 2013, 42, 64.

769 *Müller-Terpitz*, AVR 2013, 42, 62.

770 Vielmehr sprach sich in mehreren Studien die Mehrheit der Befragten für die Legalisierung der Eizellspende aus. Bereits vor über zehn Jahren befürworteten 60 % der Befragten im Rahmen einer repräsentativen Studien die Zulassung der Eizellspende (*Kentenich/Pietzen*, Probleme der Reproduktionsmedizin in Deutschland aus medizinischer und psychologischer Sicht, in: Rosenau (Hrsg.), Ein zeitgemäßes Fortpflanzungsmedizingesetz für Deutschland, 2012, S. 13, 21 m. V. a. Spiegelumfrage aus Heft 46/2005). In einer Studie von VivaNeo sprachen sich 89 % der Befragten mit unerfülltem Kinderwunsch und 68 % der Befragten ohne unerfüllten Kinderwunsch für die Legalisierung der Eizellspende aus (Befragt wurden 1.150 Personen, davon 230 mit unerfülltem Kinderwunsch und 920 ohne unerfüllten Kinderwunsch; Repräsentative Studie: Deutsche möchten mehr Wahlfreiheit in der Kinderwunschmedizin, abrufbar unter: https://www.presseportal.de/pm/118501/3975566 (Stand: 02.01.2020)).

Die Einwände, dass der Eizellspende das Wohl des zu zeugenden Kindes sowie die gesundheitlichen Interessen der Eizellspenderin, der Eizellempfängerin und des Kindes entgegenstehen, sowie die Befürchtung, dass die Zulassung der Eizellspende zu einer Ausbeutung der Eizellspenderinnen führen würde, machen hingegen deutlich, dass die Eizellspende einer klaren gesetzlichen Regelung bedarf, die sowohl die Voraussetzungen als auch die Durchführung der Eizellspende regelt, um die Rechte und Interessen aller Beteiligten zu wahren.

2. Argumente für die Zulässigkeit der Eizellspende

Nachdem bereits gezeigt werden konnte, dass die gegen die Eizellspende vorgebrachten Argumente nicht zu überzeugen vermögen, soll ergänzend kurz auf einige Argumente eingegangen werden, die für die Zulassung der altruistischen Eizellspende sprechen.

Zunächst kann die Zulässigkeit der Eizellspende mit dem Recht auf reproduktive Selbstbestimmung der Wunscheltern sowie der Eizellspenderin aus Art. 2 Abs. 1 i. V. m. Art. 1 Abs. 1 GG und dem Recht auf Familiengründung der Wunscheltern aus Art. 6 Abs. 1 GG begründet werden, da das Verbot der Eizellspende einen nicht gerechtfertigten Eingriff in diese Rechte darstellt.

Daneben streiten für die Zulässigkeit der Eizellspende auch Gleichbehandlungsgesichtspunkte, da nicht überzeugen kann, dass Männern durch die Zulassung der Samenspende die Nutzung reproduktionsmedizinischer Möglichkeiten gewährt, Frauen hingegen aufgrund des Verbots der Eizellspende in weiten Teilen verwehrt wird. Die für diese Ungleichbehandlung immer wieder ins Feld geführten sachlichen Differenzierungsgründe allein überzeugen nicht[771]. Bedenkt man zudem, dass Samen- und Eizelle für die Zeugung gleichbedeutend sind, sollte beiden Geschlechtern die Möglichkeit der Inanspruchnahme einer Keimzellspende zur Verfügung stehen.

771 *Heun*, Restriktionen assistierter Reproduktion aus verfassungsrechtlicher Sicht, in: Bockenheimer-Lucius/Thorn/Wendehorst (Hrsg.), Umwege zum eigenen Kind, 2008, S. 49, 60; *Müller-Terpitz*, ZRP 51, 53.

Für die Zulassung der Eizellspende spricht zudem, dass durch sie eine optimale und dem anerkannten Stand der Erkenntnisse entsprechende Behandlung der Kinderwunschpatienten ermöglicht würde. Dies gilt insbesondere vor dem Hintergrund, dass Eizellspenden bereits heute im Ausland durchgeführt werden. Die in Deutschland behandelnden Ärzte werden über die Eizellspende aus Angst vor Stigmatisierung und aufgrund der aktuellen Rechtslage jedoch oft nicht informiert[772]. Dadurch fehlen den behandelnden Ärzten wesentliche Informationen, die für eine gute Behandlung der Patientin und des Kindes erforderlich sind. Wäre die Eizellspende in Deutschland zulässig, könnte die Behandlung der Kinderwunschpatientinnen aus einer Hand erfolgen, wodurch eine gute Betreuung von Anfang[773] bis Ende der Kinderwunschbehandlung gewährleistet werden könnte.

Auch abstammungsrechtlich ergeben sich im Falle der Zulassung der Eizellspende keine Probleme, da nach § 1591 BGB die Frau rechtliche Mutter des Kindes ist, die es geboren hat. Im Gegensatz zur rechtlichen Vaterschaft kann die gesetzliche Mutterschaft nicht gem. § 1592 Nr. 3 i. V. m. §§ 1600d ff. BGB angefochten werden. Sofern sich darüber hinaus familienrechtliche, insbesondere abstammungsrechtliche Fragen ergeben, sind diese grundsätzlich nicht geeignet, gegen die Zulassung der Eizellspende zu sprechen, da es sich bei diesen um Folge- und nicht um Vorfragen der Eizellspende handelt[774,775].

772 *Diedrich/Ludwig/Grisinger*, Reproduktionsmedizin, 2013, S. 291.

773 Derzeit beziehen nach einer Studie 65 % der Paare ihre Informationen über Eizellspenden aus dem Internet, 35,6 % von ihrem Arzt, 11,9 % von Freunden und 4 % von Patientinnenorganisationen (*Graumann*, Eizellspende – Beitrag zur Selbstbestimmung oder Ausbeutung der Frau, in: Woopen (Hrsg.) Fortpflanzungsmedizin in Deutschland, 2016, S. 63). Da es sich bei der Eizellspende um einen medizinischen Eingriff handelt, sollte es möglich sein, dass die Information ohne Hürden von einem Arzt geboten werden kann. Dies gilt insbesondere vor dem Hintergrund, dass viele Artikel, die zu reproduktionsmedizinischen Maßnahmen im Internet zu finden sind, die Vor- und Nachteile der Behandlung mit einer Eizellspende nicht vollständig darstellen und zudem nicht objektiv verfasst sind.

774 *Dorneck*, Das Recht der Reproduktionsmedizin de lege lata und de lege ferenda, 2018, S. 142.

775 Siehe dazu auch Teil 2 Kapitel 4 V. 2.

3. Ergebnis

Die Ausführungen haben gezeigt, dass ein absolutes Verbot der Eizellspende nicht mehr gerechtfertigt werden kann. Der Gesetzgeber sollte daher die altruistische Eizellspende zulassen und klare Regelungen für deren Durchführung formulieren. Um den Interessen der Eizellspenderin gerecht zu werden, sollten umfangreiche Aufklärungspflichten und Einwilligungserfordernisse geschaffen werden. Zudem sollte insbesondere das Recht des Kindes auf Kenntnis der eigenen Abstammung gesichert werden.

V. Social Freezing – Die Eizellspende für sich selbst

1. Begriffsbestimmung und Verfahren

In das Zentrum des medialen und gesellschaftlichen Interesses ist das Social Freezing 2014 getreten, als Apple[776] und Facebook[777] ihren Mitarbeiterinnen angeboten haben, die Kosten der Behandlung bis zu einer Höhe von 20.000 Dollar zu übernehmen[778].

Unter Social Freezing versteht man dabei das Einfrieren von unbefruchteten Eizellen (oder Eierstockgewebe) zur Fertilitätsprotektion, ohne dass dafür eine medizinische Indikation, beispielsweise aufgrund einer gonadotoxischen Therapie oder Operation, gegeben ist[779].

776 Apple Inc. ist ein US-amerikanisches Technologieunternehmen, das unter anderem Computer und Smartphones sowie Betriebssysteme und Anwendungssoftware entwickelt und vertreibt (https://de.wikipedia.org/wiki/Apple (Stand: 02.01.2020)).

777 Facebook Inc. ist ein US-amerikanisches Unternehmen, das das soziale Netzwerk facebook betreibt (https://de.wikipedia.org/wiki/Facebook (Stand: 02.01.2020)).

778 *Vorsamer*, Gefrierschrank macht noch keine Gleichberechtigung, SZ online vom 15.10.2014, abrufbar unter: https://www.sueddeutsche.de/karriere/einfrieren-von-eizellen-gefrierschrank-macht-noch-keine-gleichberechtigung-1.2174952 (Stand: 02.01.2020).

779 *Maio*, Medizin ohne Maß?, 2014, S. 35 f.; *Nawroth u. a.*, Diagnostik + Therapie 2012, 528.

Die Eizellgewinnung erfolgt beim Social Freezing genau wie bei der Eizellspende und geht daher mit den gleichen Risiken einher[780]. Auch bezüglich der Kryokonservierung ergeben sich keine Abweichungen[781]. Wichtig ist für den Qualitätserhalt der Eizellen, dass der Einfrier- und Auftauprozess ordnungsgemäß durchgeführt wird[782]. Die Dauer der Kryokonservierung hat auf die Qualität der Eizellen hingegen keinen Einfluss[783].

Sofern die Eizellen später für die Realisierung des Kinderwunsches verwendet werden sollen, müssen sie mittels ICSI[784] befruchtet und sofern sie sich ordnungsgemäß zu Embryonen entwickelt haben auf die Frau übertragen werden. Auch hier ergeben sich keine Abweichungen im Vergleich zu anderen ICSI-Behandlungen.

Beachtet werden muss jedoch, dass die Erfolgschancen des Social Freezing stark vom Alter der Frau, in dem die Eizellen gewonnen werden, und der Anzahl der gewonnenen Eizellen abhängen[785,786].

780 Vgl. s. o.; Darstellung bzgl. Social Freezing: *Nawroth*, Social Freezing, 2015, S. 9 ff.

781 Vgl. s. o.; Darstellung bzgl. Social Freezing: *Nawroth*, Social Freezing, 2015, S. 13 ff.

782 *Nawroth*, Social Freezing, 2015, S. 16.

783 *Nawroth*, Social Freezing, 2015, S. 16; *Nawroth u. a.*, Diagnostik + Therapie 2012, 529.

784 Da vor der Kryokonservierung die Cumuluszellen entfernt werden, um die Reife der Eizelle besser beurteilen zu können, ist im Anschluss an die Kryokonservierung nur noch eine ICSI und keine IVF mehr möglich (*American Society for Reproduktive Medicine*, ARSM Pages 2013, S. 37 ff.; *Nawroth*, Social Freezing, 2015, S. 17).

785 *Nawroth*, Social Freezing, 2015, S. 4; *Nawroth u. a.*, Diagnostik + Therapie 2012, 530 f.

786 Wie viele Eizellen für eine später aussichtsreiche Kinderwunschbehandlung gewonnen werden sollten, wird unterschiedlich beurteilt. Es sollen jedoch mindestens zehn, besser 15 (*Amedes*, Social Freezing: Vorsorge für den optimalen Zeitpunkt, abrufbar unter: https://amedes-experts-hamburg.de/kinderwunsch/behandlungs-methoden/eizellen-einfrierensocial-freezing.html (Stand: 02.01.2020); *Nawroth*, Social Freezing, 2015, S. 32), wenn nicht sogar mindestens 20 Eizellen sein (*Lacher u. a.*, Social Freezing, abrufbar unter: https://www.kinderwunschzentrum-an-der-oper.de/files/content/Broschueren/Social-Freezing-Kinderwunschzentrum-an-der-Oper.pdf (Stand: 02.01.2020), S. 10). Eine Reserve von mindestens 20 Eizellen könne insbesondere dann erforderlich sein, wenn bei der späteren Verwendung der Eizellen weitere ungünstige Faktoren, wie eine schlechte Spermienqualität, hinzukommen, die die Erfolgschancen der Behandlung verringern können (*Lacher u. a.*, Social Freezing, abrufbar unter: https://www.kinder

Da die Qualität der Eizellen mit zunehmendem Alter der Frau sinkt und dieser Qualitätsverlust nicht durch eine höhere Anzahl der zu gewinnenden Eizellen ausgeglichen werden kann, muss dem Social Freezing, insbesondere ab der Vollendung des 35. Lebensjahrs, besonders kritisch begegnet und im Einzelfall abgewogen werden, ob eine Durchführung eine sinnvolle Variante zum Fertilitätserhalt darstellen kann[787].

2. Derzeitige Rechtslage und Regelungsbedarf

Rechtliche Vorgaben, die die Zulässigkeit des Social Freezing oder dessen Durchführung regeln, existieren in Deutschland derzeit nicht[788]. Es wird aufgrund der guten Fortschritte im Bereich der Kryokonservierung in den vergangenen Jahren aber von zunehmend mehr Kinderwunschkliniken angeboten[789] und von einigen hundert Frauen im Jahr in Anspruch genommen[790]. Aufgrund der damit zunehmenden

wunschzentrum-an-der-oper.de/files/content/Broschueren/Social-Freezing-Kinderwunschzentrum-an-der-Oper.pdf (Stand: 02.01.2020), S. 10). Um eine hohe Zahl an Eizellen gewinnen zu können, sind mit zunehmendem Alter regelmäßig mehrere Stimulations-/Punktionszyklen erforderlich (*Amedes*, Social Freezing: Vorsorge für den optimalen Zeitpunkt, abrufbar unter: https://amedes-experts-hamburg.de/kinderwunsch/behandlungs-methoden/eizellen-einfrierensocial-freezing.html (Stand: 02.01.2020); *Nawroth*, Social Freezing, 2015, S. 32).

787 *Lacher u. a.*, Social Freezing, abrufbar unter: https://www.kinderwunschzentrum-an-der-oper.de/files/content/Broschueren/Social-Freezing-Kinderwunschzentrum-an-der-Oper.pdf (Stand: 02.01.2020), S. 15; *Nawroth*, Social Freezing, 2015, S. 5.

788 *Dorneck*, Das Recht der Reproduktionsmedizin de lege lata und de lege ferenda, 2018, S. 240; *Spiewak*, Die biologische Uhr anhalten, Zeit online vom 11.07.2013, abrufbar unter: https://www.zeit.de/2013/29/kinderwunsch-social-freezing-eizellen-einfrieren (Stand: 02.01.2020).

789 Einige Kinderwunschkliniken betreiben offensiv Werbung für das Verfahren, so z. B. die Kinderwunschklinik an der Oper in München (https://www.kinderwunschzentrum-an-der-oper.de/de/social-freezing.html), die sogar Werbespots zum Social Freezing geschaltet hatte (vgl. *Spiewak*, Die biologische Uhr anhalten, Zeit online vom 11.07.2013, abrufbar unter: https://www.zeit.de/2013/29/kinderwunsch-social-freezing-eizellen-einfrieren (Stand: 02.01.2020)).

790 *Van der Ven* geht von ca. 300 Frauen pro Jahr aus, die sich für die Durchführung des Social Freezing entscheiden (*Wagner*, Baby, bis später!, Deutschlandfunk vom 26.03.2018, abrufbar unter: https://www.deutschlandfunk.de/social-freezing-

Relevanz stellt sich die Frage, ob das Social Freezing ausdrücklich zugelassen und gesetzliche Vorgaben für dessen Durchführung geschaffen werden sollten.

Für die Zulässigkeit des Social Freezing spricht die reproduktive Selbstbestimmung der Frau. Durch die Möglichkeit der Fertilitätsprotektion wird ihre Autonomie gestärkt[791] und die Machtbalance zwischen Männern und Frauen gefördert[792]. Gerade in der fruchtbaren Phase des Lebens befinden sich viele Frauen in einem Spannungsverhältnis zwischen Karriereplanung und Kinderwunsch. Lange Ausbildungszeiten und befristete Arbeitsverhältnisse sowie das Fehlen eines passenden Partners[793] führen dazu, dass der Kinderwunsch zunehmend nach hinten verschoben wird[794]. Die Nutzung empfängnisverhütender Maßnahmen, wie insbesondere der Pille, ist seit Jahren als Mit-

---

baby-bis-spaeter.676.de.html?dram:article_id=413996 (Stand: 02.01.2020)). Laut *Statistischem Bundesamt* waren es jedoch allein im Jahr 2014 750 Frauen (Zahl der Eingriffe zum Einfrieren von Eizellen nach Beweggründen in den Jahren von 2012 bis 2014, abrufbar unter: https://de.statista.com/statistik/daten/studie/457789/umfrage/zahl-der-eingriffe-zum-einfrieren-von-eizellen-nach-beweggruenden/ (Stand: 02.01.2020)).

791 *Wagner*, Baby, bis später!, Deutschlandfunk vom 26.03.2018, abrufbar unter: https://www.deutschlandfunk.de/social-freezing-baby-bis-spaeter.676.de.html?dram:article_id=413996 (Stand: 02.01.2020).

792 *Abé*, Gefrorene Zeit, Spiegel online vom 14.07.2019, abrufbar unter: http://www.spiegel.de/spiegel/print/d-128101526.html (Stand: 02.01.2020); *Fleischhauer*, Die befreite Frau, Spiegel online vom 15.07.2019, abrufbar unter: http://www.spiegel.de/politik/deutschland/gefrorene-eizellen-jan-fleischhauer-ueber-social-freezing-a-981095.html (Stand: 02.01.2020); *Langbehn/Keller*, Emanzipation oder Ökonomisierung des Lebens?, Der Tagesspiegel online vom 17.10.2014, abrufbar unter: https://www.tagesspiegel.de/gesellschaft/panorama/pro-und-contra-social-freezing-emanzipation-oder-oekonomisierung-des-lebens/10852250.html (Stand: 02.01.2020); *Mülherr*/Menkens, Sollten Frauen ihre Eizellen einfrieren lassen?, Welt online vom 18.10.2014, abrufbar unter: https://www.tagesspiegel.de/gesellschaft/panorama/pro-und-contra-social-freezing-emanzipation-oder-oekonomisierung-des-lebens/10852250.html (Stand: 02.01.2020).

793 *Mittendorfer*, Warum Frauen heute später Mutter werden, Kurier vom 13.05.2018, abrufbar unter: https://kurier.at/leben/warum-frauen-heute-spaeter-mutter-werden/400034077 (Stand: 02.01.2020); *Shafty*, Viele Frauen unterschätzen die biologische Uhr, Welt online vom 19.09.2005, abrufbar unter: https://www.welt.de/print-welt/article165624/Viele-Frauen-unterschaetzen-die-biologische-Uhr.html (Stand: 02.01.2020).

794 2017 lag das durchschnittliche Alter der Frauen bei der Geburt des ersten Kindes in Deutschland bei 29,8 Jahren, fünf Jahre zuvor noch bei 29,2 Jahren (Statisti-

tel der selbstbestimmten Lebensplanung allgemein anerkannt und wird von einer Vielzahl der Frauen im fortpflanzungsfähigen Alter in Anspruch genommen[795]. Da es Frauen somit freisteht, empfängnisverhütende Maßnahmen zu ergreifen, wenn die Gründung einer Familie nicht zu der aktuellen Lebenssituation passt, sollte es ihnen gleichzeitig freistehen, selbst darüber zu entscheiden, ob sie zur Fertilitätsprotektion die Möglichkeit des Social Freezing in Anspruch nehmen möchten[796]. Denn durch das Social Freezing können sich Frauen eine gewisse Sicherheit schaffen, die als Netz und doppelter Boden verstanden werden kann, wenn in absehbarer Zeit eine Familiengründung, aus welchen Gründen auch immer, ausgeschlossen scheint.

Dem wird entgegengehalten, dass die Fertilitätsprotektion die Autonomie der Frau nur auf den ersten Blick stärke. Vielmehr trage sie dazu bei, dass der auf Frauen lastende Druck noch intensiviert wird. Zum einen könnte zunehmend stärker erwartet werden, dass der eigene Kinderwunsch zu Gunsten der Karriere hintangestellt wird. Zum anderen würde die Phase, in der Frauen schwanger werden können, zeitlich nach hinten ausgedehnt, sodass sich insbesondere ihre Karrieresituation sogar noch verschlimmern würde[797]. Auch die Machtbalance zwischen Männern und Frauen würde nicht gefördert, da das „Kinder-

sches Bundesamt, Geburt – Alter der Mutter, abrufbar unter: https://www.destatis.de/DE/ZahlenFakten/GesellschaftStaat/Bevoelkerung/Geburten/Tabellen/LebendgeboreneBioAlter.html (Stand: 02.01.2020)). Noch deutlicher werden die Entwicklungen, wenn man sich das durchschnittliche Alter der Frauen bei der Geburt des ersten Kindes vor 50 Jahren anschaut. Damals lag das durchschnittliche Alter bei 24 Jahren (*Statistisches Bundesamt*, Geburtentrends und Familiensituation in Deutschland, 2012, S. 19).

795 Über 50 % der Erwachsenen im fortpflanzungsfähigen Alter verhüten mit der Pille (*Apotheken Umschau*, Verhütung: Pille, Kondom oder Spirale, abrufbar unter: https://www.apotheken-umschau.de/Verhuetung (Stand: 02.01.2020)).

796 *Gruber*, Warum sich diese 25-Jährige Eizellen einfrieren lassen hat, Kurier online vom 09.08.2017, abrufbar unter: https://kurier.at/leben/warum-sich-diese-25-jaehrige-eizellen-einfrieren-lassen-hat/279.505.260 (Stand: 02.01.2020) m. V. a. Freude.

797 *Rudizio*, Ein Kind von Apple, Zeit online vom 06.11.2014, abrufbar unter: https://www.zeit.de/2014/44/egg-social-freezing-apple-facebook-eizellen (Stand: 02.01.2020) m. V. a. Ihsen.

Problem" auch bei Inanspruchnahme des Social Freezing allein die Frau betreffe[798].

Auch wenn die geäußerten Befürchtungen nicht vollends zurückzuweisen sind, verkennen sie doch, dass der angesprochene, auf den Frauen lastende Druck schon heute gegeben ist. Denn durch die Möglichkeiten der Reproduktionsmedizin ist die Realisierung des eigenen Kinderwunsches bereits jetzt auch in fortgeschrittenem Alter möglich. Gerade diejenigen Frauen, die ihren Kinderwunsch auf Grund ihrer Karriere nach hinten verschieben, verfügen in vielen Fällen über die finanziellen Möglichkeiten, um sich ihren Kinderwunsch in fortgeschrittenem Alter durch eine Kinderwunschbehandlung im Ausland zu erfüllen. Es ist daher als Zeichen der Autonomie der Frau zu verstehen, wenn sie sich im Bewusstsein der Risiken und Chancen der Behandlung für die Fertilitätsprotektion mittels Social Freezing entscheidet. Dies gilt insbesondere deshalb, weil durch die eigene Fertilitätsprotektion, die als Eizellspende an sich selbst verstanden werden kann, der späteren Inanspruchnahme einer „klassischen" Eizellspende vorgebeugt werden kann. Wenn zudem diejenigen Eizellen gespendet werden können, die nicht für die eigene Kinderwunschbehandlung benötigt werden, weil die Familiengründung auf natürlichem Wege oder mit einem Teil der eingefrorenen Eizellen realisiert wurde, könnte der Bedarf an „klassischen" Eizellspenden minimiert werden. Dies brächte den Vorteil mit sich, dass sich weniger unbeteiligte Frau einer Behandlung unterziehen müssten[799].

Die Grenzen der Autonomie der Frau seien aus Sicht der Kritiker jedoch jedenfalls erreicht, wenn auch deutsche oder in Deutschland tätige Unternehmen die Kosten des Social Freezing ihrer Mitarbeiterinnen, ähnlich wie dies Apple und Facebook tun, übernehmen würden. Das Angebot der Kostenübernahme brächte ihnen zufolge deutlich zum Ausdruck, dass die Karriere vor der Realisierung des Kinderwunsches stehen solle. Ein solches Vorgehen stelle einen unzulässigen Ein-

---

798 *Wegner,* Das Einfrieren von Eizellen löst keine Job-Probleme, Focus Money online vom 25.10.2014, abrufbar unter: https://www.focus.de/finanzen/experten/wegner/eingefrorene-eizellen-sind-tiefkuehl-kinder-ein-fortschritt-fuer-die-karriereplanung_id_4219356.html (Stand: 02.01.2020).

799 *Von Wolff,* SÄZ 2013, 393, 395.

griff des Arbeitgebers in den intimen Lebensbereich der angestellten Frauen dar[800]. Doch dieser Vorwurf verfängt nicht zwangsläufig, da er die Situation zu einseitig betrachtet. Sofern die Übernahme der Kosten in ein System eingebettet wird, das sowohl die aktuelle als auch die spätere Gründung einer Familie ermöglicht bzw. unterstützt, ist der Vorwurf nicht haltbar. Dies gilt auch für den aktuellen Fall von Apple und Facebook. Da die Kosten für die eigene (Gesundheits-)Vorsorge und -versorgung in den USA viel stärker als bei uns in den Händen des Einzelnen liegen, machen zusätzliche Angebote Unternehmen für Mitarbeiter attraktiv. Apple und Facebook verfügen beispielsweise über Betriebskindergärten und gewähren ohne gesetzliche Verpflichtung bezahlte Elternzeit[801]. Facebook zahlt seinen Mitarbeitern darüber hinaus einmalig 4.000 Euro Kindergeld[802]. Damit stellt das Angebot der Kostenübernahme für das Social Freezing nur eine weitere Option dar, um die eigene Lebensplanung noch besser mit dem Beruf vereinbaren zu können[803]. Das Angebot der Firmen sollte daher als Option und nicht als Pflicht verstanden werden[804]. Positiv könnte man formulieren, dass die beiden Unternehmen erkannt haben, dass man viel bieten

800 *Wiesmann*, Die falsche Gleichgültigkeit der Arbeitgeber, manager magazin online vom 21.10.2014, abrufbar unter: http://www.manager-magazin.de/politik/meinungen/aufregung-um-apples-und-facebooks-finanzierung-von-social-freezing-a-998257.html (Stand: 02.01.2020) m. V. a. den Sprecher der BDA.

801 *Kaiser*, Apple zahlt Mitarbeiterinnen Einfrieren von Eizellen, Welt online vom 15.10.2019, abrufbar unter: https://www.welt.de/wirtschaft/article133283048/Apple-zahlt-Mitarbeiterinnen-Einfrieren-von-Eizellen.html (Stand: 02.01.2020); *Mülherr*/Menkens, Sollten Frauen ihre Eizellen einfrieren lassen?, Welt online vom 18.10.2014, abrufbar unter: https://www.tagesspiegel.de/gesellschaft/panorama/pro-und-contra-social-freezing-emanzipation-oder-oekonomisierung-des-lebens/10852250.html (Stand: 02.01.2020).

802 *Kaiser*, Apple zahlt Mitarbeiterinnen Einfrieren von Eizellen, Welt online vom 15.10.2019, abrufbar unter: https://www.welt.de/wirtschaft/article133283048/Apple-zahlt-Mitarbeiterinnen-Einfrieren-von-Eizellen.html (Stand: 02.01.2020).

803 *Mülherr*/Menkens, Sollten Frauen ihre Eizellen einfrieren lassen?, Welt online vom 18.10.2014, abrufbar unter: https://www.tagesspiegel.de/gesellschaft/panorama/pro-und-contra-social-freezing-emanzipation-oder-oekonomisierung-des-lebens/10852250.html (Stand: 02.01.2020); *Wiesmann*, Die falsche Gleichgültigkeit der Arbeitgeber, manager magazin online vom 21.10.2014, abrufbar unter: http://www.manager-magazin.de/politik/meinungen/aufregung-um-apples-und-facebooks-finanzierung-von-social-freezing-a-998257.html (Stand: 02.01.2020).

804 *Mülherr*/Menkens, Sollten Frauen ihre Eizellen einfrieren lassen?, Welt online vom 18.10.2014, abrufbar unter: https://www.tagesspiegel.de/gesellschaft/panorama

und flexibel sein muss, um die besten Köpfe, auch die weiblichen, für sich zu gewinnen[805].

Der Vorstoß der Unternehmen Apple und Facebook sorgte hierzulande wahrscheinlich auch deshalb für so großes mediales und gesellschaftliches Interesse, weil das Verfahren bis dahin in Deutschland kaum bekannt war. In den USA stellt Social Freezing hingegen, insbesondere unter Akademikerinnen, eine anerkannte und gern genutzte Methode dar, um die eigene Fertilität zu erhalten[806]. Im Gegensatz zu Deutschland wird die Methode daher nicht tabuisiert, sondern offen kommuniziert. Sogar „Egg-freezing-parties" werden veranstaltet, bei denen sich interessierte Frauen über die Vor- und Nachteile der Methode informieren können[807]. Es wäre durchaus vorstellbar, dass sich die Haltung bezüglich des Social Freezing auch hierzulande in den kommenden Jahren ändert. Dies gilt insbesondere vor dem Hintergrund, dass die meisten fortpflanzungsrelevanten Maßnahmen – zu denken ist insbesondere an die Pille[808] und die künstliche Befruchtung[809] – in ihren Anfangsjahren hoch umstritten waren.

---

ma/pro-und-contra-social-freezing-emanzipation-oder-oekonomisierung-des-lebens/10852250.html (Stand: 02.01.2020); *Wiesmann*, Die falsche Gleichgültigkeit der Arbeitgeber, manager magazin online vom 21.10.2014, abrufbar unter: http://www.manager-magazin.de/politik/meinungen/aufregung-um-apples-und-facebooks-finanzierung-von-social-freezing-a-998257.html (Stand: 02.01.2020).

805 *Mülherr*/Menkens, Sollten Frauen ihre Eizellen einfrieren lassen?, Welt online vom 18.10.2014, abrufbar unter: https://www.tagesspiegel.de/gesellschaft/panorama/pro-und-contra-social-freezing-emanzipation-oder-oekonomisierung-des-lebens/10852250.html (Stand: 02.01.2020); *Wiesmann*, Die falsche Gleichgültigkeit der Arbeitgeber, manager magazin online vom 21.10.2014, abrufbar unter: http://www.manager-magazin.de/politik/meinungen/aufregung-um-apples-und-facebooks-finanzierung-von-social-freezing-a-998257.html (Stand: 02.01.2020).

806 *Kaiser*, Apple zahlt Mitarbeiterinnen Einfrieren von Eizellen, Welt online vom 15.10.2019, abrufbar unter: https://www.welt.de/wirtschaft/article133283048/Apple-zahlt-Mitarbeiterinnen-Einfrieren-von-Eizellen.html (Stand: 02.01.2020).

807 *Kaiser*, Apple zahlt Mitarbeiterinnen Einfrieren von Eizellen, Welt online vom 15.10.2019, abrufbar unter: https://www.welt.de/wirtschaft/article133283048/Apple-zahlt-Mitarbeiterinnen-Einfrieren-von-Eizellen.html (Stand: 02.01.2020).

808 *Seidlitz*, Wie die Antibabypille Frauen die Freiheit brachte, Welt online vom 15.08.2010, abrufbar unter: https://www.welt.de/wirtschaft/article9019809/Wie-die-Antibabypille-Frauen-die-Freiheit-brachte.html (Stand: 02.01.2020).

809 Siehe dazu Teil 1 Kapitel 2 I. 2.

Vorwurfsvoll wird gegen das Social Freezing auch vorgetragen, dass die meisten Frauen, die sich für die Inanspruchnahme interessieren oder sich für die Durchführung entscheiden, dies aufgrund der eigenen Karriereplanung tun würden[810,811]. Auch dieser Einwand überzeugt nicht. Die Aussagen der die Behandlung vornehmenden Mediziner und die bisher vorliegenden Studien deuten darauf hin, dass die Motivation bei den jüngeren Frauen oft die fehlende finanzielle und berufliche Stabilität ist[812], wohingegen es bei älteren Frauen regelmäßig das Fehlen eines Partners ist, mit dem der Kinderwunsch verwirklicht werden kann[813]. Das ein fehlender Partner einer, wenn nicht sogar der ausschlaggebende Grund für die Inanspruchnahme des Social Freezing ist, zeigt sich auch darin, dass 75 % der Patientinnen zum

810 So ohne Erwägung anderer Gründe unterstellt von *Dorneck*, Das Recht der Reproduktionsmedizin de lege lata und de lege ferenda, 2018, S. 239.

811 Auch wenn der eigene berufliche Erfolg für viele einen wichtigen Bestandteil des Lebens darstellt, ist die eigene Karriere für viele nicht so wichtig wie das private Glück. Einer Forsa-Studie, die im Auftrag der Zeitschrift ELTERN durchgeführt wurde, zufolge, gaben nur 14 % der befragten 1.061 Männer und Frauen im Alter von 18–30 Jahren an, dass sie besonderen Wert auf die berufliche Karriere legen. (Die Zukunft der Familie, abrufbar unter: https://s1.eltern.de/public/mediabrowserplus_root_folder/PDFs/zukunft-der-familie-studie.pdf (Stand: 02.01.2020), S. 24).

812 Einer Forsa-Studie im Auftrag der Zeitschriften ELTERN und ELTERN family zufolge, in deren Rahmen 1.012 Männer und Frauen im Alter von 25–45 Jahren befragt wurden, gaben 79 % der 25- bis 29-Jährigen die finanzielle und 67 % die berufliche Lage als Haupthinderungsgrund für die Familiengründung an („Warum kriegen wir keine Kinder?“: Neue forsa-Studie zu der niedrigen Geburtenrate in Deutschland im Auftrag von ELTERN und ELTERN family, abrufbar unter: https://www.guj.de/news/neuigkeiten/warum-kriegt-ihr-keine-kinder-neue-forsa-studie-zu-den-gruenden-der-niedrigen-geburtenrate-in-deutschland-im-auftrag-von-eltern-und-eltern-family/ (Stand: 02.01.2020)).

813 *Wagner*, Baby, bis später!, Deutschlandfunk vom 26.03.2018, abrufbar unter: https://www.deutschlandfunk.de/social-freezing-baby-bis-spaeter.676.de.html?dram:article_id=413996 (Stand: 02.01.2020); Der Forsa-Studie im Auftrag der Zeitschriften ELTERN und ELTERN family zufolge, gaben 59 % der befragten im Alter von über 35 an, dass das Fehlen einer Partnerin oder eines Partners der Familiengründung als Hauptgrund entgegenstehe; 44 % gaben zudem an, dass es bisher einfach noch nicht geklappt habe („Warum kriegen wir keine Kinder?“: Neue forsa-Studie zu der niedrigen Geburtenrate in Deutschland im Auftrag von ELTERN und ELTERN family, abrufbar unter: https://www.guj.de/news/neuigkeiten/warum-kriegt-ihr-keine-kinder-neue-forsa-studie-zu-den-gruenden-der-niedrigen-geburtenrate-in-deutschland-im-auftrag-von-eltern-und-eltern-family/ (Stand: 02.01.2020)).

Zeitpunkt der Behandlung Single sind[814]. Da das Fehlen eines passenden Partners trotz Kinderwunsch für Frauen sehr belastend sein kann, stellt das Social Freezing eine gute Möglichkeit dar, sich aus dem Dilemma zu befreien, mit dem nächstbesten Mann eine Familie gründen[815,816] oder unter Umständen auf diese verzichten zu müssen. Die eigene Familienplanung aufzuschieben, bis der passende Partner gefunden ist, kann dabei insbesondere auch im Interesse des zu zeugenden Kindes sein, da es seine Chancen erhöht, in einer liebevollen Familie aufzuwachsen. Und selbst wenn sich Frauen aufgrund der eigenen Karriereplanung für die Inanspruchnahme des Social Freezing entscheiden, kann ihnen daraus kein Vorwurf gemacht werden. Denn das Streben nach finanzieller und beruflicher Stabilität als Grundlage für die Gründung einer Familie sowie eines erfüllten und selbstbestimmten Lebens ist durchaus nachvollziehbar und sollte den Frauen keinesfalls zum Vorwurf gemacht werden. Dies gilt insbesondere deshalb, weil von Frauen heute mehr denn je erwartet wird, dass sie Familie und Beruf miteinander vereinen können. Dabei ist das Bild der Frau in unserer Gesellschaft viel stärker durch das Muttersein geprägt als das Bild des Mannes durch das Vatersein[817]. Es erscheint daher nur legitim, wenn Frauen, um Familie und Beruf durch eine gewisse Absicherung und gewonnene zeitliche Flexibilität besser vereinbaren zu können, eigene Eizellen einfrieren. Denn die meisten Frauen, die sich für Social Freezing entscheiden, empfinden die eigene Eizellreserve als

814 *Wagner*, Baby, bis später!, Deutschlandfunk vom 26.03.2018, abrufbar unter: https://www.deutschlandfunk.de/social-freezing-baby-bis-spaeter.676.de.html?dram:article_id=413996 (Stand: 02.01.2020).

815 *Hyatt*, Gekaufte Zeit, der Freitag online, Ausgabe 12/2014, abrufbar unter: https://www.freitag.de/autoren/der-freitag/gekaufte-zeit (Stand: 02.01.2020).

816 Der Einwand, dass der passende Partner nur deshalb fehle, weil die modernen Paarbeziehungen durch Unverbindlichkeit geprägt seien und immer nach Besserem gestrebt würde (*Hofmann*, Kinder erst dann, wenn man bereit ist?, abrufbar unter: https://www.jetzt.de/social-freezing/austausch-webseite-zum-einfrieren-von-eizellen (Stand: 02.01.2020) m. V. a. Uszkoreit), überzeugt nicht – zumindest nicht in dieser Allgemeinheit.

817 So gaben im Rahmen einer durch das *BMFSFJ* in Auftrag gegebenen Umfrage 48 % der kinderlosen Frauen und 46 % der kinderlosen Männer an, dass die Mutterschaft ein Element des Frauseins darstellen würde. Hingegen führten nur 36 % der Frauen und Männer an, dass die Vaterschaft ein Element des Mannseins sein würde (Kinderlose Frauen und Männer, 2014, S. 160).

eine Art Versicherung[818,819]. Diese soll nur dann in Anspruch genommen werden, wenn eine Schwangerschaft später nicht mehr wie gewünscht auf natürlichem Wege eintritt[820].

Gegen das Social Freezing wird zudem eingewandt, dass durch die Methode die dem Kinderwunsch entgegenstehenden Probleme nicht gelöst, sondern lediglich beiseitegeschoben werden[821]. Man sollte daher nicht das Social Freezing erlauben, sondern die Probleme lösen, die der Realisierung des Kinderwunsches entgegenstehen[822]. Dafür sei erforderlich, dass endlich gute Bedingungen geschaffen werden, die es Frauen unabhängig vom Alter ermöglichen, ihre Karriere- und Familienplanung miteinander zu vereinbaren[823].

---

818 *Spiewak*, Die biologische Uhr anhalten, Zeit online vom 11.07.2013, abrufbar unter: https://www.zeit.de/2013/29/kinderwunsch-social-freezing-eizellen-einfrieren (Stand: 02.01.2020).

819 *Nauber* weist zu Recht darauf hin, dass das Social Freezing keinesfalls als „Babyversicherung", sondern allenfalls als „chancensteigernde Maßnahme" verstanden werden kann (Social Freezing ist keine Babyversicherung, Welt online vom 02.08.2015, abrufbar unter: https://www.welt.de/gesundheit/article144743279/Social-Freezing-ist-keine-Babyversicherung.html (Stand: 02.01.2020) m. V. a. Äußerungen von von Otte). Dieser Umstand ist jedoch nicht dazu geeignet, dem Social Freezing die Zulässigkeit abzusprechen, sondern macht vielmehr die enormen Aufklärungserfordernisse deutlich, die vor der Inanspruchnahme des Social Freezing gelten sollten.

820 *Gruber*, Warum sich diese 25-Jährige Eizellen einfrieren lassen hat, Kurier online vom 09.08.2017, abrufbar unter: https://kurier.at/leben/warum-sich-diese-25-jaehrige-eizellen-einfrieren-lassen-hat/279.505.260 (Stand: 02.01.2020) m. V. a. Frey (Name von der Redaktion geändert).

821 *Maio*, Medizin ohne Maß?, 2014, 41; *Nationale Ethikkommission im Bereich Humanmedizin (Schweiz)*, Die medizinisch unterstützte Fortpflanzung. Ethische Überlegungen und Vorschläge für die Zukunft, Stellungnahme Nr. 22/2013, S. 16.

822 *Hyatt*, Gekaufte Zeit, der Freitag online, Ausgabe 12/2014, abrufbar unter: https://www.freitag.de/autoren/der-freitag/gekaufte-zeit (Stand: 02.01.2020); *Nauber*, Social Freezing ist keine Babyversicherung, Welt online vom 02.08.2015, abrufbar unter: https://www.welt.de/gesundheit/article144743279/Social-Freezing-ist-keine-Babyversicherung.html (Stand: 02.01.2020) m. V. a. Ute Czeromin; *Wegner*, Das Einfrieren von Eizellen löst keine Job-Probleme, Focus Money online vom 25.10.2014, abrufbar unter: https://www.focus.de/finanzen/experten/wegner/eingefrorene-eizellen-sind-tiefkuehl-kinder-ein-fortschritt-fuer-die-karriereplanung_id_4219356.html (Stand: 02.01.2020).

823 *Nauber*, Social Freezing ist keine Babyversicherung, Welt online vom 02.08.2015, abrufbar unter: https://www.welt.de/gesundheit/article144743279/Social-Freezing-ist-keine-Babyversicherung.html (Stand: 02.01.2020) m. V. a. Ute Czeromin; *Wegner*, Das Einfrieren von Eizellen löst keine Job-Probleme, Focus Money on-

Diesem Einwand kann dahingehend zugestimmt werden, dass es dringend an der Zeit ist, dass Bedingungen geschaffen werden, die es Frauen ermöglichen, ohne Zukunftsängste auch in jungen Jahren eine Familie zu gründen. Mögliche Maßnahmen sind vielfältig vorstellbar[824], jedoch ist eine zeitnahe Verbesserung der Situation durch Bemühungen der Politik nicht zu erwarten. Insbesondere Frauen, die jetzt im „kritischen" Alter sind, haben keine Zeit, darauf zu warten, dass sich die Rahmenbedingungen so ändern, dass Karriere- und Familienplanung unabhängig vom Alter unproblematisch miteinander vereinbar sind[825]. Schaut man sich die herrschenden Missstände an[826], so verwundert es nicht, wenn Frauen ihr Schicksal selbst in die Hand nehmen und vorsorgen wollen. Daher sollte der Staat die Situation der Frauen nicht durch ein Verbot des Social Freezing verschlechtern. Täte er dies, würde er den gesellschaftlichen Entwicklungen noch mehr hinterherhinken[827].

Ein weiterer Einwand geht dahin, dass durch die Inanspruchnahme des Social Freezing Schwangerschaften in einem Alter jenseits des natürlichen reproduktiven Zeitfensters ermöglicht werden und selbstver-

line vom 25.10.2014, abrufbar unter: https://www.focus.de/finanzen/experten/wegner/eingefrorene-eizellen-sind-tiefkuehl-kinder-ein-fortschritt-fuer-die-karriereplanung_id_4219356.html (Stand: 02.01.2020).

824 Bessere Zuverdienst- und Arbeitsmöglichkeiten in der Elternzeit und ein nicht nur theoretischer Betreuungsanspruch ab der Vollendung des ersten Lebensjahres wären nur zwei der vielen vorstellbaren Änderungen.

825 *Henn*, Eizellen für die Schwangerschaft einfrieren, abrufbar unter: https://www.wissensschau.de/reproduktionsmedizin/social_freezing_ethik_kontroverse.php (Stand: 02.01.2020).

826 So gaben im Rahmen einer durch das *BMFSFJ* in Auftrag gegebenen Umfrage 69 % der befragten 3.049 gewollt und ungewollt Kinderlosen an, dass es insbesondere zu wenig Betreuungsmöglichkeiten für Kinder gebe (Kinderlose Frauen und Männer, 2014, S. 162); 62 % der Frauen und 54 % der Männer führten zudem an, dass das staatliche Engagement insgesamt hinter den Bedürfnissen zurückbleibe (Kinderlose Frauen und Männer, 2014, S. 161).

827 *Gruber*, Warum sich diese 25-Jährige Eizellen einfrieren lassen hat, Kurier online vom 09.08.2017, abrufbar unter: https://kurier.at/leben/warum-sich-diese-25-jaehrige-eizellen-einfrieren-lassen-hat/279.505.260 (Stand: 02.01.2020) m. V. a. Freude.

ständlich werden könnten[828]. Mit diesen späten Schwangerschaften seien erhebliche gesundheitliche Risiken für die Mutter und das Kind verbunden[829]. Bedenkt man jedoch, dass auch für die Kinderwunschbehandlung nach Social Freezing die allgemein geltenden Altersgrenzen Anwendung finden würden, überzeugt dieser Einwand nicht. Eine Schwangerschaft ist nach dem hier unterbreiteten Vorschlag allenfalls bis zu einem Alter der Frau von 50 Jahren möglich. Sofern befürchtet wird, dass selbst diese bereits recht hoch gesetzte Grenze umgangen werden könnte, indem nach Erreichen der Altersgrenze die Herausgabe der Eizellen für eine Behandlung im Ausland verlangt wird[830], könnte dem entgegengewirkt werden, indem man gesetzlich regelt, dass kryokonservierte Eizellen nur dann an die Frau, von der sie stammen, herausgegeben werden dürfen, wenn die Altersgrenze noch nicht überschritten ist. Sofern die Altersgrenze überschritten ist, sollte entweder eine Spende mit Zustimmung der Frau erfolgen oder die Verwerfung vorgeschrieben sein. Eine derartige Regelung wäre auch mit dem reproduktiven Selbstbestimmungsrecht der Frau vereinbar, wenn sie bereits zu Beginn der Behandlung über diesen Umstand informiert wird, da hier die widerstreitenden Interessen, insbesondere das Kindeswohl des zu zeugenden Kindes, überwiegen.

Auch das Fehlen einer medizinischen Indikation spricht nicht gegen die Vornahme des Social Freezing[831]. Insbesondere ethische Bedenken können auf diesen Umstand nicht zurückgeführt werden[832,833], da Ei-

828 Raether/*Bota*, Dürfen wir Grenzen der Natur sprengen? Pro und Contra, Die Zeit Nr. 29/2013, abrufbar unter: https://www.zeit.de/2013/29/eizellen-einfrieren-pro-contra (Stand: 02.01.2020).

829 *Von Wolff*, SÄZ 2013, 393, 395.

830 *Von Wolff*, SÄZ 2013, 393, 395.

831 So aber *Dorneck*, Das Recht der Reproduktionsmedizin de lege lata und de lege ferenda, 2018, S. 240.

832 Dies gilt nach *Kreß* insbesondere deshalb, weil auch die Pille und die künstliche Befruchtung ethisch weitgehend akzeptiert sind. Würde man das Social Freezing nun pauschal als ethisch nicht vertretbar klassifizieren, stelle dies einen Widerspruch dazu dar. (*Spiewak*, Die biologische Uhr anhalten, Zeit online vom 11.07.2013, abrufbar unter: https://www.zeit.de/2013/29/kinderwunsch-social-freezing-eizellen-einfrieren (Stand: 02.01.2020) m. V. a. Kreß).

833 Ethisch relevant ist jedoch die Frage, wie lange die durch Social Freezing gewonnenen Eizellen kryokonserviert werden dürfen (*Spiewak*, Die biologische Uhr an-

zellen gewonnen werden, die sonst eh zugrunde gehen würden[834]. Die fehlende medizinische Indikation hindert Ärzte daher genauso wenig wie bei anderen Maßnahmen der wunscherfüllenden Medizin, Social Freezing durchzuführen[835]. Dem steht auch nicht entgegen, dass für die Inanspruchnahme reproduktionsmedizinischer Maßnahmen generell eine medizinische Indikation gefordert wird. Dies ist dem Umstand geschuldet, dass die übrigen reproduktionsmedizinischen Maßnahmen auf die Erzeugung von menschlichem Leben gerichtet sind. Beim Social Freezing werden jedoch zunächst nur Eizellen gewonnen. Die Rechte Dritter und insbesondere die Rechte und Interessen des später unter Inanspruchnahme dieser Eizellen zu zeugenden Kindes sind somit zum Zeitpunkt der Vornahme des Social Freezing nicht betroffen und können nicht gegen dessen Zulässigkeit eingewandt werden. Daran ändert auch der Umstand nichts, dass nach Inanspruchnahme des Social Freezing die Art der Zeugung von einer zunächst zumindest theoretisch möglichen natürlichen Zeugung hin zu einer medizinisch unterstützten Zeugung geändert wird[836], da die Realisierung des Kinderwunsches nur dann mit den kryokonservierten Eizellen erfolgen soll, wenn zu diesem Zeitpunkt eine natürliche Zeugung gerade nicht mehr möglich oder sehr unwahrscheinlich ist.

---

halten, Zeit online vom 11.07.2013, abrufbar unter: https://www.zeit.de/2013/29/kinderwunsch-social-freezing-eizellen-einfrieren (Stand: 02.01.2020)). Zur Frage, wie lange Gameten, imprägnierte Eizellen und Embryonen kryokonserviert werden dürfen, siehe Teil 3 Kapitel 2 II. 3. b) und c).

834 *Weidlich*, Social Freezing: Baby Back-up mit Mitte 20, abrufbar unter: https://www.unicum.de/de/studentenleben/zuendstoff/social-freezing-baby-back-up-mit-mitte-20 (Stand: 02.01.2020) m. V. a. Puchta.

835 *Czeromin* geht jedoch davon aus, dass es zumindest als fraglich angesehen werden müsse, ob die Vornahme des Social Freezing mit der ärztliche Ethik vereinbar ist, da es sich um einen medizinisch nicht indizierten Eingriff handelt (*Nauber*, Social Freezing ist keine Babyversicherung, Welt online vom 02.08.2015, abrufbar unter: https://www.welt.de/gesundheit/article144743279/Social-Freezing-ist-keine-Babyversicherung.html (Stand: 02.01.2020) m. V. a. Czeromin).

836 So aber *Dorneck*, Das Recht der Reproduktionsmedizin de lege lata und de lege ferenda, 2018, S. 240 f.

Zuletzt vermag auch der Einwand, dass man nicht Gott spiele dürfte[837] und Demut vor dem Wunder des Lebens haben müsse[838], nicht zu überzeugen, um die Zulässigkeit des Social Freezing zu verneinen. Denn genau wie bei den anderen fortpflanzungsmedizinischen Maßnahmen ist das Social Freezing auf die Möglichkeit der Schaffung neuen Lebens gerichtet. Der Wunsch nach einem Kind und die Inkaufnahme der medizinischen und finanziellen Belastungen bringt dabei gerade Demut vor dem menschlichen Leben zum Ausdruck, da für dessen Zeugung nicht unerhebliche Belastungen bei gleichzeitiger Ungewissheit über den Erfolg der Maßnahme in Kauf genommen werden.

3. Fazit

Das reproduktive Selbstbestimmungsrecht der Frau spricht für die Zulässigkeit des Social Freezing. Durch die Fertilitätsprotektion wird es Frauen ermöglicht, noch selbstbestimmter über die eigene Lebensplanung zu entscheiden und die Vereinbarkeit von Karriere und Familie zu verbessern. Da das Social Freezing jedoch keinesfalls eine Garantie für die spätere Realisierung des Kinderwunsches bietet, gleichzeitig aber mit medizinischen und finanziellen Belastungen einhergeht, sollten gesetzliche Rahmenbedingungen geschaffen werden, die insbesondere eine vor dem Eingriff durchzuführende Aufklärung voraussetzen.

VI. Anfängliche Embryonenspende[839]

Wie bereits dargestellt wurde, ergeben sich hinsichtlich der Zulässigkeit der nachträglichen Embryonenspende an andere Kinderwunsch-

837 Raether/*Bota*, Dürfen wir Grenzen der Natur sprengen? Pro und Contra, Die Zeit Nr. 29/2013, abrufbar unter: https://www.zeit.de/2013/29/eizellen-einfrieren-pro-contra (Stand: 02.01.2020).

838 Mülherr/*Menkens*, Sollten Frauen ihre Eizellen einfrieren lassen?, Welt online vom 18.10.2014, abrufbar unter: https://www.tagesspiegel.de/gesellschaft/panorama/pro-und-contra-social-freezing-emanzipation-oder-oekonomisierung-des-lebens/10852250.html (Stand: 02.01.2020).

839 Unter den Begriff der nachträglichen Embryonenspende werden die Konstellationen gefasst, in denen der Embryo nicht zum Zweck der Spende erzeugt wurde.

patienten keine Bedenken[840]. Anders stellt sich die Situation hinsichtlich der anfänglichen Embryonenspende dar, da diese durch § 1 Abs. 1 Nr. 2, Abs. 2 ESchG und auch durch § 1 Abs. 1 Nr. 6 ESchG ausdrücklich verboten ist[841].

Gestützt wird das Verbot der anfänglichen Embryonenspende, genau wie das Verbot der Eizellspende, auf die Vermeidung gespaltener Mutterschaften. Wie bereits bei der Frage nach der Zulässigkeit der Eizellspende ausgeführt wurde, vermag diese Argumentation allein jedoch nicht zu überzeugen[842].

Da nach der hier vertretenen Auffassung sowohl die Samen-[843] als auch die Eizellspende[844] als zulässig anzusehen sind und einer klaren gesetzlichen Regelung unterzogen werden sollten, kann für die anfängliche Embryonenspende, die lediglich eine Kombination dieser beiden Verfahren darstellt, nichts anderes gelten. Dieser Eindruck wird vor dem Hintergrund der Zulässigkeit der nachträglichen Embryonenspende noch verstärkt. Denn sowohl bei der anfänglichen als auch bei der nachträglichen Embryonenspende fallen die genetischen und biologischen/sozialen Eltern auseinander. Es kann daher davon ausgegangen werden, dass nach Embryonenspende geborene Kinder grundsätzlich gut mit dem Auseinanderfallen der genetischen und biologischen/sozialen Eltern umgehen können.

Da sich die anfängliche Embryonenspende dahingehend von der nachträglichen Embryonenspende unterscheidet, dass durch sie keine Embryonen vor dem Absterben bewahrt, sondern ausschließlich zum Zweck der Spende erzeugt werden, muss die Zulässigkeit der anfänglichen Embryonenspende jedoch auf durch den Gesetzgeber klar vorzugebende Fälle beschränkt werden.

Sofern der Embryo zum Zweck der Spende erzeugt wurde, wird von anfänglicher Embryonenspende gesprochen.

840 Siehe dazu Teil 2 Kapitel 4 II. 2. a) bb).

841 Die Darstellung soll sich an dieser Stelle auf die Sachverhalte beschränken, bei denen ein zu spendender Embryo extrakorporal erzeugt werden soll. Die Fälle des § 1 Abs. 1 Nr. 6 ESchG bleiben daher ausgeklammert.

842 Siehe dazu Teil 2 Kapitel 4 IV. a) aa).

843 Siehe dazu Teil 2 Kapitel 4 III.

844 Siehe dazu Teil 2 Kapitel 4 IV.

Die anfängliche Embryonenspende sollte grundsätzlich nur für alleinstehende sterile Frauen, homosexuelle Paare und Paare, bei denen beide Partner unter Sterilitätsproblemen leiden, die medizinisch nicht behandelbar sind, zulässig sein. Zudem sollte die anfängliche Embryonenspende lediglich dann in Betracht kommen, wenn weder eine nachträgliche Embryonenspende noch eine nachträgliche Spende von imprägnierten Eizellen (Eizellen im 2-Pronuclei (PN)-Stadium/sog. 2-PN-Zellen)[845] möglich ist. Nur so kann verhindert werden, dass Embryonen zum Zweck der Spende erzeugt werden, obwohl vermittelbare Embryonen/imprägnierte Eizellen existieren, die vor dem Absterben bewahrt werden können.

Soeben wurde bereits angesprochen, dass die anfängliche Embryonenspende nur dann zulässig sein soll, wenn nicht eine nachträgliche Spende von imprägnierten Eizellen in Betracht kommt. Nach der derzeitigen Rechtslage ist höchst umstritten, ob die Spende von imprägnierten Eizellen, die ohne Spendeabsicht erzeugt wurden, als zulässig anzusehen ist oder ob sie ebenfalls unter das Verbot des § 1 Abs. 1 Nr. 2 ESchG fällt[846]. Es ist daher zu prüfen, ob die Spende von imprägnierten Eizellen mit der derzeitigen Rechtslage vereinbar ist und, falls dies nicht der Fall ist, ob diesbezüglich Reformbedarf anzunehmen ist.

Nach § 1 Abs. 1 Nr. 2 ESchG wird bestraft, wer es unternimmt, eine Eizelle zu einem anderen Zweck künstlich zu befruchten, als eine Schwangerschaft der Frau herbeizuführen, von der die Eizelle stammt. Fraglich ist dabei, was unter „befruchten" in diesem Sinne zu verstehen ist[847]. Sollten imprägnierte Eizellen bereits als befruchtet anzusehen sein, wären sie von dem Verbot des § 1 Abs. 1 Nr. 2 ESchG nicht erfasst und ihre Spende wäre zulässig[848].

Bei imprägnierten Eizellen handelt es sich um Eizellen, in die bereits ein Spermium eingedrungen ist (sog. Imprägnation) und bei denen sich aus dem Genmaterial der Ei- und Samenzelle Vorkerne (sog. Pronuclei) gebildet haben. Bevor es jedoch zur Verschmelzung der Vor-

845 Zu der Frage, ob die Spende von imprägnierten Eizellen als zulässig anzusehen ist oder durch den Gesetzgeber für zulässig erklärt werden sollte, siehe sogleich.

846 *Taupitz/Hermes*, NJW 2015, 1802, 1804.

847 *Taupitz/Hermes*, NJW 2015, 1802, 1804.

848 *Taupitz/Hermes*, NJW 2015, 1802, 1804.

kerne gekommen ist, wurden die imprägnierten Eizellen eingefroren. Sofern sie später Verwendung für die Kinderwunschbehandlung – ganz gleich, ob es sich um die Kinderwunschbehandlung der Gametengeber oder Dritter handelt – finden sollen, müssen sie aufgetaut und weiterkultiviert werden. Eine Übertragung findet erst statt, wenn durch die Weiterkultivierung ein Embryo entstanden ist.

Vertreten wird zum einen, dass nach dem Wortlaut des § 1 Abs. 1 Nr. 2 ESchG erst durch das Auftauen und Weiterkultivieren die Befruchtung herbeigeführt wird, da der Befruchtungserfolg nach medizinisch-biologischem Verständnis mit der Verschmelzung der Vorkerne eintrete[849]. Dafür spreche auch die Gesetzessystematik, die klar zwischen Imprägnation und Befruchtung unterscheide[850]. So regelt § 1 Abs. 2 ESchG die Fälle der Imprägnation[851], § 1 Abs. 1 Nr. 2 ESchG hingegen die Fälle der Befruchtung der Eizelle. Durch diese auch sprachliche Differenzierung habe der Gesetzgeber zum Ausdruck gebracht, dass er mit § 1 Abs. 1 Nr. 2 ESchG und § 1 Abs. 2 ESchG verschiedene Tathandlungen erfassen wollte[852]. § 1 Abs. 2 ESchG beziehe sich daher auf diejenigen Tathandlungen, die nicht die Entstehung eines Embryos voraussetzen und damit vor dem Anwendungsbereich des § 1 Abs. 1 Nr. 2 liegen[853]. Zudem müssten imprägnierte Eizellen als noch nicht befruchtet angesehen werden, da sonst die gängige Praxis in der Fortpflanzungsmedizin, mehr Eizellen zu imprägnieren, als Embryonen gewonnen werden sollen[854], gegen § 1 Abs. 1 Nr. 5 ESchG verstoßen würde[855].

849 *Taupitz/Hermes*, NJW 2015, 1802, 1804 m. V. a. Pschyrembel, Klinisches Wörterbuch, 266. Aufl. 2014, S. 248.

850 *Deutscher Ethikrat*, Embryonenspende, Embryonenadoption und elterliche Verantwortung, 2016, S. 39 f.

851 § 1 Abs. 2 Nr. 1 ESchG erfasst als lex generalis alle Formen der künstlichen Imprägnation der Eizelle; § 1 Abs. 2 Nr. 2 ESchG erfasst als lex specialis zudem noch einmal den speziellen Fall der ICSI (*Günther*/Taupitz/Kaiser, ESchG, 2. Aufl., 2014, C. II. § 1 Abs. 2 Rn. 6).

852 *Deutscher Ethikrat*, Embryonenspende, Embryonenadoption und elterliche Verantwortung, 2016, S. 40; *Günther*/Taupitz/Kaiser, ESchG, 2. Aufl., 2014, C. II. § 1 Abs. 2 Rn. 1.

853 *Günther*/Taupitz/Kaiser, ESchG, 2. Aufl., 2014, C. II. § 1 Abs. 2 Rn. 1.

854 Wie bereits dargestellt wurde, ist hoch umstritten, wie viele Eizellen einer Frau nach § 1 Abs. 1 Nr. 5 ESchG befruchtet werden dürfen. Siehe dazu Teil 2 Kapitel 4 I.

855 *Frister*, in: Taupitz u. a., JRE 2015, 42, 54.

Die Zulässigkeit der Spende von imprägnierten Eizellen könne darüber hinaus auch nicht durch einen Erst-Recht-Schluss dahingehend begründet werden, dass sie als wesensgleiches Minus zur nachträglichen Embryonenspende anzusehen sei[856]. Es fehle bei der Spende von imprägnierten Eizellen an einer der nachträglichen Embryonenspende vergleichbaren Notsituation, da anders als bei dieser gerade noch kein zu rettender Embryo vorliegt[857]. Diese Auffassung entspräche auch der Gesetzesbegründung, nach der nur überzählige Embryonen und nicht auch überzählige imprägnierte Eizellen vor dem Absterben bewahrt werden sollen[858,859].

Zuletzt spräche gegen die Spende von imprägnierten Eizellen, dass durch die Kryokonservierung ein kontinuierlich ablaufender Prozess künstlich unterbrochen wird. Diese Unterbrechung könne nicht dazu führen, dass die Teilprozesse vor und nach der Kryokonservierung unterschiedlich behandelt werden, da es sonst in den Händen der Akteure läge, die Rechtsfolgen ihres Tuns festzulegen[860]. Der gesamte Prozess – von der Imprägnation bis zur Befruchtung – müsse daher als einheitlicher Vorgang angesehen werden[861].

Gegen diese Auffassung wird vorgebracht, dass bereits durch die Imprägnation die genetisch unumkehrbare Determinierung stattfinden würde und daher durchaus erwogen werden könne, diesen Zeitpunkt als Befruchtung anzunehmen[862].

Zudem verkenne sie, dass es sich bei den Tatbeständen des ESchG um Unternehmensdelikte handelt, die sich am Vorsatz und Handlungsunrecht und nicht am Eintritt eines Erfolges orientieren[863]. Sofern die Imprägnation der Eizellen mit der Absicht erfolgt, die später entstehenden Embryonen auf die Frau, von der die Eizellen stammen, zu

---

856 *Taupitz*, NJW 2019, 337, 339; *Taupitz/Hermes*, NJW 2015, 1802, 1805.
857 *Frister*, in: Taupitz u. a., JRE 2015, 42, 54; *Taupitz*, NJW 2019, 337, 339.
858 BT-Drs. 11/5460, S. 8.
859 *Taupitz*, NJW 2019, 337, 339.
860 *Taupitz/Hermes*, NJW 2015, 1802, 1806.
861 *Taupitz/Hermes*, NJW 2015, 1802, 1806.
862 *Hufen*, in: Taupitz u. a., JRE 2015, 42, 54.
863 *Frommel*, in: Taupitz u. a., JRE 2015, 42, 52.

übertragen[864], könne eine Strafbarkeit nicht angenommen werden. Werden die Eizellen später mit der Absicht aufgetaut, sie einem anderen Kinderwunschpaar zu spenden und nach Weiterkultivierung als Embryo zu übertragen, weil eine Übertragung auf die Frau, von der die verwendeten Eizellen stammen, nicht mehr in Betracht kommt, sei keine Strafbarkeit gegeben[865].

Auch wenn imprägnierte Eizellen gerade noch keinen Lebens- und Würdeschutz genießen[866], handele es sich bei ihnen zudem um Vorstufen menschlichen Lebens[867]. Die Spende könne daher durchaus der Vernichtung vorzuziehen sein[868]. Dies gelte insbesondere vor dem Hintergrund der reproduktiven Selbstbestimmung der genetischen Eltern, in deren Interesse es sein könne, sich gegen die Vernichtung und für die Spende zu entscheiden[869].

Für diese Auffassung spräche auch ein kürzlich durch das Landgericht Augsburg verkündetes Urteil[870,871]. Angeklagt waren die Vorstände des Netzwerks Embryonenspende e.V., die sowohl überzählige Embryonen als auch imprägnierte Eizellen vermittelt haben. Die Staatsanwaltschaft hatte gegen sie ein Verfahren wegen Beihilfe zur illegalen Befruchtung von Eizellen in 33 Fällen eingeleitet. Während das erstinstanzliche Urteil des AG Dillingen die Angeklagten nur wegen Vorliegen eines unvermeidbaren Verbotsirrtums freisprach, verneinte das LG Augsburg bereits das Vorliegen des objektiven Tatbestandes[872]. Gestützt hat das LG Augsburg seine Entscheidung vor allem auf die Definition der Befruchtung in der Richtlinie der BÄK zur Entnahme und Übertragung

864 Davon könne zu Beginn der Behandlung stets ausgegangen werden (*Frommel*, in: Taupitz u. a., JRE 2015, 42, 52 f.).

865 Nach *Frommel* handelt es sich bei dem nach der Imprägnation stattfindenden Vorsatzwechsel um eine relevante Zäsur (in: Taupitz u. a., JRE 2015, 42, 52).

866 Siehe dazu Teil 2 Kapitel 2.

867 *Hufen*, in: Taupitz u. a., JRE 2015, 42, 54; *Frommel*, in: Taupitz u. a., JRE 2015, 42, 52.

868 *Hufen*, in: Taupitz u. a., JRE 2015, 42, 54.

869 *Frommel*, in: Taupitz u. a., JRE 2015, 42, 52.

870 LG Augsburg, Urt. v. 13.12.2018 – AZ: 16 Ns 202 Js 143548/14 u.a = medstra 2019, 186.

871 Gegen das Urteil wurde seitens der Staatsanwaltschaft Revision eingelegt.

872 LG Augsburg, Urt. v. 13.12.2018 – AZ: 16 Ns 202 Js 143548/14 u.a = medstra 2019, 186, 189.

von menschlichen Keimzellen im Rahmen der assistierten Reproduktion[873,874]. Es geht dabei davon aus, „dass die der Ärzteschaft von der BÄK an die Hand gegebenen Leitlinien davon ausgehen, dass mit Vorhandensein der beiden Vorkerne in der Eizelle (= 2-PN-Stadium) die Befruchtung vollendet" sei[875]. Zum Zeitpunkt der Vermittlung der imprägnierten Eizellen sei die Befruchtung somit bereits vollendet gewesen, weshalb eine Beihilfe zur illegalen Befruchtung gerade nicht angenommen werden könne[876]. Sofern dadurch kein Anwendungsbereich mehr für § 1 Abs. 1 Nr. 2 ESchG verbleibe, sei dies bei einer modernen „Auslegung eines in die Jahre gekommenen und überarbeitungsbedürftigen Gesetzes ... hinzunehmen und darf keinesfalls zum ‚Totschlagargument' verkommen"[877]. Dem stehe auch der Wille des Gesetzgebers nicht entgegen, da seit dem Erlass des ESchG bereits über 20 Jahre vergangen seien und sich die Reproduktionsmedizin in dieser Zeit erheblich weiterentwickelt hätte[878]. Die heute gegebenen Möglichkeiten, insbesondere in Bezug auf die Kryokonservierung von Eizellen, seien zum damaligen Zeitpunkt schlicht noch nicht absehbar gewesen. Auch der Zweck der Vorschrift, gespaltene Mutterschaften zu verhindern, rechtfertige keine andere Beurteilung, da der Gesetzgeber selbst gespaltene Mutterschaften im Falle der nachträglichen Embryonenspende zulasse[879].

Unter Beachtung des ESchG muss der erstgenannten Auffassung gefolgt werden[880]. Insbesondere das Urteil des LG Augsburg kann für eine anderweitige Beurteilung nicht herangezogen werden, da es seine

873 LG Augsburg, Urt. v. 13.12.2018 – AZ: 16 Ns 202 Js 143548/14 u.a = medstra 2019, 186, 190.
874 *BÄK*, Richtlinie zur Entnahme und Übertragung von menschlichen Keimzellen im Rahmen der assistierten Reproduktion, DÄBl. 2018, A 1.
875 LG Augsburg, Urt. v. 13.12.2018 – AZ: 16 Ns 202 Js 143548/14 u.a = medstra 2019, 186, 190.
876 LG Augsburg, Urt. v. 13.12.2018 – AZ: 16 Ns 202 Js 143548/14 u.a = medstra 2019, 186, 189 f.
877 LG Augsburg, Urt. v. 13.12.2018 – AZ: 16 Ns 202 Js 143548/14 u.a = medstra 2019, 186, 189.
878 LG Augsburg, Urt. v. 13.12.2018 – AZ: 16 Ns 202 Js 143548/14 u.a = medstra 2019, 186, 189.
879 LG Augsburg, Urt. v. 13.12.2018 – AZ: 16 Ns 202 Js 143548/14 u.a = medstra 2019, 186, 189.
880 *Taupitz*, NJW 2019, 337.

Entscheidung maßgeblich auf ein falsches Verständnis der Definition der Befruchtung stützt[881]. Sofern die Richtlinie der BÄK missverständlicherweise in Bezug auf imprägnierte Eizellen von „erfolgter Fertilisation" bzw. „fertilisiert" spricht[882], soll damit nicht zum Ausdruck gebracht werden, dass die Befruchtung abgeschlossen ist[883]. Wie die Überschrift der Ziffer 3.3.2.3 zum Ausdruck bringt, soll an dieser Stelle nur bestimmt werden, wie die Eizelle darauf untersucht werden soll, ob eine Imprägnation stattgefunden hat[884]. Die Richtlinie geht, entgegen der Auffassung des LG Augsburg, gerade nicht davon aus, dass die Befruchtung bereits mit dem Vorhandensein beider Vorkerne abgeschlossen ist[885]. Wendet man die Definition so an, wie sie nach der Gesamtschau der Richtlinie zu verstehen ist, sind imprägnierte Eizellen nicht als befruchtet anzusehen, da eine Verschmelzung der beiden Vorkerne zu dem Zeitpunkt noch nicht stattgefunden hat. Das Weiterkultivieren und Vermitteln von imprägnierten Eizellen stellt nach der aktuellen Rechtslage daher einen Verstoß gegen § 1 Abs. 1 Nr. 2 ESchG dar. Die von § 1 Abs. 2 ESchG und § 1 Abs. 1 Nr. 2 ESchG vorgenommene Differenzierung zwischen Imprägnation und Befruchtung hat daher ungeachtet der fortpflanzungsmedizinischen Fortschritte nach wie vor Bestand. Zudem können der Wille des Gesetzgebers und der Zweck des Gesetzes bei der Auslegung nicht derart außer Acht gelassen werden, wie es das LG Augsburg getan hat[886]. Denn aus den Regelungen des ESchG und der Gesetzesbegründung geht eindeutig hervor, dass die Möglichkeit der Kryokonservierung von imprägnierten Eizellen sehr wohl bereits vor über 20 Jahren bestand und genutzt wurde und dass die gespaltene Mutterschaft ausdrücklich lediglich in den Fällen ausnahmsweise zugelassen werden sollte, in denen dadurch die Verwerfung von Embryonen (und nur von Embryonen) vermieden werden kann[887].

---

881 *Taupitz*, NJW 2019, 337, 338.

882 *BÄK*, Richtlinie zur Entnahme und Übertragung von menschlichen Keimzellen im Rahmen der assistierten Reproduktion, DÄBl. 2018, A 1, A 13 Ziffer 3.3.2.3.

883 *Taupitz*, NJW 2019, 337, 338.

884 *Taupitz*, NJW 2019, 337, 338.

885 *Taupitz*, NJW 2019, 337, 338.

886 *Taupitz*, NJW 2019, 337, 339.

887 *Taupitz*, NJW 2019, 337, 339.

Nachdem festgestellt werden konnte, dass die Spende von imprägnierten Eizellen nicht mit der derzeitigen Rechtslage vereinbar ist, ergibt sich die Frage, ob diesbezüglich Reformbedarf anzunehmen ist. Davon ist auszugehen[888]. Für die Zulässigkeit der Spende von imprägnierten Eizellen spricht zunächst, dass durch sie der reproduktiven Selbstbestimmung der genetischen Eltern entsprochen werden kann und die imprägnierten Eizellen durch sie vor der Vernichtung bewahrt werden können. Auch wenn diesen noch kein Lebens- und Würdeschutz zukommt, stellen sie Vorstufen menschlichen Lebens dar, deren Vernichtung nicht durch den Gesetzgeber erzwungen werden sollte. Welche besondere Verantwortung die genetischen Eltern gegenüber ihren überzähligen imprägnierten Eizellen empfinden können, wird deutlich, wenn die in Internetforen geführten Diskussionen darüber angeschaut werden, wie mit ihnen umgegangen werden soll. Viele Paare können sich, insbesondere dann, wenn sie eine lange und nicht immer erfolgreiche Kinderwunschbehandlung hinter sich haben, nicht vorstellen die imprägnierten Eizellen der Vernichtung preiszugeben. Andererseits stellt für sie auch die dauerhafte Kryokonservierung keine ernstzunehmende Alternative dar, wenn eine Übertragung nach Weiterkultivierung für sie selbst nicht mehr in Betracht kommt. Eine Spende der imprägnierten Eizellen könnte für sie eine gute Alternative sein. Daneben spricht für die Spende von imprägnierten Eizellen, dass durch sie anderen Kinderwunschpatienten geholfen werden kann, ohne dass sich dafür ansonsten unbeteiligte Dritte einer Behandlung unterziehen müssen.

VII. Ersatz-/Leihmutterschaft

1. Begriffsbestimmung

Zunächst ist erforderlich zu definieren, was unter Ersatz-/Leihmutterschaft zu verstehen ist, da sowohl umgangssprachlich als auch fach-

888 Vgl. *Deutsche Akademie der Naturforscher Leopoldina e.V./Union der deutschen Akademien der Wissenschaften e.V.*, Fortpflanzungsmedizin in Deutschland – für eine zeitgemäße Gesetzgebung, 2019, S. 10, 76.

sprachlich unterschiedliche Begriffe verwendet, respektive diesen unterschiedliche Bedeutungen beigemessen werden[889]. Nach § 1 Abs. 1 Nr. 7 ESchG ist Ersatzmutter eine Frau, welche bereit ist, ihr Kind nach der Geburt auf Dauer Dritten zu überlassen. Erfasst sind von dieser Norm alle Fälle, in denen die Ersatzmutterschaft durch Inanspruchnahme reproduktionsmedizinischer Maßnahmen herbeigeführt wird, unabhängig davon, von wem die verwendeten Ei- und Samenzellen stammen[890,891]. Es handelt sich daher bei der Ersatzmutterschaft i. S. d. § 1 Abs. 1 Nr. 7 ESchG um einen Oberbegriff[892]. Um die unterschiedlichen Konstellationen sprachlich kenntlich zu machen, empfiehlt sich eine Differenzierung danach, ob die Ersatzmutter auch genetische oder nur biologische Mutter des Kindes ist. Sofern die austragende Frau genetische Mutter des Kindes ist, die bei der Zeugung des Kindes verwendete Eizelle also von ihr stammt, soll von Ersatzmutterschaft gesprochen werden[893]. Ob der bei der Zeugung des Kindes verwendete Samen dabei von dem Wunschvater oder einem Dritten stammt, soll keinen Einfluss auf die Begriffsbestimmung haben. Sofern die austragende Frau ein genetisch von den Wunscheltern abstammendes Kind austrägt, soll hingegen von Leihmutterschaft gesprochen werden[894].

---

889 Es wird beispielsweise von „Ersatzmutterschaft", „Leihmutterschaft", „Fremdmutterschaft", „Mietmutterschaft", „Tragemutterschaft", „Ammenmutterschaft" oder auch „Surrogatmutterschaft" gesprochen („Benda-Bericht", 2.2.4.1.1., a. a. O. (Fn. 123), S. 22; Günther/*Taupitz*/Kaiser, ESchG, 2. Aufl., 2014, C. II. § 1 Abs. 1 Nr. 7 Rn. 6 m. w. N. zu den verschiedenen Definitionen).

890 Günther/*Taupitz*/Kaiser, ESchG, 2. Aufl., 2014, C. II. § 1 Abs. 1 Nr. 7 Rn. 3, 7.

891 § 13a AdVermiG erfasst aufgrund des anderen Regelungsgegenstandes ausdrücklich sowohl die natürliche als auch die künstliche Befruchtung (Günther/*Taupitz*/Kaiser, ESchG, 2. Aufl., 2014, C. II. § 1 Abs. 1 Nr. 7 Rn. 2, 5).

892 Günther/*Taupitz*/Kaiser, ESchG, 2. Aufl., 2014, C. II. § 1 Abs. 1 Nr. 7 Rn. 7.

893 *Coester*, Ersatzmutterschaft in Europa, in: Mansel u. a. (Hrsg.), FS Jayme, Band 2, 2004, S. 1243, 1244; *Dethloff*, JZ 2014, 922, 923; *Dorneck*, Das Recht der Reproduktionsmedizin de lege lata und de lege ferenda, 2018, S. 155; *Lammers*, Leihmutterschaft in Deutschland, 2017, S. 27 f.

894 *Coester*, Ersatzmutterschaft in Europa, in: Mansel u. a. (Hrsg.), FS Jayme, Band 2, 2004, S. 1243, 1244; *Dorneck*, Das Recht der Reproduktionsmedizin de lege lata und de lege ferenda, 2018, S. 155 m. w. N.; Günther/*Taupitz*/Kaiser, ESchG, 2. Aufl., 2014, C. II. § 1 Abs. 1 Nr. 7 Rn. 8; alternativ wird diese Konstellation auch als Mietmutterschaft, Tragemutterschaft oder Ammenmutterschaft bezeichnet (Günther/*Taupitz*/Kaiser, ESchG, 2. Aufl., 2014, C. II. § 1 Abs. 1 Nr. 7 Rn. 8; BT-

Dies soll auch dann gelten, wenn das Kind von Dritten, aber jedenfalls nicht von der Leihmutter abstammt[895].

2. Rechtliche Lage in Deutschland

Jede Form der Ersatz-/Leihmutterschaft ist in Deutschland gem. § 1 Abs. 1 Nr. 7 ESchG verboten. Da nichtsdestotrotz Wunscheltern mittels Inanspruchnahme einer Ersatz-/Leihmutter im Ausland Eltern werden[896], ergeben sich schon heute Probleme, die aus Ersatz-/Leihmutterschaftskonstellationen hervorgehen und vor deutschen Gerichten verhandelt werden. Diese betreffen vor allem die Frage, ob eine ausländische Elternschaftsanerkennung auch in Deutschland Geltung entfaltet. Etwas einfacher sind dabei diejenigen Konstellationen zu beurteilen, bei denen zumindest ein Wunschelternteil, im Gegensatz zur Leihmutter, auch genetischer Elternteil des Kindes ist[897,898]. Schwieriger sind diejenigen Konstellationen, in denen kein Wunschelternteil auch genetischer Elternteil ist. In diesen Konstellationen handelt es sich also um ein genetisch/biologisch vollkommen fremdes Kind[899]. In

---

Drs. 11/5460, S. 8). Für den Begriff der Mietmutterschaft wird dabei vorgebracht, dass er im Fall der Entgeltlichkeit juristisch genauer ist als der der Leihmutterschaft (*Dietrich*, Mutterschaft für Dritte, 1989, S. 8 f. m. w. N.; *Thomale*, Mietmutterschaft, 2015, S. 8, 101).

895 *Coester*, Ersatzmutterschaft in Europa, in: Mansel u. a. (Hrsg.), FS Jayme, Band 2, 2004, S. 1243, 1244.

896 Zulässig, wenn auch nicht überall gesetzlich geregelt, ist die Ersatz-/Leihmutterschaft in zahlreichen US-Bundesstaaten, in kanadischen Provinzen mit Ausnahme von Quebec, in den meistens Bundesstaaten Australiens, in Neuseeland, in Israel, in Indien, in Thailand, in Russland, in der Ukraine, in Südafrika und in Brasilien sowie in Europa im Vereinigten Königreich, Griechenland, Portugal, Belgien, in den Niederlanden und Portugal (jeweils mit Nachweis *Dethloff*, Leihmutterschaft in Rechtsvergleichender Perspektive, in: Ditzen/Weller (Hrsg.), Regulierung der Leihmutterschaft, 2018, S. 55, 57 f.).

897 Häufiger werden Konstellationen sein, in denen der Wunschvater auch der genetische Vater ist.

898 Eine solche Konstellation lag der Entscheidung BGH, Beschl. v. 10.12.2014 – XII ZB 463/13 = NJW 2015, 479 ff. zugrunde. In diesem Fall war zwar der Wunschvater, nicht aber die Leihmutter mit dem Kind verwandt. Die rechtliche Zuordnung zu den Wunscheltern wurde in diesem Fall anerkannt.

899 Eine solche Konstellation lag nach Auffassung des Gerichts der Entscheidung OLG Braunschweig, Beschl. v. 12.04.2012 – 1 UF 83/13 = FamRZ 2017, 972 ff. zu-

allen Konstellationen muss jedoch stets insbesondere das Wohl des Kindes und dessen Möglichkeit, eine stabile Eltern-Kind-Beziehung aufzubauen, beachtet werden.

3. Zulässigkeit der Ersatz-/Leihmutterschaft?

Auch wenn sich hinsichtlich der Ersatz-/Leihmutterschaft, anders als hinsichtlich der Eizellspende, im europäischen Vergleich kein Trend hin zu einer Legalisierung zeigt, stellt sich zunehmend stärker die Frage, ob eine Legalisierung der Ersatz-/Leihmutterschaft unter bestimmten Voraussetzungen in Deutschland möglich und erforderlich ist. Dies gilt insbesondere vor dem Hintergrund, dass zumindest finanziell bessergestellte Paare schon heute eine Ersatz-/Leihmutter im Ausland in Anspruch nehmen können[900], ohne dass dabei auf die Rechte und Interessen der Beteiligten in dem erforderlichen Maße geachtet werden müsste.

Als besonders schwierig stellt sich die Beurteilung der Ersatz-/Leihmutterschaft dabei auch deshalb dar, weil durch sie verschiedene reproduktionsmedizinische Maßnahmen miteinander verbunden sein können. So ist es theoretisch möglich, dass im Rahmen einer Leihmutterschaftsvereinbarung ein Kind gezeugt und zur Welt gebracht wird, das fünf Eltern hat[901,902].

---

grunde, da das von den Wunscheltern vorgelegte Vaterschaftsgutachten im Verfahren nicht verwertbar gewesen ist und die Wunscheltern trotz gerichtlicher Aufforderung kein weiteres Vaterschaftsgutachten, welches im Verfahren verwertbar gewesen wäre, vorgelegt haben.

900 Hinsichtlich der Ersatz-/Leihmutterschaft ist die Rechtslage weltweit sehr uneinheitlich. In einigen Ländern ist die kommerzielle (beispielsweise in den USA, Russland und der Ukraine) oder altruistische Ersatzmutterschaft (beispielsweise in Australien, Kanada und Griechenland) ausdrücklich zugelassen, in anderen finden sich keinerlei Regelungen, in wieder anderen gelten strikte Verbote (beispielsweise Deutschland, Frankreich und Italien).

901 Die genetischen Eltern (Eizellspenderin und Samenspender), die Ersatzmutter und die sozialen Eltern.

902 Bei Ersatzmutterschaftsvereinbarungen sind hingegen nur bis zu vier Elternteile möglich, die genetischen Eltern (Ersatzmutter und Samenspender) und die sozialen Eltern.

a) Einwände gegen die Zulässigkeit der Ersatz-/Leihmutterschaft

Um zu dieser Frage Stellung beziehen zu können, empfiehlt es sich, sich mit den gegen die Zulässigkeit der Ersatz-/Leihmutterschaft vorgebrachten Einwänden auseinanderzusetzen und zu prüfen, ob diese (noch) überzeugen können.

aa) Menschenwürdeverletzung des Kindes/Kindeswohlgefährdung

Hinsichtlich des Kindes wird vorgebracht, dass eine Menschenwürdeverletzung vorliegen würde, da der Wille, das Kind nach der Geburt wegzugeben, bereits bei der Zeugung bestehe und das Kind somit wie eine Ware behandelt würde[903]. Sofern die Ersatz-/Leihmutterschaft entgeltlich erfolgt, würde dieser Eindruck noch verstärkt, da das Kind in diesem Fall „zum Gegenstand eines Geschäfts gemacht und dadurch sozusagen zu einer Handelsware degradiert" würde[904]. Zudem bestünde die Gefahr, dass das Kind zum „Gegenstand eines Preis-Leistungs-Vergleichs" gemacht werde[905].

Daneben wird argumentiert, dass eine Würdeverletzung vorliegen würde, weil zwischen der Ersatz-/Leihmutter und dem Kind während der Schwangerschaft keine intime Beziehung aufgebaut werden würde, da der Ersatz-/Leihmutter von Beginn an bewusst wäre, dass sie das Kind nach der Geburt abgeben müsse[906]. Es müsse daher befürchtet werden, dass sie ihre Gewohnheiten (bewusst oder unbewusst) nicht in dem erforderlichen Maße an die Schwangerschaft anpassen und damit ein die Entwicklung des Kindes gefährdendes oder zumindest nicht förderndes Verhalten an den Tag legt[907,908]. Zudem könnten auch die Rahmenbedingungen negative Auswirkungen auf eine an sich positiv

---

903 *Eberbach*, MedR 1986, 253, 254.

904 OLG Hamm, Beschluss v. 02.12.1985 – 11 W 18/85 = NJW 1986, 781 f.

905 OLG Hamm, Beschluss v. 02.12.1985 – 11 W 18/85 = NJW 1986, 781, 783.

906 BT-Drs. 11/4154, S. 6; BT-Drs. 11/5460, S. 15; *Benda*, NJW 1985, 1730, 1733; „Benda-Bericht", 2.2.4.1.2., a. a. O. (Fn. 123), S. 22; *Dietrich*, Mutterschaft für Dritte, 1989, S. 276 ff.; *Eberbach*, MedR 1986, 253, 255; *Keller*/Günther/Kaiser, ESchG, 1992, § 1 Abs. 1 Nr. 7 Rn. 16.

907 Dazu zählen z. B. der Konsum von Alkohol und/oder Nikotin, mangelnde Bewegung, unausgewogene Ernährung.

908 „Benda-Bericht", 2.2.4.1.2., a. a. O. (Fn. 123), S. 22; *Dietrich*, Mutterschaft für Dritte, 1989, S. 276 ff.; *Eberbach*, MedR 1986, 253, 255.

eingestellte Ersatz-/Leihmutter hervorrufen. Davon könne insbesondere dann ausgegangen werden, wenn sich die Ersatz-/Leihmutter mit dem Gedanken auseinandersetzen muss, dass sie das Kind doch nicht abgeben will, wenn es zu Unstimmigkeiten mit den Wunscheltern oder zu Schwangerschaftskomplikationen kommt, die Einfluss auf das Ersatz-/Leihmutterschaftsverhältnis haben können. Dadurch könnten Beeinflussungen für das Kind hervorgerufen werden[909], die mit nicht unerheblichen physischen und psychischen Belastungen für dieses einhergingen[910].

Diese Argumentation überzeugt zumindest hinsichtlich der altruistischen Ersatz-/Leihmutterschaft nicht. Durch die Weggabeabsicht bereits im Zeitpunkt der Zeugung ist zwar eine Kindeswohlverletzung, nicht jedoch eine Würdeverletzung denkbar[911]. Aber auch hinsichtlich der Annahme einer Kindeswohlverletzung erscheint höchste Zurückhaltung geboten, da die befürchtete Bedrohung bisher nicht durch entwicklungspsychologische Erkenntnisse belegt werden konnte und somit lediglich auf bloßen Vermutungen beruht[912]. Sicher richtig ist, dass ein verantwortungsvolles Verhalten der Ersatz-/Leihmutter – wie auch jeder anderen Mutter[913] – während der Schwangerschaft erforderlich ist, um eine gute Entwicklung des Kindes zu ermöglichen. Mit zunehmender Entwicklung des Kindes steigen die Interaktionen zwischen ihm und der Schwangeren stetig an. Die postnatale Erlebnisfähigkeit des Kindes ist durch die Forschung belegt und allgemein anerkannt[914]. Inwiefern das Bewusstsein, dass das Kind nach der Geburt an

909 Z. B. durch Veränderung der Vitalzeichen der Mutter sowie deren Hormonhaushalt.

910 *Dietrich*, Mutterschaft für Dritte, 1989, S. 267 ff.; *Heun*, Restriktionen assistierter Reproduktion aus verfassungsrechtlicher Sicht, in: Bockenheimer-Lucius/Thorn/Wendehorst (Hrsg.), Umwege zum eigenen Kind, 2008, S. 49, 57.

911 *Jofer*, Regulierung der Reproduktionsmedizin, 2014, S. 309.

912 *Dietrich*, Mutterschaft für Dritte, 1989, S. 268.

913 Zu Recht weisen *Püttner/Brühl* daher darauf hin, dass auch nach natürlicher Zeugung ein Beziehungsaufbau zwischen Schwangerer und Kind nicht zwingend zu Stande kommt (JZ 1987, 529, 535).

914 *Dietrich*, Mutterschaft für Dritte, 1989, S. 259; *Tietzen*, Botschaften aus dem Mutterleib, S. 26 ff.

die Wunscheltern übergeben werden soll, auf die Entwicklung des Kindes Einfluss haben kann, ist hingegen nicht belegt[915].

Ebenso wenig belegt ist, ob und wenn ja wie das Kind die Trennung von der Ersatz-/Leihmutter wahrnimmt. Sicher ist, dass das Kind bereits im Mutterleib durch äußere Faktoren geprägt wird. So ist beispielsweise das Gehör des Kindes etwa ab der 24. Schwangerschaftswoche voll ausgebildet, sodass es Stimmen wahrnehmen und sich an diese gewöhnen kann[916]. Auch Berührungen werden frühzeitig wahrgenommen. Schon im dritten Schwangerschaftsmonat spürt das Kind Berührungen und kann diesen ausweichen[917]. Ab dem siebten Schwangerschaftsmonat kann das Kind gestreichelt werden. Diese Erkenntnisse lassen jedoch keinen Rückschluss darauf zu, welche Auswirkungen eine Trennung von der Ersatz-/Leihmutter nach der Geburt hat. Es erscheint durchaus möglich, dass es in erster Linie wichtig ist, dass das Kind diese ersten sinnlichen Wahrnehmungen macht, aber nicht auch zwingend, durch wen. Negative Folgen für die Entwicklung des Kindes durch eine Trennung von der Ersatz-/Leihmutter kurz nach der Geburt sind daher zwar nicht auszuschließen, jedoch auch nicht belegt. Belegt ist hingegen, wie bedeutend die ersten Wochen/Monate nach der Geburt für den Auffbau eines guten und innigen Verhältnisses zu den (Wunsch-)Eltern sind. Dabei ist es wichtig, dass frühzeitig die körperliche Nähe zum Kind gesucht und die Eltern-Kind-Beziehung gelebt wird[918]. Für eine gute Eltern-Kind-Beziehung zwischen

---

915 *Fechner*, Nachträge zu einer Abhandlung über Menschenwürde und generative Forschung und Technik, in: Günther/Keller (Hrsg.) Fortpflanzungsmedizin und Humangenetik – Strafrechtliche Schranken?, 1987, S. 37, 55; *Dietrich* versucht jedoch einen Vergleich zu Untersuchungen zu ziehen, bei denen die Auswirkungen einer neutralen oder negativen Einstellung von Schwangeren auf ihr Kind untersucht wurden (Mutterschaft für Dritte, 1989, S. 268 ff.). Dieser Vergleich ist jedoch nur bedingt aussagekräftig, da die Situation einer Frau, die sich bewusst für die Übernahme einer Leihmutterschaft entschieden hat, nicht mit der einer Frau verglichen werden kann, die der Schwangerschaft neutral oder negativ gegenübersteht.

916 *Dietrich*, Mutterschaft für Dritte, 1989, S. 262, *Kisilevsky u. a.*, Psychological science Bd. 14 Nr. 3, S. 220 ff.

917 *Dietrich*, Mutterschaft für Dritte, 1989, S. 260.

918 BVerfG, Beschl. v. 12.10.1988 – 1 BvR 818/88 = NJW 1989, 519, 520, *Thorn*, Hessisches Ärzteblatt, 2006, 173, 175.

Wunscheltern und Kind spricht eine erste größere Langzeitstudie[919] über die Entwicklung von Familien und Kindern nach Inanspruchnahme einer Leihmutter, die *Golombok u. a.* in Großbritannien durchgeführt haben/durchführen. Sie liefert erste wichtige Erkenntnisse über die Langzeitentwicklung von Leihmutterschaftskindern. Beachtet werden muss dabei jedoch, dass der Studie ausschließlich Fälle der altruistischen Leihmutterschaft zugrunde liegen, sodass sie auch nur bezüglich altruistischer Leihmutterschaften Erkenntnisse liefern kann. Die bisher veröffentlichten Ergebnisse[920,921], die Familien mit natürlich gezeugten Kindern, Familien mit Kindern aus Gametenspende und Familien mit Kindern aus Leihmutterschaft vergleichen, weisen keine negativen Auswirkungen auf die Entwicklung der Kinder und der Eltern-Kind-Beziehung aus. Die Ergebnisse der Studie sind insbesondere deshalb von Bedeutung, weil sie auch Aussagen zu der für Identitäts- und Autonomieprobleme bekanntermaßen anfälligen Phase der Pubertät liefern. Über den gesamten Zeitraum der Studie konnten hinsichtlich einzelner Punkte zwar gewisse Veränderungen festgestellt werden, diese liegen jedoch allesamt in einem Bereich, der sich nicht auffällig von den Werten der Familien mit natürlich gezeugten Kindern und Familien mit Kindern aus Gametenspende unterscheidet. Sowohl die Eltern-Kind-Beziehung als auch die psychosoziale Entwicklung der Kinder weist danach keinerlei Besonderheiten auf. Aufgrund dieser Ergebnisse kann angenommen werden, dass der Gestationsverbindung wesentlich

919 Auch wenn die Teilnehmerzahlen (80 Familien, deren Kind auf natürliche Weise gezeugt wurde, 51 Familien, deren Kind mittels Eizellspende gezeugt wurde, und 42 Familien, deren Kind durch eine Leihmutter ausgetragen wurde) relativ gering erscheinen mögen, handelt es sich um eine für diesen Bereich große Studie. Auch wenn sich die Zahl der an der Studie teilnehmenden Paare im Lauf der Studie verringerte, betrug die Zahl der Familien, deren Kind durch eine Leihmutter ausgetragen wurde, dennoch stets mindestens 32.

920 Ein Jahr nach der Geburt der Kinder (*Golombok u. a.*, Developmental Psychology 2004, 400 ff.); zwei Jahre nach der Geburt der Kinder (*Golombok u. a.*, Journal of Child Psychology and Psychiatry 2006, 231 ff.); drei Jahre nach der Geburt der Kinder (*Golombok u. a.*, Human Reproduction 2006, 1918 ff.); sieben Jahre nach der Geburt der Kinder (*Golombok u. a.*, Developmental Psychology 2011, 1579 ff.); zehn Jahre nach der Geburt der Kinder (*Golombok u. a.*, Human Reproduction 2012, 3008 ff.); 14 Jahre nach der Geburt der Kinder (*Golombok u. a.*, Developmental Psychology 2017, 1966 ff.).

921 Für die ersten zehn Studienjahre findet sich eine ausführlichere Darstellung der Studienergebnisse bei *Lammers*, Leihmutterschaft in Deutschland, 2017, S. 110 ff.

weniger Bedeutung zukommt, als dies teilweise angenommen wird. Es ist daher davon auszugehen, dass es für die Entwicklung des Kindes und einen guten Bindungsaufbau in bedeutenderem Maß auf die Beziehungen und Erfahrungen nach der Geburt und nicht davor ankommt[922]. Dass eine gute Eltern-Kind-Beziehung auch dann aufgebaut werden kann, wenn sie erst nach der Geburt beginnt, zeigt die durch Studien besser belegte Entwicklung von Adoptivkindern[923]. Sofern im Rahmen dieser Studien negative Ergebnisse über die psychosoziale Entwicklung der Kinder gewonnen wurden, ist in der Regel davon auszugehen, dass diese auf die der Adoption zugrunde liegende Situation und nicht auf die Adoption selbst zurückzuführen sind[924]. Da die Schwangerschaft im Fall der Ersatzmutterschaft von allen Beteiligten gewollt und bewusst herbeigeführt wird, ist zu vermuten, dass die Entwicklung des Kindes besser verläuft als in Fällen der ungewollten Schwangerschaft mit später nachfolgender Adoption[925].

Eine andere Beurteilung der Situation ist zumindest nach dem derzeitigen Erkenntnisstand bei der kommerziellen Ersatz-/Leihmutterschaft geboten, da durchaus angezweifelt werden kann, dass die Ersatz-/Leihmutter ihre Dienste wirklich freiwillig und nicht doch aufgrund der finanziellen Anreize angeboten hat. Diesbezügliche Zweifel können für das Kind unter Umständen Auswirkungen haben, wenn es sich fragen muss, ob seine sozialen Eltern eine andere Frau aufgrund deren finanzieller Unterlegenheit für ihre Interessen ausgenutzt haben könnten.

Einige Vertreter der Auffassung, dass die Ersatz-/Leihmutterschaft die Menschenwürde des Kindes verletzen würde, berufen sich auch darauf, dass allein die Aufspaltung der Mutterschaft als widernatürlich und damit als Würdeverletzung anzusehen sei. Allein die Aufspaltung

922 *Lammers*, Leihmutterschaft in Deutschland, 2017, S. 130 f.

923 *Jofer* meint, dass sich ein Vergleich zu den Fällen der Adoption nicht eignet, da Adoption und Leihmutterschaft nicht vergleichbar seien (Regulierung der Reproduktionsmedizin, 2014, S. 319). Bei der Adoption wird das Kind aus einer Notlage heraus weggegeben, um seine weitere Versorgung zu gewährleisten und möglichst gute Bedingungen für sein Aufwachsen zu schaffen, bei der Leihmutterschaft wird bewusst eine Situation herbeigeführt, in der das Kind von der biologischen an die Wunschmutter weggegeben wird (BT-Drs. 11/4154, S. 7).

924 *Golombok u. a.*, Developmental Psychology 2017, 1966 f.

925 *Diefenbach*, Leihmutterschaft, 1990, S. 137.

der Mutterschaft begründet jedoch keine Würdeverletzung, da es kein Recht darauf gibt, von der genetischen/biologischen Mutter auch aufgezogen zu werden[926].

Wie bei der Samen- und Eizellspende wird zudem als Begründung für eine Menschenwürdeverletzung des Kindes vorgebracht, dass sein Recht auf Kenntnis der eigenen Abstammung nicht gesichert sei. Dieser Umstand sei bei der Ersatz-/Leihmutterschaft besonders bedeutsam, da an der Entstehung und Erziehung des Kindes bis zu fünf Personen beteiligt sein können. Dieser Einwand vermag jedoch abermals nicht zu überzeugen. Das Recht des Kindes auf Kenntnis der eigenen Abstammung kann durch eine verpflichtende Dokumentation der Daten der Ersatz-/Leihmutter sowie möglicherweise beteiligter Gametenspender gesichert werden. Auch hier sollte diese durch Regelungen, ähnlich denen des SaRegG, abgesichert werden.

Daneben werden befürchtete Identitätsfindungsschwierigkeiten des Kindes als Argument gegen die Ersatz-/Leihmutterschaft vorgebracht[927]. Von solchen kann bei der Ersatz-/Leihmutterschaft jedoch weniger ausgegangen werden als bei der Samen- oder Eizellspende, da die bisherigen Erkenntnisse eine sehr hohe und sehr frühzeitige Aufklärung der durch Ersatz-/Leihmutter ausgetragenen Kinder zeigt[928]. Der Umstand, dass die Familien mit der Ersatz-/Leihmutterschaft offen umgehen, fördert die Selbstfindung. Sollte die Ersatz-/Leihmutterschaft zugelassen werden, ist zudem davon auszugehen, dass das Thema insgesamt enttabuisiert wird, was sich zusätzlich positiv auf die Identitätsfindung der Kinder auswirken kann.

Zuletzt verbleibt noch der Einwand, dass die Ersatz-/Leihmutterschaft aus Kindeswohlgesichtspunkten deshalb abzulehnen sei, weil nicht ausgeschlossen werden könne, dass die während der Schwangerschaft

---

926 A. A. *Pap*, Extrakorporale Befruchtung und Embryonentransfer aus arztrechtlicher Sicht, 1987, S. 363.

927 BT-Drs. 11/5460, S. 15.

928 Nach einer Studie von *Golombok u. a.* sind bereits 44 % der Kinder im Alter von drei Jahren (*Golombok* u. a., Human Reproduction 2006, 1918, 1922) und sogar 91 % der Kinder im Alter von zehn Jahren (*Golombok u. a.*, Human Reproduction 2012, 3008, 3011) über die zu ihrer Geburt führende Leihmutterschaft aufgeklärt; *Wellenhofer*, gibt eine Aufklärungsrate von bis zu 95 % an (Müko BGB, § 1591 Rn. 52 m. w. N.).

aufgebaute Bindung der Ersatz-/Leihmutter zu dem Kind so groß wird, dass sie es nicht an die Wunscheltern herausgeben will[929], oder die Wunscheltern die Aufnahme verweigern, weil sie während der Schwangerschaft keine emotionale Beziehung zu ihm aufbauen konnten oder weil es mit einer Behinderung zur Welt gekommen ist[930,931]. Auch wenn bisher wenige Fälle bekannt geworden sind, in denen die Ersatz-/Leihmutter das Kind nicht herausgeben[932] oder die Wunscheltern es nicht aufnehmen wollten[933], zeigen die Fälle doch, wie tragisch das Leben von durch Ersatz-/Leihmüttern ausgetragenen Kindern beginnen kann. Sie verdeutlichen, als wie fragil sich Ersatz-/Leihmutterschaftsvereinbarungen herausstellen können, wenn nicht alles nach Plan der Beteiligten läuft. Leidtragende sind in diesen Fällen immer die Kinder, da ihnen der Start ins Leben erschwert wird, da sich Ersatz-/Leihmutter und Wunscheltern entweder juristisch mitunter jahrelang darum streiten, wer das Kind zu sich nehmen darf, oder gerade

929 Sog. positive Konkurrenz (*Dietrich*, Mutterschaft für Dritte, 1989, S. 2).

930 BT-Drs. 11/5460, S. 8; „Benda-Bericht“, 2.2.4.1.2., a. a. O. (Fn. 123), S. 23); *Coester*, Ersatzmutterschaft in Europa, in: Mansel u. a. (Hrsg.), FS Jayme, Band 2, 2004, S. 1243, 1252; *Zumstein*, Keimzellspende – Juristische Thesen, in: BMG (Hrsg.), Fortpflanzungsmedizin in Deutschland, 2001, S. 134, 138.

931 Sog. negative Konkurrenz (*Dietrich*, Mutterschaft für Dritte, 1989, S. 2, 448).

932 Die britische Ersatzmutter Karen Roche erklärte beispielsweise zunächst, dass sie das von ihr auszutragende Kind abgetrieben habe, bevor sie diese Aussage zurücknahm und sich darauf berief, dass sie das zu 50 % von ihr abstammende Kind behalten wolle. Nach dem für den Fall geltenden britischen Recht durfte sie das Kind daraufhin behalten (*Hetzel*, Nun will die Leihmutter das Kind behalten, abrufbar unter: https://www.welt.de/print-welt/article637406/Nun-will-die-Leihmutter-das-Kind-behalten.html (Stand: 02.01.2020); *Bernard*, Kinder machen, 2014, S. 314 ff.; Leihmutter will Baby Carmen behalten, abrufbar unter: https://www.berliner-kurier.de/news/panorama/leihmutter-will-baby-carmen-behalten-schwule-eltern-ziehen-vor-gericht-23772512 (Stand: 02.01.2020)).

933 Traurige Berühmtheit hat in diesem Zusammenhang die Geschichte von Baby Gammy erlangt. 2013 ließen die australischen Farnells Zwillinge durch eine thailändische Leihmutter austragen. Nach der Geburt der Zwillinge holten sie nur das gesunde Zwillingsmädchen Pipah zu sich und ließen ihren am Down-Syndrom und einem Herzfehler erkrankten Zwillingsbruder Gammy bei der Leihmutter zurück. Nachdem nach Bekanntwerden der Geschichte Geld für die medizinische Versorgung von Gammy gesammelt wurde, zeigten die Farnells dann doch Interesse, jedoch nicht an Gammy, sondern an dem für ihn gesammelten Geld. (Er ließ Baby Gammy zurück – nun will er sein Geld, abrufbar unter: https://www.welt.de/vermischtes/article141129899/Er-liess-Baby-Gammy-zurueck-nun-will-er-sein-Geld.html (Stand: 02.01.2020)).

keiner mehr das Kind zu sich nehmen will. Jedoch rechtfertigt auch dieser Einwand kein absolutes Verbot der Ersatz-/Leihmutterschaft, sondern zeigt nur auf, wie wichtig flankierende Regelungen sind. Diese sollten zum einen versuchen, entsprechenden Konfliktsituationen von vornherein zu begegnen, zum anderen Rechtssicherheit schaffen, sofern es doch einmal zu einer Auseinandersetzung zwischen der Ersatz-/Leihmutter und den Wunscheltern kommt. Um die Bindung zwischen Ersatz-/Leihmutter und Kind nicht zu stark werden zu lassen, ist es im Ausland üblich, die Schwangerschaft mit einer nicht von der Leihmutter stammenden Eizelle herbeizuführen, um die genetische Abstammung des Kindes von der Leihmutter auszuschließen und einem Trennungskonflikt nicht Vorschub zu leisten[934]. Dass die genetische Verwandtschaft den Trennungskonflikt begründen oder zumindest doch verstärken kann, zeigt eine Äußerung der Ersatzmutter Mary Beth Whitehead, die das von ihr ausgetragene und als Baby M bekannt gewordene Kind nicht an die Wunscheltern herausgeben wollte. Sie berief sich im Gerichtssaal des Superior Court darauf, dass das Kind ihr Fleisch und Blut sei[935]. Zudem sollen in den meisten Ländern, in denen die Ersatz-/Leihmutterschaft erlaubt ist, nur Frauen für die Übernahme einer Ersatz-/Leihmutterschaft in Betracht kommen, die selbst bereits mindestens ein Kind zur Welt gebracht haben[936]. Durch die bereits erlebte Schwangerschaft sollen die Frauen besser auf die Situation vorbereitet sein und ein genaueres Bild von dem haben, was sie erwartet. Anderenfalls bestünde eine größere Gefahr, dass die Ersatz-/Leihmutter von ihren aufkommenden Muttergefühlen übermannt würde und eine Trennung von „ihrem" Kind für sich ausschließe. Diese beiden Vorgaben sollten im Falle einer Legalisierung auch in Deutschland beachtet werden. Demzufolge sollten nur Leihmutter-

934 *Bernard*, Kinder machen, 2014, S. 317 ff.; *Dethloff*, Leihmutterschaft in Rechtsvergleichender Perspektive, in: Ditzen/Weller (Hrsg.), Regulierung der Leihmutterschaft, 2018, S. 55, 59 f.; *Lenzen-Schulte*, Deine Zwillinge gehören mir, FAZ vom 10. April 2015, abrufbar unter: http://www.faz.net/aktuell/feuilleton/debatten/leihmutterschaft-fuer-homosexuelle-13529689.html?printPagedArticle=true#pageIndex_0 (Stand: 02.01.2020).

935 *Bernard*, Kinder machen, 2014, S. 317.

936 *Dethloff*, Leihmutterschaft in Rechtsvergleichender Perspektive, in: Ditzen/Weller (Hrsg.), Regulierung der Leihmutterschaft, 2018, S. 55, 59 f.

schaftsvereinbarungen[937] mit Frauen geschlossen werden dürfen, die selbst schon mindestens ein Kind geboren haben. Auch wenn durch die Verwendung einer nicht von der Leihmutter stammenden Eizelle und die Voraussetzung, dass sie selbst schon mindestens ein Kind geboren hat, nicht ausgeschlossen werden kann, dass es zu Konflikten zwischen ihr und den Wunscheltern kommt, so kann die Gefahr zumindest minimiert werden. Da den Wunscheltern, auch im Interesse des Kindes, nicht auferlegt werden kann, das Kind auch gegen ihren Willen anzunehmen, sollten sie zumindest dazu verpflichtet werden, die finanzielle Versorgung des Kindes nach der Geburt zu übernehmen. Auch wenn diese Verpflichtung nur zu einer minimalen Verbesserung der Situation des Kindes im Konfliktfall führt, wäre doch zumindest seine finanzielle Versorgung bis zu einer endgültigen Entscheidung gesichert.

bb) Menschenwürdeverletzung der Leihmutter

Ein Verstoß gegen die Menschenwürde der Leihmutter wird mit dem Argument angenommen, dass die Leihmutterschaft gegen das Instrumentalisierungsverbot verstoße[938]. So wird vorgebracht, dass die Leihmutter zur „Gebärmaschine“[939] oder zum „bloßen Brutsubjekt“ gemacht würde[940] und damit nur „Mittel fremder Zwecke“ sei[941]. Dies gelte insbesondere dann, wenn, wie in anderen Ländern üblich, die Leihmutter beinahe ihre ganze Autonomie während der Schwanger-

937 Da nach der hier vertretenen Auffassung lediglich die Legalisierung der Leihmutterschaft in Betracht kommt, soll im Folgenden auch nur noch auf diese eingegangen werden.

938 Zum Teil wird eine Menschenwürdeverletzung sogar bei altruistischer Ersatzmutterschaft erwogen/angenommen (*Dietrich*, Mutterschaft für Dritte, 1989, S. 505 f; *Hirsch/Eberbach*, Auf dem Weg zum künstlichen Leben, 1987, S. 203 ff.; *Laufs*, JZ 1986, 769, 775); a. A. die wohl h. M. (*Coester*, Ersatzmutterschaft in Europa, in: Mansel u. a. (Hrsg.), FS Jayme, Band 2, 2004 S. 1243, 1257 f.; *Coester-Waltjen*, NJW 1982, 2528, 2532; *Fechner*, JZ 1986, 653, 663; Günther/*Taupitz*/Kaiser, ESchG, 2. Aufl., 2014, C. II. § 1 Abs. 1 Nr. 7 ESchG Rn. 15; *Lammers*, Leihmutterschaft in Deutschland, 2017, S. 156 f.; *Püttner/Brühl*, JZ 1987, 529, 535).

939 *Hieb*, Die gespaltene Mutterschaft im Spiegel des deutschen Verfassungsrechts, 2005, S. 152.

940 *Kienle*, ZRP 1995, 201, 202.

941 *Balz*, Heterologe künstliche Samenübertragung beim Menschen, 1980, S. 37.

schaft abgeben müsse. So sei es üblich, dass die Leihmutter im Rahmen der getroffenen Vereinbarungen Vorgaben hinsichtlich ihrer Verhaltens- und Ernährungsweisen, der durchzuführenden medizinischen Kontrollen und mitunter auch eines im Falle einer Behinderung oder Mehrlingsschwangerschaft vorzunehmenden Embryo-/Fetozids erhält[942]. Vorgaben, die ihre Rechte schützen, fänden sich in solchen Vereinbarungen hingegen kaum[943].

Diese Argumentation greift nicht, wenn sich die Frau freiwillig als Leihmutter bereiterklärt. Denn in diesem Fall stellt die Durchführung der Leihmutterschaft keine Menschenwürdeverletzung dar, sondern ist Ausdruck der Selbstbestimmung der Frau[944,945]. Vereinbarungen, durch die die Leihmutter während der Schwangerschaft zu einer bestimmten Verhaltens- und Ernährungsweise sowie zur Durchführung medizinischer, nicht invasiver Kontrollen angehalten wird, können daran nichts ändern. Entscheidungen, die invasive medizinische Kontrollen oder einen Embryo-/Fetozid betreffen, obliegen hingegen in jeder Situation allein der Leihmutter[946]. Entsprechende Vereinbarungen ent-

942 *Beck-Gernsheim*, Ist das Verbot von Leihmutterschaft anachronistisch geworden?, in: Ditzen/Weller (Hrsg.), Regulierung der Leihmutterschaft, 2018, S. 47, 52; *Sander*, Lebensforum (125) 2018, 4, 5; Leihmutterschaftsstandardvertrag, Section VI, abgedruckt bei: Thomale, Mietmutterschaft, 2015, Anhang I, S. 109 ff.

943 *Beck-Gernsheim*, Ist das Verbot von Leihmutterschaft anachronistisch geworden?, in: Ditzen/Weller (Hrsg.), Regulierung der Leihmutterschaft, 2018, S. 47, 52.

944 Auf die Frage, ob die Selbstbestimmung der Frau in diesem Fall Ausdruck der allgemeinen Handlungsfreiheit aus Art. 2 Abs. 1 GG oder des allgemeinen Persönlichkeitsrechts aus Art. 2 Abs. 1 i. V. m. Art. 1 Abs. 1 GG ist, kommt es dabei nicht an.

945 LG Freiburg, Urt. v. 25.03.1987 – 8 O 556/86 = NJW 1987, 1486 ff.; *Dorneck*, Das Recht der Reproduktionsmedizin de lege lata und de lege ferenda, 2018, S. 165; *Heun*, Restriktionen assistierter Reproduktion aus verfassungsrechtlicher Sicht, in: Bockenheimer-Lucius/Thorn/Wendehorst (Hrsg.), Umwege zum eigenen Kind, 2008, S. 49, 57; *Hillgruber*, Der Schutz des Menschen vor sich selbst, 1992, S. 104 ff.; *Lammers*, Leihmutterschaft in Deutschland, 2017, S. 193 f.; *Strack*, Die künstliche Befruchtung beim Menschen – Zulässigkeit und zivilrechtliche Folgen, Gutachten A, in: DJT (Hrsg.), Verhandlungen des 56. Deutschen Juristentages, 1986, S. 42; Günther/*Taupitz*/Kaiser, ESchG, 2. Aufl., 2014, C. II. § 1 Abs. 1 Nr. 7 ESchG Rn. 15; *Fechner* erblickt vielmehr in einem Verbot der Ersatzmutterschaft eine Menschenwürdeverletzung der Ersatzmutter (JZ 1986, 653, 662).

946 Vgl. *Dietrich*, Mutterschaft für Dritte, 1989, S. 436 f.; *Deutsche Akademie der Naturforscher Leopoldina e.V./Union der deutschen Akademien der Wissenschaften*

falten daher keine Wirksamkeit, sodass sie nicht als Argument gegen die Leihmutterschaft an sich vorgebacht werden können.

Handelt die Leihmutter aufgeklärt und freiwillig, ergibt sich daher keine Pflicht des Staates, vor dem Hintergrund ihres Würdeschutzes ein Verbot der Leihmutterschaft aufrechtzuerhalten. Dies gilt insbesondere deshalb, weil der Gesetzgeber auch andere Fälle anerkennt, in denen sich Personen freiwillig „instrumentalisieren" lassen. Dies gilt zum einen für die Knochenmarks- und Lebensorganspende, allen voran aber für die Prostitution.

Anders kann sich die Situation darstellen, wenn die Leihmutterschaft entgeltlich erfolgt. Es wird immer wieder eingewandt, dass in diesem Fall die finanzielle Not ärmerer Frauen ausgenutzt werden könnte, da die Entscheidung der Leihmutter dann regelmäßig durch die finanziellen Anreize geprägt würde und damit nicht mehr als freiwillig anzusehen sei. Dieser Einwand erscheint vor dem Hintergrund der eindeutig zulässigen Prostitution scheinheilig[947]. Sofern *Lammers* den Vergleich zwischen Leihmutterschaft und Prostitution mit dem Argument ablehnt, dass die Leihmutterschaft einen noch intimeren Teil der Körperfunktionen der Frau und einen wesentlich längeren Zeitraum beanspruche, als dies bei der Prostitution der Fall sei[948], überzeugt dies nicht. Auch wenn durchaus ein qualitativer und quantitativer Unterschied zwischen Leihmutterschaft und Prostitution angenommen werden kann, rechtfertigt er doch keine derart unterschiedliche Bewertung. Dies gilt vor allem deshalb, weil durchaus angezweifelt werden kann, dass dieser qualitative und quantitative Unterschied von Frauen tatsächlich auch als solcher wahrgenommen wird[949]. Es liegt vielmehr die Vermutung nahe, dass die Prostitution in vielen Fällen als schlim-

---

e.V., Fortpflanzungsmedizin in Deutschland – für eine zeitgemäße Gesetzgebung, 2019, S. 85.

947 Vgl. *Fechner*, JZ 1986, 653, 663; Günther/*Taupitz*/Kaiser, ESchG, 2. Aufl., 2014, C. II. § 1 Abs. 1 Nr. 7 Rn. 15.

948 *Lammers*, Leihmutterschaft in Deutschland, 2017 S. 160 f.

949 Bedenkt man, dass sich die meisten Prostituierten innerhalb eines Zeitraums von 40 Wochen einer Vielzahl verschiedener Männer hingeben müssen, wenn sie durch die Prostitution ihren Lebensunterhalt bestreiten wollen, kann man sich durchaus die Frage stellen, ob ein quantitativer Unterschied wirklich angenommen werden kann.

mer empfunden wird[950]. Denn durch die Prostitution wird die Frau zum bloßen Objekt der männlichen Triebbefriedigung[951], wohingegen sie durch die Leihmutterschaft einen „Dienst an werdendem Leben, an den zukünftigen Eltern und der Allgemeinheit" leisten kann[952]. Unabhängig davon, ob man dem Vergleich zwischen Leihmutterschaft und Prostitution zustimmen mag oder nicht, verdeutlicht die Zulässigkeit der Prostitution doch, dass die „Verwertung" des eigenen Körpers – zumindest im Rahmen gewisser Grenzen – zulässig ist[953]. Finanzielle Anreize allein können daher nicht für ein Verbot der Leihmutterschaft streiten. Sie machen lediglich deutlich, dass es gesetzlicher Vorgaben bedarf, welche Zahlungen noch als zulässige Aufwandsentschädigung oder als Ausgleich für erlittene Verdienstausfälle anzusehen sind[954] und welche als unzulässiger Anreiz für die kommerzielle Nutzung des Körpers. Denn es darf nicht verkannt werden, dass die Schwangerschaft mit gewissen Beeinträchtigungen, Bedürfnissen und Folgen verbunden ist[955], die als kompensationswürdig anzusehen sind, auch wenn die Leihmutterschaft grundsätzlich unentgeltlich erfolgen soll[956]. *Bokelmann/Bokelmann* argumentieren sogar dahingehend, dass die

---

950 Wenn man von zehn Freiern pro Woche ausgehen mag, muss eine Prostituierte allein in der Zeit einer Schwangerschaft (40 SSW nach medizinischer Rechnung) mit 400 Freiern verkehren.

951 Portrait einer Prostituierten, abrufbar unter: http://www.m945.de/buntes/portrait-einer-prostituierten.html (Stand: 02.01.2020).

952 *Fechner*, Nachträge zu einer Abhandlung über Menschenwürde und generative Forschung und Technik, in: Günther/Keller (Hrsg.) Fortpflanzungsmedizin und Humangenetik – Strafrechtliche Schranken?, 1987, S. 37, 55.

953 *Lammers*, Leihmutterschaft in Deutschland, 2017, S. 161.

954 Für die Zulässigkeit von Aufwandsentschädigungen: *Baumann*, Strafbarkeit von In-vitro-Fertilisation und Embryonentransfer?, in: Günther/Keller (Hrsg.) Fortpflanzungsmedizin und Humangenetik – Strafrechtliche Schranken?, 1987, S. 177, 189; *Coester-Waltjen*, NJW 1982, 2528, 2531 ff.; *Deutsch*, MDR 1985, 177, 182; *Dietrich*, Mutterschaft für Dritte, 1989, S. 458; *Fechner*, JZ 1986, 653, 663; *Harbarth*, Leihmutterschaft und Reproduktionstourismus, in: Ditzen/Weller (Hrsg.), Regulierung der Leihmutterschaft, 2018, S. 81, 89 f.; *Kaiser*, Elternglück durch Fremdspende und Leihmutterschaft?, in: Götz u. a. (Hrsg.), FS Brudermüller, 2014, S. 356, 365.

955 Z. B. geringere Belastbarkeit, medizinischer und materieller Mehrbedarf.

956 Daher ist in vielen Ländern eine Kompensation möglich, deren Umfang jedoch sehr unterschiedlich ausgestaltet ist (*Dethloff*, Leihmutterschaft in Rechtsvergleichender Perspektive, in: Ditzen/Weller (Hrsg.), Regulierung der Leihmutterschaft, 2018, S. 55, 59).

Forderung der Unentgeltlichkeit der Leihmutterschaft eine Ausbeutung der Frau bedeuten würde, da sie in diesem Fall nicht einmal die tatsächlich anfallenden Kosten erstattet und die eintretenden Beeinträchtigungen kompensiert bekommen würde[957].

Im Falle der Zulassung der Leihmutterschaft ist es daher wichtig, gesetzliche Regelungen zu schaffen, die vorgeben, wie die als zulässig anzusehende Aufwandsentschädigung zu bemessen ist. Zudem sollte vorgesehen werden, dass die Aufwandsentschädigung in Raten gezahlt wird, die von der Bestätigung der Schwangerschaft bis kurz nach der Geburt zu erbringen sind, damit der Dienstleistungscharakter der Leihmutterschaft gestärkt und nicht der Eindruck erweckt wird, dass ein Produkt abgeliefert werden soll[958].

Diese Zahlungen allein sollten nicht dazu geeignet sein, die Frau zur Übernahme der Leihmutterschaft zu bewegen. Welche Motivation Frauen zur Übernahme einer Leihmutterschaft bewegt, kann nicht ohne weiteres bestimmt werden und hängt maßgeblich von den eigenen Lebensverhältnissen ab. Sofern sich Frauen aus wohlhabenden Ländern, in denen die Leihmutterschaft legal ist, zur Übernahme einer Leihmutterschaft bereiterklären, ist von einer gemischten Motivationslage auszugehen, die sowohl altruistische als auch finanzielle Aspekte mit einbezieht[959]. Auch bei Frauen aus unterprivilegierten Ländern kann nicht von vornherein angenommen werden, dass ihre Entscheidung nicht auch auf einer gemischten Motivationslage beruht. Anders als bei Frauen, die aus wohlhabenden Ländern stammen, werden finanzielle und existenzielle Aspekte jedoch deutlich im Vordergrund stehen[960]. Die zu schaffenden Regelungen sollten daher Schutzmechanismen vorsehen, die insbesondere sozial schwache Frauen und Frau-

---

957 *Bokelmann/Bokelmann*, Zur Lage der für andere übernommenen Mutterschaft in Deutschland, 2003, S. 50.

958 *Bernard*, Kinder machen, 2014, S. 50; von einer „Art Dienstleistung“ spricht auch BT-Drs. 11/4154, S. 6.

959 *Lammers*, Leihmutterschaft in Deutschland, 2017, S. 132 ff. m. w. N.; *Dietrich* vertrat 1989 noch die Auffassung, dass sich wohl keine wohlhabende Frau als Ersatzmutter zur Verfügung stellen würde (Mutterschaft für Dritte, 1989, S. 333 m. V. a. *Keane/Breo*, The Surrogate Mother, S. 236).

960 *Lammers*, Leihmutterschaft in Deutschland, 2017, S. 134 f. m. w. N.

en aus unterprivilegierten Ländern vor einer rein finanziell motivierten Übernahme der Leihmutterschaft bewahren.

cc) Verstoß gegen Art. 6 Abs. 1 GG

Teilweise wird vorgebracht, dass die Leihmutterschaft den Schutz von Ehe und Familie aus Art. 6 Abs. 1 GG tangieren würde. Dieser Auffassung liegt die Vorstellung einer traditionellen „Familie" – bestehend aus Mutter, Vater und Kind – zugrunde. Diese Auffassung verkennt jedoch, dass sich Familie nicht an Geschlechtern und/oder Rollenbildern, sondern daran orientiert, ob Eltern und Kinder in einer Lebens- und Erziehungsgemeinschaft zusammenleben[961]. Dies gilt insbesondere vor dem Hintergrund, dass in unserer heutigen Gesellschaft eine Vielzahl von Familienformen anerkannt sind, die sich deutlich von der traditionellen „Familie" unterscheiden. So gibt es Adoptiv-, Pflege-, Patchwork-[962] und Regenbogenfamilien[963] sowie Alleinerziehende mit Kind. All diese Familienformen unterliegen dem Schutz des Art. 6 Abs. 1 GG[964]. Nichts anderes kann daneben für die durch Inanspruchnahme einer Leihmutter begründete Familie gelten[965].

Anders könnte sich die Situation in Bezug auf die Ehe und/oder Familie der Leihmutter darstellen. Die für andere übernommene Schwangerschaft kann zu einer erheblichen Belastung des eigenen Familiengefüges führen[966]. Gerade für eigene Kinder der Leihmutter kann die Situation eine besondere Herausforderung darstellen. Bei kleinen Kindern wird dies vor allem auf den Umstand zurückzuführen sein, dass sie den komplexen Vorgang der Leihmutterschaft noch gar nicht erfas-

961 BVerfG, Beschl. v. 12.10.2010 – 1 BvL 14/09 = NJW 2011, 1793.

962 Als Patchworkfamilie werden Familien bezeichnet, bei denen mindestens ein Partner mindestens ein Kind aus einer vorhergehenden Beziehung in die Familie mitbringt.

963 Als Regenbogenfamilie werden Familien bezeichnet, bei denen gleichgeschlechtliche Partner mit einem Kind zusammenleben.

964 BVerfG, Beschl. v. 18.04.1989 – 2 BvR 1169/84 = NJW 1989, 2195 (Adoptivfamilie); BVerfG, Beschl. v. 17.10.1984 – 1 BvR 284/84 = NJW 1985, 423 (Pflegefamilie); BVerfG, Urt. v. 19.02.2013 – 1 BvL 1/11; 1 BvR 3247/09 = NJW 2013, 847, 850 (Regenbogen- und Patchworkfamilien).

965 Vgl. *Lammers*, Leihmutterschaft in Deutschland, 2017, S. 168 f.

966 *Beck-Gernsheim*, Ist das Verbot von Leihmutterschaft anachronistisch geworden?, in: Ditzen/Weller (Hrsg.), Regulierung der Leihmutterschaft, 2018, S. 47, 52.

sen können[967]. Bei größeren Kindern kann nachhaltiges Unverständnis hervorgerufen werden, warum das „Geschwisterchen" weggegeben wird, und es kann zu Identitätsfindungsschwierigkeiten kommen[968]. Jedoch können diese Befürchtungen durch die heutige, zugegebenermaßen sehr dünne Studienlage nicht bestätigt werden[969]. Aber auch für den Ehemann/Lebenspartner kann die Leihmutterschaft eine besondere Herausforderung darstellen. Im Vorfeld der Schwangerschaft wird ihm nicht selten das Gebot der Enthaltsamkeit auferlegt, um sicher auszuschließen, dass es zu einer Schwangerschaft innerhalb der Ehe/Partnerschaft kommt[970]. Die Schwangerschaft seiner Ehefrau/Lebensgefährtin muss er dann in dem Bewusstsein miterleben, dass er selbst keinen Beitrag zu dieser geleistet hat[971]. Aufgrund der bisher vorliegenden Studienlage ist jedoch davon auszugehen, dass der Ehemann/Lebenspartner die Leihmutterschaft weitgehend positiv auffasst und dass sich aus dieser auch in der Folgezeit keine Probleme für die Ehe/Partnerschaft ergeben[972]. Es kann daher nicht davon ausgegangen werden, dass die Leihmutterschaft zu Belastungen des Familiengefüges der Ersatzmutter führt, die ein Verbot seitens des Gesetzgebers rechtfertigen würden. Die bestehenden Herausforderungen bieten aber Anlass dafür, im Falle der Zulassung der Leihmutterschaft flankierende Regelungen zu schaffen, die Beratungs- und Hilfsangebote nicht nur für die Leihmutter an sich, sondern auch für ihre Familie vorsehen.

dd) Gesundheitliche Risiken

Zuletzt werden immer wieder die gesundheitlichen Risiken, die mit der Leihmutterschaft einhergehen, gegen ihre Zulässigkeit eingewandt[973]. Da die Leihmutterschaft mittels einer nicht von der Leih-

---

967 Sofern vorgeschlagen wird, dem Kind den Verlust des Neugeborenen mit dessen Tod bei oder nach der Geburt zu erklären (*Dietrich*, Mutterschaft für Dritte, 1989, S. 255, 324 f.), überzeugt dies nicht.

968 *Dietrich*, Mutterschaft für Dritte, 1989, S. 324 f.

969 *Lammers*, Leihmutterschaft in Deutschland, 2017, S. 139 ff. m. V. a. Jadva/Imrie, Human Reproduction, 2013.

970 *Dietrich*, Mutterschaft für Dritte, 1989, S. 322.

971 *Dietrich*, Mutterschaft für Dritte, 1989, S. 323.

972 *Lammers*, Leihmutterschaft in Deutschland, 2017, S. 139 m. w. N.

973 BT-Drs. 11/5460, S. 15.

mutter stammenden Eizelle herbeigeführt wird, drohten aufgrund der genetischen Fremdheit des Embryos vermehrt Fehlgeburten sowie schwangerschaftsbedingter Bluthochdruck (Gestationshypertonie)[974]. Auch wenn es sich dabei um die gleichen Risiken handelt, die bei einer einfachen Eizellspende für die Eizellempfängerin vorliegen, so seien die Situationen doch nicht miteinander vergleichbar, da die Leihmutter die gesundheitlichen Risiken nicht für die eigene, sondern für die fremde Reproduktion in Kauf nimmt[975]. Beachtet werden müsse zudem, dass die reproduktionsmedizinische Behandlung auch mit psychischen Belastungen einhergeht. Der Erfolgsdruck und das Warten darauf, ob die erhoffte Schwangerschaft eingetreten ist, könne die Leihmutter mit zunehmender Anzahl der Versuche mehr belasten[976]. Auch die Weggabe des Kindes könne für die Leihmutter mit negativen Gefühlen und Zweifeln verbunden sein.

Dem kann nur bedingt gefolgt werden. Denn aus medizinisch-technischer Sicht ergeben sich keine Bedenken gegen die Leihmutterschaft, da für ihre Herbeiführung lediglich etablierte reproduktionsmedizinische Techniken und Verfahren[977] angewendet werden[978]. Dem steht nicht entgegen, dass die Leihmutter diese Risiken nicht für die eigene, sondern für die fremde Reproduktion in Kauf nimmt, solange sie ihre Entscheidung für die Leihmutterschaft informiert und freiverantwortlich getroffen hat. Daneben rechtfertigen auch die psychischen Belastungen keine andere Beurteilung. Die aktuelle Studienlage legt die Vermutung nahe, dass die Leihmütter die Weggabe des Kindes gut verkraften und keine psychischen Beeinträchtigungen durch diese davon-

974 *Lenzen-Schulte*, Deine Zwillinge gehören mir, FAZ vom 10.04.2015, abrufbar unter: http://www.faz.net/aktuell/feuilleton/debatten/leihmutterschaft-fuer-homosexuelle-13529689.html?printPagedArticle=true#pageIndex_0 (Stand: 02.01.2020).

975 *Lenzen-Schulte*, Deine Zwillinge gehören mir, FAZ vom 10.04.2015, abrufbar unter: http://www.faz.net/aktuell/feuilleton/debatten/leihmutterschaft-fuer-homosexuelle-13529689.html?printPagedArticle=true#pageIndex_0 (Stand: 02.01.2020).

976 *Dietrich*, Mutterschaft für Dritte, 1989, S. 308.

977 Hormonelle Stimulation, Eizellspende, IVF oder ICSI mit anschließendem Embryonentransfer.

978 *Strowitzki*, Assistierte Reproduktionstechniken (ART) und Leihmutterschaft – medizinische Aspekte, in: Ditzen/Weller (Hrsg.), Regulierung der Leihmutterschaft, 2018, S. 23, 27.

tragen[979]. Zwar soll die Wahrscheinlichkeit für das Auftreten postpartaler Depressionen bei Ersatzmüttern bei bis zu 20 % liegen[980], dieser Wert ist jedoch gegenüber „normalen“ Müttern – bei denen die Wahrscheinlichkeit bei 10–15 % liegt[981] – nicht derart erhöht, dass man daraus tatsächlich Rückschlüsse ziehen könnte[982]. Die bisherigen Erkenntnisse legen zudem nahe, dass es einen positiven Einfluss auf die psychosoziale Entwicklung der Leihmutter hat, dass sie – im Gegensatz zur Ersatzmutter – nicht genetische Mutter des von ihr ausgetragenen Kindes ist[983].

Die bestehenden gesundheitlichen Risiken können daher abermals kein Verbot der Leihmutterschaft begründen. Sie zeigen jedoch auf, dass es erforderlich ist, die Leihmutterschaft klaren und strengen Regelungen zu unterwerfen, damit die Interessen von Leihmutter und Kind(ern) gewahrt werden.

ee) Zwischenergebnis

Die Auseinandersetzung mit den gegen die Leihmutterschaft vorgebrachten Einwänden hat gezeigt, dass weder einer allein noch alle gemeinsam dazu herangezogen werden können, ein Verbot weiterhin zu rechtfertigen. Durch die Leihmutterschaft werden weder die Menschenwürde des Kindes noch die Menschenwürde der Leihmutter verletzt, sofern sich die Leihmutter freiwillig und ohne eine über eine angemessene Aufwandsentschädigung hinausgehende Bezahlung dazu

979 *Lammers*, Leihmutterschaft in Deutschland, 2017, S. 136 ff. m. w. N.

980 *Strowitzki*, Assistierte Reproduktionstechniken (ART) und Leihmutterschaft – medizinische Aspekte, in: Ditzen/Weller (Hrsg.), Regulierung der Leihmutterschaft, 2018, S. 23, 27.

981 *Stiftung Deutsche Depressionshilfe*, In der Schwangerschaft und nach der Geburt, abrufbar unter: https://www.deutsche-depressionshilfe.de/depression-infos-und-hilfe/depression-in-verschiedenen-facetten/in-der-schwangerschaft-und-nach-der-geburt (Stand: 02.01.2020); *Sonnenmoser*, Postpartale Depression – Vom Tief nach der Geburt, DÄBl. 2007, A 82.

982 Dies ist insbesondere dem Umstand geschuldet, dass an den Studien über die psychische Belastung von Leihmüttern nach der Geburt nur eine begrenzte Anzahl von Frauen teilgenommen hat, wohingegen es bei den Studien über die psychische Belastung von „normalen“ Müttern nach der Geburt eine weitaus größere Zahl von Frauen war.

983 *Lammers*, Leihmutterschaft in Deutschland, 2017, S. 137.

bereiterklärt, ein Kind für die Wunscheltern auszutragen. Daneben ist auch eine Gefährdung des Kindeswohls oder der gesundheitlichen Interessen des Kindes und der Leihmutter nicht zu befürchten, wenn die Leihmutterschaft verantwortungsvoll und nach bestimmten, durch den Gesetzgeber vorzugebenden Regelungen erfolgt. Auch Art. 6 Abs. 1 GG steht der Leihmutterschaft nicht entgegen, sondern umfasst mit seinem Schutz die durch die Leihmutterschaft gegründete Familie.

Die Ersatzmutterschaft sollte hingegen verboten bleiben.

b) Argumente für die Zulässigkeit der Leihmutterschaft

Nachdem bereits gezeigt werden konnte, dass die gegen die Leihmutterschaft vorgebrachten Argumente nicht zu überzeugen vermögen, soll ergänzend kurz auf einige Argumente eingegangen werden, die für die Zulassung der Leihmutterschaft sprechen.

Im Vergleich zu der Zeit, zu der das ESchG verabschiedet wurde, hat sich die gesellschaftliche Einstellung gegenüber der Leihmutterschaft gewandelt[984]. Die Leihmutterschaft hat sich von einer seltenen Ausnahme hin zu einem gesamtgesellschaftlichen Phänomen entwickelt[985], dem man durch gesetzliche Regelungen und nicht durch bloße Verbote begegnen sollte. Dies gilt insbesondere vor dem Hintergrund der Möglichkeit einer grenzüberschreitenden Verwirklichung des Kinderwunsches durch Leihmutterschaft, bei der es nicht immer gewährleistet er-

---

984 Die Meinung der Gesellschaft ist hinsichtlich der Fortpflanzungsmedizin im Allgemeinen, aber insbesondere auch gegenüber der Ersatzmutterschaft/Leihmutterschaft liberaler geworden. So sprachen sich in einer Studie 43,7 % der Befragten für die Zulassung der Ersatzmutterschaft/Leihmutterschaft und 43,6 % dagegen aus (*Stöbel-Richter u. a.*, Fertility and Sterility 2009, 124, 127). Auffällig dabei war, dass insbesondere bei den unter 35-Jährigen die Zustimmung besonders hoch und unter den über 46-Jährigen besonders niedrig ausfiel (*Stöbel-Richter u. a.*, Fertility and Sterility 2009, 124, 127). Die ablehnende Haltung gegenüber der Ersatzmutterschaft/Leihmutterschaft spiegelt damit nicht die Haltung der Allgemeinheit, sondern vielmehr die der gesetzgebenden Organe, der Medienöffentlichkeit und einiger Expertengruppen wider (bezogen auf die Reproduktionsmedizin und Gentechnik im Allgemeinen: *Krones*, Der Kinderwunsch – Wie viel ist in den Augen der Öffentlichkeit zulässig?, in: Bockenheimer-Lucius/Thorn/Wendehorst (Hrsg.), Umwege zum eigenen Kind, 2008, S. 9, 27).

985 *Coester*, Ersatzmutterschaft in Europa, in: Mansel u. a. (Hrsg.), FS Jayme, Band 2, 2004, S. 1243.

scheint, dass die Interessen aller Beteiligten in ausreichendem Maß gewahrt werden. Würde nun die Leihmutterschaft in Deutschland zugelassen, würde der gewandelten gesellschaftlichen Haltung entsprochen und es könnten sowohl rechtlich als auch medizinisch hohe Standards vorgeschrieben und deren Einhaltung gewährleistet werden.

Zudem würde die Zulassung der Leihmutterschaft vor allem heterosexuellen Paaren, bei denen die Frau infertil ist, eine Schwangerschaft also nicht erfolgreich austragen kann, und homosexuellen männlichen Paaren, die von Natur aus ohne Hilfe einer Leihmutter kein genetisch eigenes Kind bekommen können[986], helfen. Durch die Inanspruchnahme einer Leihmutter würde es ihnen ermöglicht, ein zumindest von einem Wunschelternteil genetisch abstammendes Kind zu bekommen, bei dem die Schwangerschaft miterlebt werden kann. Einige Wunschelternpaare würden daher die Inanspruchnahme einer Leihmutter einer Adoption vorziehen. Bedenkt man zudem, dass viele Paare jahrelang vergeblich auf ein zu adoptierendes Kind warten oder schon aufgrund der hohen Hürden des Adoptionsverfahrens für eine solche nicht in Frage kommen, erscheint die Leihmutterschaft für sie als einzige Möglichkeit.

Würde man die Leihmutterschaft in Deutschland zulassen, könnte auch der Reproduktionstourismus eingedämmt werden. Dadurch würde den Wunscheltern die Möglichkeit eröffnet, ihren Kinderwunsch unter ethisch verantwortbaren und medizinisch guten Bedingungen zu verwirklichen[987].

---

986 Einzige Ausnahme ist eine Elternschaft durch sog. Co-Parenting. Dieses zeichnet sich dadurch aus, dass sich zwei Personen zur Zeugung eines Kindes und zur gemeinsamen Elternschaft zusammenschließen, ohne eine Paarbeziehung zu führen (Vgl. *Deutsche Akademie der Naturforscher Leopoldina e.V./Union der deutschen Akademien der Wissenschaften e.V.*, Fortpflanzungsmedizin in Deutschland – für eine zeitgemäße Gesetzgebung, 2019, S. 83). Da beim Co-Parenting dauerhaft mindestens eine weitere Person in die Familie einbezogen wird, soll diese Form der Familiengründung an dieser Stelle außen vor bleiben.

987 *Harbarth*, Leihmutterschaft und Reproduktionstourismus, in: Ditzen/Weller (Hrsg.), Regulierung der Leihmutterschaft, 2018, S. 81, 90.

c) Ergebnis

Nach dem Gesagten kann festgestellt werden, dass die altruistische Leihmutterschaft in Deutschland unter strengen Voraussetzungen zugelassen werden sollte, da die gegen sie vorgebrachten Einwände nicht zu überzeugen vermögen. Sofern sich die Leihmutter freiwillig zu der altruistischen Leihmutterschaft bereiterklärt, liegt in der Leihmutterschaft kein Verstoß gegen ihre Würde. Damit die Freiwilligkeit der Entscheidung gesichert wird, sollten klare Regelungen über die erforderliche Beratung und Aufklärung, die zulässigen Aufwandsentschädigungen, die durchzuführenden Untersuchungen und die sonstigen Rahmenbedingungen geschaffen werden[988]. Auch hinsichtlich des zu zeugenden Kindes kann per se weder eine Würdeverletzung noch eine Kindeswohlgefährdung angenommen werden. Damit eine Kindeswohlgefährdung in jedem Fall ausgeschlossen wird, bedarf es auch hier klarer gesetzlicher Regelungen. Zu denken ist dabei in erster Linie an Regelungen, die das Recht des Kindes auf Kenntnis der eigenen Abstammung absichern, aber auch an solche, die die Durchführung der Leihmutterschaft und den späteren Umgang mit dem Kind von Anfang an festlegen, damit Konfliktsituationen weitestgehend im Vorfeld ausgeschlossen werden können[989]. Da die mit der Leihmutterschaft einhergehenden gesundheitlichen Risiken heute als gering einzustufen sind, ergibt sich bezüglich der medizinischen Versorgung nur ein eher deklaratorischer Regelungsbedarf, da jede ärztliche Behandlung stets dem anerkannten Stand der naturwissenschaftlichen Erkenntnisse und ärztlichen Erfahrungen entsprechen muss. Für die Zulassung der altruistischen Leihmutterschaft streiten zudem, dass der Reproduktionstourismus eingedämmt und die Durchführung der Leihmutterschaft unter ethisch verantwortbaren und medizinisch guten Bedingungen durchgeführt werden könnte. Zudem würde Paaren, die in Deutschland bisher keinerlei Möglichkeit haben, ein genetisch zumindest zum Teil eigenes Kind zu bekommen[990], diese Möglichkeit eröffnet.

988 Siehe dazu Teil 3 II. 2. e).
989 Siehe dazu Teil 3 II. 2. e).
990 Betroffen sind hiervon heterosexuelle Paare, bei denen die Frau infertil ist, und homosexuelle männliche Paare.

Die kommerzielle Leihmutterschaft sollte hingegen verboten bleiben, da nicht auszuräumende Anhaltspunkte dafür vorliegen, dass durch diese die Würde der Leihmutter und des Kindes sowie das Kindeswohl gefährdet würden.

Auch die Ersatzmutterschaft sollte verboten bleiben.

VIII. Postmortale Befruchtung

Nachdem Stellung dazu bezogen wurde, welche reproduktionsmedizinischen Maßnahmen zulässig sind respektive sein sollten, stellt sich zuletzt die Frage, ob die Anwendung dieser Verfahren auch nach dem Tod der Personen möglich sein soll, von denen die Gameten, imprägnierten Eizellen oder Embryonen stammen.

1. Geltende Rechtslage

Nach dem geltenden Recht ist die künstliche Befruchtung einer Eizelle mit dem Samen eines verstorbenen Mannes gem. § 4 Abs. 1 Nr. 3 ESchG ausdrücklich verboten. Der Transfer eines bereits existenten Embryos ist hingegen auch nach dem Tod des Mannes, dessen Samen für die Befruchtung verwendet wurde, erlaubt[991]. Die Befruchtung einer von einer verstorbenen Frau stammenden Eizelle ist bereits durch § 1 Abs. 1 Nr. 2 ESchG verboten, da eine Rückübertragung der befruchteten Eizelle auf sie nicht mehr in Betracht kommt[992]. Wird von der hier hinsichtlich der Spende von imprägnierten Eizellen vertretenen Auffassung ausgegangen, dass die Befruchtung erst dann stattfindet, wenn die beiden Vorkerne miteinander verschmelzen, wäre auch die postmortale Verwendung von imprägnierten Eizellen durch § 4 Abs. 1 Nr. 3 ESchG und § 1 Abs. 1 Nr. 2 ESchG verboten. Hinsichtlich der anfänglichen Embryonenspende und der Leihmutterschaft ergibt sich ein entsprechendes Verbot bereits aus dem Umstand, dass diese Verfahren grundsätzlich verboten sind.

991 *May*, Rechtliche Grenzen der Fortpflanzungsmedizin, 2003, S. 138.
992 *May*, Rechtliche Grenzen der Fortpflanzungsmedizin, 2003, S. 138.

Da der Gesetzgeber ausdrücklich lediglich den Fall der Befruchtung einer Eizelle mit dem Samen eines verstorbenen Mannes geregelt hat, wird allgemein nur dieser unter dem Begriff der postmortalen Befruchtung verstanden und diskutiert. Es soll daher im Folgenden zunächst auf diesen Fall eingegangen werden. Dabei wird auch auf die Frage Bezug zu nehmen sein, ob der Begriff der Befruchtung i. R. d. § 4 Abs. 1 Nr. 3 ESchG anders zu verstehen ist, als dies bei § 1 Abs. 1 Nr. 2 ESchG der Fall ist.

2. Begründung des Verbots der postmortalen Befruchtung

Eine Begründung des Verbots der postmortalen Befruchtung findet sich im Regierungsentwurf zum ESchG nicht, da Regelungen über die künstliche Befruchtung nach dem Tod einer noch zu schaffenden Gesamtregelung vorbehalten bleiben sollten[993]. § 4 Abs. 1 Nr. 3 ESchG wurde dann jedoch in Folge eines Änderungsantrages der SPD-Fraktion eingefügt[994]. Es kann daher nur auf die Begründung des vergleichbaren Verbots der Eierstock-Transplantation nach dem Tod einer Frau zurückgegriffen werden[995]. Bei dieser sei in den Augen des Gesetzgebers nicht sicher, wie das Kind den Umstand verkraften könne, dass seine genetische Mutter im Zeitpunkt seiner Zeugung bereits verstorben war[996]. Auf eine befürchtete negative psychosoziale Entwicklung und auf den Umstand, dass sich die postmortale Befruchtung so weit von den Voraussetzungen der natürlichen Zeugung entferne, dass sie nicht mehr als Sterilitätsbehandlung angesehen werden könne, berief sich auch der Änderungsantrag der SPD-Fraktion[997]. Um den schutzwürdigen Interessen des Kindes gerecht zu werden, müssten daher das Interesse des Mannes, dass sein Samen auch nach seinem Tod noch verwendet wird, und der Wunsch der Frau, ein Kind des verstorbenen Partners zu bekommen, zurücktreten[998].

993 BT-Drs. 11/8057, S. 16.
994 BT-Drs. 11/5710, S. 10; BT-Drs. 11/8057, S. 16.
995 Günther/*Taupitz*/Kaiser, ESchG, 2. Aufl., 2014, C. II. § 4 Rn. 26.
996 BT-Drs. 11/5460, S. 8.
997 BT-Drs. 11/5710, S. 10.
998 BT-Drs. 11/5710, S. 10.

3. Rechtsprechung zu § 4 Abs. 1 Nr. 3 ESchG

Die Rechtsprechung musste sich bereits mit der Frage auseinandersetzen, wann eine unzulässige postmortale Befruchtung anzunehmen ist. Dies hängt von dem Verständnis dessen ab, was unter „befruchten" i. S. d. § 4 Abs. 1 Nr. 3 ESchG zu verstehen ist. Das OLG Rostock entschied im Jahr 2010, dass eine Befruchtung i. S. d. § 4 Abs. 1 Nr. 3 ESchG dann gegeben sei, wenn bewirkt wird, dass ein Spermium in eine Eizelle eindringt[999,1000]. Sofern eine imprägnierte kryokonservierte Eizelle aufgetaut und der Befruchtungsprozess lediglich fortgesetzt werde, könne darin keine (weitere) Befruchtung i. S. d. § 4 Abs. 1 Nr. 3 ESchG gesehen werden[1001]. Für diese Auffassung würden die Gesetzesbegründung, nach der die Verwendung des Samens eines Verstorbenen verhindert werden soll[1002], und das Bestimmtheitsgebot des Art. 103 Abs. 2 GG sprechen.

4. Zulässigkeit der postmortalen Befruchtung

Das OLG Rostock kam richtigerweise zu dem Ergebnis, dass eine Befruchtung i. S. d. § 4 Abs. 1 Nr. 3 ESchG nur dann angenommen werden kann, wenn bewirkt wird, dass der Samen des bereits verstorbenen Mannes in eine Eizelle eindringt. Es stellt sich jedoch die Frage, ob an dem in § 4 Abs. 1 Nr. 3 ESchG enthaltenen Verbot der postmortalen Befruchtung festgehalten werden sollte oder ob es im Rahmen einer Reform des ESchG oder der Schaffung eines neuen Fortpflanzungsmedizingesetzes aufzuheben oder zumindest zu modifizieren ist.

---

999 OLG Rostock, Urt. v. 07.05.2010 – 7 U 67/09 = MedR 2010, 874.

1000 Auch wenn es auf den ersten Blick verwundern mag, dass an dieser Stelle eine andere Auffassung vertreten wird als bei den Ausführungen zu § 1 Abs. 1 Nr. 2, ist dem OLG Rostock zuzustimmen. Auch das OLG Rostock weist in seiner Entscheidung darauf hin, dass es sich um eine bereichsspezifische Auslegung anhand des § 4 Abs. 1 Nr. 3 ESchG handelt, die keinen Anspruch auf Allgemeingültigkeit entfaltet. Somit ist es möglich, dass „Befruchten" i. S. d. § 1 Abs. 1 Nr. 2 ESchG anders auszulegen ist als i. S. d. § 4 Abs. 1 Nr. 3 ESchG.

1001 OLG Rostock, Urt. v. 07.05.2010 – 7 U 67/09 = MedR 2010, 874.

1002 OLG Rostock, Urt. v. 07.05.2010 – 7 U 67/09 = MedR 2010, 874 m. V. a. BT-Drs. 11/8057, S. 16.

a) Einwände gegen die Zulässigkeit der postmortalen Befruchtung

Vordergründig wird eine Gefährdung des Kindeswohls durch die postmortale Befruchtung befürchtet. Es sei nicht auszuschließen, dass sich der Umstand, dass der Vater im Zeitpunkt der Zeugung bereits verstorben war, negativ auf die psychosoziale Entwicklung des Kindes auswirkt. Insbesondere Identitätsfindungsschwierigkeiten seien zu befürchten.

Da es für diese Befürchtung keinerlei Belege gibt, kann sie allein ein Verbot der postmortalen Befruchtung nicht rechtfertigen. Untersuchungen von Kindern, die von einer hirntoten Mutter entbunden wurden, ergaben keinerlei psychosoziale Auffälligkeiten[1003]. Insbesondere konnten keine Anzeichen dafür festgestellt werden, dass sie den Umstand, „von einer Toten abzustammen", schwer verkraften konnten[1004]. Da in dieser Situation durch die Schwangerschaft bereits eine Bindung zwischen Mutter und Kind bestand, kann angenommen werden, dass bei der postmortalen Befruchtung, bei der eine solche Bindung gerade nicht vorliegt, erst recht keine Probleme zu erwarten sind.

Zudem wird eingewandt, dass der mit der Mutter verheiratete Vater, wenn er nicht erst unmittelbar vor der Verwendung seines Samens verstirbt, gem. §§ 1593 S. 1, 1592 Nr. 1 BGB nicht als Vater festgestellt werden kann, da eine Vaterschaftsfeststellung nur innerhalb von 300 Tagen[1005] nach dem Tod des Vaters möglich ist[1006,1007]. Dem Kind würde dadurch von vornherein ein zweiter Elternteil vorenthalten[1008].

Dem ist entgegenzuhalten, dass eine Vielzahl von Situationen denkbar ist, in denen dem Kind, auch wenn der Vater im Zeitpunkt der Zeu-

1003 Günther/*Taupitz*/Kaiser, ESchG, 2. Aufl., 2014, § 4 Nr. 3 Rn. 27.

1004 *Liegsalz*, Strafrechtliche Grenzen der „künstlichen" Fortpflanzung, in: Roxin/Schroth (Hrsg.), Medizinstrafrecht, S. 339, 349.

1005 Der Ausnahmeregelung des § 1593 S. 2 BGB kommt praktisch quasi keine Bedeutung zu.

1006 *Keller*/Günther/Kaiser, ESchG, 1992, § 4 Rn. 30 noch unter Bezugnahme auf §§ 1591, 1592 BGB a. F.

1007 Da die Dauer einer durchschnittlichen Schwangerschaft mit 280 Tagen angegeben wird, greift die Regelung der §§ 1593 S. 1, 1592 Nr. 1 BGB nur dann, wenn die Befruchtung innerhalb von rund drei Wochen nach dem Tod des Vaters erfolgt oder das Kind vor Ablauf der durchschnittlichen Tragezeit geboren wird.

1008 *Benda*, NJW 1985, 1730, 1732.

gung noch nicht verstorben ist, zumindest faktisch ein zweiter Elternteil vorenthalten bleibt. Dies ist beispielsweise denkbar, wenn das Kind durch einen One-Night-Stand mit einem Fremden gezeugt wird, die Eltern den Kontakt zueinander abbrechen oder der Vater zwar nach der Zeugung, aber vor der Geburt verstirbt[1009]. Allein der Einwand, dass bei der postmortalen Befruchtung bereits die Zeugung des Kindes in dem Wissen erfolgt, dass der Vater bereits verstorben ist, rechtfertigt keine andere Beurteilung[1010].

Anders könnte sich die Situation darstellen, wenn dem Kind dadurch Unterhalts- und Erbansprüche vorenthalten würden. Es stellt sich daher die Frage, ob dem post mortem gezeugten Kind Unterhalts- und Erbansprüche zustehen[1011].

Die momentan unklare Lage der Unterhalts- und Erbansprüche des post mortem gezeugten Kindes spricht nicht für ein Verbot der postmortalen Befruchtung. Denn zur Zeit der Schaffung des BGB waren die heutigen Möglichkeiten der Fortpflanzungsmedizin für den Gesetzgeber noch nicht absehbar[1012]. Es handelt sich daher um eine nachträgliche Gesetzeslücke[1013]. Zumindest Erbansprüche des post mortem gezeugten Kindes sind daher auch nach der geltenden Rechtslage möglich. Diese können entweder über eine Analogie zu § 1923 Abs. 2 BGB[1014] oder über eine Analogie zu § 2101 Abs. 1 BGB begründet werden[1015]. Zudem stünde es dem Gesetzgeber zu, im Falle der Zulassung der postmortalen Befruchtung entsprechende unterhalts- und

1009 *Schroeder*, Die Rechtsgüter des Embryonenschutzgesetzes, in: Kühne (Hrsg.), FS Miyazawa, 1995, S. 533, 545.

1010 Günther/*Taupitz*/Kaiser, ESchG, 2. Aufl., 2014, § 4 Nr. 3 Rn. 28.

1011 *Britting*, Die postmortale Insemination als Problem des Zivilrechts, 1989, S. 145 ff.

1012 *Brox*, Die künstliche Befruchtung der Ehefrau durch den Samen des Ehemannes nach dessen Tod und das Erbrecht des Kindes nach seinem Vater, in: Küper (Hrsg.), FS Stree und Wessels, 1993, S. 965, 969 f.

1013 *Neuner*, Jus 2019, 1, 3.

1014 *Brox*, Die künstliche Befruchtung der Ehefrau durch den Samen des Ehemannes nach dessen Tod und das Erbrecht des Kindes nach seinem Vater, in: Küper (Hrsg.), FS Stree und Wessels, 1993, S. 965, 969 ff.; *Schlüter/Röthel*, ErbR, 17. Aufl. 2015, § 6 Rn. 9.

1015 *Neuner*, Jus 2019, 1.

erbrechtliche Regelungen zu schaffen, die die Rechtslage des Kindes klären und sichern.

Gegen die postmortale Befruchtung spräche zudem die Gefahr, dass durch sie die Generationenschranke durchbrochen würde[1016]. Da der Samen des Mannes dank Kryokonservierung über einen längeren Zeitraum hinweg gelagert werden kann, könne das zu zeugende Kind in eine Generation hineingeboren werden, der es sich nicht zugehörig fühlt. Auch diese Befürchtung genügt nicht für ein Verbot der postmortalen Befruchtung. Einer unverhältnismäßig langen Aufbewahrung von kryokonservierten Samenzellen könnte durch eine gesetzliche Regelung vorgebeugt werden. Da die Kryokonservierungsdauer nach der hier vertretenen Auffassung begrenzt und an das natürliche reproduktive Zeitfenster der Fortpflanzung gebunden werden sollte, sind derart gravierende Zeitsprünge, wie sie befürchtet werden, nicht zu erwarten.

Daneben spräche die Unnatürlichkeit der Zeugung gegen die Zulässigkeit der postmortalen Befruchtung[1017]. Warum allein der Umstand der „Unnatürlichkeit" genügen soll, um ein Verbot zu rechtfertigen, wird jedoch nicht ausgeführt. Auch wenn diesem Argument zumindest dahingehend zuzustimmen ist, dass die Befruchtung nach dem Tod erst durch die Möglichkeiten der Fortpflanzungsmedizin eröffnet wird, reicht dieser Umstand allein nicht aus, um die postmortale Befruchtung anders zu beurteilen als die assistierte Fortpflanzung im Allgemeinen[1018].

Zuletzt wird von *Dorneck* der eher theoretische Einwand erhoben, dass es der Frau nicht zugemutet werden könne, ein Kind von ihrem verstorbenen Partner zu bekommen, das sie jeden Tag an den Verlust des Partners erinnert[1019]. *Dorneck* selbst weist zugleich darauf hin, dass eine Befruchtung mit dem Samen des verstorbenen Partners nur mit ihrer Einwilligung zulässig ist[1020]. Es kann daher angenommen wer-

1016 *Prehn*, MedR 2011, 559, 563 m. V. a. Deutsch, NJW 1986, 1971, 1972 f.

1017 *Keller*/Günther/Kaiser, ESchG, 1992, § 4 Rn. 28 f. m. w. N.

1018 Günther/*Taupitz*/Kaiser, ESchG, 2. Aufl., 2014, § 4 Nr. 3 Rn. 29.

1019 *Dorneck*, Das Recht der Reproduktionsmedizin de lege lata und de lege ferenda, 2018, S. 171.

1020 *Dorneck*, Das Recht der Reproduktionsmedizin de lege lata und de lege ferenda, 2018, S. 171.

den, dass es sich bei einer Entscheidung für eine postmortale Befruchtung stets um eine bewusste und reflektierte Entscheidung handelt. Bei einem vor Durchführung der postmortalen Befruchtung stattfindenden umfangreichen Aufklärungsgespräch sollte insbesondere auf diesen Umstand noch einmal eingegangen werden, um der beschriebenen Gefahr entgegenzuwirken.

b) Argumente für die Zulässigkeit der postmortalen Befruchtung

Für die Zulässigkeit der postmortalen Befruchtung sprechen das Eltern- und Familiengründungsrecht der Frau und des verstorbenen Mannes aus Art. 6 Abs. 1 GG[1021] sowie das Recht auf reproduktive Selbstbestimmung des verstorbenen Mannes aus Art. 2 Abs. 1 i. V. m. Art. 1 Abs. 1 GG[1022]. Letzteres umfasst neben der Frage des „Ob" auch das „Wann" der Fortpflanzung[1023] und entfaltet dabei postmortale Wirkung[1024]. Der Entscheidungsfreiheit des Grundrechtsträgers wird dadurch – ähnlich wie bei der postmortalen Organspende[1025] – Rechnung getragen.

c) Zwischenergebnis

Die Ausführungen haben gezeigt, dass keine Gründe dafür vorgebracht werden können, ein Verbot der postmortalen Befruchtung zu rechtfertigen. Um den vorgebrachten Befürchtungen entgegenzutreten, sollte der Gesetzgeber die postmortalen Befruchtung jedoch insbesondere bei den Überlegungen zu Aufklärungs-, Beratungs- und Einwilligungserfordernissen sowie der Höchstdauer der Kryokonservierung im Auge behalten. Denn wie bei der Verwendung des Samens eines noch lebenden Mannes muss auch bei der Verwendung des Samens eines bereits verstorbenen Mannes gelten, dass diese nur dann zulässig

1021 Günther/*Taupitz*/Kaiser, ESchG, 2. Aufl., 2014, § 4 Nr. 3 Rn. 28; Spickhoff/*Müller-Terpitz*, Medizinrecht, Art. 6 GG Rn. 3.

1022 Günther/*Taupitz*/Kaiser, ESchG, 2. Aufl., 2014, § 4 Nr. 3 Rn. 28.

1023 Siehe dazu Teil 2 Kapitel 3, III. 2.

1024 *Krüger*, Das Verbot der post-mortem-Befruchtung, S. 12 f.; *Schlüter*, Schutzkonzepte für menschliche Keimbahnzellen in der Fortpflanzungsmedizin, 2008, S. 150 f., 173 f., 222.

1025 *Pieroth/Schlink*, Grundrechte – Staatsrecht II, 34. Aufl., 2018, Rn. 182.

ist, wenn dieser umfänglich aufgeklärt in die Verwendung eingewilligt hat.

5. Weitere Fälle der postmortalen Verwendung von Keimzellen und Embryonen

Es stellt sich nun zuletzt die Frage, ob auch in anderen Konstellationen eine postmortale Befruchtung zulässig sein sollte. In erster Linie ist dabei an die postmortale Befruchtung von Eizellen, aber auch an Fälle der Keimzell- und Embryonenspende sowie der Leihmutterschaft[1026] zu denken. Wie soeben gesehen, sollte die postmortale Befruchtung mit dem Samen eines verstorbenen Mannes zulässig sein. Der Partnerin eines verstorbenen Mannes soll danach die Möglichkeit eingeräumt werden, auch nach dessen Tod seinen Samen für die gemeinsam gewünschte Familiengründung zu verwenden. Nichts anderes sollte daher für den umgekehrten Fall gelten, wenn der Partner einer verstorbenen Frau deren Eizellen für die gemeinsam gewünschte Familiengründung verwenden will. Dafür streiten in dieser Konstellation das Eltern- und Familiengründungsrecht des Mannes und der verstorbenen Frau aus Art. 6 Abs. 1 GG sowie das Recht auf reproduktive Selbstbestimmung der verstorbenen Frau aus Art. 2 Abs. 1 i. V. m. Art. 1 Abs. 1 GG. Dem steht auch nicht der Umstand entgegen, dass der Mann nicht selbst in der Lage ist, den post mortem gezeugten Embryo auszutragen. Dieser Umstand macht nur deutlich, dass es besonders wichtig ist, den Umfang der für die Verwendung der Eizellen und Embryonen erteilten Einwilligung klar zu regeln und dabei insbesondere auch auf die Verwendung post mortem explizit einzugehen, um späteren Unsicherheiten vorzubeugen. Da nach der hier vertretenen Auffassung die Keimzell- und Embryonenspende sowie die Leihmutterschaft zulässig sein sollten, sollte auch in diesen Konstellationen die Verwendung von Keimzellen oder Embryonen post mortem zulässig sein. Wichtig ist

1026 Bei der Embryonenspende und Leihmutterschaft soll es dabei keinen Unterschied machen, ob einer oder beide Spender bereits verstorben sind.

dabei, dass die postmortale Verwendung stets von der Einwilligung aller Beteiligten gedeckt ist[1027].

6. Ergebnis

Die Darstellung hat gezeigt, dass das Verbot der postmortalen Befruchtung i. S. d. § 4 Abs. 1 Nr. 3 ESchG aufgehoben und auch die postmortale Anwendung anderer reproduktionsmedizinischer Maßnahmen, wie beispielsweise der Keimzell- und Embryonenspende und der Leihmutterschaft, zugelassen werden sollte. Um bestehenden Befürchtungen entgegenzutreten, sollte der Gesetzgeber bei den Überlegungen zu den zu schaffenden Aufklärungs-, Beratungs- und Einwilligungserfordernissen sowie der Höchstdauer der Kryokonservierung die Fälle der postmortalen Befruchtung im Auge behalten und einer klaren Regelung unterziehen.

1027 Dies gilt sowohl für die Einwilligung der Spender als auch für die Einwilligung der Empfänger und der Leihmutter.

Teil 3: Umgang mit dem festgestellten Regelungs- und Reformbedarf

Die Auseinandersetzung mit den im zweiten Teil dieser Arbeit aufgegriffenen Problemen, Techniken und Verfahren im Rahmen der assistierten Reproduktion hat gezeigt, dass Regelungs- und Reformbedarf gegeben ist[1028]. Die Darstellung wendet sich nun der Frage zu, wie diesem begegnet werden sollte. Dazu wird auf die Frage eingegangen, welche Möglichkeiten der Normierung im Bereich des Fortpflanzungsmedizinrechts zur Verfügung stehen und welche Vor- und Nachteile mit ihnen verbunden sind (Kapitel 1). Daran anschließend wird dargestellt, wie die inhaltliche Ausgestaltung der zu schaffenden Normen aussehen könnte (Kapitel 2).

1028 Siehe dazu Teil 2 Kapitel 3 und 4.

Kapitel 1: Möglichkeiten der Normierung

Zur Ausgestaltung des Fortpflanzungsmedizinrechts stehen mehrere Möglichkeiten zur Verfügung. Vorrangig denkbar wären eine Änderung des ESchG (I.)[1029], die Schaffung eines neuen Fortpflanzungsmedizingesetzes (II.)[1030] oder eine Regelung durch Berufsrecht (III.).

I. Änderung des ESchG

Da das Recht der Fortpflanzungsmedizin bisher in weiten Teilen im ESchG geregelt ist, könnte eine Änderung dieses Gesetzes erwogen werden.

Die Ausgestaltung des ESchG als strafrechtliches Nebengesetz spricht jedoch gegen ein solches Vorgehen[1031]. Aufgrund des im Strafrecht geltenden Ultima-Ratio-Prinzips wäre nur die Absicherung eines Minimalstandards möglich, da Verbote lediglich dort vorgesehen werden könnten, wo sie zum Schutz besonders hochrangiger Schutzgüter unverzichtbar erscheinen[1032]. Dies hätte zur Folge, dass das ESchG auch nach einer Reform zwangsläufig lückenhaft bliebe[1033]. Durch die strafrechtliche Ausgestaltung würde dem Gesetz zudem die für die repro-

---

1029 Entschließung Ib-05 „Für Rechtssicherheit bei unerfülltem Kinderwunsch" des 120. Deutschen Ärztetages 2017, S. 213; *Katzorke/Kolodziej*, Reproduktionsmedizin 2001, 325, 330; *Müller-Terpitz*, ZRP 2016, 51.

1030 *Diedrich/Hasani*, Der Gynäkologe 2013, 883, 884, 888; *DGGEF/DGGG/DGRM/BRZ*, Diskussionspapier zu den Vorbereitungen für ein Fortpflanzungsmedizingesetz (FMG), Reproduktionsmedizin 2001, 301; *Günther*/Taupitz/Kaiser, ESchG, 2. Aufl., 2014, Kap. B. V. Rn. 66 ff.; *Katzorke/Kolodziej*, Reproduktionsmedizin 2001, 325, 330; *Nationaler Ethikrat*, Genetische Diagnostik vor und während der Schwangerschaft, 2003, S. 9; Schlussbericht der Enquete-Kommission „Recht und Ethik in der modernen Medizin" vom 14.05.2002, BT-Drs. 14/9020, S. 64 ff.

1031 Siehe dazu Teil 1 Kapitel 3 I. 1.

1032 Siehe dazu Teil 1 Kapitel 3 I. 1.

1033 Siehe dazu Teil 1 Kapitel 3 I. 2.

duktionsmedizinische Praxis erforderliche Flexibilität fehlen, da eine Anwendung auf die sich verändernde Lebenswirklichkeit aufgrund des Bestimmtheitsgebotes und des Analogieverbotes aus Art. 103 Abs. 2 GG und § 1 StGB ausgeschlossen wäre[1034].

Da für den Bereich der Fortpflanzungsmedizin darüber hinaus die grundrechtliche Freiheitsvermutung eingreift, sollte eine Abkehr von der negativen Formulierung in Verbotstatbeständen hin zu einer positiven Formulierung stattfinden[1035,1036].

Es kann daher festgestellt werden, dass eine Änderung des ESchG – zumindest in Bezug auf die im Rahmen dieser Arbeit behandelten Probleme, Techniken und Verfahren – nicht geeignet erscheint, um das Recht der Fortpflanzungsmedizin in einer praxistauglichen Art und Weise zu regeln[1037].

II. Schaffung eines Fortpflanzungsmedizingesetzes

Daneben besteht die Möglichkeit, die für diese Arbeit relevanten Regelungen des ESchG aufzuheben und die entsprechenden Techniken und Verfahren in einem neuen, nicht primär strafrechtlich ausgestalteten Fortpflanzungsmedizingesetz zu regeln[1038].

Für ein solches Vorgehen spricht, dass es eine umfangreiche Regelung der Materie durch den Gesetzgeber ermöglicht und dadurch geeignet ist, die bestehende Lückenhaftigkeit des Rechts der Fortpflanzungsmedizin aufzuheben[1039]. Da die entsprechenden Vorschriften nicht strafrechtlich ausgestaltet werden sollen, bietet es darüber hinaus die Option, diese nunmehr positiv zu formulieren, wodurch die Vorschriften entwick-

1034 Siehe dazu Teil 1 Kapitel 3 I. 1.

1035 *Dorneck*, Das Recht der Reproduktionsmedizin de lege lata und de lege ferenda, 2018, S. 275.

1036 Näher dazu Teil 3 Kapitel 1 II.

1037 *Dorneck*, Das Recht der Reproduktionsmedizin de lege lata und de lege ferenda, 2018, S. 275; *Müller-Terpitz*, ZRP 2016, 51, 53.

1038 Die entsprechende Gesetzgebungskompetenz steht dem Bund gem. Art. 74 Abs. 1 Nr. 2 GG zu. Siehe dazu Teil 1 Kapitel 2 IV. 2 a).

1039 *Dorneck*, Das Recht der Reproduktionsmedizin de lege lata und de lege ferenda, 2018, S. 274.

lungsoffen und somit auf die sich stetig wandelnde Lebenswirklichkeit anpassbar werden[1040]. Dadurch würde ermöglicht, dass das Fortpflanzungsmedizinrecht auch auf neue Techniken und Verfahren anwendbar wäre, ohne dass dafür stets eine Gesetzesänderung erforderlich erschiene[1041].

Um trotzdem einen umfassenden Schutz der betroffenen Rechtsgüter zu ermöglichen, sollten flankierende Strafnormen geschaffen werden[1042,1043]. Diese sollten an zuvor genau definierte Verbotstatbestände anknüpfen[1044]. Dabei muss darauf geachtet werden, dass strafrechtliche Sanktionen nur dort vorgesehen werden, wo sie zum Schutz der betroffenen Rechtsgüter unverzichtbar erscheinen[1045]. Für weniger gravierende Verstöße sollten Ordnungswidrigkeitentatbestände geschaffen werden[1046]. Probleme können sich bei dieser „Normspaltung" zwischen „neutralen" Bezugsnormen und flankierenden Strafnormen/Ordnungswidrigkeitentatbeständen dort ergeben, wo die „neutralen" Bezugsnormen analog angewendet werden[1047]. In diesem Fall dürfen die flankierenden Strafnormen/Ordnungswidrigkeitentatbestände aufgrund des Bestimmtheitsgebotes und des Analogieverbotes aus Art. 103 Abs. 2 GG

1040 *Dorneck*, Das Recht der Reproduktionsmedizin de lege lata und de lege ferenda, 2018, S. 275; *Müller-Terpitz*, ZRP 2016, 51, 53.

1041 *Dorneck*, Das Recht der Reproduktionsmedizin de lege lata und de lege ferenda, 2018, S. 275; *Müller-Terpitz*, ZRP 2016, 51, 53.

1042 *Dorneck*, pro familia medizin 2017, Nr. 3, 1; *dies.*, Das Recht der Reproduktionsmedizin de lege lata und de lege ferenda, 2018, S. 274; *Müller-Terpitz*, ZRP 2016, 51, 53.

1043 Ein solches Vorgehen wurde auch bei der Schaffung des TPG gewählt. Es zeigt, dass ein durch strafrechtliche Normen flankiertes, einfaches Gesetz ein gleich geeignetes und milderes Mittel als ein Strafgesetz darstellen kann. Dies gilt umso mehr, als es sich beim TPG ebenfalls um ein biomedizinisches Gesetz handelt, das die Rechtsgüter Leben, körperliche Unversehrtheit und Selbstbestimmung betrifft. Eine Vergleichbarkeit ist somit gegeben. (*Dorneck*, Das Recht der Reproduktionsmedizin de lege lata und de lege ferenda, 2018, S. 274).

1044 Vgl. *Gassner u. a.*, Fortpflanzungsmedizingesetz, 2013, § 27 AME-FMedG mit Erläuterung, S. 85 ff.; *Müller-Terpitz*, ZRP 2016, 51, 53.

1045 *Jungfleisch*, Fortpflanzungsmedizin als Gegenstand des Strafrechts?, 2005, S. 287.

1046 Vgl. *Gassner u. a.*, Fortpflanzungsmedizingesetz, 2013, § 28 AME-FMedG mit Erläuterung, S. 85 ff.; *Jungfleisch*, Fortpflanzungsmedizin als Gegenstand des Strafrechts?, 2005, S. 287; *Müller-Terpitz*, ZRP 2016, 51, 53.

1047 *Müller-Terpitz*, ZRP 2016, 51, 53.

und § 1 StGB nicht ohne weiteres analog herangezogen werden[1048]. Sollte ein Verstoß gegen die analog angewendete Norm in den Augen des Gesetzgebers als strafwürdig/sanktionswürdig anzusehen sein, müsste er darauf durch Änderung des Gesetzes reagieren. Nichtsdestotrotz erscheint ein solches Vorgehen sinnvoll, da es dem Fortpflanzungsmedizinrecht einerseits die nötige Flexibilität geben würde, andererseits aber auch die Rechte und Interessen der an den fortpflanzungsmedizinischen Verfahren Beteiligten und dem zu zeugenden Kind in erforderlichem Umfang Rechnung tragen würde. Da neue Techniken und Verfahren im Rahmen der Fortpflanzungsmedizin zudem nicht von heute auf morgen entwickelt und in der Praxis angewendet werden, ist nicht zu befürchten, dass eine analoge Anwendung der neutralen Bezugsnormen von heute auf morgen erfolgen wird. Sofern sich abzeichnet, dass eine neue Technik oder ein neues Verfahren entwickelt wird, auf die/das die neutralen Bezugsnormen, nicht jedoch die Strafnormen/Ordnungswidrigkeitentatbestände anwendbar sind, hätte der Gesetzgeber genügend Zeit, die Entwicklungen zu verfolgen und ggf. zeitnah eine Anpassung des Fortpflanzungsmedizingesetzes vorzunehmen.

Sofern der Gesetzgeber alle wesentlichen Fragen der Fortpflanzungsmedizin selbst durch Gesetz geregelt hat, kann er sich ergänzend der Sachkompetenz der Ärzteschaft bedienen[1049]. Insbesondere bietet sich dabei an, dass er die Bestimmung des jeweils geltenden medizinischen Standards mittels spezialgesetzlicher Verweisung auf die Ärzteschaft überträgt[1050,1051]. Dieser Regelungstechnik hat sich der Gesetzgeber bereits bei dem ebenfalls biomedizinischen TPG und GenDG bedient[1052]. Damit sich aus einer solchen Verweisung in der Folge keine Probleme

1048 *Enderle*, Blankettstrafgesetze, 2000, S. 205 ff.; *Müller-Terpitz*, ZRP 2016, 51, 53.

1049 *Dorneck*, Das Recht der Reproduktionsmedizin de lege lata und de lege ferenda, 2018, S. 277; *Neidert*, MedR 1998, 347, 349.

1050 *Dorneck*, Das Recht der Reproduktionsmedizin de lege lata und de lege ferenda, 2018, S. 277; *Neidert*, MedR 1998, 347, 349.

1051 Alternativ käme auch eine Übertragung auf eine interdisziplinär besetzte Fortpflanzungsmedizin-Kommission, die überwiegend aus Medizinern und Biologen, aber auch aus Ethikern, Juristen und Patientenvertretern besetzt ist, in Betracht (vgl. §§ 24, 25 AME-FMedG).

1052 So übertragen die §§ 16 ff. TPG die Festlegung des medizinischen Standes auf die BÄK und § 23 GenDG auf die beim Robert Koch-Institut eingerichtete Gendiagnostik-Kommission.

ergeben, sollte sich der Umfang der Übertragung klar aus der Verweisung ergeben und die Beachtung von deren Grenzen abgesichert werden[1053].

III. Berufsrechtliche Ausgestaltung

Zudem käme eine Ausgestaltung des Fortpflanzungsmedizinrechts durch berufsrechtliche Regelungen in Betracht[1054]. Eine berufsrechtliche Ausgestaltung brächte den Vorteil mit sich, dass sie zu einer erhöhten Flexibilität des Fortpflanzungsmedizinrechts beitragen würde, da auf sich ergebende Veränderungen reagiert werden könnte, ohne dass es dafür eines oft langwierigen Gesetzgebungsverfahren bedürfte[1055].

Es sprechen jedoch einige gewichtige Gründe gegen ein solches Vorgehen[1056]. Diese ergeben sich vor allem daraus, dass es sich beim Berufsrecht nur um untergesetzliches Recht handelt, das in seinem Rang unter dem Bundes- und Landesrecht steht[1057]. Da das Berufsrecht kammergesetzliches Landesrecht darstellt, besteht die Gefahr, dass es aufgrund unterschiedlicher medizinischer, ethischer und politischer Vorstellungen zu jeweils anderen Regelungen kommt, sodass ein einheitlicher Behandlungsmaßstab nicht gesichert wäre[1058]. Aufgrund der erheblichen Bedeutung für die Betroffenen ist es jedoch erforderlich, dass bundesweit die gleichen Voraussetzungen für die Inanspruchnahme reproduktionsmedizinischer Maßnahmen gelten. Anderenfalls bestün-

1053 *Dorneck*, Das Recht der Reproduktionsmedizin de lege lata und de lege ferenda, 2018, S. 277 f.

1054 Unter Berufsrecht soll dabei nur das Berufsausübungsrecht nach den Berufsordnungen zu verstehen sein.

1055 *Beitz*, Zur Reformbedürftigkeit des Embryonenschutzgesetzes, 2009, S. 97; *Dorneck*, Das Recht der Reproduktionsmedizin de lege lata und de lege ferenda, 2018, S. 275; *Vogt*, Methoden der künstlichen Befruchtung: „Dreierregel“ versus „Single Embryo Transfer“, 2007, S. 171.

1056 *Dorneck*, pro familia medizin 2017, Nr. 3, 1, 2; *dies.*, Das Recht der Reproduktionsmedizin de lege lata und de lege ferenda, 2018, S. 275.

1057 *Dorneck*, Das Recht der Reproduktionsmedizin de lege lata und de lege ferenda, 2018, S. 275 f.; *Neidert*, MedR 1998, 347, 348.

1058 *Dorneck*, pro familia medizin 2017, Nr. 3, 1, 2; *Jofer*, Regulierung der Reproduktionsmedizin, 2014, S. 537.

de die Gefahr eines inländischen Reproduktionstourismus[1059]. Zudem bindet das Berufsrecht grundsätzlich nur die Ärzteschaft und findet dort seine Grenzen, wo die Rechte Dritter, also beispielsweise des Embryos, der Gametenspender, der Wunscheltern, der Leihmutter oder gesamtgesellschaftliche Belange, betroffen sind[1060]. Da durch das Fortpflanzungsmedizinrecht die Rechte Dritter betroffen sind, bedarf es daher nach der Wesentlichkeitstheorie einer Reglung durch den Gesetzgeber selbst[1061].

IV. Ergebnis

Die Ausführungen haben gezeigt, dass allein die Schaffung eines neuen, nicht primär strafrechtlich ausgestalteten und positiv formulierten Fortpflanzungsmedizingesetzes geeignet erscheint, um das Recht der Fortpflanzungsmedizin umfassend und praxistauglich auszugestalten. Durch die Schaffung flankierender strafrechtlicher und ordnungswidrigkeitenrechtlicher Tatbestände kann dem Schutz der betroffenen Rechtsgüter in geeigneter Weise Rechnung getragen werden.

Sofern der Gesetzgerber daneben von der Möglichkeit Gebrauch macht, sich mittels spezialgesetzlicher Verweisung der Sachkompetenz der Ärzteschaft zu bedienen, beispielsweise um den jeweils geltenden Stand der Wissenschaft näher zu bestimmen, würde das Fortpflanzungsmedizinrecht durch die Rückkopplung an die Ärzteschaft an Aktualität und Flexibilität gewinnen[1062].

1059 Es kann nicht ausgeschlossen werden, dass ein solcher inländischer Reproduktionstourismus schon heute existiert. Dies ist dem Umstand geschuldet, dass die Auslegung des ESchG teilweise sehr unterschiedlich erfolgt. Insbesondere die Fragen, wie viele Eizellen pro Behandlungszyklus zulässigerweise befruchtet werden dürfen und ob der eSET praktiziert werden darf, werden sehr unterschiedlich beantwortet.

1060 *Beitz*, Zur Reformbedürftigkeit des Embryonenschutzgesetzes, 2009, S. 97 m. w. N.

1061 *Dorneck*, Das Recht der Reproduktionsmedizin de lege lata und de lege ferenda, 2018, S. 276; *Jungfleisch*, Fortpflanzungsmedizin als Gegenstand des Strafrechts?, 2005, S. 287; *Neidert*, MedR 1998, 347, 349; *Vogt*, Methoden der künstlichen Befruchtung: „Dreierregel" versus „Single Embryo Transfer", 2007, S. 171.

1062 Auch bei einer Übertragung auf eine interdisziplinär besetzte Fortpflanzungsmedizin-Kommission wäre dieser Vorteil gegeben (vgl. §§ 24, 25 AME-FMedG).

Entsprechend den bisherigen Diskussionen und Vorschlägen[1063] sollte das Gesetz den Titel „Fortpflanzungsmedizingesetz (FMedG)" tragen. Sofern *Jofer* meint, dass dieser Titel irreführend sei, wenn in dem Gesetz auch der Umgang mit überzähligen Embryonen geregelt werden soll[1064,1065], kann dem nicht gefolgt werden. Denn der Umgang mit überzähligen Embryonen gehört untrennbar zur Fortpflanzungsmedizin dazu, da überzählige Embryonen nur durch die Anwendung fortpflanzungsmedizinischer Maßnahmen in zulässiger Weise entstehen können. Für den Titel spricht zudem, dass er bereits terminologisch zum Ausdruck bringt, dass das Gesetz nicht in erster Linie den Schutz von Embryonen bezwecken soll, sondern dass es die Verfahren und Techniken der Fortpflanzungsmedizin regelt.

Da die Regelungen das ESchG mit der Schaffung des Fortpflanzungsmedizingesetzes nicht vollständig aufgehoben werden sollen und zudem Änderungen in anderen Gesetzen erforderlich werden, sollte die Schaffung des Fortpflanzungsmedizingesetzes im Rahmen eines Mantelgesetzes erfolgen[1066]. Ein solches bietet die Möglichkeit, dass zum einen die Regelungen des Fortpflanzungsmedizingesetzes eingeführt und gleichzeitig Regelungen in anderen Gesetzen aufgehoben, geändert oder neu geschaffen werden können[1067].

1063 *DGGEF/DGGG/DGRM/BRZ*, Diskussionspapier zu den Vorbereitungen für ein Fortpflanzungsmedizingesetz (FMG), Reproduktionsmedizin 2001, 301; *Gassner u. a.*, Fortpflanzungsmedizingesetz, 2013; *Nationaler Ethikrat*, Genetische Diagnostik vor und während der Schwangerschaft, 2003, S. 9; Schlussbericht der Enquete-Kommission „Recht und Ethik in der modernen Medizin" vom 14.05.2002, BT-Drs. 14/9020, S. 64 ff.

1064 *Jofer*, Regulierung der Reproduktionsmedizin, 2014, S. 554.

1065 *Jofer* schlägt stattdessen den Titel „Gesetz zur Regulierung der Fortpflanzungsmedizin und zum Umgang mit überzähligen Embryonen (Fortpflanzungsmedizin- und Embryonenschutzgesetz – FEUG)" vor (Regulierung der Reproduktionsmedizin, 2014, S. 554).

1066 *Gassner u. a.*, Fortpflanzungsmedizingesetz, 2013, S. 45 (*Gassner u. a.* verwenden zwar den Ausdruck Artikelgesetz, dieser wird jedoch häufig etwas ungenau für Mantelgesetze herangezogen (Handbuch der Rechtsförmlichkeit, 2008, S. 191 Rn. 718)).

1067 *BMJ*, Handbuch der Rechtsförmlichkeit, 2008, S. 191 Rn. 717; *Gassner u. a.*, Fortpflanzungsmedizingesetz, 2013, S. 45.

Kapitel 2: Regelungsvorschlag für ein neu zu schaffendes Fortpflanzungsmedizingesetz

Nachdem im zweiten Teil der Arbeit einige Probleme, Techniken und Verfahren im Rahmen der assistierten Reproduktion behandelt wurden, sollen nun Überlegungen dazu vorgestellt werden, wie die dort gefundenen Ergebnisse in einem neu zu schaffenden Fortpflanzungsmedizingesetz miteinander verknüpft und inhaltlich ausgestaltet werden könnten. Dazu soll zunächst vorangestellt werden, wie ein zu schaffendes Fortpflanzungsmedizingesetz aufgebaut werden könnte (I.), bevor in einem zweiten Schritt auf die inhaltliche Ausgestaltung im Detail eingegangen wird (II.).

I. Aufbau des zu schaffenden Fortpflanzungsmedizingesetzes

Für eine bessere Übersichtlichkeit sollte das Fortpflanzungsmedizingesetz in mehrere Abschnitte unterteilt werden.

Als ersten Abschnitt sollte das Gesetz einen Allgemeinen Teil erhalten, der den Gegenstand des Gesetzes und die für dieses bedeutsamen Begrifflichkeiten bestimmt[1068].

Daran sollte sich ein zweiter Abschnitt anschließen, der die Zulässigkeitsvoraussetzungen für die Inanspruchnahme von Verfahren der me-

---

1068 Siehe dazu Teil 3 Kapitel 2 II. 1.

dizinisch unterstützten Fortpflanzung[1069] regelt[1070]. In einem ersten Unterabschnitt sollte dabei auf die Zulässigkeitsvoraussetzungen eingegangen werden, die für alle fortpflanzungsmedizinischen Maßnahmen gleichermaßen gelten[1071]. So wird dem Rechtsanwender, aber auch den Beteiligten ermöglicht, sich zunächst einen Überblick über die allgemeinen Voraussetzungen für die Durchführung fortpflanzungsmedizinischer Maßnahmen zu verschaffen. Auf die besonderen Voraussetzungen, die sich bei den verschiedenen fortpflanzungsmedizinischen Maßnahmen ergeben, sollte dann in weiteren Unterabschnitten, die je nach anzuwendender Maßnahme ergänzend hinzuzuziehen sind, eingegangen werden[1072]. Dazu sollte in einem zweiten Unterabschnitt auf die besonderen Voraussetzungen, die sich bei der Anwendung der IVF/ICSI ergeben[1073], in einem dritten Unterabschnitt auf die besonderen Voraussetzungen, die sich bei der Verwendung von Samen- und Eizellen Dritter ergeben[1074], in einem vierten Unterabschnitt auf die besonderen Voraussetzungen, die sich bei der Verwendung von Embryonen/imprägnierten Eizellen ergeben[1075], in einem fünften Unterabschnitt auf die besonderen Voraussetzungen bei der Inanspruchnahme einer Leihmutter[1076] und in einem sechsten Unterabschnitt auf die besonderen Voraussetzungen bei der postmortalen Befruchtung Bezug genommen werden[1077].

In einem dritten Abschnitt sollte sich dann auf die wiederum für alle fortpflanzungsmedizinischen Maßnahmen geltenden Rahmenbedin-

1069 Im Rahmen der Arbeit wird synonym von „fortpflanzungsmedizinischen Maßnahmen“ gesprochen. Obwohl unter diesen Begriff auch Maßnahmen gefasst werden, die nicht Gegenstand dieses Regelungsvorschlages sind, insbesondere diagnostische oder endokrinologische Maßnahmen, soll er zur besseren Lesbarkeit verwendet werden.

1070 Siehe dazu Teil 3 Kapitel 2 II. 2.

1071 Siehe dazu Teil 3 Kapitel 2 II. 2. a).

1072 Beachtet werden muss dabei, dass für die konkrete fortpflanzungsmedizinische Maßnahme auch mehrere Unterabschnitte einschlägig sein können. Dies ist beispielsweise dann der Fall, wenn eine IVF oder ICSI mit gespendeten Keimzellen durchgeführt werden soll.

1073 Siehe dazu Teil 3 Kapitel 2 II. 2. b).

1074 Siehe dazu Teil 3 Kapitel 2 II. 2. c).

1075 Siehe dazu Teil 3 Kapitel 2 II. 2. d).

1076 Siehe dazu Teil 3 Kapitel 2 II. 2. e).

1077 Siehe dazu Teil 3 Kapitel 2 II. 2. f).

gungen konzentriert werden[1078], bevor in den sich anschließenden Abschnitten auf die sich aus der Anwendung fortpflanzungsmedizinischer Maßnahmen ergebenden Folgefragen eingegangen wird. Abschnitt vier sollte sich dabei dem Umgang mit überzähligen für Fortpflanzungszwecke erzeugten Embryonen[1079], Abschnitt fünf den Dokumentations- und Auskunftspflichten[1080] und Abschnitt sechs den Straf- und Bußgeldvorschriften widmen[1081].

II. Inhaltliche Ausgestaltung des zu schaffenden Fortpflanzungsmedizingesetzes

1. Erster Abschnitt: Allgemeiner Teil

Zunächst sollte dem Gesetz ein allgemeiner Teil vorangestellt werden, in dem sowohl der Gegenstand des Gesetzes als auch die für dieses bedeutsamen Begrifflichkeiten bestimmt werden. Ein solcher Einstieg entspricht zum einen dem üblichen Aufbau moderner Gesetze[1082] und ermöglicht zum anderen sowohl dem Rechtsanwender als auch den Beteiligten einen einfachen Einstieg in das Recht der Fortpflanzungsmedizin. Da davon ausgegangen werden kann, dass ein solcher Einstieg zu einem besseren Verständnis der Materie beiträgt, kann zudem gehofft werden, dass dem Gesetz durch diesen zu seiner größtmöglichen Geltung verholfen werden kann. Insbesondere durch die Bestimmung der für das Gesetz bedeutsamen Begrifflichkeiten kann dabei Rechtssicherheit geschaffen werden. Denn Probleme bei der Rechtsanwendung ergeben sich in vielen Fällen dort, wo nicht eindeutig feststeht, wie die in dem jeweils anzuwendenden Gesetz verwendeten Begrifflichkeiten auszulegen sind. Dieses Problem stellt sich insbesondere in Bereichen wie dem Fortpflanzungsmedizinrecht, in denen Begriff-

1078 Siehe dazu Teil 3 Kapitel 2 II. 3.
1079 Siehe dazu Teil 3 Kapitel 2 II. 4.
1080 Siehe dazu Teil 3 Kapitel 2 II. 5.
1081 Siehe dazu Teil 3 Kapitel 2 II. 6.
1082 Siehe beispielsweise das AMG, GenDG, TPG. Für den Bereich der Fortpflanzungsmedizin kann zudem auf das FMedG-ÖR, FMedG-S und den AME-FMedG verwiesen werden.

lichkeiten verwendet werden, die für verschiedene Disziplinen von Bedeutung sind, für die es jedoch kein einheitliches Begriffsverständnis gibt[1083].

§ 1 Fortpflanzungsmedizingesetz sollte daher bestimmen, dass das Gesetz regelt, unter welchen Voraussetzungen die Verfahren der medizinisch unterstützten Fortpflanzung angewendet werden dürfen[1084].

§ 2 Fortpflanzungsmedizingesetz sollte auf die wesentlichen im Rahmen des Gesetzes relevanten Begrifflichkeiten eingehen. Damit dem Gesetz die für die Praxis erforderliche Flexibilität nicht genommen wird, sollte bei den Begriffsbestimmungen darauf geachtet werden, dass diese zwar hinreichend bestimmt sind, nichtsdestotrotz aber auch eine entwicklungsoffene Anwendung ermöglichen.

Allen voran sollte bestimmt werden, was unter einem Verfahren der medizinisch unterstützten Fortpflanzung zu verstehen ist. Gerade an dieser Stelle sollte keine Beschränkung auf die im Rahmen des Fortpflanzungsmedizingesetzes ausdrücklich geregelten fortpflanzungsmedizinischen Maßnahmen erfolgen, damit die Vorschriften bei der Schaffung neuer, heute noch nicht absehbarer Verfahren analog Anwendung finden können. Es empfiehlt sich daher, die Begriffsbestimmung zweigeteilt dergestalt vorzunehmen, dass zunächst bestimmt wird, was allgemein unter einem Verfahren der medizinisch unterstützten Fortpflanzung zu verstehen ist, bevor eine nicht abschließende Aufzählung von Verfahren medizinisch unterstützter Fortpflanzung folgt[1085;1086]. Unter Verfahren medizinisch unterstützter Fortpflanzung im Sinne des Fortpflanzungsmedizingesetzes könnten demnach alle Methoden, die nach dem Stand der Wissenschaft zur Herbeiführung einer Schwangerschaft ohne Geschlechtsverkehr dienen, insbesondere die Insemination, der Keimzelltransfer sowie die IVF/ICSI mit Embryonentransfer, zu verstehen sein[1087].

1083 Siehe dazu nur beispielhaft die Ausführungen zu den Problemen bei der Bestimmung des Embryonenbegriffs unter Teil 1 Kapitel 3 I. 3. und II. 3.

1084 Art. 1 FMedG-S; siehe auch § 1 AME-FMedG.

1085 Art. 2 lit. a FMedG-S; § 2 Nr. 12 AME-FMedG; siehe auch § 1 FMedG-ÖR.

1086 Beachtet werden muss dabei jedoch, dass eine analoge Anwendung der flankierenden Strafnormen/Ordnungswidrigkeitentatbestände auf die nicht ausdrücklich genannten Verfahren nicht möglich ist; vgl. Teil 3 Kapitel 1 II.

1087 § 2 Nr. 12 AME-FMedG; siehe auch Art. 2 lit. a FMedG-S.

Daneben sollte bestimmt werden, wer als Beteiligter im Sinne des Gesetzes anzusehen ist. Dieser Bestimmung kommt deshalb besondere Bedeutung zu, da sich vor allem die Aufklärungs-, Beratungs- und Einwilligungserfordernisse auf alle an den Verfahren der medizinisch unterstützten Fortpflanzung beteiligten Personen beziehen[1088]. Nur wenn durch das Gesetz selbst unmissverständlich vorgegeben wird, wer als Beteiligter in diesem Sinne anzusehen ist, ist für den Rechtsanwender klar, wen er aufzuklären und wessen Einwilligung er einzuholen hat. Die Bestimmung der Beteiligten sollte dabei ähnlich dem Vorschlag des § 2 Nr. 2 AME-FMedG ausgestaltet werden. Demnach sollte Beteiligter eine Person sein, die ihr Recht auf medizinisch unterstützte Fortpflanzung ausübt, eine Keimzelle, imprägnierte Eizelle oder einen Embryo[1089] spendet oder in eine Leihmutterschaft einwilligt.

Des Weiteren sollte bestimmt werden, was unter Keimzellen, Keimzelltransfer, Insemination, imprägnierten Eizellen, Embryonen, überzähligen Embryonen, IVF/ICSI, Embryonentransfer und Leihmutterschaft zu verstehen ist. Hinsichtlich dieser Begriffsbestimmungen kann auf die Vorschläge des AMG-FMedG und ergänzend des FMedG-S Bezug genommen werden, die ähnlich oder gleich übernommen werden sollten.

Demnach sind Keimzellen Samen- und Eizellen[1090], ist Keimzelltransfer die instrumentelle Einbringung von Keimzellen in den Eileiter oder die Gebärmutter der Frau[1091] und Insemination das instrumentelle Einbringen von Samenzellen in den Eileiter oder die Gebärmutter der Frau[1092].

Besonders wichtig ist daneben die Bestimmung dessen, was als imprägnierte Eizelle und was als Embryo anzusehen ist. Denn wie die

---

1088 Siehe dazu im Detail die Ausführungen unter Teil 3 Kapitel 2 II. 2. a) cc) und dd).

1089 Die Spende von imprägnierten Eizellen und Embryonen soll dabei nur dann in Betracht kommen, wenn beide Keimzellgeber in die Spende eingewilligt haben (siehe dazu Teil 3 Kapitel 2 II. 2. d)). Im Fall der Spende von imprägnierten Eizellen und Embryonen sind daher immer beide Keimzellgeber Beteiligte i. S. d. Vorschrift, da es anderenfalls nicht zu einer entsprechenden Spende kommen würde.

1090 Art. 2 lit. e FMedG-S; § 2 Nr. 8 AME-FMedG.

1091 Art. 2 lit. d FMedG-S; § 2 Nr. 9 AME-FMedG.

1092 Art. 2 lit. b FMedG-S; § 2 Nr. 5 AME-FMedG.

Ausführungen im zweiten Teil dieser Arbeit gezeigt haben, genießen beide einen unterschiedlichen Schutzanspruch[1093]. Auch wenn dem Embryo nach der hier vertretenen Auffassung noch kein umfassender Lebens- und Würdeschutz zukommt, genießt er aufgrund seines menschlichen Ursprungs doch einen besonderen Schutz[1094]. Damit eindeutig ist, wann dieser eingreift, muss der Definition des Embryos besondere Bedeutung zukommen. Dabei sollte auch die immer wieder geäußerte Kritik Beachtung finden, die die unterschiedlichen Definitionen des Embryos in § 8 Abs. 1 ESchG und § 3 Nr. 4 StZG anmahnt[1095], da eine einheitliche Definition des Embryos im gesamten Recht der Biomedizin die für die Praxis erforderliche Rechtssicherheit schaffen würde. Als Embryo sollte daher jede menschliche totipotente Zelle anzusehen sein, die sich bei Vorliegen der dafür erforderlichen weiteren Voraussetzungen zu teilen und zu einem Individuum zu entwickeln vermag[1096]. Mit dieser Definition des Embryos würde zum einen eine Angleichung an die Definition des § 3 Nr. 4 StZG herbeigeführt, zum anderen würde sie im Gegensatz zur bisherigen in § 8 Abs. 1 ESchG enthaltenen Definition Embryonen erfassen, die nicht geschlechtlich entstanden sind. Durch diese Öffnung wären von der Definition somit auch Embryonen erfasst, die durch neue Techniken, wie beispielsweise die somatische Kerntransplantation und die Parthenogenese, entstanden sind. In Abgrenzung zu Keimzellen und Embryonen sollte als imprägnierte Eizelle jede befruchtete Eizelle vor der Kernverschmelzung anzusehen sein[1097].

Da der Umgang mit überzähligen Embryonen aufgrund ihres besonderen Status gesetzlich geregelt werden muss, muss zudem definiert werden, wann ein Embryo als überzählig anzusehen ist. Dabei ist an die Ausführungen im zweiten Teil anzuknüpfen, nach denen ein zu Fortpflanzungszwecken erzeugter Embryo dann als endgültig überzäh-

1093 Siehe dazu Teil 2 Kapitel 2 und Kapitel 4 VI.
1094 Siehe dazu Teil 2 Kapitel 2.
1095 Siehe dazu Teil 1 Kapitel 3 I. 3.
1096 § 3 Nr. 4 StZG; § 2 Nr. 3 AME-FMedG.
1097 Art. 2 lit. h FMedG-S.

lig anzusehen sein soll, wenn die vorgesehene Übertragung aus rechtlichen oder tatsächlichen Gründen nicht mehr möglich ist[1098,1099].

Abschließend sollte definiert werden, was unter IVF/ICSI, Embryonentransfer und Leihmutterschaft zu verstehen ist.

Hinsichtlich der IVF/ICSI und des Embryonentransfers kann wiederum auf die Vorschläge des AMG-FMedG Bezug genommen werden, die ähnlich oder gleich übernommen werden sollten.

Danach ist eine IVF/ICSI die Vereinigung einer Eizelle mit einer Samenzelle/Samenzellen außerhalb des Körpers der Frau[1100] und Embryonentransfer die Einbringung eines Embryos in die Gebärmutter der Frau[1101].

Bei der Bestimmung der Leihmutterschaft können der Vorschlag des AME-FMedG und die Regelung des FMedG-S herangezogen werden, sie sollten jedoch eine gewisse Modifikation erfahren. Nach diesen ist eine Leihmutter eine Frau, die bereit ist, sich einer medizinisch unterstützten Fortpflanzung zu unterziehen, um das Kind nach der Geburt Dritten zur Annahme als Kind zu überlassen[1102,1103]. Wie die Ausführungen im zweiten Teil der Arbeit gezeigt haben, sollte die Übernahme einer Schwangerschaft für Dritte jedoch von der Voraussetzung abhängig gemacht werden, dass die den Embryo austragende Frau nicht zugleich genetische Mutter des Kindes ist, um Trennungskonflikten nicht Vorschub zu leisten[1104]. Die Begriffsbestimmung sollte daher dahinge-

1098 Vgl. Teil 2 Kapitel 4 II. 2. a). Die dort vorgenommene Begrenzung darauf, dass eine Übertragung auf die Frau, von der die Eizelle stammt, nicht mehr in Betracht kommt, soll an dieser Stelle nicht übernommen werden. Dies ist dem Umstand geschuldet, dass nach der hier vertretenen Auffassung die Spende von Eizellen, imprägnierten Eizellen und Embryonen zulässig ist. Auch nach der Spende von Eizellen, imprägnierten Eizellen und Embryonen können überzählige Embryonen entstehen. Für die Entstehung dieser Embryonen wurden dann jedoch Eizellen verwendet, die nicht von der Frau stammen, auf die der Embryo übertragen werden sollte.

1099 § 2 Nr. 14 AME-FMedG.

1100 § 2 Nr. 6 AME-FMedG.

1101 § 2 Nr. 4 AME-FMedG.

1102 § 2 Nr. 11 AME-FMedG; anders formuliert aber inhaltlich gleich Art. 2 lit. k FMedG-S.

1103 Nach dem dieser Arbeit zugrundeliegenden Begriffsverständnis erfasst die Definition somit sowohl die Fälle der Ersatz- als auch der Leihmutterschaft.

1104 Siehe dazu Teil 2 Kapitel 4 VII. 3. a) aa).

hend modifiziert werden, dass eine Leihmutter eine Frau ist, die bereit ist, sich einen genetisch nicht von ihr abstammenden Embryo übertragen zu lassen und diesen auszutragen, um das Kind nach der Geburt Dritten zur Annahme als Kind zu überlassen.

2. Zweiter Abschnitt: Zulässigkeits-voraussetzungen für die Inanspruchnahme fortpflanzungsmedizinischer Maßnahmen

Im zweiten Abschnitt des Fortpflanzungsmedizingesetzes sollten die Zulässigkeitsvoraussetzungen für die Inanspruchnahme fortpflanzungsmedizinischer Maßnahmen geregelt werden. Dazu sollten in einem ersten Unterabschnitt zunächst diejenigen Zulässigkeitsvoraussetzungen vorangestellt werden, die für alle Verfahren der medizinisch unterstützten Fortpflanzung gleichermaßen gelten (a)), bevor in weiteren Unterabschnitten die Zulässigkeitsvoraussetzungen dargestellt werden, die für die einzelnen Verfahren der medizinisch unterstützten Fortpflanzung ergänzend gelten (b) – f)).

a) Erster Unterabschnitt: Allgemeine Bestimmungen

Im ersten Unterabschnitt sollten zunächst diejenigen Zulässigkeitsvoraussetzungen vorangestellt werden, die für alle Verfahren der medizinisch unterstützten Fortpflanzung gleichermaßen gelten. Dabei sollte bestimmt werden, unter welchen Voraussetzungen Verfahren medizinisch unterstützter Fortpflanzung in Anspruch genommen werden können, welche Anforderungen an den Behandelnden, die Aufklärung und Beratung und die Einwilligung zu stellen sind, bevor darauf eingegangen wird, wie der Widerruf erklärt werden kann.

Gegliedert werden sollte der erste Unterabschnitt in die §§ 3–7. § 3 sollte dabei die Voraussetzungen für die Inanspruchnahme von Verfahren der medizinisch unterstützten Fortpflanzung, § 4 den Arztvorbehalt, § 5 Aufklärung und Beratung, § 6 die Einwilligung und § 7 den Widerruf regeln.

aa) § 3 Allgemeine Zulässigkeitsvoraussetzungen für die Inanspruchnahme von Verfahren der medizinisch unterstützten Fortpflanzung

Wie die Ausführungen im zweiten Teil der Arbeit gezeigt haben, wird das Recht auf reproduktive Selbstbestimmung aus Art. 2 Abs. 1 i. V. m. Art. 1 Abs. 1 GG sowohl in personeller als auch in sachlicher Hinsicht umfassend gewährt[1105]. Nichtsdestotrotz ist eine Beschränkung des Rechts auf reproduktive Selbstbestimmung immer dann möglich, wenn damit der Schutz anderer verfassungsrechtlich geschützter Rechtsgüter bezweckt wird, die ebenfalls einen Menschenwürdebezug aufweisen[1106].

Nach der hier vertretenen Auffassung sollte eine Beschränkung des Rechts auf reproduktive Selbstbestimmung in dreierlei Hinsicht vorgenommen und auch in das Fortpflanzungsmedizingesetz aufgenommen werden.

Demnach sollte grundsätzlich gelten, dass fortpflanzungsmedizinische Maßnahmen nur bei Vorliegen einer medizinischen oder sozialen Indikation[1107] und ledilgich innerhalb von bestimmten, durch den Gesetzgeber vorzugebenden Altersgrenzen[1108] in Anspruch genommen werden können. Darüber hinaus sollte normiert werden, dass zunächst immer nur diejenige von mehreren, nach dem Stand der medizinischen Wissenschaft und Erfahrung aussichtsreichen und zumutbaren Methoden angewendet werden darf, die mit geringeren gesundheitlichen Beeinträchtigungen und Gefahren für alle Beteiligten einhergeht.

Der Gesetzgeber sollte die grundsätzliche Zulässigkeit der Inanspruchnahme fortpflanzungsmedizinischer Maßnahmen für den Fall vorsehen, dass eine medizinische oder soziale Indikation vorliegt. Damit bei der Anwendung der zu schaffenden Norm keine Auslegungsspielräume bestehen, die insbesondere hinsichtlich der personellen Reichweite zu Rechtsunsicherheiten führen können, sollte möglichst genau bestimmt werden, wer bei Vorliegen welcher Indikation Verfahren der medizinisch unterstützten Fortpflanzung in Anspruch nehmen kann.

1105 Siehe dazu Teil 2 Kapitel 3 III. 1. und 2.
1106 Siehe dazu Teil 2 Kapitel 3 III. 3.
1107 Siehe dazu Teil 2 Kapitel 3 IV. 2.
1108 Siehe dazu Teil 2 Kapitel 3 IV. 3.

Dies sollten zum einen (Ehe-)Paare sein, bei denen der Eintritt einer Schwangerschaft aufgrund von Sterilität/Infertilität durch Geschlechtsverkehr bisher nicht herbeigeführt werden konnte und voraussichtlich auch weiterhin nicht herbeigeführt werden kann[1109], denen die Herbeiführung einer Schwangerschaft aufgrund der ernsten Gefahr der Übertragung einer schweren Erb- oder Infektionskrankheit nicht zugemutet werden kann[1110] oder denen durch die fortpflanzungsmedizinische Maßnahme die Durchführung einer Präimplantationsdiagnostik ermöglicht werden soll[1111], zum anderen alleinstehende Personen oder homosexuelle (Ehe-)Paare, deren Kinderwunsch nur durch die Inanspruchnahme fortpflanzungsmedizinischer Maßnahmen realisiert werden kann[1112].

Daneben sollten die für die Inanspruchnahme fortpflanzungsmedizinischer Maßnahmen geltenden Altersgrenzen bestimmt werden. Nach der hier vertretenen Auffassung soll die Inanspruchnahme fortpflanzungsmedizinischer Maßnahmen nur dann zulässig sein, wenn die Frau, bei der die Schwangerschaft herbeigeführt werden soll, das 18., aber noch nicht das 50. Lebensjahr und der Mann, dessen Samen verwendet werden soll, das 18., aber noch nicht das 55. Lebensjahr vollendet hat.

Zuletzt sollte die Subsidiarität fortpflanzungsmedizinischer Maßnahmen geregelt werden. Sofern mehrere aussichtsreiche und zumutbare Methoden zur Auswahl stehen, sollte zunächst stets nur diejenige angewendet werden dürfen, die mit geringeren gesundheitlichen Beeinträchtigungen und Gefahren für die beteiligten Personen und das zu zeugende Kind verbunden ist[1113]. Die Entscheidung darüber, ob im konkreten Behandlungsfall mehrere aussichtsreiche und zumutbare Methoden zur Auswahl stehen, muss der behandelnde Arzt anhand

1109 Vgl. § 2 Abs. 2 Nr. 1 FMedG-ÖR; Art. 5 lit. a FMedG-S.

1110 Vgl. § 2 Abs. 2 Nr. 2 FMedG-ÖR; Art. 5 lit. b FMedG-S.

1111 Vgl. § 2 Abs. 2 Nr. 4 FMedG-ÖR.

1112 Dass der Kinderwunsch in diesen Konstellationen zumindest theoretisch auf natürlichem Weg realisiert werden könnte, wenn eine dritte Person in die Familienplanung einbezogen würde, kann dem nicht entgegengehalten werden. Ein derartiger Verweis würde das sexuelle Selbstbestimmungsrecht der betroffenen Personen in unzulässiger Weise verletzen. Siehe dazu Teil 2 ap. 3 IV. 2.

1113 § 2 Abs. 3 FMedG-ÖR.

des Einzelfalls treffen. Dies ist interessengerecht, da die Aussichten der Behandlung erheblich durch die individuellen medizinischen und persönlichen Ausgangsbedingungen im konkreten Fall geprägt sind. Durch diese Regelung soll zum Ausdruck gebracht werden, dass grundsätzlich zunächst stets weniger invasive Methoden angewendet werden sollen und auch die Einbeziehung Dritter in die Behandlung nur dann in Betracht kommen soll, wenn die Behandlungsmethoden im (quasi-)homologen System keinen (hinreichenden) Erfolg versprechen. Der Gesetzgeber könnte unter Hinweis darauf, dass ein abgestuftes Vorgehen bei der Behandlung von Kinderwunschpatienten selbstverständlich sei, auf die Normierung des Subsidiaritätsprinzips verzichten. Nach der hier vertretenen Auffassung verdeutlicht eine ausdrückliche Regelung des Subsidiaritätsprinzips jedoch die Bedeutung der zu schützenden Rechte und Interessen der Beteiligten und des zu zeugenden Kindes. Dies gilt insbesondere vor dem Hintergrund, dass sich Kinderwunschpatienten regelmäßig in einer physisch und psychisch sehr belastenden Situation befinden, die unter Umständen dazu verleiten kann, sofort invasivere Maßnahmen in Anspruch nehmen zu wollen, sofern diese auch nur minimal aussichtsreicher sind. Durch die Normierung des Subsidiaritätsprinzips sollte dem Arzt daher ein rechtlich ausgestalteter Übereilungsschutz an die Seite gestellt werden, der sowohl ihm als auch den Kinderwunschpatienten diesen Grundsatz noch einmal vor Augen führt.

bb) § 4 Arztvorbehalt

Die Durchführung aller fortpflanzungsmedizinischen Maßnahmen sollte einem Arzt vorbehalten bleiben. Daher sollte ein Arztvorbehalt ausdrücklich normiert werden. Ein solcher ist erforderlich, da die Durchführung fortpflanzungsmedizinischer Maßnahmen wissenschaftlich gesicherte medizinische Kenntnisse voraussetzt[1114]. Zudem gehen ihr eine umfangreiche Diagnostik und Beratung voraus, die nur durch einen Arzt gewährleistet werden können[1115]. Da Ärzte an hohe fachliche Standards gebunden sind und dem Berufsrecht unterliegen,

1114 BT-Drs. 11/5460, S. 13.
1115 BT-Drs. 11/5460, S. 13.

kann durch den Arztvorbehalt zudem die Qualität der fortpflanzungsmedizinischen Behandlung gesichert und Missbräuchen vorgebeugt werden[1116].

Auch wenn der Arztvorbehalt offen formuliert und nicht an einzelne fortpflanzungsmedizinische Maßnahmen gebunden werden sollte[1117], schließt er eine Delegation einzelner Tätigkeiten an Dritte, beispielsweise Reproduktionsbiologen, nicht aus[1118]. Nach den allgemeinen Grundsätzen des Arztrechts ist eine solche Delegation immer dann möglich, wenn der Patient nicht in berechtigter Weise darauf vertrauen kann, dass der Arzt die Tätigkeit höchstpersönlich vornimmt, durch die Delegation der Tätigkeit keine erhöhten Gefahren begründet werden und der Arzt trotz der Delegation die Gesamtverantwortung für die Behandlung behält[1119]. Dazu ist erforderlich, dass der Arzt selbst die medizinischen und organisatorischen Rahmenbedingungen für die Durchführung der Tätigkeit vorgibt und diese selbst auf einen ordnungsgemäß ausgewählten Dritten überträgt[1120]. Darüber hinaus hat er regelmäßig die Einhaltung der von ihm vorgegebenen medizinischen und organisatorischen Rahmenbedingungen zu überprüfen[1121]. Bei der Durchführung fortpflanzungsmedizinischer Maßnahmen kommt eine solche Delegation insbesondere bei der Aufbereitung von Samenzellen, der Zusammenführung von Samen- und Eizellen außerhalb des Körpers der Frau sowie bei der Kryokonservierung von Keimzellen und Embryonen in Betracht.

1116 BT-Drs. 11/5460, S. 13.

1117 Vgl. § 17 AME-FMedG; § 4 Abs. 1 FMedG-ÖR, der einen qualifizierten Arztvorbehalt dergestalt vorsieht, dass fortpflanzungsmedizinische Maßnahmen nur von einem Facharzt der Frauenheilkunde und Geburtshilfe durchgeführt werden dürfen; § 8 i. V. m. § 9 FMedG-S, nach denen fortpflanzungsmedizinische Maßnahmen nur durch Ärzte durchgeführt werden dürfen, die eine entsprechende Bewilligung des Kantons erhalten haben.

1118 Günther/*Taupitz*/Kaiser, ESchG, 2. Aufl., 2014, C. II. § 9 Rn. 7.

1119 *BRZ*, Reproduktionsmedizin 2002, 352, 353.

1120 *BRZ*, Reproduktionsmedizin 2002, 352, 354; Günther/*Taupitz*/Kaiser, ESchG, 2. Aufl., 2014, C. II. § 9 Rn. 7.

1121 *BRZ*, Reproduktionsmedizin 2002, 352, 354.

cc) § 5 Aufklärung und Beratung

Vor der Durchführung einer medizinischen Maßnahme ist jeder Arzt gem. § 630e Abs. 1 S. 1 BGB dazu verpflichtet, den Patienten über alle für die Einwilligung wesentlichen Umstände aufzuklären, damit dieser befähigt wird, eigenverantwortlich und informiert zu entscheiden, ob er den Eingriff durchführen lassen möchte oder nicht[1122]. Als wesentlich in diesem Sinne sind nach § 630e Abs. 1 S. 2 BGB insbesondere Art, Umfang, Durchführung, zu erwartende Folgen und Risiken der Maßnahme sowie ihre Notwendigkeit, Dringlichkeit, Eignung und die Erfolgsaussichten im Hinblick auf Diagnose und Therapie anzusehen. Dieses Aufklärungserfordernis gilt auch hinsichtlich fortpflanzungsmedizinischer Maßnahmen.

Nichtsdestotrotz sollte die Aufklärungspflicht für die Vornahme fortpflanzungsmedizinischer Maßnahmen einer eigenständigen und detaillierten Regelung im Fortpflanzungsmedizingesetz unterzogen werden[1123]. Dies gilt insbesondere vor dem Hintergrund, dass – wie die Ausführungen im zweiten Teil dieser Arbeit gezeigt haben – durch fortpflanzungsmedizinische Maßnahmen nicht nur das Selbstbestimmungsrecht und die körperliche Integrität der Patientin, sondern auch das Selbstbestimmungsrecht und die körperliche Integrität weiterer Beteiligter sowie die Rechte und Interessen des zu zeugenden Kindes betroffen sein können.

Aus diesem Grund sollte das Fortpflanzungsmedizingesetz selbst detaillierte Regelungen dazu enthalten, wer wann durch wen und worüber aufzuklären ist.

1122 Prütting/*Prütting-Merrem*, Medizinrecht, 5. Aufl., 2019, § 630a BGB Rn. 36 und § 630e Rn. 2.

1123 § 18 AME-FMedG; *Dorneck*, Das Recht der Reproduktionsmedizin de lege lata und de lege ferenda, 2018, S. 279; *Jungfleisch*, Fortpflanzungsmedizin als Gegenstand des Strafrechts?, 2005, S. 295 f.; *Taupitz*, Kernaspekte zu Leitfrage 7: Die Verantwortung des parlamentarischen Gesetzgebers für Sicherheit, Qualität, Dokumentation und Patientenaufklärung bei medizinisch unterstützter Fortpflanzung sowie für die Einführung neuartiger Verfahren, in: BMG (Hrsg.), Fortpflanzungsmedizin in Deutschland, 2001, S. 280, 286 f.

Zunächst sollte erforderlich sein, dass alle an der fortpflanzungsmedizinischen Maßnahme Beteiligten vor deren Durchführung durch den behandelnden Arzt aufzuklären sind.

Da die Aufklärung, wie gleich noch zu zeigen sein wird, eine Vielzahl von Informationen enthalten sollte, sollte zudem vorgegeben werden, dass sie in einem durch den Gesetzgeber näher zu bestimmenden zeitlichen Abstand zur Durchführung der fortpflanzungsmedizinischen Maßnahme vorgenommen werden muss[1124]. Dieser sollte zum einen nicht zu kurz bemessen sein, damit die Beteiligten die erhaltenen Informationen verarbeiten und eine informierte Entscheidung treffen können. Zum anderen sollte er nicht zu lang ausfallen, damit die Informationen noch gegenwärtig und nicht bereits entaktualisiert sind. Es erscheint daher sinnvoll, dass die Aufklärung spätestens zwei[1125] bis vier Wochen[1126] vor der Durchführung der fortpflanzungsmedizinischen Maßnahme stattfinden muss.

Daneben sollte durch den Gesetzgeber selbst vorgegeben werden, über welche Umstände insbesondere aufgeklärt werden muss[1127].

Bei Vorliegen einer medizinischen Indikation sollten die Beteiligten zunächst über die verschiedenen Ursachen der Sterilität/Infertilität aufgeklärt werden. Dies erscheint erforderlich, da Studien immer wieder belegen, wie schlecht das Wissen der Allgemeinbevölkerung über die Fruchtbarkeit und mögliche Fruchtbarkeitsstörungen ist[1128]. Nur wenn dazu die wesentlichen Grundlagen erläutert wurden, scheint es

1124 *Kaiser*, Elternglück durch Fremdspende und Leihmutterschaft?, in Götz u. a. (Hrsg.), FS Brudermüller, 2014, S. 356, 369; *Spickhoff*, AcP 197 (1997), 398, 419 f.

1125 § 7 Abs. 1 FMedG-ÖR.

1126 Eine in der Regel vier Wochen betragende Bedenkzeit fordert Art. 6 Abs. 3 FMedG-S.

1127 *Taupitz*, Kernaspekte zu Leitfrage 7: Die Verantwortung des parlamentarischen Gesetzgebers für Sicherheit, Qualität, Dokumentation und Patientenaufklärung bei medizinisch unterstützter Fortpflanzung sowie für die Einführung neuartiger Verfahren, in: BMG (Hrsg.), Fortpflanzungsmedizin in Deutschland, 2001, S. 280, 287.

1128 *Mann*, Die Fruchtbarkeit endet viel früher, als die meisten denken, abrufbar unter: https://www.focus.de/familie/experten/spaete-familienplanung-die-fruchtbarkeit-endet-viel-frueher-als-die-meisten-denken_id_6145408.html (Stand: 02.01.2020).

möglich, dass die Beteiligten auch die Aufklärung über die fortpflanzungsmedizinischen Maßnahmen selbst verstehen können.

In jedem Fall sollten die Beteiligten über die Verfahren der medizinisch unterstützten Fortpflanzung einschließlich ihrer Erfolgsaussichten und Unsicherheiten[1129], über mögliche Behandlungsalternativen[1130] sowie die sich aus diesen ergebenden gesundheitlichen Risiken, Folgen und Gefahren für die zu behandelnde Frau und das gewünschte Kind[1131] aufgeklärt werden, da nur so den Beteiligten ermöglicht werden kann, sich eigenverantwortlich und informiert für oder gegen eine fortpflanzungsmedizinische Maßnahme zu entscheiden.

Zusätzlich könnte erwogen werden, daneben die Aufklärung über die mit der Durchführung der Behandlung einhergehenden psychischen Belastungen ausdrücklich vorzusehen[1132], da von diesen nicht nur die behandelte Frau, sondern auch die anderen an der fortpflanzungsmedizinischen Maßnahme Beteiligten betroffen sein können. Vor allem wenn die Behandlung unter Einbeziehung Dritter[1133] stattfindet, können sich besondere Herausforderungen für die Kinderwunschpatienten und/oder die spätere Familie ergeben, die bereits vor der Durchführung einer entsprechenden fortpflanzungsmedizinischen Maßnahme eingehend mit den Beteiligten thematisiert werden sollten. Daher sollte in jedem Fall durch den Gesetzgeber vorgegeben werden, dass über die sich stellenden Herausforderungen bei der Einbeziehung Dritter in die fortpflanzungsmedizinische Behandlung aufzuklären ist.

Da bei der Einbeziehung Dritter in die Behandlung dem Recht des zu zeugenden Kindes auf Kenntnis der eigenen Abstammung besondere Bedeutung zukommt[1134], sollten die Beteiligten auch über dieses im Vorfeld aufgeklärt werden[1135].

1129 § 7 Abs. 1 Nr. 1 FMedG-ÖR; Art. 6 Abs. 1 lit. a FMedG-S; § 18 Nr. 1 AME-FMedG.

1130 § 18 Nr. 1 AME-FMedG.

1131 § 7 Abs. 1 Nr. 3 FMedG-ÖR; § 18 Nr. 2 AME-FMedG.

1132 Art. 6 Abs. 1 lit. d FMedG-S.

1133 Zu denken ist hier an Fälle der Spende von Keimzellen, imprägnierten Eizellen und Embryonen sowie der Leihmutterschaft.

1134 Siehe dazu zur Samenspende Teil 2 Kapitel 4 III. 1.; zur Eizellspende Teil 2 Kapitel 4 IV. 1. a); zur Leihmutterschaft Teil 2 Kapitel 4 VII. 3. a) aa).

1135 Vgl. § 18 Nr. 4 AME-FMedG.

Ohne dass dafür die Einhaltung einer bestimmten Frist erforderlich ist, sollten die Beteiligten über weitere Aspekte, die mit der Durchführung der fortpflanzungsmedizinischen Maßnahme in Zusammenhang stehen, aufgeklärt/beraten werden. Den Beteiligten sollte zunächst erläutert werden, welche Daten im Zusammenhang mit der Durchführung der fortpflanzungsmedizinischen Maßnahme dokumentiert werden[1136], wo und wie lange diese gespeichert werden[1137] und wer unter welchen Voraussetzungen einen Auskunftsanspruch bezüglich dieser Daten geltend machen kann[1138]. Die Aufklärung soll dabei den Spendern von Keimzellen, imprägnierten Eizellen oder Embryonen vor Augen führen, dass das durch die Spende gezeugte Kind in seinem späteren Leben mit ihnen Kontakt aufnehmen kann, und den Kinderwunschpatienten die Folgen für das weitere (Familien-)Leben aufzeigen, welche die Einbeziehung einer dritten Person in die Familiengründung nach sich ziehen kann.

Da die Durchführung fortpflanzungsmedizinischer Maßnahmen zumindest nach der derzeit geltenden Rechtslage in jedem Fall mit nicht unerheblichen Kosten verbunden ist, sollte zudem über die mit dem Eingriff zusammenhängenden finanziellen Belastungen und die zu erwartenden Folgekosten aufgeklärt werden[1139]. Dies gilt insbesondere vor dem Hintergrund, dass die Durchführung fortpflanzungsmedizinischer Maßnahmen oft erst nach mehreren Versuchen zu einer erhofften Schwangerschaft und zur Geburt eines Kindes führt. Dadurch entstehen schnell Behandlungskosten in fünfstelliger Höhe, was den die Behandlung in Anspruch Nehmenden bereits zu Beginn der Behandlung bewusst sein sollte.

Neben diesen zwingenden Aufklärungserfordernissen sollte der Gesetzgeber dem behandelnden Arzt auch die Pflicht auferlegen, auf ergänzende Beratungsangebote hinzuweisen[1140].

1136 Siehe dazu Teil 3 II. 5. a).

1137 Siehe dazu Teil 3 II. 5. a).

1138 Siehe dazu Teil 3 II. 5. b).

1139 § 7 Abs. 1 Nr. 7 FMedG-ÖR; vgl. Art. 6 Abs. 1 lit. e FMedG-S.

1140 *Taupitz* spricht sich für eine umfangreiche Normierung der vor- und nachgeschalteten Beratung aus (Kernaspekte zu Leitfrage 7: Die Verantwortung des parlamentarischen Gesetzgebers für Sicherheit, Qualität, Dokumentation und Patientenaufklärung bei medizinisch unterstützter Fortpflanzung sowie für die

Aufgrund der erheblichen psychischen Belastungen, die mit einer Kinderwunschbehandlung einhergehen – die durch die Einbeziehung von Dritten verstärkt werden können –, sollte eine psychologische Beratung beziehungsweise eine psychosoziale Betreuung vorgeschlagen und auf die Möglichkeit hingewiesen werden, dass andere unabhängige Beratungseinrichtungen aufgesucht werden können[1141]. Zudem sollte im Fall der Einbeziehung Dritter in die fortpflanzungsmedizinische Maßnahme eine rechtliche Beratung vorgeschlagen werden, da die zivilrechtlichen, insbesondere familien- und erbrechtlichen Folgen als nicht unerheblich anzusehen sind[1142]. Nach der hier vertretenen Auffassung genügt es, wenn auf diese zusätzlichen Beratungsangebote (nachdrücklich) hingewiesen wird, da der individuelle Beratungsbedarf sehr unterschiedlich ausfallen kann[1143]. Auch wenn die psychischen und rechtlichen Folgen als nicht unerheblich anzusehen sind, ist doch davon auszugehen, dass die die Behandlung in Anspruch Nehmenden nach einer ersten Aufklärung durch den Arzt selbst in der Lage sind einzuschätzen, ob sie eine entsprechende psychologische und/ oder juristische Beratung für sich als erforderlich empfinden oder nicht. Dabei ist auch keine Unterscheidung dahingehend vorzunehmen, ob die Behandlung von einer alleinstehenden Person/einem nicht verheirateten Paar oder einem Ehepaar in Anspruch genommen werden soll. Die Hinweispflichten sollten hinsichtlich aller an der Behandlung Beteiligten gleichermaßen gelten. Es sollte bei Erteilung des jeweiligen Hinweises durch den Arzt jedoch bereits auf die unterschiedlichen der Behandlung zugrundeliegenden Ausgangsbedingungen eingegangen werden.

Zudem sollten die Beteiligten darauf hingewiesen werden, dass eine psychologische Beratung oder psychosoziale Betreuung auch während oder nach der Behandlung begonnen werden kann, da Probleme insbesondere dann auftreten können, wenn die Kinderwunschbehand-

---

Einführung neuartiger Verfahren, in: BMG (Hrsg.), Fortpflanzungsmedizin in Deutschland, 2001, S. 280, 286 f.).

1141 § 7 Abs. 2 FMedG-ÖR; § 19 S. 1 AME-FMedG; vgl. Art. 6 Abs. 4 FMedG-S.

1142 § 7 Abs. 4 FMedG-ÖR; § 19 S. 2 AME-FMedG.

1143 *Dorneck* hält eine Empfehlung zur rechtlichen Beratung für nicht ausreichend (Das Recht der Reproduktionsmedizin de lege lata und de lege ferenda, 2018, S. 280).

lung (endgültig) erfolglos bleibt oder es zu Spannungen/Konflikten zwischen den Beteiligten kommt[1144]. Um den Informationsbedarf der Beteiligten in angemessener Weise zu befriedigen, sollte der Gesetzgeber darauf hinwirken, dass fundierte und gut verständliche Informationen niederschwellig erlangt werden können, unabhängig davon, ob eine psychologische und/oder juristische Beratung in Anspruch genommen wird.

dd) § 6 Einwilligung

Nach § 630d Abs. 1 S. 1 i. V. m. Abs. 2 BGB ist der Behandelnde verpflichtet, vor der Durchführung einer medizinischen Maßnahme die Einwilligung des aufgeklärten Patienten einzuholen. Erfolgt die Behandlung ohne wirksame Einwilligung, stellt sie eine Verletzung des Selbstbestimmungsrechts sowie der körperlichen Integrität des Patienten dar[1145]. Dies gilt grundsätzlich auch für die Durchführung fortpflanzungsmedizinischer Maßnahmen. Da jedoch nicht nur die unmittelbar behandelte Person, sondern auch alle anderen an der Behandlung Beteiligten in deren Vornahme einwilligen und zudem die Rechte und Interessen des zu zeugenden Kindes gewahrt werden müssen, sollte die Einwilligung einer eigenständigen und detaillierten Regelung im Fortpflanzungsmedizingesetz unterzogen werden. Es sollte normiert werden, dass der Behandelnde verpflichtet ist, vor der Durchführung der fortpflanzungsmedizinischen Maßnahme die Einwilligung der aufgeklärten Beteiligten einzuholen. Da an die Aufklärung nach der hier vertretenen Auffassung eine Reihe von Anforderungen gestellt werden sollten, bedarf insbesondere die Frage, welche

---

1144 *Brähler*, Elternschaft, Rolle der Frau und Beratung bei medizinisch unterstützter Fortpflanzung: Medizinpsychologische Erkenntnisse, in: BMG (Hrsg.), Fortpflanzungsmedizin in Deutschland, 2001, S. 96, 98; *Deutsche Akademie der Naturforscher Leopoldina e.V./Union der deutschen Akademien der Wissenschaften e.V.*, Fortpflanzungsmedizin in Deutschland – für eine zeitgemäße Gesetzgebung, 2019, S. 6, 95; *Taupitz*, Kernaspekte zu Leitfrage 7: Die Verantwortung des parlamentarischen Gesetzgebers für Sicherheit, Qualität, Dokumentation und Patientenaufklärung bei medizinisch unterstützter Fortpflanzung sowie für die Einführung neuartiger Verfahren, in: BMG (Hrsg.), Fortpflanzungsmedizin in Deutschland, 2001, S. 280, 287.

1145 Prütting/*Prütting/Merrem*, Fachanwaltskommentar Medizinrecht, 5. Aufl., 2019, § 630d Rn. 42.

Aufklärungsverstöße die Unwirksamkeit der Einwilligung nach sich ziehen, einer Beantwortung. Grundsätzlich sollte gelten, dass prozedurale Aufklärungsverstöße[1146] nicht zur Unwirksamkeit der Einwilligung führen, sofern die Aufklärung inhaltlich richtig erfolgt ist und den Beteiligten durch diese eine wohlüberlegte und freie Entscheidung ermöglicht wurde. Die Wirksamkeit der Einwilligung soll daher beispielsweise unberührt bleiben, wenn die Beteiligten inhaltlich richtig durch z. B. einen Medizinstudenten oder erst unmittelbar vor Durchführung der fortpflanzungsmedizinischen Maßnahme aufgeklärt wurden[1147].

Inhaltliche Aufklärungsverstöße[1148] sollten demgegenüber grundsätzlich die Unwirksamkeit der Einwilligung zur Folge haben, da eine wohlüberlegte und freie Entscheidung nur dann getroffen werden kann, wenn in den Entscheidungsfindungsprozess alle entscheidungserheblichen Informationen einbezogen werden können. Etwas anderes sollte lediglich dann gelten, wenn die Beteiligten auch ohne Aufklärung über hinreichende Kenntnis verfügen. Davon kann insbesondere dann ausgegangen werden, wenn die Beteiligten die fortpflanzungsmedizinische Maßnahme schon einmal durchführen lassen haben und

1146 Prozedurale Aufklärungsanforderungen in diesem Sinne sollen dabei die Aufklärung durch den behandelnden Arzt, die Aufklärungsfrist, die Aufklärung hinsichtlich der im Rahmen der Durchführung der fortpflanzungsmedizinischen Maßnahme zu dokumentierenden Daten sowie die Aufklärung über die durch die Behandlung entstehenden Kosten sein.

1147 Damit die Aufklärungsanforderungen nicht beliebig unterlaufen werden können, sind jedoch Sanktionen des behandelnden Arztes möglich. Unterbleibt die Aufklärung über die durch die Behandlung entstehenden Kosten, erhalten die zahlungspflichtigen Beteiligten einen Schadensersatzanspruch gem. § 280 Abs. 1 BGB in Höhe der nicht durch Dritte übernommenen Behandlungskosten gegen den Behandelnden (vgl. zum Behandlungsvertrag Prütting/*Prütting/Merrem*, Fachanwaltskommentar Medizinrecht, 5. Aufl., 2019, § 630c Rn. 43). Dieser kann jedoch wegen Mitverschulden der zahlungspflichtigen Beteiligten gem. § 254 BGB gemindert oder nach Treu und Glauben gem. § 242 BGB beschränkt sein (vgl. zum Behandlungsvertrag Prütting/*Prütting/Merrem*, Fachanwaltskommentar Medizinrecht, 5. Aufl., 2019, § 630c Rn. 44).

1148 Inhaltliche Aufklärungsanforderungen in diesem Sinne sollen dabei die Aufklärung über die Indikation und die Durchführung der fortpflanzungsmedizinischen Maßnahme einschließlich der psychischen Belastungen sowie die Aufklärung über das Recht auf Kenntnis der eigenen Abstammung des zu zeugenden Kindes sein.

zuvor ordnungsgemäß aufgeklärt wurden oder wenn sie aufgrund eigener Fachkenntnis über die erforderlichen Informationen verfügen[1149].

Um Rechtssicherheit zu schaffen und auch die Dokumentation zu erleichtern, sollte die Einwilligung von allen Beteiligten ausdrücklich und schriftlich[1150] gegenüber dem Arzt erklärt werden müssen[1151]. Sie sollte zudem nur höchstpersönlich erteilt werden können[1152].

Darüber hinaus sollte erwogen werden, ob bereits durch den Gesetzgeber eine Beschränkung der Geltungsdauer der Einwilligung vorgegeben werden sollte. Dafür spricht, dass die Inanspruchnahme fortpflanzungsmedizinischer Maßnahmen von vielen Betroffenen als sehr belastend empfunden wird, was Auswirkungen auf die Paarbeziehung und den Kinderwunsch haben kann. Um die eigene (Paar-)Situation besser reflektieren und die Erfolgsaussichten des weiteren Vorgehens realistisch einschätzen zu können, erscheint es sinnvoll, die Einwilligung nicht unbeschränkt bis auf Widerruf gelten zu lassen und eine erneute Einwilligung von einer an die aktuelle Situation angepassten Aufklärung abhängig zu machen. Dazu sind zwei Regelungsmechanismen denkbar. Zum einen kann die Geltungsdauer der Einwilligung

1149 Vgl. zum Behandlungsvertrag Prütting/*Prütting/Merrem*, Fachanwaltskommentar Medizinrecht, 5. Aufl., 2019, § 630e Rn. 57.

1150 Aufgrund der besonderen Bedeutung der Zuordnung zu den Wunscheltern wird insbesondere im Zusammenhang mit der Samenspende und der Leihmutterschaft immer wieder gefordert, dass die Einwilligung notariell beurkundet werden sollte. Dabei soll es keinen Unterschied machen, ob das die Behandlung in Anspruch nehmende Paar miteinander verheiratet ist oder nicht (§ 8 Abs. 1 S. 2 FMedG-ÖR; *Kaiser*, Elternglück durch Fremdspende und Leihmutterschaft?, in: Götz u. a. (Hrsg.), FS Brudermüller, 2014, S. 356, 369). Tatsächlich genügt an dieser Stelle jedoch die einfache Schriftform, da durch die umfangreiche Aufklärung durch den Arzt und die durch den Gesetzgeber vorzusehende Bedenkzeit ein ausreichender Übereilungsschutz vorgesehen ist, der nicht noch durch eine zwingende notarielle Beurkundung ergänzt werden muss. Etwas anderes kann hinsichtlich einzelner Verfahren gelten. Entsprechende Regelungen müssten dann jedoch bei diesen getroffen werden (siehe zur Leihmutterschaft Teil 3 Kapitel 2 II. e)).

1151 Art. 5b Abs. 1 S. 1 FMedG-S; § 20 AME-FMedG; vgl. § 8 Abs. 1 FMedG-ÖR nach dessen S. 2 bei der Verwendung von Samen oder Eizellen Dritter ein Notarakt erforderlich ist, sofern das die Behandlung in Anspruch nehmende Paar nicht miteinander verheiratet ist.

1152 § 8 Abs. 2 S. 1 FMedG-ÖR.

zeitlich beschränkt werden, zum anderen kann die Geltungsdauer an eine bestimmte Anzahl von Behandlungszyklen gebunden werden. Eine zeitliche Beschränkung der Geltungsdauer der Einwilligung findet sich im österreichischen Fortpflanzungsmedizinrecht, nach dessen § 8 Abs. 5 FMedG die Einwilligung zum Zeitpunkt der Vornahme der Behandlung nicht älter als zwei Jahre sein darf. Eine Beschränkung der Geltungsdauer, gebunden an die Anzahl der durchgeführten Behandlungszyklen, findet sich hingegen im schweizerischen Fortpflanzungsmedizinrecht, nach dessen Art. 5b Abs. 1 S. 2 FMedG die Einwilligung nur für drei Behandlungszyklen Geltung entfaltet. Auch wenn eine zeitliche Begrenzung den Vorteil mit sich bringt, dass sie leicht überprüft werden kann, sollte eine Beschränkung auf eine bestimmte Anzahl von Behandlungszyklen vorgezogen werden. Für dieses Vorgehen spricht, dass es den Schutzinteressen der Beschränkung am ehesten gerecht werden kann. Denn die Anzahl der Behandlungszyklen, die innerhalb eines bestimmten Zeitraumes in Anspruch genommen werden, respektive in Anspruch genommen werden können, ist abhängig von der individuellen Ausgangssituation und anzuwendenden fortpflanzungsmedizinischen Maßnahme[1153]. Um diesen Unterschieden auch bei der Bestimmung der Anzahl der für die Beschränkung maßgeblichen Behandlungszyklen gerecht zu werden, sollte zwischen Inseminationen im Spontanzyklus und anderen fortpflanzungsmedizinischen Maßnahmen unterschieden werden. Es erscheint sinnvoll, die Einwilligung auf acht Behandlungszyklen mit Insemination im Spontanzyklus oder drei Behandlungszyklen mit anderen fortpflanzungsmedizinischen Maßnahmen zu beschränken. Diese Einschränkung orientiert sich an den Vorgaben, die der Gemeinsame Bundesausschuss (GBA) zur Konkretisierung der Leistungspflicht der gesetzli-

1153 Da Inseminationen im Spontanzyklus ohne größeren medizinischen Aufwand, insbesondere ohne hormonelle Stimulation der zu inseminierenden Frau, durchgeführt werden können, kann grundsätzlich in jedem Zyklus ein Versuch erfolgen. Die anderen fortpflanzungsmedizinischen Maßnahmen sind hingegen regelmäßig mit einem (deutlich) größeren medizinischen Aufwand – beispielsweise durch die hormonelle Stimulation der Frau, die Eizellgewinnung oder die Befruchtung der Eizelle(n) außerhalb des Körpers der Frau – verbunden, weshalb sie regelmäßig nicht in derselben Geschwindigkeit wiederholt werden können.

chen Krankenkassen nach § 27a SGB V aufgestellt hat[1154]. Bleiben acht Behandlungszyklen mit Insemination im Spontanzyklus oder drei Behandlungszyklen mit anderen fortpflanzungsmedizinischen Maßnahmen erfolglos, besteht nach den Ausführungen des GBA keine hinreichende Aussicht mehr, dass durch das gewählte Verfahren eine Schwangerschaft herbeigeführt werden kann[1155]. Auch wenn diese Vorgaben des GBA, genau wie die Vorgaben des § 27a SGB V selbst, keinen unmittelbaren Einfluss auf die im Fortpflanzungsmedizingesetz zu schaffenden Regelungen ausüben können, können sie an dieser Stelle als Orientierung dienen. Denn gerade dann, wenn die Behandlung allgemein als nicht mehr aussichtsreich einzuschätzen ist, sollten die Beteiligten darüber informiert werden. Durch eine erneute Aufklärung, die sich nicht an der allgemeinen, sondern an der ganz individuellen Prognose auszurichten hat, sollen sie dann befähigt werden, das weitere Vorgehen informiert und selbstbestimmt entscheiden zu können. Sofern eine weitere Behandlung gewünscht wird, kann diese nach Erteilung einer neuen Einwilligung, die wieder Geltung für drei (bzw. acht[1156]) Behandlungszyklen entfaltet, begonnen werden.

ee) § 7 Widerruf

Daneben sollte allen Beteiligten die Möglichkeit des Widerrufs der Einwilligung eingeräumt werden, da grundsätzlich niemand gegen seinen Willen zu einer Beteiligung an der Durchführung einer fortpflanzungsmedizinischen Maßnahme gezwungen werden kann, selbst wenn er in diese zunächst eingewilligt hat.

Da durch die Anwendung fortpflanzungsmedizinischer Maßnahmen die Rechte und Interessen mehrerer Beteiligter und des zu zeugenden Kindes betroffen sind, stellt sich jedoch die Frage, wo dieses Wider-

1154 *GBA*, Richtlinie über künstliche Befruchtung, abrufbar unter: https://www.g-ba.de/downloads/62-492-1402/KB-RL_2017-03-16_iK-2017-06-02.pdf (Stand: 02.01.2020), S. 3.

1155 *GBA*, Richtlinie über künstliche Befruchtung, abrufbar unter: https://www.g-ba.de/downloads/62-492-1402/KB-RL_2017-03-16_iK-2017-06-02.pdf (Stand: 02.01.2020), S. 3.

1156 Sofern acht Behandlungszyklen mit Insemination im Spontanzyklus erfolglos geblieben sind, wird für die weitere Behandlung in der Regel eine andere fortpflanzungsmedizinische Maßnahme ergriffen.

rufsrecht seine Grenzen finden muss. Diese Entscheidung sollte durch den Gesetzgeber selbst getroffen und im Fortpflanzungsmedizingesetz geregelt werden.

Zunächst erscheint eine Begrenzung sinnvoll, die sich daran orientiert, wann die fortpflanzungsmedizinische Maßnahme im technischen Sinn abgeschlossen ist. Vom Abschluss der fortpflanzungsmedizinischen Maßnahme im technischen Sinn ist immer dann auszugehen, wenn Samen- oder Eizellen, imprägnierte Eizellen oder Embryonen in den Körper der Frau eingebracht wurden[1157], da ab diesem Zeitpunkt keine weitere Einflussnahme des behandelnden Arztes oder der Beteiligten mehr erforderlich ist, um eine Schwangerschaft herbeizuführen. Ab diesem Zeitpunkt sollte der Widerruf aller Beteiligten ausgeschlossen sein.

Daneben stellt sich die Frage, ob im Fall der Befruchtung außerhalb des Körpers der Frau das Widerrufsrecht des Mannes eine zusätzliche Beschränkung erfahren sollte. Eine solche Beschränkung fand sich in § 8 Abs. 4 FMedG-ÖR a. F. Nach diesem war der Widerruf des Mannes nur bis zur extrakorporalen Vereinigung des Samens mit der Eizelle möglich. Damit wurde ein Gleichlauf zur natürlichen Zeugung dahingehend hergestellt, dass der Mann bei dieser nach „Verwendung" seines Samens auch keine Möglichkeit mehr hat, den weiteren Verlauf durch seinen Willen zu beeinflussen. Jedoch unterscheidet sich die Situation der natürlichen Zeugung an dieser Stelle erheblich von derjenigen im Rahmen der assistierten Fortpflanzung. Während sich der Samen bei der natürlichen Zeugung nach seiner „Verwendung" bereits im Körper der Frau befindet und der Eintritt einer Schwangerschaft ohne Zutun Dritter möglich ist, kann eine Schwangerschaft im Rahmen der assistierten Fortpflanzung nach extrakorporaler Befruchtung überhaupt nur dann eintreten, wenn die imprägnierte Eizelle oder der Embryo auch auf die Frau übertragen wird. In dieser Übertragung liegt ein als wesentlich anzusehender Zwischenschritt, der eine andere Beurteilung rechtfertigt. Aufgrund des reproduktiven Selbstbestimmungsrechts des Mannes muss diesem der Widerruf daher bis zum Transfer der imprägnierten Eizelle oder des Embryos möglich sein.

1157 § 8 Abs. 4 FMedG-ÖR; § 21 Abs. 1 AME-FMedG.

Das mit dem einseitigen Widerruf des Mannes die fortpflanzungsmedizinische Maßnahme nicht fortgesetzt werden kann, kann für die von der Entscheidung betroffene Frau weitreichende Folgen für die eigene Fortpflanzung haben, insbesondere wenn sie sich bereits im fortgeschrittenen Alter befindet und somit nur noch wenige Möglichkeiten für die Herbeiführung einer Schwangerschaft bestehen. Andererseits kann der einseitige Widerruf der Frau weitreichende Folgen für die Fortpflanzung des Mannes nach sich ziehen, auch wenn dem Mann aufgrund der biologischen Gegebenheiten in den meisten Fällen zumindest theoretisch noch wesentlich mehr Möglichkeiten zur Verfügung stehen werden, eine Schwangerschaft bei einer anderen Frau herbeizuführen. Der Gesetzgeber sollte daher aus Gründen des Übereilungsschutzes und zum Schutz der imprägnierten Eizellen und Embryonen vorsehen, dass diese im Fall des nur einseitigen Widerrufs nicht sofort, sondern erst nach einer bestimmten Frist vernichtet werden dürfen[1158].

Hinsichtlich der Form sollten keine besonderen Anforderungen an den Widerruf gestellt werden[1159]. Es sollte lediglich vorgesehen werden, dass der Widerruf gegenüber dem behandelnden Arzt erklärt werden muss[1160] und dass dieser auf Verlangen eine Bescheinigung über den erfolgten Widerruf auszustellen hat[1161]. Dass der Widerruf, anders als die Einwilligung, keiner besonderen Form bedarf, ist dabei interessengerecht, da die Ausübung des Selbstbestimmungsrechts dadurch jederzeit ohne formale Hürden möglich ist[1162]. Da im Falle eines nur einseitigen Widerrufs nach bereits erfolgter extrakorporaler Befruchtung eine Vernichtung imprägnierter Eizellen und Embryonen lediglich nach einer bestimmten Frist möglich sein soll, ist zudem kein zusätzlicher Übereilungsschutz erforderlich[1163].

1158 Siehe dazu unter Teil 3 Kapitel 2 II. 3. c).

1159 § 8 Abs. 4 S. 2 1. Hs. FMedG-ÖR; § 21 Abs. 2 AME-FMedG; a. A. *Jofer*, der wegen der besonderen Bedeutung des Widerrufs ein Schriftformerfordernis vorsehen will (Regulierung der Reproduktionsmedizin, 2014, S. 247).

1160 § 21 Abs. 2 AME-FMedG.

1161 § 8 Abs. 4 S. 2 2 Hs. FMedG-ÖR; § 21 Abs. 2 S. 2 AME-FMedG.

1162 *Dorneck*, Das Recht der Reproduktionsmedizin de lege lata und de lege ferenda, 2018, S. 281.

1163 Siehe dazu unter Teil 3 Kapitel 2 II. 3. c).

b) Zweiter Unterabschnitt: Besondere Bestimmungen für die Anwendung der IVF/ICSI

§ 8 IVF/ICSI

Wie die Ausführungen im zweiten Teil dieser Arbeit gezeigt haben, ist nach der geltenden Rechtslage umstritten, wie viele Eizellen innerhalb eines Behandlungszyklus befruchtet und über das Vorkernstadium hinaus kultiviert werden dürfen[1164].

Um Rechtsklarheit zu schaffen und einheitliche Behandlungsstandards zu gewährleisten, sollte der Gesetzgerber mit § 8 eine Regelung in das Fortpflanzungsmedizingesetz aufnehmen, die diese Frage eindeutig beantwortet.

Nach der hier vertretenen Auffassung ist bereits der derzeitigen Rechtslage keine Beschränkung hinsichtlich der Anzahl der zu befruchtenden Eizellen zu entnehmen, sodass schon heute so viele Eizellen befruchtet und über das Vorkernstadium hinaus kultiviert werden dürfen, wie nach dem Stand der Wissenschaft für eine erfolgreiche IVF- oder ICSI-Behandlung erforderlich sind. Dies ist interessengerecht, da die Anzahl der sich voraussichtlich bis hin zu implantationsfähigen Embryonen entwickelnden befruchteten Eizellen von der Qualität und Eignung der verwendeten Keimzellen abhängt und daher von Einzelfall zu Einzelfall stark variiert. Es sollte somit eine Regelung in das Fortpflanzungsmedizingesetz aufgenommen werden, nach der außerhalb des Körpers der Frau innerhalb eines Behandlungszyklus so viele Eizellen befruchtet und zu Embryonen weiterkultiviert werden dürfen, wie nach dem anerkannten Stand der Wissenschaft für eine medizinisch unterstützte Fortpflanzung erforderlich sind[1165]. Auf die Nennung einer bestimmten Höchstzahl zu befruchtender Eizellen sollte dabei bewusst verzichtet werden[1166], da für die erfolgreiche IVF- oder ICSI-Behandlung regelmäßig vier bis sechs Eizellen[1167], für die

---

1164 Siehe dazu Teil 2 Kapitel 4 I.

1165 § 10 FMedG-ÖR; § 4 AME-FMedG; *Neidert*, Sonderheft Reproduktionsmedizin 2003, 22 ff.

1166 Anders ist es in Art. 17 Abs. 1 FMedG-S geregelt, der eine Befruchtung und Weiterkultivierung von maximal zwölf Eizellen zulässt.

1167 Regelmäßig vier: *Günther*/Taupitz/Kaiser, ESchG, 2. Aufl., 2014, C. II. § 1 Abs. 1 Nr. 5 Rn. 9; jedenfalls fünf: *Günther*, Zur Auslegung des § 1 Abs. 1 Nr. 5 ESchG,

Anwendung des eSET regelmäßig vier bis acht Eizellen[1168] und für die Anwendung der PID regelmäßig sieben bis neun Eizellen[1169] befruchtet werden müssen. Eine offene Formulierung, die die Begrenzung durch den jeweils geltenden Stand der Wissenschaft vorsieht, ermöglicht es, alle Verfahren durch eine einheitliche Regelung abzudecken, und ist gleichzeitig so dynamisch, dass eine Anpassung an die Weiterentwicklung des wissenschaftlichen Standes möglich ist[1170]. Die Bestimmung des jeweils geltenden wissenschaftlichen Standes kann der Gesetzgeber mittels spezialgesetzlicher Verweisung auf die Ärzteschaft übertragen[1171]. Durch ein solches Vorgehen wird die Festlegung auf ein sachnäheres Gremium übertragen, welches Änderungen nicht im Rahmen eines oft langwierigen Gesetzgebungsverfahrens vornehmen muss und somit schneller und flexibler auf Veränderungen reagieren kann als der Gesetzgeber[1172]. Da der Gesetzgeber bei einem solchen Vorgehen die wesentlichen Voraussetzungen – keine unbegrenzte Befruchtung von Eizellen sowie die Begrenzung durch den jeweils geltenden wissenschaftlichen Stand – selbst geregelt hätte, verstieße ein solches Vorgehen auch nicht gegen die Wesentlichkeitstheorie[1173].

Durch die Festlegung, dass so viele Eizellen befruchtet werden dürfen, wie nach dem Stand der Wissenschaft für eine medizinisch unterstützte Fortpflanzung erforderlich sind, bestehen auch hinsichtlich der Zulässigkeit des eSET keine Bedenken mehr, da dessen Anwendung dem heute anerkannten Stand der Wissenschaft entspricht[1174]. Bei diesem

in: Hoyer u. a. (Hrsg.), FS Schroeder, 2006, S. 449, 451; etwa sechs: *Frommel*, Reproduktionsmedizin 2002, 158, 160.

1168 Regelmäßig vier bis sechs: *Montag/van der Ven*, Reproduktionsmedizin 2002, 147, 150; regelmäßig sechs bis acht: *Dorneck*, Das Recht der Reproduktionsmedizin de lege lata und de lege ferenda, 2018, S. 291.

1169 Günther/*Taupitz*/Kaiser, ESchG, 2. Aufl., 2014, C. II. § 3a Rn. 40.

1170 *Neidert*, ZRP 2006, 85, 86.

1171 Alternativ käme eine Übertragung auf eine interdisziplinär besetzte Fortpflanzungsmedizin-Kommission in Betracht (vgl. §§ 24, 25 Abs. 1 Nr. 1 AME-FMedG).

1172 Bezogen auf eine Übertragung auf eine zu schaffende Fortpflanzungsmedizin-Kommission: *Dorneck*, Das Recht der Reproduktionsmedizin de lege lata und de lege ferenda, 2018, S. 288.

1173 *Dorneck*, Das Recht der Reproduktionsmedizin de lege lata und de lege ferenda, 2018, S. 288.

1174 Siehe dazu Teil 2 Kapitel 4 II. 3.

werden durch IVF oder ICSI mehrere Embryonen erzeugt, von denen (zunächst) nur derjenige Embryo auf die Frau übertragen werden soll, der nach morphologischen Untersuchungen die höchste Implantationschance aufweist[1175,1176]. Durch dieses Vorgehen soll zum einen die Schwangerschaftsrate erhöht und gleichzeitig die Wahrscheinlichkeit (höhergradiger) Mehrlingsschwangerschaften minimiert werden[1177]. Es stellt sich daher die Frage, ob der Gesetzgeber hinsichtlich der in zulässiger Weise auf die Frau zu übertragenden Embryonen an der Beschränkung auf drei Embryonen festhalten oder eine Reduzierung auf ein oder zwei Embryonen vorsehen sollte. Für eine Beschränkung auf ein oder zwei zu übertragende Embryonen spricht, dass durch diese die Wahrscheinlichkeit (höhergradiger) Mehrlingsschwangerschaften weiter minimiert werden könnte. Dagegen spricht jedoch, dass die Erfolgschancen der Behandlung für viele, vor allem ältere Patientinnen dadurch quasi gegen null tendieren würden[1178]. Sofern die Patientin bereits mehrere erfolglose eSET-Versuche hinter sich hat oder sich schon in einem fortgeschrittenen Alter befindet, sollte die Übertragung von bis zu drei Embryonen auch weiterhin zulässig bleiben. Der Gesetzgeber sollte daher an der Regelung des § 1 Abs. 1 Nr. 3 ESchG festhalten und somit auch in das neu zu schaffende Fortpflanzungsmedizingesetz eine Regelung aufnehmen, nach der einer Frau innerhalb eines Zyklus nicht mehr als drei Embryonen übertragen werden dürfen[1179].

1175 *Neidert*, MedR 2007, 279, 280.

1176 Abhängig von der Indikation und den individuellen Erfolgschancen der Behandlung können auch die zwei Embryonen übertragen werden, die die höchste Implantationschance aufweisen. Man spricht dann vom sog. elektiven Double-Embryo-Transfer (eDET).

1177 *Neidert*, MedR 2007, 279, 281.

1178 Vgl. *BÄK*, (Muster-)Richtlinie zur Durchführung der assistierten Reproduktion vom 17.02.2006, DÄBl. 2006, A 1392, A 1397; *Spitzer/Freude/Urdl*, Speculum 2011, 8, 9.

1179 § 4 Abs. 1 Nr. 2 AME-FMedG.

c) Dritter Unterabschnitt: Besondere Bestimmungen für die Verwendung von Samen- und Eizellen Dritter

aa) § 9 Samenspende

Wie die Ausführungen im zweiten Teil der Arbeit gezeigt haben, wird die Samenspende in Deutschland seit Jahrzehnten praktiziert, ohne dass es klare gesetzliche Vorgaben hinsichtlich ihrer Zulässigkeit und Durchführung gibt[1180]. Diesem Umstand sollte der Gesetzgeber entgegentreten, indem er die wichtigsten Entscheidungen hinsichtlich der Samenspende in § 9 Fortpflanzungsmedizingesetz selbst trifft. Dazu ist erforderlich, dass zunächst die Zulässigkeit der Samenspende ausdrücklich gesetzlich geregelt wird[1181], bevor auf einige als wesentlich anzusehende Vorgaben hinsichtlich der Durchführung der Samenspende eingegangen wird. Als wesentlich in diesem Sinne sollten Vorgaben anzusehen sein, die der Qualitätssicherung dienen[1182], einer eugenischen Auswahl des Samenspenders vorbeugen sowie das Recht des Kindes auf Kenntnis der eigenen Abstammung absichern.

Vorgaben zur Qualitätssicherung sind dabei in verschiedener Hinsicht denkbar. Zunächst sollte festgelegt werden, dass fortpflanzungsmedizinische Maßnahmen unter Verwendung von Samenzellen Dritter nur in einem dafür zugelassenen Zentrum durchgeführt werden dürfen[1183]. Welche Anforderungen ein Zentrum für die Erteilung der entsprechenden Zulassung erfüllen muss, muss ergänzend festgelegt werden. Eine Reglung im Fortpflanzungsmedizingesetz selbst ist nicht zwingend erforderlich[1184].

1180 Siehe dazu Teil 2 Kapitel 4 III.

1181 § 5 Abs. 1 AME-FMedG; vgl. § 3 Abs. 2 FMedG-ÖR.

1182 Regelungen, die die Qualität und Sicherheit bei der Verwendung von Samenzellen betreffen, sind derzeit im AMG, TPG sowie in der TPG-GewV zu finden. Sie sollten jedoch bereichsspezifisch und zusammengefasst in das FMedG aufgenommen werden.

1183 § 11 S. 1 FMedG-ÖR; Art. 19 Abs. 2 FMedG-S; § 5 Abs. 2 AME-FMedG.

1184 Eine Regelung im Fortpflanzungsmedizingesetz selbst sieht § 26 AME-FMedG vor. Dieser könnte dem Gesetzgeber als Orientierung bei der Schaffung einer entsprechenden Regelung dienen. Da durch das Zulassungserfordernis in die Berufsfreiheit aus Art. 12 Abs. 1 GG (subjektive Berufswahlregelung) eingegriffen wird, muss der Gesetzgeber die wesentlichen Voraussetzungen für die Zulas-

Daneben sollte bestimmt werden, dass sowohl der Samenspender als auch die von ihm gespendeten Samenzellen vor ihrer Verwendung untersucht werden müssen, um die Eignung der Samenzellen für die Durchführung fortpflanzungsmedizinischer Maßnahmen sicherzustellen und erkennbare gesundheitliche Gefahren für die behandelte Frau und das zu zeugende Kind auszuschließen[1185]. Nur wenn diese Untersuchungen unauffällig verlaufen sind, sollten die Samenzellen verwendet werden dürfen. Dabei zielt die Auswahl nicht auf eine eugenische Selektion, sondern allein auf den Gesundheitsschutz der zu behandelnden Frau und des zu zeugenden Kindes. Es soll durch sie vermieden werden, dass sich die Frau einer Behandlung unterzieht, die von Anfang an keine Aussicht auf Erfolg bietet, und dass für die Frau und das Kind die Gefahr der Übertragung einer Infektionskrankheit, wie beispielsweise HIV, Hepatitis oder Syphilis, besteht.

Daneben sollte durch den Gesetzgeber selbst vorgegeben werden, welche weiteren Aspekte bei der Auswahl des Spenders Berücksichtigung finden dürfen. Eine in der Praxis stattfindende „Typenangleichung“[1186], also die Auswahl des Spenders anhand von phänotypischen Merkmalen, die denen des Wunschvaters entsprechen, sollte weiterhin möglich bleiben. Um Auslegungsschwierigkeiten von Anfang an zu begegnen, sollte der Gesetzgeber keine allgemeine Formulierung wie beispielsweise „eine Auswahl anhand der äußeren Erscheinung“[1187] wählen, da diese zu unbestimmt wäre[1188]. Er sollte die als zulässig anzusehenden Merkmale ausdrücklich im Fortpflanzungsmedizingesetz benennen. Diese sollten in Übereinstimmung mit der bis-

sung selbst regeln. Die Ausgestaltung des Zulassungsverfahrens kann der Gesetzgeber dann jedoch auf die Länder übertragen.

1185 § 12 FMedG-ÖR; § 5 Abs. 3 AME-FMedG; vgl. auch § 6 Abs. 1 i. V. m. Anl. 4 TPG-GewV und § 6 Abs. 2 S. 1 TPG-GewV; Ziffer 2.6.2 und 2.6.3 der Richtlinie zur Entnahme und Übertragung von menschlichen Keimzellen im Rahmen der assistierten Reproduktion (*BÄK*, DÄBl. 2018, A 1, A 8 f.); Ziffer 5.3.1 der (Muster-)Richtlinie zur Durchführung der assistierten Reproduktion vom 17.02.2006 (*BÄK*, DÄBl. 2006, A 1392, A 1397); Ziffer 10 der Richtlinie des Arbeitskreises donogene Insemination zur Qualitätssicherung der Behandlung mit Spendersamen in Deutschland, S. 6.

1186 *Katzorke*, Gynäkologische Endokrinologie 2003, 85, 86.

1187 Eine Auswahl anhand der Blutgruppe und der äußeren Erscheinung sieht Art. 22 Abs. 4 FMedG-S vor.

1188 *Jofer*, Regulierung der Reproduktionsmedizin, 2014, S. 216.

her gängigen Praxis die Augenfarbe, Haarfarbe, Größe, Statur, Blutgruppe und Ethnie beinhalten[1189]. Darüber hinausgehende, insbesondere genotypische Merkmale sollten hingegen grundsätzlich keine Rolle bei der Auswahl des Spenders und der zu verwendenden Samenzellen spielen dürfen. Eine Ausnahme sollte nur für den Fall vorgesehen werden, dass durch die Auswahl der zu verwendenden Samenzellen die Übertragung einer geschlechtsgebundenen Erbkrankheit ausgeschlossen werden soll. Zur Vermeidung geschlechtsgebundener Erbkrankheiten ist gem. § 3a Abs. 2 ESchG die Geschlechtsbestimmung bei Embryonen zulässig, weshalb unter den gleichen Voraussetzungen auch die als weniger invasiv anzusehende Geschlechtsbestimmung bei Samenzellen zulässig sein sollte[1190]. Durch eine derartige Auswahl wird wiederum keine eugenische Selektion betrieben, sondern lediglich dem nachvollziehbaren und zu schützenden Wunsch der Eltern entsprochen, ein gesundes Kind zur Welt bringen zu wollen und diesem ein unbeschwertes Leben zu ermöglichen[1191].

Darüber hinaus könnte erwogen werden, im Fortpflanzungsmedizingesetz selbst zu regeln, wer die entsprechende Auswahlentscheidung vornehmen darf. In anderen Ländern, insbesondere Amerika, obliegt die Auswahl des Spenders allein den Wunscheltern, die ihre Auswahl anhand einer mit Fotos und persönlichen Angaben versehenen Spenderdatei treffen[1192]. Sofern die Auswahl des Spenders (allein) den Wunscheltern überlassen wird, besteht die erhöhte Gefahr, dass nicht mehr nur der Kinderwunsch realisiert wird, sondern zunehmend stärker ein Kind nach Maß geschaffen werden soll. Eine Öffnung der Auswahlentscheidung sollte daher in Deutschland nicht erfolgen. Die Auswahl des Spenders anhand der gesetzlich festgeschriebenen Merkmale sollte nach der bisher gängigen Praxis[1193] stets und ausschließlich dem behandelnden Arzt überlassen bleiben. Einer expliziten Regelung im Fortpflanzungsmedizingesetz bedarf es dafür nicht zwingend, da da-

1189 *Katzorke*, Gynäkologische Endokrinologie 2003, 85, 86.

1190 *Jofer*, Regulierung der Reproduktionsmedizin, 2014, S. 224.

1191 BT-Drs. 11/8057, S. 15.

1192 *Jofer*, Regulierung der Reproduktionsmedizin, 2014, S. 231.

1193 In Deutschland, Österreich und der Schweiz wird die Auswahlentscheidung durch den behandelnden Arzt getroffen (*Jofer*, Regulierung der Reproduktionsmedizin, 2014, S. 231).

von ausgegangen werden kann, dass die gängige Praxis beibehalten wird und auch berufsständische Regelungen ein solches Vorgehen vorschreiben werden.

Um das Recht des Kindes auf Kenntnis der eigenen Abstammung zu sichern, sollte daneben bestimmt werden, dass der Spender Samenzellen zum Zweck der medizinisch unterstützten Fortpflanzung nur einem zugelassenen Zentrum zur Verfügung stellen darf[1194], dass die Samenzellen eines Spenders bei maximal drei Frauen verwendet werden dürfen[1195] und dass innerhalb eines Behandlungszyklus lediglich Samenzellen eines Spenders genutzt werden dürfen[1196]. Durch die Beschränkung der Spende an nur ein Zentrum können die Dokumentation und Nachvollziehbarkeit der Verwendung der gespendeten Samenzellen erleichtert werden. Insbesondere die Einhaltung der Beschränkung der Verwendung der Samenzellen bei maximal drei Frauen kann so ohne größeren organisatorischen Aufwand eingehalten werden. Um der eigenen Nachforschungspflicht gerecht zu werden, genügt es nach der hier vorgeschlagenen Regelung, wenn das Zentrum vor der Aufnahme des Spenders ausschließt, dass dieser zuvor bereits einem anderen Zentrum seinen Samen gespendet hat[1197]. Diese Information kann über ein zentrales Fortpflanzungsmedizinregister leicht erlangt werden[1198]. Hinsichtlich der Samenspende könnte dieses schon heute das durch das SaRegG vorgesehene Samenspenderregister sein. Dass der Samen eines Spenders nur bei drei Frauen verwendet werden sollte, ist, wie die Ausführungen im zweiten Teil der Arbeit gezeigt haben, auf den Umstand zurückzuführen, dass das zu zeugende Kind in seinem späteren Leben nicht mit einer Vielzahl von genetischen Halbgeschwistern konfrontiert werden soll und insbesondere auch verdeckte Geschwisterbeziehungen vermieden werden sollen[1199]. Die Festlegung der zulässigen Höchstzahl der Verwendungen der Samenzellen eines

1194 § 14 Abs. 1 S. 1 FMedG-ÖR; Art. 19 Abs. 2 S. 1 FMedG-S; § 5 Abs. 5 AME-FMedG.

1195 § 5 Abs. 5 AME-FMedG; vgl. § 14 Abs. 2 FMedG-ÖR; Art. 22 Abs. 2 FMedG- S.

1196 § 14 Abs. 3 FMedG-ÖR; Art. 22 Abs. 1 FMedG-S; § 5 Abs. 4 AME-FMedG.

1197 *Dorneck*, Das Recht der Reproduktionsmedizin de lege lata und de lege ferenda, 2018, S. 296.

1198 *Dorneck*, Das Recht der Reproduktionsmedizin de lege lata und de lege ferenda, 2018, S. 296.

1199 Siehe dazu Teil 2 Kapitel 4 III. 3.

Spenders sollte aufgrund ihrer Wesentlichkeit durch den Gesetzgeber selbst getroffen werden. Eine Entscheidung durch die Ärzteschaft, wie sie bisher Ziffer 5.3.1 der (Muster-)Richtlinie vorgesehen hat[1200], erscheint nicht ausreichend[1201]. Dies gilt insbesondere vor dem Hintergrund, dass es sich bei der Festlegung der zulässigen Höchstzahl der Verwendung der Samenzellen eines Spenders um eine normative und nicht um eine fachliche Entscheidung handelt[1202]. Die Beschränkung, dass innerhalb eines Behandlungszyklus nur Samenzellen eines Spenders verwendet werden dürfen, dient der Sicherung des Rechts des Kindes auf Kenntnis der eigenen Abstammung[1203].

bb) § 10 Eizellspende

Anders als die Samenspende ist die Eizellspende nach dem derzeit geltenden Recht ausdrücklich verboten. Dieses Verbot kann nach der hier vertretenen Auffassung vor dem Hintergrund des Rechts auf reproduktive Selbstbestimmung der Wunscheltern sowie der Eizellspenderin aus Art. 2 Abs. 1 i. V. m. Art. 1 Abs. 1 GG und des Rechts auf Familiengründung der Wunscheltern aus Art. 6 Abs. 1 GG sowie Gleichbehandlungsgesichtspunkten nicht aufrechterhalten werden, da die für das Verbot ins Feld geführten Argumente nicht zu überzeugen vermögen[1204]. Da Samen- und Eizellspende in vielerlei Hinsicht vergleichbar sind, sollte der in das Fortpflanzungsmedizingesetz aufzunehmende § 10, der die Eizellspende regelt, weitgehend gleich zu § 9 Fortpflanzungsmedizingesetz ausgestaltet werden und Unterschiede sollten nur dort gemacht werden, wo biologische Gründe eine Differenzierung erfordern.

Auch hinsichtlich der Eizellspende sollte daher zunächst die allgemeine Zulässigkeit ausdrücklich gesetzlich geregelt werden[1205], bevor auf

1200 *BÄK*, (Muster-)Richtlinie zur Durchführung der assistierten Reproduktion vom 17.02.2006, DÄBl. 2006, A 1392, A 1397.

1201 *Dorneck*, Das Recht der Reproduktionsmedizin de lege lata und de lege ferenda, 2018, S. 295.

1202 *Dorneck*, Das Recht der Reproduktionsmedizin de lege lata und de lege ferenda, 2018, S. 295.

1203 Siehe dazu Teil 2 Kapitel 4 III. 1.

1204 Siehe dazu Teil 2 Kapitel 4 IV.

1205 Vgl. § 6 Abs. 1 AME-FMedG; vgl. § 3 Abs. 3 FMedG-ÖR.

einige als wesentlich anzusehende Vorgaben hinsichtlich ihrer Durchführung eingegangen wird. Da keine biologischen Gründe ersichtlich sind, die bezüglich der Durchführung der Eizellspende andere Regelungen erfordern würden, sollte deren Ausgestaltung nahezu identisch zu den Regelungen der Samenspende erfolgen.

Es sollte festgelegt werden, dass fortpflanzungsmedizinische Maßnahmen unter Verwendung von Eizellen Dritter nur in einem dafür zugelassenen Zentrum durchgeführt werden dürfen[1206]. Auch die Verwendung der Eizellen sollte lediglich dann zulässig sein, wenn sowohl die Eizellspenderin als auch die von ihr gespendeten Eizellen vor ihrer Verwendung untersucht worden sind, um die Eignung der Eizellen für die Durchführung fortpflanzungsmedizinischer Maßnahmen sicherzustellen und erkennbare gesundheitliche Gefahren für die behandelte Frau und das zu zeugende Kind auszuschließen[1207]. Ebenso sollte die Auswahl der Spenderin anhand phänotypischer Merkmale zulässig sein.

Um das Recht des Kindes auf Kenntnis der eigenen Abstammung zu sichern, sollte auch hinsichtlich der Eizellspende bestimmt werden, dass die Spenderin Eizellen zum Zweck der medizinisch unterstützten Fortpflanzung nur einem zugelassenen Zentrum zur Verfügung stellen darf[1208], dass die Eizellen einer Spenderin bei maximal drei Frauen verwendet werden dürfen[1209] und dass innerhalb eines Behandlungszyklus lediglich Eizellen einer Spenderin genutzt werden dürfen[1210].

Darüber hinaus könnte der Gesetzgeber weitere Voraussetzungen für die Zulässigkeit der Eizellspende vorsehen. Gedacht werden könnte zunächst an die Festlegung eines Höchstalters der Spenderin, wie sie beispielsweise das österreichische Fortpflanzungsmedizingesetz vorsieht. Nach dessen § 2b Abs. 2 dürfen Eizellen einer Spenderin nur zwischen der Vollendung ihres 18. und 30. Lebensjahres entnommen werden. Durch diese Regelung soll dem Umstand Rechnung getragen werden, dass Eizellen im Lauf des Lebens an Qualität verlieren und so-

1206 § 11 S. 1 FMedG-ÖR; § 6 Abs. 2 AME-FMedG.
1207 § 12 FMedG-ÖR; § 6 Abs. 3 AME-FMedG.
1208 § 14 Abs. 1 S. 1 FMedG-ÖR; § 6 Abs. 5 AME-FMedG.
1209 § 6 Abs. 5 AME-FMedG; vgl. § 14 Abs. 2 FMedG-ÖR.
1210 § 14 Abs. 3 FMedG-ÖR; § 6 Abs. 4 AME-FMedG.

mit mit fortschreitendem Alter der Frau weniger für fortpflanzungsmedizinische Zwecke geeignet sind[1211]. Nichtsdestotrotz sollte eine derartige Regelung nicht in das zu schaffende Fortpflanzungsmedizingesetz übernommen werden. Eine derart enge und starre Beschränkung könnte der Eizellspende insbesondere dann entgegenstehen, wenn diese im Familien- und Freundeskreis stattfinden soll. Da viele Kinderwunschpatienten bereits (deutlich) über 30 Jahre alt sind, trifft dies in der Regel auch auf einen großen Teil der Familie und Freunde zu. Warum in einer solchen Konstellation eine Spende ausgeschlossen sein soll, ist nicht ersichtlich. Gegen eine derartige Beschränkung spricht auch, dass es nicht überzeugend erscheint, bei der Durchführung fortpflanzungsmedizinischer Maßnahmen zwischen dem Alter eigener und gespendeter Eizellen zu unterscheiden[1212]. Sofern die Behandlung mit eigenen Eizellen bis zur Vollendung des 50. Lebensjahres der die Behandlung in Anspruch nehmenden Frau möglich ist, sollte auch die Spende von Eizellen bis zur Vollendung des 50. Lebensjahres der Spenderin zulässig sein. Wenn alle Beteiligten ordnungsgemäß und umfangreich aufgeklärt worden sind, sollte es daher den Kinderwunschpatienten überlassen werden, ob sie eine Spende auch einer älteren Spenderin in Anspruch nehmen möchten[1213]. Sollte sich der Gesetzgeber dennoch für eine Altersbeschränkung der Eizellspenderinnen entscheiden, sollte diese nur diejenigen Fälle erfassen, in denen die Spende nicht für eine konkrete, von der Spenderin namentlich benannte Eizellempfängerin erfolgt[1214].

1211 *Waldner*, Rechtliche Aspekte der Eizellspende, 2017, S. 53.

1212 *Bioethikkommission*, Fortpflanzungsmedizinrechts-Änderungsgesetz 2015 – FMedRÄG 2015, 2014, abrufbar unter: https://www.bundeskanzleramt.gv.at/documents/131008/549639/FMedRAEG_2015.pdf/385d8844-4878-43d1-b10e-92d8b25c947f (Stand: 02.01.2020), S. 7.

1213 *Bioethikkommission*, Fortpflanzungsmedizinrechts-Änderungsgesetz 2015 – FMedRÄG 2015, 2014, abrufbar unter: https://www.bundeskanzleramt.gv.at/documents/131008/549639/FMedRAEG_2015.pdf/385d8844-4878-43d1-b10e-92d8b25c947f (Stand: 02.01.2020), S. 7.

1214 *Bioethikkommission*, Fortpflanzungsmedizinrechts-Änderungsgesetz 2015 – FMedRÄG 2015, 2014, abrufbar unter: https://www.bundeskanzleramt.gv.at/documents/131008/549639/FMedRAEG_2015.pdf/385d8844-4878-43d1-b10e-92d8b25c947f (Stand: 02.01.2020), S. 7.

Denkbar wäre auch eine Beschränkung dahingehend, dass die Eizellspende ausschließlich im Familien- und Freundeskreis der Eizellempfängerin zulässig sein soll. Gegen eine solche Beschränkung spricht jedoch, dass einige Frauen durch diese keine reale Chance auf eine (erfolgversprechende) Eizellspende hätten. Dies kann daran liegen, dass sich im Familien- und Freundeskreis keine zur Spende bereite Frau findet, diese das 50. Lebensjahr bereits überschritten hat oder eine derartige Spende aufgrund des besonderen Konfliktpotentials, das eine Spende unter Familienangehörigen oder Freunden mit sich bringen kann,[1215] nicht durchgeführt werden soll.

Zuletzt könnte eine Beschränkung der möglichen Spenderinnen dahingehend erwogen werden, dass generationsübergreifende Spenden innerhalb der Familie[1216] sowie Spenden durch Verwandte 1. Grades des Mannes, dessen Samenzellen verwendet werden sollen, ausgeschlossen werden[1217]. Für einen Ausschluss generationsübergreifender Spenden soll sprechen, dass der Status des Kindes innerhalb der Familie nach einer solchen nur schwer bestimmt werden kann[1218], was zu Identitätsfindungsschwierigkeiten des Kindes führen könne. Gegen die Spende durch Verwandte 1. Grades des Mannes soll hingegen die enge Verwandtschaftsbeziehung sprechen[1219], die aufgrund der genetischen Überschneidung der Eltern zu einer deutlich erhöhten Missbildungsgefahr des Kindes führt[1220]. Auch wenn die vorgebrachten Bedenken durchaus nachvollziehbar sind, erfordert zumindest die generationsübergreifende Spende keine Regelung durch den Gesetzgeber. Da die innerfamiliäre Spende durchaus Vorteile mit sich bringt, sollte der Gesetzgeber die Entscheidung, ob eine generationsübergreifende Spende innerhalb der Familie erfolgen soll, den Beteiligten selbst überlassen und kein diesbezügliches Verbot erlassen. Anders stellt sich die Situation hinsichtlich der Spende durch Verwandte 1. Grades des Mannes

1215 *Waldner*, Rechtliche Aspekte der Eizellspende, 2017, S. 54.

1216 *Diedrich/Ludwig/Griesinger*, Reproduktionsmedizin, 2013, S. 293.

1217 *Nieschlag u. a.*, Keimzellspende: Möglichkeiten und Entwicklungen, in: BMG (Hrsg.), Fortpflanzungsmedizin in Deutschland, 2001, S. 109, 113.

1218 *Diedrich/Ludwig/Griesinger*, Reproduktionsmedizin, 2013, S. 293.

1219 *Nieschlag u. a.*, Keimzellspende: Möglichkeiten und Entwicklungen, in: BMG (Hrsg.), Fortpflanzungsmedizin in Deutschland, 2001, S. 109, 113.

1220 *Zoll*, Genetische Risiken durch Keimzellspende, in: Bockenheimer-Lucius/Thorn/Wendehorst (Hrsg.), Umwege zum eigenen Kind, 2008, S. 123, 130.

dar. Auch wenn (verdeckte) Beziehungen zwischen (Halb-)Geschwistern oder auch zwischen Kindern und ihren Eltern nach der Spende von Keimzellen oder Embryonen nicht ausgeschlossen werden können und die damit einhergehende Missbildungsgefahr nach der hier vertretenen Auffassung hinzunehmen ist, rechtfertigt die bestehende Missbildungsgefahr im Falle der Eizellspende durch Verwandte 1. Grades des Mannes eine anderweitige Beurteilung. Denn während eine (verdeckte) Beziehung zwischen aus einer Spende hervorgegangenen (Halb-)Geschwistern oder Kindern und ihren Eltern äußerst unwahrscheinlich ist, wird eine solche zumindest in Bezug auf die Entstehung des Embryos bei der Eizellspende durch Verwandte des Mannes 1. Grades bewusst herbeigeführt. Es handelt sich daher anders als bei der Keimzell- und Embryonenspende nicht um eine sehr unwahrscheinlich eintretende Gefahr, sondern um eine mit Sicherheit bestehende Gefahr.

d) Vierter Unterabschnitt: Besondere Bestimmungen für die Verwendung von Embryonen/imprägnierten Eizellen

§ 11 Embryonenspende/Spende von imprägnierten Eizellen

Obwohl die nachträgliche Embryonenspende in Deutschland bereits nach dem derzeit geltenden Recht als zulässig angesehen und seit einigen Jahren auch praktiziert wird, fehlt es an klaren gesetzlichen Vorgaben hinsichtlich ihrer Zulässigkeit und Durchführung[1221]. Diesem Umstand sollte der Gesetzgeber entgegentreten, indem er die wichtigsten Entscheidungen bezüglich der nachträglichen Embryonenspende in § 11 Fortpflanzungsmedizingesetz selbst trifft. Dazu ist erforderlich, dass zunächst die Zulässigkeit der nachträglichen Embryonenspende ausdrücklich gesetzlich geregelt wird[1222], bevor auf einige als wesentlich anzusehende Vorgaben hinsichtlich ihrer Durchführung eingegangen wird.

Demnach sollte der Gesetzgeber zunächst festlegen, dass Embryonen, die im Rahmen der medizinisch unterstützten Fortpflanzung entstanden und dann überzählig geworden sind, zur Herbeiführung einer

1221 Siehe dazu Teil 2 Kapitel 4 II. 2. a) bb).

1222 § 5 Abs. 1 AME-FMedG; vgl. § 3 Abs. 2 FMedG-ÖR.

Schwangerschaft mittels Embryonentransfer auf eine Frau übertragen werden können, von der die bei der Zeugung der Embryonen verwendeten Eizellen nicht stammen[1223]. Wie auch schon bei der Samen- und Eizellspende sollte zudem vorgesehen werden, dass der Transfer der überzähligen Embryonen nur in einem dafür zugelassenen Zentrum durchgeführt werden darf[1224]. Da durch die Embryonenspende das Recht auf reproduktive Selbstbestimmung aus Art. 2 Abs. 1 i. V. m. Art. 1 Abs. 1 GG und das elterliche Bestimmungsrecht aus Art. 6 Abs. 2 GG der genetischen Eltern – also von dem Mann, von dem die bei der Zeugung des Embryos verwendeten Samenzellen, und der Frau, von der die bei der Zeugung des Embryos verwendeten Eizellen stammen – berührt werden, stellt sich zudem die Frage, ob der Gesetzgeber die Embryonenspende von einer Zustimmung der genetischen Eltern abhängig machen[1225] oder ob diesen lediglich die Möglichkeit eines Widerspruchs eingeräumt werden sollte[1226]. Aufgrund der besonderen Bedeutung der in Rede stehenden Rechte sollte der Gesetzgeber die Embryonenspende grundsätzlich nur dann zulassen, wenn beide genetischen Eltern dieser zugestimmt haben[1227,1228]. Durch das Zustimmungserfordernis wird den genetischen Eltern ermöglicht, sich nach Aufklärung und Beratung in Ruhe für oder gegen eine Embryonenspende zu entscheiden. Tätig werden müssen sie nur, wenn sie sich für die Spende ihrer überzähligen Embryonen entscheiden. Würde man die Eltern lediglich auf die Möglichkeit des Widerspruchs verwei-

1223 § 7 Abs. 1 AME-FMedG.

1224 § 7 Abs. 2 AME-FMedG.

1225 *Deutscher Ethikrat*, Embryonenspende, Embryonenadoption und elterliche Verantwortung, 2016, S. 102; *Kloepfer*, JZ 2002, 417, 421; *Schumann*, MedR 2014, 736, 743 f.; *Strack*, JZ 2002, 1065, 1072; *Taupitz*, ZRP 2002, 111, 114.

1226 § 7 Abs. 3 AME-FMedG; *Dorneck*, Das Recht der Reproduktionsmedizin de lege lata und de lege ferenda, 2018, S. 331.

1227 *Deutscher Ethikrat*, Embryonenspende, Embryonenadoption und elterliche Verantwortung, 2016, S. 102, 127; *Kloepfer*, JZ 2002, 417, 421; *Schumann*, MedR 2014, 736, 743 f.; *Strack*, JZ 2002, 1065, 1072; *Taupitz*, ZRP 2002, 111, 114; *Zimmermann*, Reproduktionsmedizin und Gesetzgebung, 2011, S. 156.

1228 Aufgrund des besonderen Status des Embryos nimmt *Coester-Waltjen* eine Zustimmungspflicht der genetischen Eltern an (Die künstliche Befruchtung beim Menschen – Zulässigkeit und zivilrechtliche Folgen, Gutachten B, in: DJT (Hrsg.), Verhandlungen des 56. Deutschen Juristentages, 1986, S. 107). *Lehmann* will die Zustimmung sogar durch den Staat ersetzen lassen, wenn die genetischen Eltern sie verweigern (ZfL 2008, 106, 116 f.).

sen, ihnen also eine „Widerspruchspflicht“ auferlegen, stünden sie demgegenüber unter einem gewissen Entscheidungsdruck, da notwendigerweise eine Frist für die Erklärung des Widerspruchs bestimmt werden müsste, weil die Regelung sonst nicht praktikabel wäre. Diese Situation könnte von den genetischen Eltern insbesondere dann als belastend angesehen werden, wenn sie unentschlossen sind und eine Entscheidung nicht sofort oder in absehbarer Zeit treffen können.

Etwas anderes sollte nur dann gelten, wenn ein genetischer Elternteil verstorben ist oder seine Keimzellen gespendet hat. Im erstgenannten Fall ist der genetische Elternteil nicht mehr in der Lage, seine Zustimmung zu erklären. Hat er nicht bereits zu Lebzeiten Widerspruch gegen die nachträgliche Embryonenspende erhoben und steht auch sein mutmaßlicher Wille dieser nicht entgegen, sollte ausnahmsweise die Zustimmung des noch lebenden genetischen Elternteils genügen[1229]. Im zweitgenannten Fall hat der Keimzellspender bereits durch die Spende über seine Keimzellen verfügt. Da es für ihn grundsätzlich keinen Unterschied machen wird, ob die Keimzellen oder mit diesen gezeugte Embryonen für die fortpflanzungsmedizinische Maßnahme verwendet werden[1230], muss er in die nachträgliche Embryonenspende nicht gesondert einwilligen. Damit seinem Recht auf reproduktive Selbstbestimmung in jedem Fall genügend Rechnung getragen wird, sollte die vor der Spende stattfindende Aufklärung die Information enthalten, dass der mit seinen Keimzellen entstandene Embryo für andere Kinderwunschpatienten gespendet werden kann, wenn er überzählig wird. Dies erscheint interessengerecht, da nicht ausgeschlossen werden kann, dass einige Spender ein Problem damit haben, wenn bei der Anwendung fortpflanzungsmedizinischer Maßnahmen nicht zumindest die Keimzellen von einem Wunschelternteil verwendet werden. Sofern der Spender aus diesem Grund von einer Spende absehen möchte, sollte ihm diese Möglichkeit eingeräumt werden.

Um auch bei der nachträglichen Embryonenspende das Recht des Kindes auf Kenntnis der eigenen Abstammung zu sichern, sollten Embry-

---

1229 *Deutscher Ethikrat*, Embryonenspende, Embryonenadoption und elterliche Verantwortung, 2016, S. 102, 127; *Taupitz*, ZRP 2002, 111, 114.

1230 *Dorneck*, Das Recht der Reproduktionsmedizin de lege lata und de lege ferenda, 2018, S. 331.

onen eines Elternpaares nur in einem zugelassenen Zentrum verwendet werden dürfen. Denkbar wäre an dieser Stelle, dass die Embryonen lediglich in dem Zentrum verwendet werden dürfen, in dem auch die genetischen Eltern die Behandlung haben durchführen lassen, oder alle Embryonen an das Zentrum übersandt werden müssen, das die erste Behandlung mit ihnen vornimmt. Daneben sollte bei der nachträglichen Embryonenspende bestimmt werden, dass die Embryonen bei maximal drei Frauen verwendet werden dürfen, auch wenn eine Behandlung von mehr als drei Frauen regelmäßig von vornherein nicht in Betracht kommt, da nur einige wenige Embryonen eines genetischen Elternpaares überzählig sein werden. Nichtsdestotrotz würde der Gesetzgeber durch eine derartige Regelung einheitliche Beurteilungsmaßstäbe für die fortpflanzungsmedizinischen Maßnahmen unter Beteiligung Dritter schaffen und zu Rechtsklarheit beitragen. Zuletzt sollte bei der nachträglichen Embryonenspende bestimmt werden, dass innerhalb eines Behandlungszyklus nur Embryonen eines genetischen Elternpaares verwendet werden dürfen.

Daneben stellt sich die Frage, ob vor der Spende überzähliger Embryonen zusätzliche Gesundheitskontrollen, ähnlich wie vor der Samen- und Eizellspende, vorgesehen werden sollten, um gesundheitliche Gefahren für die behandelte Frau und das zu zeugende Kind auszuschließen. Die Frage stellt sich insbesondere deshalb, weil bei der Spende von Embryonen nicht gewährleistet erscheint, dass die genetischen Eltern die gleichen Untersuchungen in Anspruch genommen haben, wie sie vor der Samen- und Eizellspende vorgeschrieben werden sollten. Da sich die Situation bei der nachträglichen Embryonenspende in einigen Punkten deutlich von derjenigen der Samen- und Eizellspende unterscheidet und auch die zugrundeliegenden Indikationen für die Inanspruchnahme der fortpflanzungsmedizinischen Maßnahme durch die genetischen Eltern sehr unterschiedlich sein können[1231], erscheint eine pauschale Regelung durch den Gesetzgeber wenig interessenge-

1231 So bedeutet der Umstand, dass eine extrakorporale Befruchtung durchgeführt wird, nicht, dass die Keimzellen der genetischen Eltern zwangsläufig nur eingeschränkt für fortpflanzungsmedizinische Maßnahmen geeignet sind. Auch wenn dies in den meisten Fällen der Fall sein wird, kann eine extrakorporale Befruchtung auch bei uneingeschränkt zeugungsfähigen Keimzellen erforderlich sein, wenn beispielsweise ein beidseitiger Eileiterverschluss vorliegt.

recht. Sollte der Gesetzgeber vor der Spende von überzähligen Embryonen die Durchführung von zusätzlichen Gesundheitskontrollen für erforderlich erachten, sollte er sich hinsichtlich deren näherer Ausgestaltung durch spezialgesetzliche Verweisung der Sachkompetenz der Ärzteschaft bedienen.

Da die Indikation für die Inanspruchnahme fortpflanzungsmedizinischer Maßnahmen durch die genetischen Eltern der Umstand gewesen sein kann, dass die eigenen Keimzellen nur eingeschränkt für die Fortpflanzung geeignet sind, sollte die Aufklärung im Falle der Spende überzähliger Embryonen diesen Umstand mit einschließen, damit die die Spende entgegennehmende Frau bzw. das die Spende entgegennehmende Paar realistische Vorstellungen von den Risiken und Erfolgsaussichten der nachträglichen Embryonenspende hat/haben.

Darüber hinausgehende Regelungen, insbesondere darüber, wer unter welchen Voraussetzungen überzählige Embryonen spenden darf, sollte der Gesetzgeber nicht festlegen. Auch wenn es beispielsweise sinnvoll erscheint, die Spende von überzähligen Embryonen davon abhängig zu machen, dass die genetischen Eltern selbst bereits ein Kind bekommen haben[1232], ist dafür eine gesetzgeberische Entscheidung nicht erforderlich. Dafür spricht zum einen, dass das Fortpflanzungsmedizingesetz nicht mit zu vielen Detailregelungen überladen werden sollte, zum anderen, dass einer gesetzlichen Regelung die für die Praxis erforderliche Flexibilität fehlen würde. Es erscheint daher sinnvoller, wenn entsprechende Detailregelungen der Ärzteschaft mittels spezialgesetzlicher Verweisung übertragen werden[1233].

Nach der hier vertretenen Auffassung sollte der Gesetzgeber daneben auch die nachträgliche Spende von imprägnierten Eizellen sowie die

1232 Sofern die genetischen Eltern selbst kinderlos geblieben sind, kann die Spende überzähliger Embryonen zu einigen Folgeproblemen führen, wenn der Kinderwunsch einer anderen Kinderwunschpatientin/eines anderen Kinderwunschpaares durch ihre Embryonen realisiert werden kann. Das dann geborene Kind kann als eigenes empfunden werden und Besitzansprüche können erhoben werden. Auch wenn diese Folgeprobleme nicht sicher dadurch ausgeschlossen werden können, dass man verlangt, dass die Spendereltern bereits selbst ein Kind bekommen haben, so kann die Wahrscheinlichkeit für das Auftreten solcher Probleme zumindest mit hoher Wahrscheinlichkeit minimiert werden.

1233 Alternativ käme eine Übertragung auf eine interdisziplinär besetzte Fortpflanzungsmedizin-Kommission in Betracht (vgl. § 24 AME-FMedG).

anfängliche Embryonenspende erlauben[1234]. Beide Verfahren sind nach der derzeit geltenden Rechtslage verboten[1235].

Für die Zulassung der nachträglichen Spende von imprägnierten Eizellen spricht, dass durch diese dem reproduktiven Selbstbestimmungsrecht der genetischen Eltern entsprochen werden kann, die aufgrund ihres menschlichen Ursprungs als schutzwürdig anzusehenden imprägnierten Eizellen vor der Vernichtung bewahrt werden können und anderen Kinderwunschpatienten geholfen werden kann, ohne dass sich dafür ansonsten unbeteiligte Dritte einer zusätzlichen Behandlung unterziehen müssen. Sofern der Gesetzgeber nicht wie hier vorgeschlagen ein für das gesamte Fortpflanzungsmedizingesetz geltendes Subsidiaritätsprinzip[1236] normiert, sollte jedoch geregelt werden, dass die nachträgliche Spende von imprägnierten Eizellen nur dann in Betracht kommt, wenn keine nachträglich überzähligen Embryonen für die Spende zur Verfügung stehen. Dies ist erforderlich, da Embryonen einen höheren Schutzstatus als imprägnierte Eizellen genießen und somit vor diesen gespendet werden sollten.

Inhaltlich sollte die nachträgliche Spende von imprägnierten Eizellen ähnlich ausgestaltet werden wie die nachträgliche Embryonenspende[1237]. Demnach sollten imprägnierte Eizellen, die im Rahmen der medizinisch unterstützten Fortpflanzung entstanden und dann überzählig geworden sind, zum Zweck der Spende weiterkultiviert werden dürfen, um später als Embryonen zur Herbeiführung einer Schwangerschaft mittels Embryonentransfer auf eine Frau übertragen werden zu können, von der die bei der Zeugung der Embryonen verwendeten Eizellen nicht stammen.

Für die Zulassung der anfänglichen Embryonenspende spricht, dass sie in manchen Konstellationen die einzige Möglichkeit darstellen kann, eine Schwangerschaft herbeizuführen[1238]. Da es sich bei der anfängli-

1234 Siehe dazu Teil 2 Kapitel 4 VI.

1235 Siehe dazu Teil 2 Kapitel 4 VI.

1236 Siehe dazu Teil 3 Kapitel 2 II. 2. a) aa).

1237 Vgl. *Deutsche Akademie der Naturforscher Leopoldina e.V./Union der deutschen Akademien der Wissenschaften e.V.*, Fortpflanzungsmedizin in Deutschland – für eine zeitgemäße Gesetzgebung, 2019, S. 76.

1238 Zu denken ist beispielsweise an eine alleinstehende infertile/sterile Frau oder ein (Ehe-)Paar, bei dem beide Partner infertil/steril sind.

chen Embryonenspende lediglich um eine Kombination der nach der hier vertretenen Auffassung zulässigen Samen- und Eizellspende handelt, sind keine durchgreifenden Argumente ersichtlich, die eine andere Beurteilung rechtfertigen würden. Insbesondere kann ein Verbot der anfänglichen Embryonenspende nicht mit der Vermeidung gespaltener Mutterschaften begründet werden, da es zu diesen auch bei anderen Verfahren der medizinisch unterstützten Fortpflanzung kommt und die durch diese für die Entwicklung des zu zeugenden Kindes befürchteten Beeinträchtigungen auf bloßen Vermutungen beruhen, die bis heute wissenschaftlich nicht bestätigt werden konnten[1239]. Auch hinsichtlich der anfänglichen Embryonenspende gilt, dass der Gesetzgeber deren Subsidiarität normieren sollte. Sofern er kein für das gesamte Fortpflanzungsmedizingesetz geltendes Subsidiaritätsprinzip[1240] normiert, sollte er regeln, dass die anfängliche Embryonenspende nur dann in Betracht kommt, wenn weder die nachträgliche Embryonenspende noch die nachträgliche Spende imprägnierter Eizellen möglich ist.

Inhaltlich sollte die anfängliche Embryonenspende ähnlich ausgestaltet werden wie die nachträgliche Embryonenspende und die nachträgliche Spende von imprägnierten Eizellen. Demnach sollten Embryonen durch Kombination von Samen- und Eizellspende sowie IFV/ICSI erzeugt und auf eine Frau, von der die bei der Zeugung der Embryonen verwendeten Eizellen nicht stammen, mittels Embryonentransfer übertragen werden dürfen, um bei dieser eine Schwangerschaft herbeizuführen.

Für die Durchführung der Spende von nachträglich überzählig gewordenen imprägnierten Eizellen und die anfängliche Embryonenspende sollten weitestgehend die gleichen Voraussetzungen gelten wie für die nachträgliche Embryonenspende. Demnach sollten beide Spenden nur in einem dafür zugelassenen Zentrum durchgeführt werden dürfen[1241]. Bei nachträglich überzählig gewordenen imprägnierten Eizel-

1239 Siehe dazu Teil 2 Kapitel 4 VI.
1240 Siehe dazu Teil 3 Kapitel 2 II. 2. a) aa).
1241 Diese Regelung soll sowohl die Qualität der fortpflanzungsmedizinischen Maßnahme als auch das Recht des Kindes auf Kenntnis der eigenen Abstammung sichern.

len kann dies das Zentrum sein, in dem auch die genetischen Eltern die Behandlung haben durchführen lassen, oder das Zentrum, an das alle nachträglich überzählig gewordenen imprägnierten Eizellen vor der ersten Verwendung übersandt werden. Bei der anfänglichen Embryonenspende sollten die Embryonen hingegen nur in dem Zentrum genutzt werden dürfen, in dem die erste Verwendung stattgefunden hat. Daneben sollte hinsichtlich beider Spenden parallel zu den Regelungen für die Samen-, Eizell- und nachträgliche Embryonenspende festgelegt werden, dass eine Verwendung bei maximal drei Frauen zulässig ist und dass innerhalb eines Behandlungszyklus nur Embryonen[1242] der gleichen genetischen Eltern verwendet werden dürfen[1243].

Hinsichtlich der weiteren Voraussetzungen muss zwischen den beiden Spenden differenziert werden. Bezüglich der nachträglichen Spende von imprägnierten Eizellen sollte darüber hinaus gelten, dass diese ausschließlich mit der Zustimmung beider genetischer Eltern zulässig sein soll. Etwas anderes sollte nur dann gelten, wenn ein genetischer Elternteil verstorben ist oder seine Keimzellen gespendet hat[1244]. Daneben stellt sich auch bei der Spende nachträglich überzählig gewordener imprägnierter Eizellen die Frage, ob vor der Spende zusätzliche Gesundheitskontrollen vorgesehen werden sollten, um gesundheitliche Gefahren für die behandelte Frau und das zu zeugende Kind auszuschließen. Sollte der Gesetzgeber die Durchführung zusätzlicher Gesundheitskontrollen für erforderlich erachten, sollte er sich für deren nähere Ausgestaltung durch spezialgesetzliche Verweisung der Sachkompetenz der Ärzteschaft bedienen.

Hinsichtlich der anfänglichen Embryonenspende sollte gelten, dass die Einwilligung der Keimzellspender in die Keimzellspende selbst für die Verwendung im Rahmen einer anfänglichen Embryonenspende genügt. Damit ihrem Recht auf reproduktive Selbstbestimmung ausreichend Rechnung getragen wird, sollte die vor der Spende stattfindende

1242 Da imprägnierte Eizellen nach der Spende weiterkultiviert und erst als Embryonen übertragen werden sollen, kann hier allgemein an Embryonen angeknüpft werden.

1243 Diese Regelungen dienen in erster Linie dem Recht des Kindes auf Kenntnis der eigenen Abstammung.

1244 Im Übrigen gilt hier das zu der Spende von nachträglich überzählig gewordenen Embryonen Gesagte entsprechend.

Aufklärung jedoch die Information enthalten, dass die Keimzellen auch für eine anfängliche Embryonenspende verwendet werden können, da nicht ausgeschlossen werden kann, dass einige Spender ein Problem damit haben, wenn bei der fortpflanzungsmedizinischen Maßnahme nicht zumindest die Keimzellen eines Wunschelternteils genutzt werden. Sofern sie in diesem Fall von einer Spende absehen wollen, sollte ihnen diese Möglichkeit eingeräumt werden. Eine zusätzliche Gesundheitsprüfung ist bei der anfänglichen Embryonenspende nicht durchzuführen, da die für die Samen- und Eizellspende bestehenden Regelungen auf diese anwendbar sind.

Durch den Gesetzgeber geregelt werden sollte jedoch in jedem Fall, ob gespendete Keimzellen ausschließlich für die Keimzellspende oder die anfängliche Embryonenspende verwendet werden dürfen oder ob auch eine Verwendung sowohl für die Keimzellspende als auch für die anfängliche Embryonenspende zulässig sein soll. Für die erstgenannte Variante spricht, dass sie das Recht des Kindes auf Kenntnis der eigenen Abstammung am effektivsten zu wahren geeignet ist. Würden die Keimzellen der genetischen Eltern sowohl für die Keimzellspende als auch für die anfängliche Embryonenspende verwendet werden dürfen, könnten dadurch sowohl Vollgeschwister als auch Halbgeschwister mütterlicher- als auch väterlicherseits gezeugt und geboren werden. Zudem könnte die Beschränkung der Verwendung bei maximal drei Frauen schwerer kontrolliert werden, sodass die Keimzellen der genetischen Eltern theoretisch insgesamt bei bis zu elf Frauen[1245] Verwendung finden könnten. Dieser Umstand spricht eindeutig dafür, dass der Gesetzgeber eine Regelung schaffen sollte, nach der gespendete Keimzellen nur entweder für die Keimzellspende oder die Verwendung im Rahmen der anfänglichen Embryonenspende genutzt werden dürfen.

Darüber hinaus stellt sich die Frage, ob der Gesetzgeber vorgeben sollte, dass Keimzellen, die für die anfängliche Embryonenspende verwen-

1245 Die Zahl elf ergibt sich, wenn man davon ausgeht, dass sowohl die Samen- als auch Eizellen bei drei Frauen separat verwendet werden, die Keimzellen daneben aber auch für die Zeugung im Rahmen der anfänglichen Embryonenspende genutzt werden, wobei einmal die Keimzellen der genetischen Eltern miteinander und beide jeweils noch zweimal mit Keimzellen anderer Spender kombiniert verwendet werden.

det werden, nur mit den Keimzellen eines anderen Spenders zusammengeführt oder ob sie mit den Keimzellen von bis zu drei anderen Spendern zusammengeführt werden dürfen. Gegen die erstgenannte Variante spricht, dass durch sie bis zu drei Frauen Kinder von den gleichen genetischen Eltern bekommen können. Im Gegensatz zur nachträglichen Embryonenspende erscheint es bei der anfänglichen Embryonenspende durchaus möglich, dass so viele Embryonen der genetischen Eltern erzeugt werden, dass sie tatsächlich bei drei Frauen Verwendung finden können. Diese Kinder wären genetische Vollgeschwister, sodass die Gefahren im Falle einer verdeckten Geschwisterbeziehung umso höher wären. Gegen die zweitgenannte Variante spricht, dass die Wahrscheinlichkeit einer verdeckten Geschwisterbeziehung durch die Verwendung der gespendeten Keimzellen mit Keimzellen von bis zu drei anderen Spendern nicht derart erhöht wäre, dass diese allein eine derartige Entscheidung zu tragen geeignet wäre. Dies gilt insbesondere vor dem Hintergrund, dass Samenspender theoretisch neben ihren Spenden eine unbestimmbare Vielzahl von Frauen schwängern könnten, wodurch Halbgeschwister gezeugt würden, zu denen ebenfalls eine verdeckte Geschwisterbeziehung begründet werden könnte. Der Gesetzgeber kann und sollte daher zwar versuchen verdeckten Geschwisterbeziehungen so effektiv wie möglich vorzubeugen, eine Beschränkung der Verwendung von gespendeten Keimzellen im Sinne einer der beiden Variante ist dafür aber nicht erforderlich. Für eine Beschränkung im Sinne der erstgenannten Variante könnten jedoch die Interessen der die anfängliche Embryonenspende in Anspruch nehmenden Frau(en) sprechen, wenn diese mehrere Kinder, die von den gleichen genetischen Eltern abstammen, bekommen möchte(n). Ein derartiges Interesse ist nachvollziehbar, da vermutet werden kann, dass die Integration innerhalb der Familie leichter erfolgen kann, wenn die Kinder von den gleichen genetischen Eltern abstammen und von den gleichen sozialen Eltern großgezogen werden und sich nicht noch mit der Existenz verschiedener Keimzellspender auseinandersetzen müssen. Jedoch kann durch eine derartige Beschränkung nicht sichergestellt werden, dass wirklich mehr Embryonen der gleichen genetischen Eltern für die Behandlung einer bestimmten Frau zur Verfügung stehen. Gerade Frauen können und wollen unter Umständen weniger häufig ihre Eizellen spenden als Männer ihre Samenzellen. Würde man eine derartige Beschränkung vorsehen, müssten Keimzellspender daher von der Spende ausgeschlossen werden, sobald ihre Keimzellen für die anfängliche Embryonenspende verwendet wurden und der andere Keimzellspender zu keinen weiteren Spenden bereit ist. Es könnte daher erwogen werden, zwar der zweiten Variante zu folgen, der/den die anfängliche Embryonenspende in Anspruch nehmenden Frau(en) jedoch ein „Vorkaufsrecht" an den innerhalb einer Zeugung entstandenen Embryonen einzuräumen, sofern aus dieser mehr entwicklungsfähige Embryonen hervorgehen, als für einen Behandlungszyklus benötigt werden. Gegen ein solches Vorgehen muss jedoch eingewandt werden, dass es zu dem paradoxen Ergebnis führen kann, dass durch die anfängliche Embryonenspende überzählige Embryonen erzeugt werden. Dies ist der Fall, wenn die Embryonen zunächst für die Frau(en) aufbewahrt werden, diese sie jedoch später nicht mehr für die eigene Fortpflanzung in Anspruch nehmen will/wollen. Es sprechen somit gute Gründe für und gegen beide Varianten. Der Gesetzgeber muss daher entscheiden, ob er eine derartige Regelung vorsehen und wie er diese ausgestalten will.

e) Fünfter Unterabschnitt: Besondere Bestimmungen für die Inanspruchnahme einer Leihmutter

§ 12 Leihmutterschaft

Nach der derzeit geltenden Rechtslage ist in Deutschland jede Form der Ersatz- und Leihmutterschaft[1246] ausdrücklich verboten[1247]. Wie die Ausführungen im zweiten Teil dieser Arbeit gezeigt haben, sollte das Verbot der Leihmutterschaft jedoch aufgehoben werden[1248]. Leihmutter in diesem Sinne soll dabei jede Frau sein, die bereit ist, sich einen genetisch nicht von ihr abstammenden Embryo übertragen zu lassen und diesen auszutragen, um das Kind nach der Geburt Dritten zur Annahme als Kind zu überlassen.

Da die Leihmutterschaft für die Beteiligten regelmäßig mit größeren Herausforderungen verbunden ist als die Keimzell- oder Embryonen-

1246 Zu den Begrifflichkeiten siehe Teil 2 Kapitel 4 VII. 1.

1247 Siehe dazu Teil 2 Kapitel 4 VII. 2.

1248 Siehe dazu Teil 2 Kapitel 4 VII. 3.

spende, sollte der Gesetzgeber in § 12 Fortpflanzungsmedizingesetz besondere Voraussetzungen hinsichtlich ihrer Zulässigkeit und Durchführung normieren. Dabei sollte er stets in erster Linie das Wohl des zu zeugenden Kindes, aber auch die Rechte und Interessen der Leihmutter sowie der Wunscheltern im Auge behalten.

Er sollte zunächst Aufklärungs- und Beratungserfordernisse vorsehen, die über die allgemein für alle Verfahren der medizinisch unterstützten Fortpflanzung geltenden Aufklärungs- und Beratungserfordernisse[1249] hinausgehen. Insbesondere sollte eine psychologische Beratung vor der Durchführung der Leihmutterschaft verpflichtend sein[1250]. Eine solche Beratung erscheint erforderlich, damit sich alle Beteiligten über die Voraussetzungen, Herausforderungen und möglicherweise auftretenden Probleme im Klaren sind. Denn anders als bei der Keimzell- und Embryonenspende begründet die Leihmutterschaft ein durch die Schwangerschaft hervorgerufenes Näheverhältnis zwischen der Leihmutter und dem Kind. Es kann daher im Vorfeld nicht sicher ausgeschlossen werden, dass sie ein derart enges Verhältnis zu diesem aufbaut, dass sie es am Ende der Schwangerschaft entgegen der getroffenen Vereinbarung nicht an die Wunscheltern herausgeben will. Auf der anderen Seite kann nicht ausgeschlossen werden, dass die Wunscheltern keine Beziehung zu dem Kind aufbauen können, weshalb sie es am Ende der Schwangerschaft entgegen der getroffenen Vereinbarung nicht annehmen wollen. Daher sollte die verpflichtende psychologische Beratung auf die persönliche Situation und die Beweggründe der Leihmutter und der Wunscheltern für die Durchführung der Leihmutterschaft eingehen. Zudem sollten die Beteiligten im Rahmen der Aufklärung und Beratung vor der Durchführung der Leihmutterschaft ausdrücklich darauf hingewiesen werden, dass eine psychologische Beratung oder psychosoziale Betreuung auch während

1249 Siehe dazu Teil 3 Kapitel 2 II. 2. a) cc).

1250 Die Kosten sollten dabei nicht von den Krankenkassen übernommen werden, da die psychologische Beratung nicht unmittelbar der Überwindung physischer oder psychischer Beeinträchtigungen der Kinderwunschpatienten dient. Um die Inanspruchnahme fortpflanzungsmedizinischer Maßnahmen nichtsdestotrotz grundsätzlich allen Kinderwunschpatienten gleichermaßen zu ermöglichen, sollten eine Erweiterung und Anpassung der Leistungen nach § 27a SGB V an die hier vorgeschlagenen Gesetzesänderungen erfolgen.

oder nach der Behandlung fortgesetzt oder begonnen werden kann. Da die Durchführung der Leihmutterschaft, anders als die Keimzell- oder Embryonenspende, Auswirkungen auf das Familienleben der Leihmutter haben kann, sollte auch für die Familie der Leihmutter ein Beratungs- und Betreuungsangebot geschaffen werden. Eine ausdrückliche Regelung dieses Beratungs- und Betreuungsangebotes im Fortpflanzungsmedizingesetz erscheint nicht erforderlich, ein entsprechender Hinweis sollte jedoch im Rahmen der Aufklärung und Beratung der Leihmutter erteilt werden müssen.

Zudem sollten die Beteiligten vor der Durchführung der Leihmutterschaft an einer rechtlichen Beratung teilnehmen müssen, bei der auf die zivilrechtlichen, insbesondere familien- und erbrechtlichen Folgen der Leihmutterschaft eingegangen wird. Eine solche Beratung erscheint erforderlich, weil die Wunscheltern nicht automatisch auch rechtliche Eltern des durch die Leihmutter ausgetragenen Kindes werden. Wie genau die familienrechtliche Zuordnung des Kindes zu den Wunscheltern ausgestaltet werden soll[1251], muss der Gesetzgeber selbst durch die Schaffung entsprechender Vorgaben festlegen. Über das dann bestehende Verfahren der Zuordnung sowie dessen rechtliche Folgen muss in jedem Fall aufgeklärt werden.

Daneben sollte bestimmt werden, dass die allgemein für alle Verfahren der medizinisch unterstützten Fortpflanzung geltenden Regelungen[1252] sowie die Regelungen, die für die speziellen Verfahren der medizinisch unterstützten Fortpflanzung gelten[1253], durch die Regelungen zur Leihmutterschaft unberührt bleiben. Sofern die Leihmutterschaft unter Inanspruchnahme auch einer Eizellspende durchgeführt werden soll[1254], müssen beispielsweise die allgemeinen Regelungen sowie die für die IVF/ICSI, die Eizellspende und die Leihmutterschaft geltenden Regelungen Beachtung finden.

1251 Denkbar wäre, die Vorschriften über die Adoption (mit gewissen Ergänzungen) auch auf Leihmutterschaftsverhältnisse anzuwenden oder gänzlich neue Vorschriften zu schaffen.

1252 Siehe dazu Teil 3 Kapitel 2 II. 2. a).

1253 Siehe dazu Teil 3 Kapitel 2 II. 2. b) – d).

1254 Da die Leihmutter nicht zugleich genetische Mutter des auszutragenden Kindes sein darf, stammen die bei der Zeugung der Embryonen verwendeten Eizellen entweder von der Wunschmutter oder von einer Eizellspenderin.

Auch die Leihmutterschaft sollte darüber hinaus nur in einem dafür zugelassenen Zentrum durchgeführt werden dürfen[1255], um die Qualität der medizinischen Versorgung und die Einhaltung der entsprechenden Voraussetzungen zu gewährleisten.

Nicht vorgesehen werden sollte hingegen eine Beschränkung der Leihmutterschaft auf Fälle, in denen zumindest die Gameten eines Wunschelternteils verwendet werden[1256]. Auch wenn sich die Befürchtung, dass sich die Identitätsentwicklung des Kindes umso schwerer gestaltet, je mehr Personen an seiner Zeugung, Austragung und Erziehung beteiligt sind, nicht von vornherein von der Hand weisen lässt, rechtfertigt sie eine derartige Beschränkung nicht[1257]. Denn es ist durchaus vorstellbar, dass die Identitätsentwicklung des Kindes im Falle der Leihmutterschaft unter Inanspruchnahme einer Spende von imprägnierten Eizellen sowie einer anfänglichen oder nachträglichen Embryonenspende relativ problemlos erfolgen kann, wenn bei der Durchführung der Leihmutterschaft keine Probleme auftreten und die Umstände, die zur Geburt des Kindes geführt haben, später mit diesem offen und transparent kommuniziert werden[1258]. Es erscheint daher grundsätzlich nicht gerechtfertigt, die Wunscheltern auf die Möglichkeit der Adoption zu verweisen, wenn beide steril/infertil und zur Annahme eines genetisch nicht von ihnen abstammenden Kindes bereit sind[1259], da nicht jedem adoptionswilligen Paar tatsächlich ein Kind vermittelt

1255 § 8 Abs. 2 AME-FMedG.

1256 So aber *Lammers*, Leihmutterschaft in Deutschland, 2016, S. 192 f.; noch weiter geht *Kaiser*, die die Leihmutterschaft nur dann zulassen will, wenn die Gameten beider Wunscheltern verwendet werden (Elternglück durch Fremdsamenspende und Leihmutterschaft?, in: Götz u. a. (Hrsg.), FS Brudermüller, 2014, S. 357, 364 f.).

1257 So aber *Lammers*, Leihmutterschaft in Deutschland, 2016, S. 192 f.

1258 Im Gegensatz dazu erscheint es ebenso denkbar, dass die bloße Inanspruchnahme einer Samenspende die Identitätsentwicklung des Kindes erheblich erschwert, wenn dieser Umstand von den Eltern tabuisiert wird und sich als Familiengeheimnis (unterbewusst) auf das Familienleben auswirkt.

1259 So aber *Lammers*, da in dieser Konstellation keine das Kindeswohl überwiegenden Vorzüge mit der Inanspruchnahme einer Leihmutter einhergingen (Leihmutterschaft in Deutschland, 2016, S. 193).

werden kann[1260]. Zudem darf nicht verkannt werden, dass das Miterleben der Schwangerschaft und ein Beziehungsaufbau zum Kind, der unmittelbar nach der Geburt beginnt, als großer Vorteil verstanden werden kann und sollte.

Fraglich ist daneben, ob der Gesetzgeber vorsehen sollte, dass die Leihmutterschaft nur dann durchgeführt werden darf, wenn ein notarieller Nachweis der unbedingten und unwiderruflichen Annahme des Kindes durch Dritte vorliegt[1261]. Auch wenn es wünschenswert erscheint, der bestehenden Gefahr, dass die Leihmutter das Kind nicht herausgeben will oder die Wunscheltern es nicht annehmen wollen, durch eine gesetzliche Regelung entgegenzutreten, überzeugt ein solches Vorgehen im Ergebnis nicht. Dies gilt insbesondere deshalb, weil es an den Interessen des durch die Leihmutter ausgetragenen Kindes vorbeiginge. Sollte nach Durchführung der Leihmutterschaft die äußert unerwünschte Situation eintreten, dass entweder die Leihmutter das Kind nicht herausgeben will oder die Wunscheltern es nicht annehmen wollen, sollte eine einzelfallorientierte Entscheidung möglich sein, die allem voran den Interessen des Kindes versucht gerecht zu werden. Es kann nicht als im Interesse des Kindes angesehen werden, der biologi-

1260 Die Chancen auf eine erfolgreiche Adoption sinken mit steigendem Alter der Wunscheltern. Da die Wunscheltern regelmäßig bereits seit längerer Zeit auf natürlichem oder medizinisch unterstütztem Weg versucht haben ein Kind zu zeugen, sind sie regelmäßig in einem Alter Mitte/Ende dreißig. Da sich Adoptionsverfahren nicht selten über Monate oder gar Jahre ziehen, schwinden die Chancen auf eine erfolgreiche Adoption (zumindest eines Säuglings oder Kleinkindes) schnell, da die Bundesarbeitsgemeinschaft der Landesjugendämter einen maximalen Altersabstand von 40 Jahren zwischen den Wunscheltern und dem zu adoptierenden Kind empfiehlt. Zudem wird als Voraussetzung der Adoption angesehen, dass zumindest ein Elternteil nicht oder allenfalls geringfügig beschäftigt ist, um sich ganz oder weitüberwiegend den Herausforderungen zu stellen, die mit einer Adoption einhergehen. Sofern diese Voraussetzung durch die die Adoption vermittelnde Stelle sehr extensiv ausgelegt wird, die Aufgabe der eigenen beruflichen Tätigkeit also länger, als dies nach der Geburt eines eigenen Kindes der Fall wäre (auszugehen sollte hier von einer Zeit bis zu drei Jahren sein), gefordert wird, kann diese Voraussetzung der Adoption entgegenstehen, wenn die eigene Berufstätigkeit nicht dauerhaft aufgegeben/eingeschränkt werden soll. Dies gilt insbesondere dann, wenn die Aufgabe/Einschränkung der Berufstätigkeit schon aus finanziellen Gründen nicht in Betracht kommt.

1261 § 8 Abs. 1 S. 1 AME-FMedG; so wohl auch *Lammers*, Leihmutterschaft in Deutschland, 2016, S. 210 ff.

schen Mutter, die es behalten und großziehen möchte, mit Hilfe staatlichen Zwanges entzogen zu werden oder den Wunscheltern, die es nicht aufnehmen und großziehen wollen, mittels staatlichen Zwangs zur dauerhaften Annahme übergeben zu werden[1262]. Eine Wegnahme des Kindes gegen den Willen der Leihmutter kann zudem als mit ihren Rechten nicht vereinbar angesehen werden[1263]. Auch wenn die Leihmutter vor der Durchführung der Leihmutterschaft umfangreich psychologisch und auch rechtlich aufgeklärt und beraten wurde, kann nicht ausgeschlossen werden, dass sie ihre Meinung durch das Erleben der Schwangerschaft ändert. Entzieht man ihr das von ihr geborene Kind dann mittels staatlichen Zwangs, kann dies weitreichende Folgen für ihre Psyche haben, die mit denen nach dem Tod eines eigenen Kindes vergleichbar sein können[1264].

Es stellt sich daher die Frage, welche alternativen Regelungsmöglichkeiten denkbar sind[1265]. Zunächst könnte erwogen werden, dass die Durchführung der Leihmutterschaft von einer Genehmigung des Familiengerichtes abhängig gemacht wird[1266]. Dieses Vorgehen böte den Vorteil, dass sich das Familiengericht einen Eindruck von der persönlichen Situation und den Beweggründen der Leihmutter und Wunscheltern machen könnte und so in der Lage wäre, einzelfallbezogen zu entscheiden, ob die Leihmutterschaft in der geplanten Konstellation durchgeführt werden darf oder nicht[1267]. Gegen dieses Vorgehen spricht jedoch, dass es weder dazu geeignet ist, auszuschließen, dass sich Leihmutter oder Wunscheltern nicht an die zuvor getroffene Vereinbarung halten wollen, noch für einen solchen Fall einen Lösungsan-

1262 *Dorneck*, Das Recht der Reproduktionsmedizin de lege lata und de lege ferenda, 2018, S. 338.

1263 *Dorneck*, Das Recht der Reproduktionsmedizin de lege lata und de lege ferenda, 2018, S. 338 ff.

1264 *Dorneck*, Das Recht der Reproduktionsmedizin de lege lata und de lege ferenda, 2018, S. 339.

1265 Ausführlich dazu *Dorneck*, Das Recht der Reproduktionsmedizin de lege lata und de lege ferenda, 2018, S. 340 ff.

1266 *Dorneck*, Das Recht der Reproduktionsmedizin de lege lata und de lege ferenda, 2018, S. 341 m. V. a. die griechische Lösung und Coester, in: FS Jayme, S. 1243 (1256).

1267 *Dorneck*, Das Recht der Reproduktionsmedizin de lege lata und de lege ferenda, 2018, S. 341.

satz bietet[1268]. Eine zusätzliche familiengerichtliche Genehmigung erscheint daher insgesamt nicht geeignet, die Rechte und Interessen des Kindes, aber auch der Leihmutter und der Wunscheltern zu schützen. Sie würde lediglich eine zusätzliche bürokratische Hürde darstellen, die den Beteiligten abverlangen würde, ihre persönliche Situation und die Beweggründe für die Durchführung der Leihmutterschaft weiteren, nicht an der Behandlung beteiligten Personen zugänglich zu machen[1269].

Die gleichen Gründe sprechen dagegen, die Durchführung der Leihmutterschaft von einer Genehmigung durch eine Fortpflanzungsmedizin-Kommission[1270] abhängig zu machen[1271].

Denkbar erscheint hingegen, die Durchführung der Leihmutterschaft – ähnlich wie dies bei der Lebendorganspende nach § 8 Abs. 1 S. 2 TPG der Fall ist – von einem besonderen Näheverhältnis der Leihmutter zu den Wunscheltern abhängig zu machen[1272]. Dieses Vorgehen brächte den Vorteil mit sich, dass sich Leihmutter und Wunscheltern bereits länger und besser kennen und daher die persönliche Situation des jeweils anderen und dessen Beweggründe für die Durchführung der Leihmutterschaft leichter nachempfinden können. Auch die Durchführung der Leihmutterschaft selbst könnte durch das bestehende Näheverhältnis positiv beeinflusst werden, da die Schwangerschaft in diesem Fall regelmäßig intensiver durch die Wunscheltern miterlebt werden kann, als es der Fall wäre, wenn das Kind durch eine ihnen bis dahin unbekannte Frau ausgetragen würde. Möglicherweise könnte sich das bestehende Näheverhältnis auch positiv auf die Bereitschaft der Leihmutter auswirken, das Kind nach der Geburt an die Wunscheltern herauszugeben, da durch den bestehenden Kontakt zu diesen

1268 *Dorneck*, Das Recht der Reproduktionsmedizin de lege lata und de lege ferenda, 2018, S. 342.

1269 *Dorneck*, Das Recht der Reproduktionsmedizin de lege lata und de lege ferenda, 2018, S. 341.

1270 *Dorneck*, Das Recht der Reproduktionsmedizin de lege lata und de lege ferenda, 2018, S. 341 m. V. a. Hörnle, Menschenwürde und Ersatzmutterschaft, in: Menschenwürde und Medizin, S. 743 (751).

1271 *Dorneck*, Das Recht der Reproduktionsmedizin de lege lata und de lege ferenda, 2018, S. 341 f.

1272 *Dorneck*, Das Recht der Reproduktionsmedizin de lege lata und de lege ferenda, 2018, S. 342.

auch der Kontakt zu dem von ihr ausgetragenen Kind aufrechterhalten werden könnte[1273]. Sofern der Kontakt zwischen der Leihmutter und den Wunscheltern tatsächlich nach der Übergabe des Kindes fortbesteht, brächte dies für das Kind den Vorteil mit sich, dass sein Recht auf Kenntnis der eigenen Abstammung in besonderer Weise gewahrt werden könnte[1274], indem ihm nicht nur die Durchführung der Leihmutterschaft, sondern auch die Identität der Leihmutter offenbart wird und es den persönlichen Kontakt zu dieser pflegen kann. Da die Leihmutterschaft nach der hier vertretenen Auffassung nur mit genetisch nicht von der Leihmutter abstammenden Embryonen herbeigeführt werden darf, besteht zudem nicht die Gefahr, dass aufgrund des zwischen der Leihmutter und den Wunscheltern bestehenden Näheverhältnisses gesundheitliche Gefahren[1275] für das Kind begründet werden. Nichtsdestotrotz überzeugt der Vorschlag, die Durchführung der Leihmutterschaft von einem bestehenden Näheverhältnis zwischen der Leihmutter und den Wunscheltern abhängig zu machen, im Ergebnis nicht[1276]. Zunächst spricht dagegen, dass schwer bestimmbar und überprüfbar erscheint, wann vom Vorliegen eines solchen Näheverhältnisses überhaupt ausgegangen werden kann. Sofern die Anforderungen nicht sehr niederschwellig angesetzt würden, würde die Leihmutterschaft für viele Wunscheltern von vornherein ausgeschlossen, wenn es keine ihnen nahestehende Person gibt, die als Leihmutter in Frage kommt[1277]. Zudem erscheint nicht ausgeschlossen, dass sich ein zwischen der Leihmutter und den Wunscheltern bestehendes Näheverhältnisses auch negativ auf die Durchführung der Leihmutterschaft

1273 *Dorneck*, Das Recht der Reproduktionsmedizin de lege lata und de lege ferenda, 2018, S. 342.

1274 *Dorneck*, Das Recht der Reproduktionsmedizin de lege lata und de lege ferenda, 2018, S. 342.

1275 Auf diese Gefahren hinweisend *Dorneck*, Das Recht der Reproduktionsmedizin de lege lata und de lege ferenda, 2018, S. 342.

1276 So auch *Dorneck*, Das Recht der Reproduktionsmedizin de lege lata und de lege ferenda, 2018, S. 342 f.; *Kaiser*, Elternglück durch Fremdspende und Leihmutterschaft?, in: Götz u. a. (Hrsg.), FS Brudermüller, 2014, S. 356, 365.

1277 *Dorneck*, Das Recht der Reproduktionsmedizin de lege lata und de lege ferenda, 2018, S. 342.

auswirken kann[1278]. Dies scheint beispielsweise denkbar, wenn die Schwangerschaft mit einer gespendeten Eizelle und den Samenzellen des Wunschvaters herbeigeführt wird. Die Wunschmutter könnte sich in dieser Konstellation außen vor fühlen, da die Leihmutter biologische Mutter des Kindes und der Wunschvater genetischer Vater des Kindes ist, der Wunschmutter hingegen keine biologische/genetische Relevanz für die Entstehung des Kindes zukommt. Zudem kann nicht automatisch angenommen werden, dass ein über die Durchführung der Leihmutterschaft hinausgehender Kontakt für die Beteiligten und das Kind immer vorteilhaft sein muss. Vielmehr ist denkbar, dass gerade durch diesen Kontakt Spannungen und Konflikte begründet werden. Beispielsweise ist vorstellbar, dass die Wunscheltern in erheblichem Umfang an der Schwangerschaft teilhaben und das Verhalten und die Entscheidungen der Leihmutter beeinflussen wollen oder dass die Leihmutter sich auch nach der Übergabe des Kindes an die Wunscheltern als Mutter des Kindes fühlt und daher an der Entwicklung und Erziehung des Kindes teilhaben will. Derartige Spannungen könnten sich auf das Kind übertragen und negativ auf dessen Entwicklung auswirken.

Allein geeignet erscheint daher der Vorschlag, das gegenseitige Versprechen der Leihmutterschaft als unvollkommene Verbindlichkeit auszugestalten[1279]. Auch wenn durch diese Ausgestaltung keine Lösung für alle möglichen, sich im Rahmen der Abwicklung einer Leihmutterschaftsvereinbarung ergebenden Probleme gefunden werden kann, scheint sie doch den bestmöglichen Schutz der Rechte und Interessen der Betroffenen zu ermöglichen. Insbesondere scheint sie den Rechten und Interessen des Kindes am ehesten gerecht werden zu können. Denn wenn das gegenseitige Versprechen der Leihmutterschaft als unvollkommene Verbindlichkeit ausgestaltet wird, kann keine der

---

1278 Bezogen auf die Eizellspende bei bestehendem Näheverhältnis: *Helms*, Die künstliche Befruchtung aus familienrechtlicher Sicht: Probleme und Perspektiven, in: Röthel/Löhring/Helms (Hrsg.), Ehe, Familie, Abstammung, 2010, S. 49, 67.

1279 *Dorneck*, Das Recht der Reproduktionsmedizin de lege lata und de lege ferenda, 2018, S. 343 ff. m. V. a. die britische Lösung und Coester, in: FS. Jayme, S. 1243 (1255) sowie Scherpe, in: Künstliche Fortpflanzung und europäisches Familienrecht, S. 295 (314).

versprochenen Handlungen erzwungen werden[1280]. Das Kind könnte der Leihmutter nicht gegen ihren Willen entzogen und den Wunscheltern nicht gegen ihren Willen dauerhaft zur Annahme als Kind übergeben werden. Die Nichtvornahme des Versprechens würde in diesem Fall lediglich Ersatzansprüche begründen[1281]. Will die Leihmutter das Kind, entgegen der getroffenen Vereinbarung, nicht herausgeben, könnte sie den Wunscheltern zur Erstattung der für die Durchführung der Leihmutterschaft aufgewendeten Kosten oder zur Übernahme der durch eine erneute Inanspruchnahme einer Leihmutter entstehenden Kosten verpflichtet werden[1282]. Wollen die Wunscheltern das Kind, entgegen der getroffenen Vereinbarung, nicht annehmen, könnten sie zur Zahlung des Kindesunterhaltes an die Leihmutter verpflichtet werden[1283,1284]. Damit den Beteiligten die Bedeutung des gegenseitigen Versprechens sowie die rechtlichen Folgen dessen Beachtung und Nichtbeachtung deutlich werden, sollte dieses durch notarielle Beurkundung dokumentiert werden müssen.

Nicht geregelt wird durch diesen Vorschlag, was passiert, wenn eine Partei zahlungsunfähig ist oder keiner das Kind dauerhaft annehmen möchte. Wenig problematisch erscheint dabei der Fall der Zahlungsunfähigkeit der Leihmutter. Da vor der Durchführung der Leihmutterschaft umfangreiche Aufklärungs- und Beratungsgespräche sowie eine notarielle Beurkundung des gegenseitigen Versprechens erforderlich sein sollten, wären die Wunscheltern über die mit der Durchführung der Leihmutterschaft einhergehenden Risiken hinreichend aufgeklärt. Sofern sie sich in Kenntnis dieser Risiken für die Durchführung der Leihmutterschaft entscheiden, erscheint es nicht unbillig, ihnen das

1280 *Dorneck*, Das Recht der Reproduktionsmedizin de lege lata und de lege ferenda, 2018, S. 343 f.

1281 *Dorneck*, Das Recht der Reproduktionsmedizin de lege lata und de lege ferenda, 2018, S. 344 m. V. a. die Vorschriften beim Verlöbnis, vgl. §§ 1298 ff. BGB.

1282 *Dorneck*, Das Recht der Reproduktionsmedizin de lege lata und de lege ferenda, 2018, S. 344.

1283 *Dorneck*, Das Recht der Reproduktionsmedizin de lege lata und de lege ferenda, 2018, S. 344.

1284 Das Kind wäre in diesem Fall nicht als Schaden anzusehen. Die Unterhaltszahlungen stellten lediglich einen Ersatzanspruch in Folge der Nichterfüllung des Versprechens dar. Siehe dazu im Detail: *Dorneck*, Das Recht der Reproduktionsmedizin de lege lata und de lege ferenda, 2018, S. 344 f.

Ausfallrisiko der Leihmutter für den Fall aufzuerlegen, dass diese das Kind nicht herausgeben möchte. Anders stellt sich die Situation hingegen dar, wenn die Wunscheltern das Kind nicht annehmen wollen und zahlungsunfähig sind. Denn in diesem Fall hängt das Wohl des Kindes, dessen Unterhalt durch die Ersatzzahlung gesichert werden soll, an der Zahlungsfähigkeit der Wunscheltern. Es könnte daher erwogen werden, die Durchführung der Leihmutterschaft von einer vorausgehenden finanziellen Prüfung der Wunscheltern abhängig zu machen[1285]. Gegen ein solches Vorgehen spricht jedoch, dass es die Inanspruchnahme einer Leihmutter zu sehr von den finanziellen Verhältnissen der Wunscheltern abhängig machen würde[1286]. Es erscheint daher interessengerechter, wenn in einem solchen Fall zunächst der Staat eingreift und für das Kind Unterhaltsvorschuss leistet. Durch dieses Vorgehen würde dem Kind sofort ein Mindestunterhalt geleistet und die Leihmutter entlastet. Die Wunscheltern wären dadurch nicht aus der Verantwortung entlassen, da eine regelmäßige Überprüfung ihrer Vermögensverhältnisse stattfinden würde und diese im Falle der Wiedererlangung der Zahlungsfähigkeit in Anspruch genommen werden könnten. Auch wenn es im ersten Moment unbillig erscheinen mag, in einem solchen Fall den Staat und damit die Solidargemeinschaft in Anspruch zu nehmen, überzeugt eine solche Lösung im Ergebnis deshalb, weil es bei dieser nicht darum geht, die Leihmutter oder die Wunscheltern zu entlasten oder aus der Pflicht zu nehmen, sondern darum, das Wohl des Kindes zu sichern.

Am schwierigsten stellt sich die Situation dar, wenn weder die Leihmutter das Kind behalten noch die Wunscheltern es annehmen wollen[1287]. Da es nicht im Interesse des Kindes ist, eine der Parteien dazu zu zwingen, das Kind annehmen zu müssen, sollten alternative Lö-

---

1285 *Dorneck*, Das Recht der Reproduktionsmedizin de lege lata und de lege ferenda, 2018, S. 344 Fn. 1570.

1286 *Dorneck*, Das Recht der Reproduktionsmedizin de lege lata und de lege ferenda, 2018, S. 344.

1287 Anders stellt sich die Situation dar, wenn die Annahme des Kindes durch die Wunscheltern nicht möglich ist, weil beide verstorben sind. Sofern die Leihmutter das Kind nicht behalten will, sollte zunächst die Annahme des Kindes durch Verwandte der Wunscheltern möglich sein. Nur dann, wenn das Kind nicht von Verwandten der Wunscheltern angenommen wird, sollte die Freigabe des Kindes zur Adoption durch die Leihmutter erklärt werden können.

sungsmöglichkeiten bereitstehen, damit dem Kind in einem solchen Fall keine ungewisse Zukunft droht. Weil es für das Kind gerade in einer solchen Situation von besonderer Bedeutung ist, dass es in eine stabile familiäre Umgebung hineinkommt, könnte für diesen Fall eine Adoptionsfreigabe erwogen werden. Da die Vorschriften zur Adoption[1288] nicht eins zu eins auf den Fall der Freigabe nach Durchführung der Leihmutterschaft anwendbar sind, sollten für diesen entweder eigene Vorschriften geschaffen oder die Vorschriften über die Adoption ergänzt werden. Zunächst sollte dabei gelten, dass sowohl die Leihmutter als auch die Wunscheltern in die Freigabe des Kindes einwilligen müssen. Dabei sollte es keine Rolle spielen, ob das Kind genetisch von den Wunscheltern abstammt oder nicht[1289]. Durch die getroffene Leihmutterschaftsvereinbarung haben die Wunscheltern zum Ausdruck gebracht, dass sie die rechtliche Verantwortung für das Kind übernehmen wollen. Von dieser Erklärung sollten sie sich nur durch die ausdrückliche Einwilligung in die Freigabe des Kindes lösen können. Daneben sollte erwogen werden, gesetzliche Vorgaben zu schaffen, die auf eine zeitnahe Freigabe nach der Geburt hinwirken. Denkbar wäre es, dass der Leihmutter und den Wunscheltern nach der Geburt acht bis zwölf Wochen Bedenkzeit gegeben werden, in denen sie sich entscheiden können, ob sie das Kind behalten, annehmen oder dauerhaft an Dritte übergeben wollen[1290]. Eine acht- bis zwölfwöchige Bedenkzeit erscheint ausreichend, um zu gewährleisten, dass die Einwilligung in die Freigabe des Kindes nach reiflicher Überlegung und nicht übereilt aufgrund der veränderten Situation unmittelbar nach der Geburt getroffen wird[1291]. Da sich die Beteiligten bewusst für die Durchführung der Leihmutterschaft entschieden haben, fehlt es bei ihnen an der für gewöhnlich im Falle einer Adoptionsfreigabe vorliegenden Notsitu-

1288 §§ 1741 ff. BGB.

1289 Nach § 1747 Abs. 1 S. 1 BGB ist „nur" die Einwilligung der Eltern i. S. d. BGB erforderlich.

1290 Vgl. § 1747 Abs. 2 S. 1 BGB, nach dem die Einwilligung in die Adoption erst acht Wochen nach der Geburt des Kindes erteilt werden kann. Vgl. auch *Kaiser*, die im Interesse des Kindes eine achtwöchige Anfechtungsfrist für den Fall vorsehen will, dass das Kind entgegen der getroffenen Vereinbarung genetisch nicht (auch) von den Wunscheltern abstammt (Elternglück durch Fremdspende und Leihmutterschaft?, in: Götz u. a. (Hrsg.), FS Brudermüller, 2014, S. 356, 367).

1291 Vgl. MüKo/*Maurer*, BGB, § 1747 Rn. 51.

ation, die eine längere Bedenkzeit erforderlich erscheinen lässt. Eine längere Bedenkzeit sollte in den hier relevanten Fällen im Interesse des Kindes nicht eingeräumt werden, damit es im Falle der Freigabe möglichst schnell in eine neue Familie aufgenommen werden kann. Je jünger das Kind ist, wenn es in eine neue Familie kommt, umso eher ist damit zu rechnen, dass es sich in dieser gut einleben und möglichst ungestört entwickeln kann.

Sofern die Situation eintritt, dass weder die Leihmutter das Kind behalten noch die Wunscheltern es annehmen wollen, mindestens eine Person jedoch die Einwilligung zur Freigabe verweigert, sollte eine Ersetzung durch das Familiengericht möglich sein[1292]. In diesem Fall sollte eine zwingende Beratung durch das Jugendamt vorgesehen werden[1293]. Diese sollte sowohl auf die Folgen der gerichtlichen Ersetzung der Einwilligung als auch auf die Möglichkeiten, die bestehen, wenn das Kind dauerhaft angenommen wird, eingehen[1294]. Die Belehrung und Beratung sollen dabei dem Zweck dienen, die Annahme des Kindes durch die Leihmutter oder die Wunscheltern zu bewirken[1295]. Denn es kann vermutet werden, dass es für die Entwicklung und Identitätsfindung des Kindes am besten ist, wenn die Leihmutter oder die Wunscheltern es dauerhaft als Kind annehmen und nicht an Dritte „weiterreichen". In diesem Fall müsste sich das Kind mit dem Umstand auseinandersetzen, dass es aus einer Leihmutterschaftsvereinbarung hervorgegangen ist, am Ende aber keiner der an dieser Beteiligten es aufnehmen wollte. Es kann nicht ausgeschlossen werden, dass sich das Kind durch diese Information herabgesetzt fühlt, da es wie eine mangelhafte Sache „zurückgegeben" wurde. Zudem sollte erneut eine psychologische Beratung oder psychosoziale Betreuung empfohlen werden. Sofern ein Wunschelternteil die Einwilligung verweigert, sollte darauf hingewirkt werden, dass beide Wunschelternteile sowohl an der Beratung durch das Jugendamt als auch an einer psychologischen Beratung oder psychosozialen Betreuung teilnehmen, da die selbst oder gegebenenfalls gerichtlich getroffene Entscheidung weitreichende Folgen für das eigene Leben und die Paarbeziehung haben kann.

1292 Vgl. § 1748 BGB.
1293 Vgl. § 1748 Abs. 2 S. 1 BGB i. V. m. § 51 SGB VIII.
1294 Vgl. § 1748 Abs. 2 S. 1 BGB i. V. m. § 51 SGB VIII.
1295 Vgl. MüKo/*Maurer*, BGB, § 1748 Rn. 48.

Da die „Abwicklung“ der Leihmutterschaft, wie soeben gezeigt, problembehaftet sein kann, sollte sie stets durch einen Psychologen, Arzt oder eine übergeordnete Stelle begleitet werden, damit im Falle von Komplikationen schnellstmöglich im Interesse des Kindes eingegriffen werden kann.

Die Beantwortung darüber hinausgehender, insbesondere familienrechtlicher[1296] Folgefragen soll dem Gesetzgeber vorbehalten bleiben[1297].

f) Sechster Unterabschnitt: Besondere Bestimmungen für die postmortale Befruchtung

§ 13 Postmortale Befruchtung

Nach der derzeit in Deutschland geltenden Rechtslage ist die postmortale Befruchtung verboten. Ein ausdrückliches Verbot findet sich dabei nur hinsichtlich der Verwendung des Samens eines Mannes nach dessen Tod[1298]. Alle anderen Konstellationen der postmortalen Befruchtung sind schon durch andere Vorschriften ausgeschlossen[1299].

An diesen Verboten sollte nicht festgehalten werden. Wie die Ausführungen im zweiten Teil der Arbeit gezeigt haben, können keine durchgreifenden Einwände vorgebracht werden, die ein grundsätzliches Verbot der postmortalen Befruchtung rechtfertigen[1300]. Der Gesetzgeber sollte sie daher zulassen und in § 13 Fortpflanzungsmedizingesetz re-

1296 Insbesondere muss geregelt werden, wie die Annahme des Kindes durch die Wunscheltern rechtlich erfolgen soll. Denn nach § 1591 BGB ist rechtliche Mutter des Kindes immer die Geburtsmutter (Dies gilt auch dann, wenn der für die Durchführung der Leihmutterschaft verwendete Embryo von den Wunscheltern abstammt, BGH, Beschl. v. 20.03.2019 – XII ZB 530/17). Denkbar wäre, die Vorschriften über die Adoption (mit gewissen Ergänzungen) auf Leihmutterschaftsverhältnisse anzuwenden oder gänzlich neue Vorschriften zu schaffen.

1297 Folgefragen ergeben sich im Rahmen von Leihmutterschaftsverhältnissen in einer Vielzahl von Rechtsbereichen. So stellt sich für den Gesetzgeber beispielsweise die Frage, ob die Leihmutter und/oder die Wunschmutter Kündigungsschutz und Mutterschutz genießen sollen, welche Krankenversicherung für welche Behandlungen aufkommen soll etc.

1298 § 4 Abs. 1 Nr. 3 ESchG.

1299 Siehe dazu Teil 2 Kapitel 4 VIII. 1.

1300 Siehe dazu Teil 2 Kapitel 4 VIII. 4.

geln. Da jedoch zuzugeben ist, dass der Umstand, dass zumindest ein genetischer Elternteil im Zeitpunkt der Zeugung bereits verstorben ist, für die Beteiligten und insbesondere das zu zeugende Kind mit besonderen Herausforderungen verbunden sein kann, sollte der Gesetzgeber besondere Aufklärungs-, Einwilligungs- und Beratungserfordernisse vorsehen, die über die allgemein für alle Verfahren der medizinisch unterstützten Fortpflanzung geltenden Aufklärungs-, Einwilligungs- und Beratungserfordernisse[1301] hinausgehen.

Zunächst sollte explizit vorgesehen werden, dass Keimzellen nach dem Tod einer Person nur dann verwendet werden dürfen, wenn diese vor ihrem Tod in die postmortale Verwendung eingewilligt hat. Der Einwilligung sollte dabei eine Aufklärung vorausgehen, die die Besonderheiten der postmortalen Verwendung einschließt. Besondere Bedeutung sollte dabei den Fällen zukommen, in denen es um die Einwilligung in die postmortale Verwendung von Eizellen oder imprägnierten Eizellen durch den zum Zeitpunkt der Verwendung noch lebenden Partner geht. Anders als bei der postmortalen Verwendung von Samenzellen ist es in diesen Fällen nicht möglich, dass der noch lebende Partner einen durch Verwendung der Eizellen der verstorbenen Partnerin gezeugten Embryo selbst austrägt. Dieser muss von einer anderen Frau ausgetragen werden[1302]. Dies kann beispielsweise eine neue Partnerin des noch lebenden Partners oder eine Leihmutter sein. Über diesen Umstand sollte sich die Frau vor Erteilung ihrer Einwilligung im Klaren sein.

Nicht erforderlich sollte eine Einwilligung hingegen dann sein, wenn es sich um eine Keimzellspende handelt und der Keimzellspender vor der Spende auch über die Möglichkeit der postmortalen Verwendung aufgeklärt wurde[1303]. Hat er in Kenntnis dieses Umstandes in die Keimzellspende eingewilligt, kann in der postmortalen Verwendung

1301 Siehe dazu Teil 3 Kapitel 2 II. 2. a) cc).

1302 Sofern das Herz-Kreislauf-System der hirntoten Partnerin durch intensivmedizinische Maßnahmen aufrechterhalten wird, könnte diese den mit ihrer Eizelle gezeugten Embryo zumindest theoretisch selbst austragen. Die Übertragung eines Embryos auf eine hirntote Frau ist jedoch ethisch nicht vertretbar.

1303 *Dorneck*, Das Recht der Reproduktionsmedizin de lege lata und de lege ferenda, 2018, S. 349.

seiner Keimzellen kein Verstoß gegen sein Persönlichkeitsrecht erblickt werden[1304].

Vor der Durchführung der postmortalen Befruchtung sollte eine psychologische Beratung verpflichtend vorgesehen werden[1305]. Eine solche Beratung erscheint erforderlich, damit sich alle Beteiligten über die Voraussetzungen, Herausforderungen und möglicherweise auftretenden Probleme im Klaren sind. Dies gilt wiederum insbesondere für den Fall, dass Eizellen oder imprägnierte Eizellen durch den noch lebenden Partner einer verstorbenen Frau verwendet werden sollen. Sowohl der noch lebende Partner als auch die Frau, die sich zur Austragung des Embryos bereiterklärt, sollten in dieser Konstellation an der Beratung teilnehmen müssen. Denn insbesondere, wenn es sich bei der Frau um die neue Partnerin des noch lebenden Partners handelt[1306], können Konfliktsituationen begründet werden, die sich negativ auf alle Beteiligten, insbesondere aber auf das zu zeugende Kind, auswirken können.

Daneben könnte erwogen werden, die Zulässigkeit der postmortalen Befruchtung zeitlich zu begrenzen[1307]. Eine zeitliche Begrenzung ist dabei in zweierlei Hinsicht denkbar. Zum einen könnte die postmortale Befruchtung erst nach Ablauf einer bestimmten Zeit nach dem Tod der Person, von der die Keimzellen oder imprägnierten Eizellen stammen, zum anderen nur für eine bestimmte Zeit nach deren Tod zulässig sein. Auch wenn für beide Begrenzungen nachvollziehbare Argumente vorgebracht werden können, bedarf es derartiger Begrenzungen nach der hier vertretenen Auffassung nicht. Eine „Sperrfrist" nach dem Tod der Person, von der die Keimzellen oder imprägnierten Eizel-

1304 *Dorneck*, Das Recht der Reproduktionsmedizin de lege lata und de lege ferenda, 2018, S. 349.

1305 Die Kosten sollten dabei nicht von den Krankenkassen übernommen werden, da die psychologische Beratung nicht unmittelbar der Überwindung physischer oder psychischer Beeinträchtigungen der Kinderwunschpatienten dient. Um die Inanspruchnahme fortpflanzungsmedizinischer Maßnahmen nichtsdestotrotz grundsätzlich allen Kinderwunschpatienten gleichermaßen zu ermöglichen, sollten eine Erweiterung und Anpassung der Leistungen nach § 27a SGB V an die hier vorgeschlagenen Gesetzesänderungen erfolgen.

1306 Dass diese Konstellation durchaus praxisrelevant ist zeigt OLG Karlsruhe, Urt. V. 17.06.2016 – 14 U 165/15 = GesR 2017, 65.

1307 *Krüger*, Das Verbot der post-mortem-Befruchtung, 2010, S. 24 f.

len stammen, wird aufgrund der vor der Durchführung der postmortalen Befruchtung verpflichtend vorzusehenden psychologischen Beratung nicht für erforderlich gehalten. Die psychologische Beratung kann im Gegensatz zu einer allgemein gültigen Sperrfrist auf die jeweiligen Umstände des Einzelfalles eingehen und damit den Interessen der Beteiligten besser gerecht werden[1308]. Eine „Höchstfrist" für die Durchführung der postmortalen Befruchtung nach dem Tod der Person, von der die Keimzellen oder imprägnierten Eizellen stammen, wird aufgrund der nach der hier vertretenen Auffassung vorzusehenden Kryokonservierungshöchstdauer für Keimzellen und imprägnierte Eizellen[1309] nicht für erforderlich gehalten. Sollte der Gesetzgeber dies anders sehen und für den Fall der postmortalen Befruchtung eine zusätzliche, enger gefasste Begrenzung vorsehen wollen, sollte er darauf achten, dass die Grenze nicht derart eng gesetzt wird, dass die Betroffenen zu einer übereilten Entscheidung genötigt werden oder die Durchführung einer (erfolgreichen) postmortalen Befruchtung faktisch unmöglich gemacht wird. Eine „Höchstfrist" von neun bis zwölf Monaten, wie sie von *Krüger* vorgeschlagen wird[1310], erscheint in jedem Fall zu kurz bemessen. Denn zum einen sollte den Betroffenen eine angemessene Trauerphase zugebilligt werden[1311], zum anderen muss beachtet werden, dass für eine erfolgreiche Kinderwunschbehandlung regelmäßig mehrere Versuche erforderlich sind[1312]. Sollte sich der Gesetzgeber für eine „Höchstfrist" hinsichtlich der Durchführung der postmortalen Befruchtung entscheiden, sollte diese daher keinesfalls unter zwei Jahren liegen.

Darüber hinaus sollte eine personelle Begrenzung der postmortalen Befruchtung vorgesehen werden, nach der die Keimzellen oder imprägnierten Eizellen nur bei der Behandlung einer Person Verwendung finden dürfen. Auch wenn der verstorbene Keimzellgeber durch-

---

1308 *Krüger* schlägt eine dreimonatige Sperrfrist vor (Das Verbot der post-mortem-Befruchtung, 2010, S. 25).

1309 Siehe dazu Teil 3 Kapitel 2 II. 3. b) und c).

1310 *Krüger*, Das Verbot der post-mortem-Befruchtung, 2010, S. 25.

1311 So auch *Krüger*, der selbst darauf verweist, dass eine Trauerphase von bis zu einem Jahr noch nicht als pathologisch anzusehen ist (Das Verbot der post-mortem-Befruchtung, 2010, S. 25 m. w. N.).

1312 *Krüger*, Das Verbot der post-mortem-Befruchtung, 2010, S. 25.

aus in die Verwendung bei der Behandlung verschiedener Personen einwilligen kann, sollte eine Beschränkung im Interesse des/der zu zeugenden Kindes/Kinder vorgesehen werden. Anderenfalls wäre es zumindest theoretisch denkbar, dass der noch lebende Partner mehrere Frauen die von seiner verstorbenen Partnerin abstammenden Embryonen austragen lässt oder mehrere Frauen mit Embryonen behandelt werden, die von ein und demselben verstorbenen Mann abstammen. Welche Auswirkungen derartige Konstellationen auf die Beteiligten, insbesondere aber auf das/die zu zeugende(n) Kind(er) und ihre Identitätsentwicklung, haben kann, kann nicht abgeschätzt werden. Um die zugegebenermaßen nicht einfache Situation der postmortalen Befruchtung nicht noch zusätzlich zu verkomplizieren, erscheint eine derartige Beschränkung geboten.

Um die Identitätsfindung der postmortal gezeugten Kinder zu erleichtern und sie rechtlich den zu Lebzeiten gezeugten Kindern gleichzustellen, sollte der Gesetzgeber regeln, dass der verstorbene Keimzellgeber als rechtlicher Elternteil festgestellt werden kann. Zudem sollten die postmortal gezeugten Kinder hinsichtlich der Unterhalts- und Erbansprüche den zu Lebzeiten gezeugten Kindern gleichgestellt werden. Die Regelungen sollten jedoch nicht in das Fortpflanzungsmedizingesetz aufgenommen, sondern an den entsprechenden Stellen in das BGB eingefügt werden.

Auch wenn die postmortale Verwendung von Embryonen nicht zu den Fällen der postmortalen Befruchtung zu zählen ist, sollten für sie die gleichen Voraussetzungen gelten, da sie sich hinsichtlich der Voraussetzungen, Herausforderungen und möglicherweise auftretenden Probleme nicht wesentlich von denen der postmortalen Befruchtung unterscheiden.

3. Dritter Abschnitt: Rahmenbedingungen

Im dritten Abschnitt des neu zu schaffenden Fortpflanzungsmedizingesetzes sollten die Rahmenbedingungen geregelt werden, die bei der Inanspruchnahme fortpflanzungsmedizinischer Maßnahmen von Relevanz sein können. Dazu sollte zunächst ein Kommerzialisierungsverbot vorgesehen werden (a)), bevor geregelt wird, unter welchen Bedingungen Keimzellen (b)) sowie imprägnierte Eizellen und Embryonen (c)) aufbewahrt werden können.

a) § 14 Kommerzialisierungsverbot

Um der Gefahr falscher Anreize und von Missbräuchen vorzubeugen, sollte der Gesetzgeber in § 14 Fortpflanzungsmedizingesetz ein ausdrückliches Kommerzialisierungsverbot für die Verfahren der medizinisch unterstützten Fortpflanzung vorsehen[1313]. Danach sollten die Spende von Keimzellen, imprägnierten Eizellen und Embryonen sowie die Leihmutterschaft nicht Gegenstand eines entgeltlichen Rechtsgeschäfts sein dürfen. Da die Spende von Keimzellen, imprägnierten Eizellen und Embryonen für die Spender mit einem gewissen Aufwand verbunden ist, sollte jedoch eine angemessene Aufwandsentschädigung gezahlt werden dürfen[1314]. Weil der Aufwand für die Spender in diesen Fällen immer relativ gleich sein wird, könnte über eine pauschale Bestimmung der als angemessen anzusehenden Aufwandsentschädigung nachgedacht werden. Die Höhe der Aufwandsentschädigung sollte dabei nicht der Gesetzgeber selbst festlegen, sondern eine entsprechende Kompetenz gegebenenfalls im Wege der spezialgesetzlichen Verweisung auf die Ärzteschaft als sachnäheres Gremium übertragen. Daneben sollte auch der Leihmutter eine Aufwandsentschädigung gezahlt werden dürfen[1315], deren Höhe sich an den tatsächlichen Aufwendungen des jeweiligen Einzelfalles orientieren sollte. Durch die Aufwandsentschädigung sollten alle ihr durch die Leihmutterschaft entstehenden Aufwendungen und Vermögenseinbußen ersetzt werden können. Davon erfasst sein können Kosten für medizinische Untersu-

1313 Ein Kommerzialisierungsverbot enthalten § 16 Abs. 1 S. 1 FMedG-ÖR (hinsichtlich der Samen- und Eizellspende), Art. 21 FMedG-S (hinsichtlich der Samenzellspende), §§ 5 Abs. 6 S. 1, 6 Abs. 6 S. 1, 7 Abs. 4 S. 1 und 8 Abs. 3 S. 1 AME-FMedG (hinsichtlich der Samen-, Eizell- und Embryonenspende sowie der Leihmutterschaft).

1314 §§ 5 Abs. 6 S. 2, 6 Abs. 6 S. 2, 7 Abs. 4 S. 2 AME-FMedG (hinsichtlich der Samen-, Eizell- und Embryonenspende).

1315 Vgl. § 8 Abs. 3 S. 2 AME-FMedG.

chungen, die nicht von der Krankenkasse übernommen werden[1316], Umstandsbekleidung, Verdienstausfälle etc.[1317]. Darüber hinaus sollte vorgesehen werden, dass die Aufwandentschädigung nicht in Form einer Einmalzahlung, sondern in Raten entrichtet werden muss. Durch die Vorgabe einer Ratenzahlung würden die der Leihmutter anfallenden Aufwendungen und Vermögenseinbußen regelmäßig ausgeglichen und der Dienstleistungscharakter der Leihmutterschaft gestärkt. Sinnvoll erscheint eine Regelung, nach der die Aufwandsentschädigung in vier Raten zu entrichten ist. Die erste Rate sollte dabei mit Eintritt der Schwangerschaft, die folgenden drei Raten sollten jeweils im Abstand von drei Monaten fällig werden.

Um die Bedeutung der Leihmutterschaft hervorzuheben und zu verhindern, dass sich Dritte an ihr bereichern und sie als eine Art Lifestyle-Produkt vermarkten, sollte der Gesetzgeber zudem effektive Maßnahmen ergreifen, um der Entstehung einer sog. Leihmutterschaftsindustrie in Deutschland entgegenzuwirken[1318]. Die Durchführung der Leihmutterschaft sollte stets einzig und allein der Erfüllung des Kinderwunsches der Wunscheltern dienen und dabei die Rechte und Interessen der Beteiligten und des zu zeugenden Kindes wahren. Lediglich die kostendeckende Leihmuttervermittlung, der Leihmutterschaftsvertrag, Verträge über die psychologische und juristische Beratung und Betreuung sowie über sinnvolle medizinische Behandlungen vor, während und nach der Schwangerschaft sollten zulässig sein. Sämtliche darüber hinausgehende und auf Gewinnerzielung ausge-

1316 Welche Krankenkasse die Kosten für die medizinische Versorgung der Leihmutter und des Kindes übernehmen muss, kann hier dahinstehen. Es soll an dieser Stelle jedoch unterstellt werden, dass nur diejenigen Kosten umfasst sind, die zum Leistungskatalog der gesetzlichen Krankenkassen gehören. Von diesen beispielsweise nicht umfasst sind die Kosten für die in der Schwangerschaft empfohlenen Toxoplasmose- und B-Streptokokken-Tests.

1317 Darüber hinaus stellt sich die Frage, ob die Wunscheltern eine Schadensersatzpflicht trifft, wenn die Leihmutter durch die Schwangerschaft und/oder Geburt geschädigt wird.

1318 Eine Regelung unmittelbar im Fortpflanzungsmedizingesetz erscheint nicht erforderlich.

richtete Angebote sowie sog. All-inclusive-Pakete[1319] sollten verboten und entsprechende Verträge nichtig sein.

b) § 15 Aufbewahrung von Keimzellen

Da Keimzellen durch Kryokonservierung über viele Jahre oder gar Jahrzehnte außerhalb des Körpers gelagert und im Anschluss daran für die Durchführung fortpflanzungsmedizinischer Verfahren verwendet werden können, sollte der Gesetzgeber in § 15 Fortpflanzungsmedizingesetz vorgeben, unter welchen Voraussetzungen und für wie lange die Kryokonservierung von Keimzellen zulässig sein soll[1320].

Da es sich bei der Kryokonservierung von Keimzellen nicht um eine fortpflanzungsmedizinische Maßnahme im eigentlichen Sinn handelt[1321], sollte zunächst bestimmt werden, dass Keimzellen nur nach Aufklärung und mit schriftlicher Einwilligung der Person, von der sie stammen, kryokonserviert werden dürfen[1322]. Zudem sollte festgelegt werden, dass die Einwilligung jederzeit widerrufen werden kann[1323,1324]. Nur so kann gewährleistet werden, dass dem reproduktiven Selbstbestimmungsrecht des Keimzellgebers aus Art. 2 Abs. 1 i. V. m. Art. 1 Abs. 1 GG genügend Rechnung getragen wird.

1319 Entsprechende Pakete enthalten neben der medizinischen Betreuung vor, während und nach der Schwangerschaft beispielsweise die Planung der An- und Abreise sowie des Aufenthalts der Wunscheltern, die Abwicklung sämtlicher Formalitäten und ggf. weiterer Leistungen.

1320 Regelungen, die die Qualität und Sicherheit bei der Verwendung von Keimzellen und Embryonen betreffen, sind derzeit im AMG, TPG sowie in der TPG-GewV zu finden. Sie sollten jedoch bereichsspezifisch und zusammengefasst in das FMedG aufgenommen werden (Stellungnahme des Bundesrates im Gesetzgebungsverfahren zum GewG, BT-Drs. 16/3146, S. 58).

1321 Denn zumindest im Moment der Kryokonservierung zielt sie nicht auf die Herbeiführung einer Schwangerschaft ab, sondern soll die Keimzellen nur für eine möglicherweise später stattfindende Verwendung im Rahmen fortpflanzungsmedizinischer Maßnahmen sichern.

1322 Vgl. Art. 15 Abs. 1 FMedG-S.

1323 Vgl. Art. 15 Abs. 3 FMedG-S.

1324 Anders als es Art. 15 Abs. 3 FMedG-S vorsieht (Schriftform), sollten keine besonderen Anforderungen an die Form des Widerrufs gestellt werden (vgl. Teil 3 Kapitel 2 II. 2. a) ee)).

Daneben sollte der Gesetzgeber bestimmen, wie lange Keimzellen kryokonserviert werden dürfen[1325]. Für eine Beschränkung spricht, dass nicht ausgeschlossen werden kann, dass bei übermäßig langer Kryokonservierung ein Qualitätsverlust der Keimzellen eintritt oder dass diesen im Falle einer fehlenden Beschränkung ein Schicksaal im ewigen Eis droht[1326]. Fraglich ist jedoch, welche Kryokonservierungshöchstdauer als angemessen anzusehen ist. Ein Blick auf die Regelungen anderer europäischer Länder zeigt, dass diese Frage sehr unterschiedlich beantwortet wird[1327]. Bei der Festlegung einer bestimmten Kryokonservierungshöchstdauer können die Regelungen andere Länder daher nur sehr bedingt als Indiz für eine gute Bemessungsgrenze herangezogen werden.

Der Gesetzgeber sollte bei der Festlegung der Kryokonservierungshöchstdauer darauf achten, dass diese nicht zu knapp bemessen wird, damit die Regelung den sehr unterschiedlichen Umständen des jeweiligen Einzelfalls gerecht werden kann. Lässt beispielsweise eine sehr junge Person ihre Keimzellen kryokonservieren, ist das ihr zur Verfügung stehende reproduktive Zeitfenster regelmäßig noch sehr groß, sodass eine beispielsweise auf zwei Jahre bemessene Kryokonservierungshöchstdauer in gravierender Weise in ihre Fortpflanzungsfreiheit eingreifen könnte. Andererseits kann eine sehr lang bemessene Kryokonservierungshöchstdauer dazu führen, dass dieser keinerlei beschränkende Wirkung zukommt und sie somit wirkungslos bleibt.

Vorstellbar wäre daher beispielsweise eine Kryokonservierungshöchstdauer von zehn Jahren, die einmalig auf Antrag um weitere fünf Jahre verlängert werden kann[1328,1329]. Die Entscheidung über einen ent-

1325 Vgl. Art. 15 Abs. 1 FMedG-S.

1326 *Dorneck*, Das Recht der Reproduktionsmedizin de lege lata und de lege ferenda, 2018, S. 372.

1327 Die bestehenden Regelungen sehen eine Beschränkung der Kryokonservierungshöchstdauer von zwei (Dänemark) bis hin zu 15 Jahren (Finnland) vor (*Dorneck*, Das Recht der Reproduktionsmedizin de lege lata und de lege ferenda, 2018, S. 373).

1328 Vgl. Art. 15 Abs. 1 S. 2 FMedG-S.

1329 Auch wenn eine zehnjährige Kryokonservierungshöchstdauer in vielen Fällen als ausreichend anzusehen sein wird, kann nicht ausgeschlossen werden, dass es Fälle gibt, in denen die Bemessung als unzureichend zu betrachten ist. Diesem

sprechenden Antrag sollte dabei einem unabhängigen Gremium übertragen und vorbehalten bleiben.

Mit erfasst würde von einer derartigen Vorschrift das sog. Social Freezing, das nach der hier vertretenen Auffassung als zulässig anzusehen ist[1330]. Der Gesetzgeber könnte erwägen, für diesen Fall der Kryokonservierung weitergehende Aufklärungs- und Beratungserfordernisse zu schaffen. Denn die Eizellgewinnung ist nicht nur mit medizinischen und finanziellen Belastungen, sondern auch mit einigen Ungewissheiten verbunden. So hängen die Erfolgsaussichten einer späteren Behandlung mit diesen Eizellen sehr stark von dem Alter der Frau, in dem sie sich die Eizellen entnehmen und rückübertragen lässt, sowie von deren Qualität ab. Zudem muss beachtet werden, dass die spätere Inanspruchnahme der eigenen Eizellen aufgrund der Subsidiarität der reproduktionsmedizinischen Maßnahmen nur dann in Betracht kommt, wenn die Frau, von der die Eizellen stammen, auf andere Art und Weise nicht schwanger werden kann[1331]. Allein der Umstand, dass die in jungen Jahren kryokonservierten Eizellen eine bessere genetische Qualität aufweisen, genügt für die Inanspruchnahme dieser Eizellen nicht[1332]. Über diese Umstände sollte die Frau vor der Durchführung des Social Freezing informiert werden müssen. Dafür erscheint es jedoch nicht erforderlich, dass der Gesetzgeber selbst weitergehende Aufklärungs- und Beratungserfordernisse vorsieht. Denn aus der Zusammenschau der allgemeinen zivilrechtlichen, berufsrechtlichen und hier vorgeschlagenen Regelungen ergibt sich eine bereits hinreichend bestimmte Aufklärungspflicht des behandelnden Arztes. Dies gilt ins-

---

Umstand kann durch die einmalige Verlängerung auf Antrag entsprechend begegnet werden. Sie ermöglicht eine einzelfallorientierte Entscheidung und ist somit einer pauschalen Erhöhung der Kryokonservierungshöchstdauer vorzuziehen.

1330 Siehe dazu Teil 2 Kapitel 4 V.

1331 *Bioethikkommission Österreich*, Fortpflanzungsmedizinrechts-Änderungsgesetz 2015 – FMedRÄG 2015, abrufbar unter: https://www.bundeskanzleramt.gv.at/documents/131008/549639/FMedRAEG_2015.pdf/385d8844-4878-43d1-b10e-92d8b25c947f (Stand: 02.01.2020), S. 9.

1332 *Bioethikkommission Österreich*, Fortpflanzungsmedizinrechts-Änderungsgesetz 2015 – FMedRÄG 2015, abrufbar unter: https://www.bundeskanzleramt.gv.at/documents/131008/549639/FMedRAEG_2015.pdf/385d8844-4878-43d1-b10e-92d8b25c947f (Stand: 02.01.2020), S. 9.

besondere vor dem Hintergrund, dass durch das Social Freezing selbst keine Rechte und Interessen Dritter, sondern nur die Rechte und Interessen der behandelten Frau betroffen sind. Weitergehende Aufklärungs- und Beratungserfordernisse ergeben sich erst in dem Moment, in dem die Eizellen nach der Kryokonservierung für die Durchführung einer fortpflanzungsmedizinischen Behandlung verwendet werden sollen. Es genügt daher, wenn die Konkretisierung der Aufklärungs- und Beratungserfordernisse vor der Durchführung des Social Freezing der Ärzteschaft überlassen wird.

Für den Fall, dass die Kryokonservierung von Keimzellen aufgrund einer ärztlichen Behandlung oder einer von der Person ausgeübten Tätigkeit vorgenommen wird, die dazu geeignet ist, die Keimzellen zu schädigen oder zur Sterilität zu führen, sollte eine Ausnahme dahingehend geschaffen werden, dass eine Kryokonservierung der Keimzellen auch über die allgemein geltende Kryokonservierungshöchstdauer hinaus zulässig ist[1333]. Dies erscheint interessengerecht, da beispielsweise im Fall einer Krebserkrankung von Jugendlichen oder jungen Erwachsenen Keimzellen kryokonserviert werden können, bevor mit der zellschädigenden Chemotherapie begonnen wird. Da die Patienten heute in den allermeisten Fällen eine gute Heilungschance und nach erfolgreich durchgestandener Erkrankung noch ein langes Leben vor sich haben, erscheint in diesen Fällen eine Beschränkung der Kryokonservierungshöchstdauer auf allenfalls 15 Jahre zu knapp.

Ergänzend sollte der Gesetzgeber bestimmen, dass die kryokonservierten Keimzellen sofort zu vernichten sind, wenn der Widerruf der Einwilligung erklärt wird[1334] oder die zulässige Kryokonservierungshöchstdauer[1335] oder die Altersgrenze, bis zu deren Erreichung fortpflanzungsmedizinische Maßnahmen in Anspruch genommen werden können[1336], erreicht ist.

Die Kryokonservierung von Keimzellen sollte darüber hinaus nur in einem dafür zugelassenen Zentrum durchgeführt werden dürfen, um

1333 Vgl. Art. 15 Abs. 2 FMedG-S.
1334 Vgl. Art. 15 Abs. 4 FMedG-S.
1335 Vgl. Art. 15 Abs. 4 FMedG-S.
1336 Siehe dazu Teil 3 Kapitel 2 II. 2. a) aa).

die Qualität der medizinischen Versorgung und die Einhaltung der entsprechenden Voraussetzungen zu gewährleisten.

c) § 16 Aufbewahrung von imprägnierten Eizellen und Embryonen

Da auch imprägnierte Eizellen und Embryonen durch Kryokonservierung über viele Jahre oder Jahrzehnte gelagert und im Anschluss daran für die Durchführung fortpflanzungsmedizinischer Verfahren verwendet werden können, sollte der Gesetzgeber in § 16 Fortpflanzungsmedizingesetz auch für sie vorgeben, unter welchen Voraussetzungen und für wie lange ihre Kryokonservierung zulässig sein soll[1337].

Auch wenn die Kryokonservierung von imprägnierten Eizellen und Embryonen in vielen Fällen im Rahmen einer bereits begonnenen Kinderwunschbehandlung stattfindet, sollte für sie zunächst bestimmt werden, dass sie nur mit schriftlicher Einwilligung der Personen, von denen die verwendeten Keimzellen stammen, kryokonserviert werden dürfen. Zudem sollte festgelegt werden, dass jede dieser Personen die Einwilligung jederzeit widerrufen kann[1338]. Nur so kann gewährleistet werden, dass ihrem reproduktiven Selbstbestimmungsrecht aus Art. 2 Abs. 1 i. V. m. Art. 1 Abs. 1 GG genügend Rechnung getragen wird.

Daneben sollte der Gesetzgeber auch hinsichtlich imprägnierter Eizellen und Embryonen bestimmen, wie lange diese aufbewahrt werden dürfen[1339]. Erwogen werden könnte, die Kryokonservierungshöchstdauer kürzer als bei Keimzellen zu bemessen, da durch die bereits erfolgte Imprägnation oder gar Befruchtung ein Stadium erreicht wurde, in dem nicht mehr nur die Rechte und Interessen einer einzelnen Person, sondern die Rechte und Interessen beider Keimzellgeber sowie des zukünftigen Kindes betroffen sein können. Jedoch sollte die Kryokonservierungshöchstdauer nicht unter fünf Jahren festgesetzt werden, da anderenfalls die Gefahr besteht, dass sich die Kinderwunschpatienten einem gewissen Handlungsdruck ausgesetzt sehen, der dazu füh-

1337 Regelungen, die die Qualität und Sicherheit bei der Verwendung von Keimzellen betreffen, sind derzeit im AMG, TPG sowie der TPG-GewV zu finden. Sie sollten jedoch bereichsspezifisch und zusammengefasst in das FMedG aufgenommen werden.

1338 Art. 16 Abs. 3 FMedG-S.

1339 Vgl. Art. 16 Abs. 2 FMedG-S.

ren könnte, dass die Kinderwunschbehandlung nicht mehr reflektiert und bedacht durchgeführt wird. Zudem sollte für den Fall der Kryokonservierung von imprägnierten Eizellen und Embryonen die Möglichkeit vorgesehen werden, die Kryokonservierungshöchstdauer auf Antrag einmalig um weitere fünf Jahre zu verlängern[1340]. Die Entscheidung über einen entsprechenden Antrag sollte dabei wiederum einem unabhängigen Gremium übertragen und vorbehalten bleiben.

Auch hinsichtlich der Kryokonservierung von imprägnierten Eizellen oder Embryonen sollte eine Ausnahme dahingehend geschaffen werden, dass eine über die allgemein geltende Kryokonservierungshöchstdauer hinausgehende Kryokonservierung vereinbart werden kann, wenn die Kryokonservierung für die eigene Fortpflanzung erfolgt, weil eine der Personen, von denen die verwendeten Keimzellen stammen, sich einer ärztlichen Behandlung unterziehen muss oder einer Tätigkeit nachgeht, durch die die Keimzellen geschädigt werden können oder eine Sterilität herbeigeführt werden kann.

Daneben sollte der Gesetzgeber bestimmen, dass imprägnierte Eizellen und Embryonen sofort zu vernichten sind, wenn der Widerruf der Einwilligung erklärt wird oder die zulässige Kryokonservierungshöchstdauer[1341] oder die Altersgrenze, bis zu deren Erreichung fortpflanzungsmedizinische Maßnahmen in Anspruch genommen werden können[1342,1343], überschritten ist und nicht beide Keimzellgeber die Einwilligung in die Spende der imprägnierten Eizellen oder Embryonen erklärt haben.

Für den Fall, dass der Widerruf der Einwilligung nur von einer Personen erklärt wird, sollte der Gesetzgeber bestimmen, dass die imprägnierten Eizellen oder Embryonen erst nach Ablauf einer Frist von mindestens sechs Monaten zu vernichten sind, wenn nicht zwischenzeitlich eine anderweitige Erklärung der Person, die den Widerruf erklärt

1340 Art. 16 Abs. 2 FMedG-S.

1341 Vgl. Art. 15 Abs. 4 FMedG-S.

1342 Siehe dazu Teil 3 Kapitel 2 II. 2. a) aa).

1343 Auch *Jofer* spricht sich dafür aus, dass sich die Kryokonservierungshöchstdauer am Alter der Keimzellgeber orientieren sollte (Regulierung der Reproduktionsmedizin, 2014, S. 438).

hat, abgegeben wurde[1344]. Eine derartige Wartezeit erscheint geeignet und erforderlich, um die Rechte und Interessen des anderen Keimzellgebers sowie der Embryonen zu wahren. Denn gerade in einer psychisch angespannten Situation, wie sie im Rahmen der Kinderwunschbehandlung regelmäßig gegeben sein wird, können mitunter unbedachte Entscheidungen getroffen werden. Sofern die imprägnierten Eizellen oder Embryonen bereits unmittelbar nach dem Widerruf der Einwilligung eines Keimzellgebers vernichtet werden müssten, würden unwiderrufliche Tatsachen geschaffen, die weitreichende Folgen für den Kinderwunsch und damit das weitere Leben der Keimzellgeber haben können. Dem kann auch nicht entgegengehalten werden, dass durch eine derartige Regelung das reproduktive Selbstbestimmungsrecht des widerrufenden Keimzellgebers verletzt würde, da eine Fortsetzung der Kryokonservierung über die mindestens sechsmonatige Sperrfrist hinaus oder eine Fortsetzung der eigentlichen Kinderwunschbehandlung erst dann zulässig wäre, wenn er seine Einwilligung zu dieser erteilt hat.

Für den Fall, dass der Ablauf der Kryokonservierungshöchstdauer oder die Erreichung der Altersgrenze, bis zu der fortpflanzungsmedizinische Maßnahmen in Anspruch genommen werden können, bevorsteht, könnte das zugelassene Zentrum, in dem die imprägnierten Eizellen oder Embryonen lagern, verpflichtet werden, mit den Keimzellgebern Kontakt aufzunehmen[1345]. Die Kontaktaufnahme sollte dabei der Beantwortung der Frage dienen, wie mit den imprägnierten Eizellen oder Embryonen verfahren werden soll. Damit die Keimzellgeber genügend Bedenk- und gegebenenfalls Handlungszeit haben, sollte die Kontaktaufnahme mindestens sechs Monate vor der vorzunehmenden Vernichtung erfolgen. So bliebe den Keimzellgebern ausreichend Zeit,

1344 Vgl. *Deutsche Akademie der Naturforscher Leopoldina e.V./Union der deutschen Akademien der Wissenschaften e.V.*, Fortpflanzungsmedizin in Deutschland – für eine zeitgemäße Gesetzgebung, 2019, S. 8, 59, 77; *Jofer*, Regulierung der Reproduktionsmedizin, 2014, S. 441.

1345 Für eine derartige Pflicht spricht sich *Jofer* aus (Regulierung der Reproduktionsmedizin, 2014, S. 438). Dieser geht sogar noch weiter, indem er fordert, dass das Zentrum alle zwei Jahre bei den Keimzellgebern anfragen soll, ob die imprägnierten Eizellen oder Embryonen weiterkultiviert werden sollen oder wie mit ihnen verfahren werden soll (Regulierung der Reproduktionsmedizin, 2014, S. 438).

sich mit den bestehenden Optionen[1346] auseinanderzusetzen und eine Entscheidung für oder gegen diese zu treffen. Können sich die Keimzellgeber nicht auf eine Option einigen, sind die imprägnierten Eizellen oder Embryonen nach Ablauf der Kryokonservierungshöchstdauer oder mit Erreichung der Altersgrenze, bis zu der fortpflanzungsmedizinische Maßnahmen in Anspruch genommen werden können, zu vernichten.

Zuletzt sollte auch hinsichtlich der Kryokonservierung von imprägnierten Eizellen und Embryonen bestimmt werden, dass diese nur in einem dafür zugelassenen Zentrum durchgeführt werden darf, um die Qualität der medizinischen Versorgung und die Einhaltung der entsprechenden Voraussetzungen zu gewährleisten.

4. Vierter Abschnitt: Umgang mit für Fortpflanzungszwecke erzeugten Embryonen

a) § 17 Umgang mit für Fortpflanzungszwecke erzeugten Embryonen

Da im Rahmen fortpflanzungsmedizinischer Maßnahmen regelmäßig Embryonen erzeugt werden, sollte der Gesetzgeber in § 17 Fortpflanzungsmedizingesetz klare Regelungen darüber treffen, wie mit diesen umzugehen ist. Grundsätzlich sollte er dabei vorschreiben, dass für Fortpflanzungszwecke erzeugte Embryonen auch nur für die Fortpflanzung verwendet werden dürfen[1347].

Wie die Ausführungen im zweiten Teil dieser Arbeit gezeigt haben, können im Rahmen fortpflanzungsmedizinischer Maßnahmen auch bei Anwendung größtmöglicher Sorgfalt überzählige Embryonen entstehen[1348]. Diese sollten unter bestimmten Voraussetzungen auch für die Forschung zur Verfügung stehen[1349]. Welche Voraussetzungen dies sein sollen, muss der Gesetzgeber aufgrund der Wesentlichkeitstheorie

1346 Sofern nicht bereits geschehen, bestünde die Möglichkeit, einen Antrag auf Verlängerung der Kryokonservierungshöchstdauer zu stellen, die imprägnierten Eizellen oder Embryonen zu spenden oder diese sofort vernichten zu lassen.

1347 § 13 AME-FMedG.

1348 Siehe dazu Teil 2 Kapitel 4 II. 2. a).

1349 Siehe dazu Teil 2 Kapitel 4 II. 2. a) cc).

selbst vorgeben. Da Embryonen grundsätzlich nur für die Fortpflanzung verwendet werden dürfen, kommt eine Spende zu Forschungszwecken nachrangig lediglich dann in Betracht, wenn eine Spende an andere Kinderwunschpatienten ausgeschlossen ist[1350]. Zudem sollte erforderlich sein, dass die genetischen Eltern nach Aufklärung und Information der Verwendung des Embryos zu Forschungszwecken zugestimmt haben[1351]. Ihnen nur ein Widerspruchsrecht einzuräumen[1352] erschient nicht ausreichend. Denn in diesem Fall müssten sie selbst aktiv werden, wenn sie eine entsprechende Verwendung nicht wünschen. Da die Entscheidung für oder gegen die Spende zu Forschungszwecken von den Betroffenen nicht immer einfach und schnell getroffen werden kann, könnte sie eine entsprechende „Widerspruchspflicht" unverhältnismäßig unter Druck setzen. Dies gilt insbesondere vor dem Hintergrund, dass für die Möglichkeit des Widerspruchs eine Frist bestimmt werden müsste, da die Regelung anderenfalls nicht praktikabel wäre. Auch wenn durch die Normierung einer Einwilligungslösung voraussichtlich weniger Embryonen für die Forschung zur Verfügung stehen werden, weil sich die genetischen Eltern nicht erklären oder sich mindestens ein genetischer Elternteil nicht mehr erklären kann[1353], ist sie vor dem Hintergrund des (reproduktiven) Selbstbestimmungsrechts der genetischen Eltern vorzugswürdig. Da den Embryonen nach der hier vertretenen Auffassung noch kein Lebens- und Menschenwürdeschutz zukommt, begründet auch deren dann regelmäßig erfolgende Vernichtung keine anderweitige Beurteilung. Sofern die genetischen Eltern sich überhaupt nicht erklären, werden die Embryonen nach dem hier vertretenen Vorschlag spätestens mit Ablauf der

1350 Da nach der hier vertretenen Auffassung die Spende von Embryonen an andere Kinderwunschpaare nur mit ausdrücklicher Zustimmung beider genetischer Eltern in Betracht kommt, setzt diese Annahme voraus, dass die genetischen Eltern über die Spende sowohl an andere Kinderwunschpaare als auch zu Forschungszwecken und über die Subsidiarität der Spende zu Forschungszwecken aufgeklärt wurden. Erteilen sie in diesem Umfang aufgeklärt ihre Einwilligung in die Spende zu Forschungszwecken, erklären sie damit zugleich, dass sie eine Spende für andere Kinderwunschpaare für ihre Embryonen ausschließen.

1351 *Jofer*, Regulierung der Reproduktionsmedizin, 2014, S. 500 f.

1352 Vgl. § 14 Nr. 1 AME-FMedG; *Dorneck*, Das Recht der Reproduktionsmedizin de lege lata und de lege ferenda, 2018, S. 382 f.

1353 Diesen Umstand für die Widerspruchslösung anführend, *Dorneck*, Das Recht der Reproduktionsmedizin de lege lata und de lege ferenda, 2018, S. 383.

Kryokonservierungshöchstdauer oder der Erreichung der Altersgrenze, bis zu der fortpflanzungsmedizinische Maßnahmen in Anspruch genommen werden können, vernichtet[1354]. Nicht erforderlich sollte die Zustimmung eines genetischen Elternteils dann sein, wenn dieser seine Keimzellen gespendet hat. Damit seinem Recht auf reproduktive Selbstbestimmung in jedem Fall genügend Rechnung getragen wird, sollte die vor der Spende stattfindende Aufklärung die Information enthalten, dass der mit seinen Keimzellen entstandene Embryo zu Forschungszwecken gespendet werden kann, wenn er überzählig wird. Dies erscheint interessengerecht, da nicht ausgeschlossen werden kann, dass einige Spender ein Problem damit haben, wenn ihre Keimzellen nicht für Fortpflanzungs-, sondern für Forschungszwecke verwendet werden. Sofern der Spender aus diesem Grund von einer Spende absehen möchte, sollte ihm diese Möglichkeit eingeräumt werden.

Damit die Entscheidung zur Spende des Embryos zu Forschungszwecken nicht durch finanzielle Anreize beeinflusst wird, sollte darüber hinaus normiert werden, dass als Gegenleistung für die Spende kein Entgelt oder sonstiger geldwerter Vorteil gewährt werden darf[1355].

Daneben sollte der Gesetzgeber klar vorgeben, welche Voraussetzungen das Forschungsvorhaben erfüllen muss, damit für dieses Embryonen verwendet werden dürfen. Nur so kann gewährleistet werden, dass die Forschung an Embryonen auf ein Mindestmaß beschränkt bleibt und einem Ausweitungsverlangen von vornherein begegnet wird.[1356] Dabei sollte sich der Gesetzgeber an den Regelungen orientieren, die das StZG für die Einfuhr und Verwendung von embryonalen Stammzellen vorgibt. Danach sollte das Forschungsvorhaben hochrangigen Forschungszwecken für den wissenschaftlichen Erkenntnisgewinn im Rahmen der Grundlagenforschung oder für die Erweiterung medizinischer Kenntnisse bei der Entwicklung diagnostischer, präventiver oder therapeutischer Verfahren beim Menschen dienen[1357] und sich der mit dem Forschungsvorhaben angestrebte wissenschaftliche Er-

---

1354 Siehe dazu Teil 3 Kapitel 2 II. 3. c).

1355 § 14 Nr. 2 AME-FMedG; § 4 Abs. 2 Nr. 1 lit. c StZG.

1356 *Gassner u. a.*, Fortpflanzungsmedizingesetz, 2013, S. 73 f.

1357 § 14 Nr. 3 AME-FMedG; vgl. § 5 Nr. 1 StZG.

kenntnisgewinn nach dem Stand der Wissenschaft voraussichtlich nur mit Embryonen erreichen lassen[1358].

Zuletzt sollte der Gesetzgeber ausdrücklich vorgeben, bis zu welchem Zeitpunkt nach ihrer Entstehung an Embryonen geforscht werden darf. Sinnvoll erscheint, die bereits in anderen Ländern vorliegende Begrenzung der Forschung an Embryonen bis zum 14. Tag nach ihrer Entstehung[1359] zu übernehmen.

Da die Verwendung von überzähligen Embryonen zu Forschungszwecken unabhängig von ihrem Entstehungszeitpunkt möglich sein soll, besteht Anpassungsbedarf dahingehend, dass die Stichtagsregelung des § 4 Abs. 2 Nr. 1a StZG aufgehoben wird. Anderenfalls wären die Regelungen des StZG und Fortpflanzungsmedizingesetzes inhaltlich inkonsequent[1360].

b) § 18 Genehmigung

Daneben sollte der Gesetzgeber in § 18 einen Genehmigungsvorbehalt für die Forschung an und mit Embryonen in das Fortpflanzungsmedizingesetz aufnehmen[1361]. Dieser sollte, genau wie bei der Genehmigung der Einfuhr und Verwendung von embryonalen Stammzellen, als präventive staatliche Kontrolle ausgestaltet sein[1362]. Durch die Voraussetzung, dass die Genehmigung vor der Durchführung der Forschung eingeholt werden muss, wird die behördliche Prüfung der Genehmigungsvoraussetzungen gewährleistet und der Forscher erhält Rechtssi-

1358 § 14 Nr. 4 AME-FMedG; vgl. § 5 Nr. 2 lit. b StZG.

1359 Großbritannien, Schweden und Frankreich (*Hacker*, Ethische und rechtliche Beurteilung des genome editing in der Forschung an humanen Zellen, 2017, S. 11 f.).

1360 *Dorneck*, Das Recht der Reproduktionsmedizin de lege lata und de lege ferenda, 2018, S. 268; *Gassner u. a.*, Fortpflanzungsmedizingesetz, 2013, S. 45.

1361 § 15 Abs. 1 AME-FMedG; *Dorneck*, Das Recht der Reproduktionsmedizin de lege lata und de lege ferenda, 2018, S. 387; *Jofer*, Regulierung der Reproduktionsmedizin, 2014, S. 482; vgl. § 6 Abs. 1 StZG.

1362 Vgl. BT-Drs. 14/8394, S. 9; so auch *Dorneck*, Das Recht der Reproduktionsmedizin de lege lata und de lege ferenda, 2018, S. 387; *Gassner u. a.*, Fortpflanzungsmedizingesetz, 2013, S. 75; a. A. *Jungfleisch*, der die Forschung mit Embryonen einem repressiven Verbot mit Befreiungsvorbehalt unterstellen will (Fortpflanzungsmedizin als Gegenstand des Strafrechts?, 2005, S. 284).

cherheit für seine Forschung[1363]. Als entscheidungsbefugte Stelle sollte dabei, genau wie bei der Genehmigung für die Forschung an und mit embryonalen Stammzellen[1364], das Robert Koch-Institut anzusehen sein[1365]. Denn durch die bereits bestehende Zuständigkeit verfügt dieses über die strukturellen Voraussetzungen sowie über die fachliche Kompetenz zur Entscheidung über entsprechende Anträge[1366].

Das Robert Koch-Institut sollte, genau wie bei der Forschung an und mit embryonalen Stammzellen, verpflichtet werden, im Rahmen des Genehmigungsverfahrens eine Stellungnahme der Ethik-Kommission zu den Fragen einzuholen, ob das Forschungsvorhaben hochrangigen Forschungszielen dient und sich der mit diesem angestrebte wissenschaftliche Erkenntnisgewinn nach dem Stand der Wissenschaft nur mit Embryonen erreichen lässt[1367,1368]. „Die Ethik-Kommission als selbstverwaltete wissenschaftliche Instanz der Prüfung, Konsultation und Selbstvergewisserung“[1369] sollte in der Stellungnahme eine ethische Bewertung des Forschungsvorhabens vornehmen[1370], ohne dass dadurch eine gesonderte, nicht im Fortpflanzungsmedizingesetz vor-

1363 Vgl. BT-Drs. 14/8394, S. 9; so auch *Dorneck*, Das Recht der Reproduktionsmedizin de lege lata und de lege ferenda, 2018, S. 387; *Gassner u. a.*, Fortpflanzungsmedizingesetz, 2013, S. 75.

1364 §§ 6 Abs. 1, 7 Abs. 1 StZG i. V. m. § 1 Abs. 1 Verordnung über die Zentrale Ethik-Kommission für Stammzellforschung und über die zuständige Behörde nach dem Stammzellgesetz (ZESV).

1365 § 15 Abs. 1 AME-FMedG; *Dorneck*, Das Recht der Reproduktionsmedizin de lege lata und de lege ferenda, 2018, S. 387; *Jofer*, Regulierung der Reproduktionsmedizin, 2014, S. 483.

1366 *Dorneck*, Das Recht der Reproduktionsmedizin de lege lata und de lege ferenda, 2018, S. 387; *Jofer*, Regulierung der Reproduktionsmedizin, 2014, S. 483.

1367 § 15 Abs. 2 AME-FMedG der von Fortpflanzungsmedizin-Kommission spricht; *Dorneck*, Das Recht der Reproduktionsmedizin de lege lata und de lege ferenda, 2018, S. 388; *Jofer*, Regulierung der Reproduktionsmedizin, 2014, S. 487 f.; vgl. § 6 Abs. 3 S. 2 StZG.

1368 Die Beteiligung der Ethik-Kommission sehen beispielsweise auch § 6 Abs. 4 Nr. 3 StZG, § 40 Abs. 1 S. 2 AMG und § 20 Abs. 1 S. 1 MPG vor, wobei letztere voraussetzen, dass die Ethik-Kommission dem geplanten Vorhaben zugestimmt hat.

1369 *Rosenau*, Landesbericht Deutschland, in: Deutsch/Taupitz (Hrsg.), Forschungsfreiheit und Forschungskontrolle in der Medizin, 2000, S. 63, 77.

1370 Vgl. BT-Drs. 14/8846, S. 13.

gesehene Genehmigungsvoraussetzung geschaffen wird[1371]. Die Beurteilung hat vielmehr im Rahmen der Hochrangigkeit des Forschungsziels zu erfolgen[1372]. Der Stellungnahme sollte, genau wie im Rahmen des Genehmigungsverfahrens i. S. d. StZG[1373], rechtlich keine Bindungswirkung zukommen[1374]. Die Letztverantwortung sollte aufgrund einer eigenständig vorzunehmenden Prüfung das Robert Koch-Institut treffen[1375]. Eine schriftliche Begründungspflicht der Entscheidung für den Fall, dass diese von der Empfehlung der Ethik-Kommission abweicht, könnte durch den Gesetzgeber erwogen werden[1376]. Durch eine solche Begründungsvoraussetzung würde der Stellungnahme der Ethik-Kommission ein wesentlich größeres Gewicht beigemessen[1377], sodass von einer faktischen Bindungswirkung auszugehen wäre[1378].

Ausdrücklich bestimmt werden sollte, dass die Genehmigung zu erteilen ist, wenn die Stellungnahme der Ethik-Kommission eingeholt ist und die Genehmigungsvoraussetzungen erfüllt sind[1379,1380].

Um auch die fortlaufende Einhaltung der Genehmigungsvoraussetzungen zu sichern, sollte die Genehmigung unter Auflagen und Bedingungen erteilt und befristet werden können[1381]. Sofern nachträglich Tatsachen eintreten, die der Genehmigung entgegenstehen, sollte die Genehmigung zudem mit Wirkung für die Zukunft ganz oder teilweise

1371 Vgl. *Dederer*, StZG, § 6 Rn. 8; *Taupitz*, Die Aufgabe der Zentralen Ethik-Kommission für Stammzellforschung, in: Knut (Hrsg.), FS Schreiber, 2003, S. 903, 909.

1372 *Dederer*, StZG, § 6 Rn. 8.

1373 Vgl. § 6 Abs. 4 Nr. 3, BT-Drs. 14/8394, S. 10; *Dederer*, StZG, § 6 Rn. 12.

1374 *Dorneck*, Das Recht der Reproduktionsmedizin de lege lata und de lege ferenda, 2018, S. 388; *Jofer*, Regulierung der Reproduktionsmedizin, 2014, S. 488.

1375 Vgl. BT-Drs. 14/8394, S. 10; *Dederer*, StZG, § 6 Rn. 12; Erbs/Kohlhaas/*Häberle*, Strafrechtliche Nebengesetze, § 6 StZG Rn. 5.

1376 Vgl. § 6 Abs. 5 S. 3 StZG.

1377 BT-Drs. 14/8394, S. 10.

1378 Vgl. zu § 6 Abs. 5 S. 3 StZG; *Dederer*, StZG, § 6 Rn. 8.

1379 Vgl. BT-Drs. 14/8846, S. 9 f.; § 15 Abs. 3 AME-FMedG.

1380 *Jungfleisch* will aufgrund der von ihm vorgeschlagenen Ausgestaltung als repressives Verbot mit Befreiungsvorbehalt konsequenterweise nur einen Anspruch auf ermessensfehlerfreie Entscheidung gewähren (Fortpflanzungsmedizin als Gegenstand des Strafrechts?, 2005, S. 284).

1381 Vgl. § 6 Abs. 6 S. 1 StZG; § 15 Abs. 4 S. 1 AME-FMedG.

widerrufen oder von der Erfüllung von Auflagen abhängig gemacht oder befristet werden können[1382].

c) § 19 Register

Um transparent zu machen, welche Forschungsvorhaben mit Embryonen genehmigt wurden, sollte der Gesetzgeber in § 19 Fortpflanzungsmedizingesetz die Schaffung eines öffentlich zugänglichen Registers vorsehen[1383]. Dieses böte, neben der in diesem sensiblen Bereich erforderlichen Transparenz, die Möglichkeit der Vereinheitlichung von ethischen und naturwissenschaftlichen Standards in Deutschland, da durch das Register ein Überblick über gleichgelagerte in Deutschland durchgeführte Forschungsvorhaben ermöglicht würde[1384].

Das Register sollte vom Robert Koch-Institut geführt werden[1385] und die Grunddaten der genehmigten Forschungsvorhaben enthalten[1386]. Auch wenn ein über die Grunddaten hinausgehendes Interesse der Allgemeinheit an den Forschungsvorhaben bestehen kann, kann eine über die Grunddaten hinausgehende Veröffentlichung aufgrund des durch Art. 5 Abs. 3 S. 1 GG geschützten Geheimhaltungsinteresses der Forscher nicht begründet werden[1387].

Um die angestrebte Transparenz zu erreichen, sollte der Inhalt des Registers in geeigneter Form zugänglich gemacht werden[1388]. Dafür bietet sich, genau wie bei den Genehmigungen über die Einfuhr und Verwendung von embryonalen Stammzellen, eine Veröffentlichung im Internet auf der Homepage des Robert Koch-Institutes an[1389].

1382 Vgl. § 6 Abs. 6 S. 2 StZG; § 15 Abs. 4 S. 2 AME-FMedG.

1383 Vgl. § 11 StZG; *Gassner u. a.*, Fortpflanzungsmedizingesetz, 2013, § 16 AME-FMedG mit Erläuterung, S. 75.

1384 Vgl. BT-Drs. 14/8394, S. 10.

1385 Vgl. §§ 11, 7 Abs. 1 StZG i. V. m. § 1 Abs. 1 ZESV.

1386 Vgl. § 11 StZG; § 16 AME-FMedG.

1387 Vgl. *Brewe*, Embryonenschutz und Stammzellgesetz, 2006, S. 244; *Dederer*, StZG, § 11 Rn. 1.

1388 Vgl. BT-Drs. 14/8394, S. 10.

1389 Das beim Robert Koch-Institut geführte Register genehmigter Anträge nach § 11 StZG ist abrufbar unter: https://www.rki.de/DE/Content/Gesund/Stammzellen/Register/register_node.html (Stand: 02.01.2020).

5. Fünfter Abschnitt: Dokumentations- und Aufklärungspflichten

Wie die Ausführungen im zweiten Teil der Arbeit gezeigt haben, kommt dem Recht des durch die fortpflanzungsmedizinische Maßnahme zu zeugenden Kindes auf Kenntnis der eigenen Abstammung eine besondere Bedeutung zu[1390]. Um dieses Recht und dessen Geltendmachung zu sichern, sollte der Gesetzgeber regeln, welche Angaben im Rahmen der Durchführung fortpflanzungsmedizinischer Maßnahmen zwingend zu dokumentieren sind und wer unter welchen Voraussetzungen Auskunft über die dokumentierten Angaben verlangen kann.

a) § 20 Dokumentation

Den behandelnden Arzt sollte nach § 20 Fortpflanzungsmedizingesetz die Pflicht treffen, die Identität der an der fortpflanzungsmedizinischen Maßnahme Beteiligten, die Angaben über die Spende und Verwendung von Keimzellen, imprägnierten Eizellen und Embryonen sowie die wesentlichen Punkte der Durchführung der fortpflanzungsmedizinischen Maßnahme zu dokumentieren. Zu den Angaben hinsichtlich der Identität der Beteiligten sollten dabei der Familienname und, sofern abweichend, der Geburtsname, der Vorname, der Geburtstag und Geburtsort, die Staatsangehörigkeit sowie die Anschrift zählen[1391]. Werden im Rahmen der fortpflanzungsmedizinischen Maßnahme Keimzellen, imprägnierte Eizellen oder Embryonen gespendet und verwendet, sollten darüber hinaus auch das Datum der Spende, die Ergebnisse der medizinischen Untersuchungen sowie Angaben zur äußeren Erscheinung des/der Spender(s)[1392] und das Datum der Ver-

---

1390 Siehe dazu Teil 2 Kapitel 4 III. 1. (hinsichtlich der Samenspende); Teil 2 Kapitel 4 IV. 1. a) (hinsichtlich der Eizellspende); Teil 2 Kapitel 4 VII. 3. a) aa) (hinsichtlich der Leihmutterschaft). Ohne dass darauf im zweiten Teil der Arbeit näher eingegangen wurde, besteht das Recht auf Kenntnis der eigenen Abstammung selbstverständlich auch im Fall der Spende von imprägnierten Eizellen und Embryonen. Dies ergibt sich bereits daraus, dass es sich bei beiden Spenden um eine Kombination von (anfänglicher oder nachträglicher) Samen- und Eizellspende handelt.

1391 Vgl. Art. 24 Abs. 3 FMedG-S; §§ 2 Abs. 2, 5 Abs. 2 SaRegG (hinsichtlich der Samenspende).

1392 Vgl. Art. 24 Abs. 2 FMedG-S (hinsichtlich der Samenspende).

wendung dokumentiert werden[1393,1394]. Sofern der behandelnde Arzt im Anschluss an die Durchführung der fortpflanzungsmedizinischen Maßnahme Kenntnis davon erlangt, dass vermutlich durch diese eine Schwangerschaft herbeigeführt werden konnte, sollte er auch den Eintritt der Schwangerschaft[1395], den errechneten Geburtstermin[1396] und sofern bekannt den tatsächlichen Geburtstermin[1397] dokumentieren[1398]. Zu den wesentlichen Punkten der Durchführung der fortpflanzungsmedizinischen Maßnahme sollten die Aufklärung, die Beratung, die Einwilligung aller Beteiligten sowie der Widerruf, sofern ein solcher erfolgt ist, zählen[1399]. Eine darüber hinausgehende Verpflichtung zur Dokumentation des Behandlungsgeschehens an sich ist nicht erforderlich, da der behandelnde Arzt bereits nach § 630f Abs. 1 S. 1 BGB eine Patientenakte zu führen hat, in der nach § 630f Abs. 2 S. 1 BGB sämtliche aus fachlicher Sicht für die derzeitige und künftige Behandlung wesentlichen Maßnahmen und deren Ergebnisse[1400] aufzuzeichnen sind.

Damit Personen, die vermuten, durch eine fortpflanzungsmedizinische Maßnahme unter Einbeziehung mindestens einer dritten Person gezeugt worden zu sein, ohne größeren Aufwand an diese Informationen gelangen können, sollte der behandelnde Arzt die Daten an ein zentrales Register übermitteln müssen, sobald er Kenntnis davon erlangt, dass die fortpflanzungsmedizinische Maßnahme zur Geburt eines Kindes geführt hat[1401]. Durch die Speicherung der Daten bei einem zentralen Register wird den Betroffenen ermöglicht, ihren Auskunftsanspruch auch dann ohne größeren zeitlichen und finanziellen Aufwand

1393 § 5 Abs. 3 Nr. 1 SaRegG (hinsichtlich der Samenspende).

1394 Die Angaben sollten bei den Angaben zu der Identität der Frau, bei der die Schwangerschaft herbeigeführt werden soll, erfasst werden.

1395 § 5 Abs. 3 Nr. 2 SaRegG (hinsichtlich der Samenspende).

1396 § 5 Abs. 3 Nr. 3 SaRegG (hinsichtlich der Samenspende).

1397 § 5 Abs. 4 SaRegG (hinsichtlich der Samenspende).

1398 Diese Angaben sollten bei den Angaben zu der Identität der Frau, bei der die Schwangerschaft herbeigeführt wurde, erfasst werden.

1399 Vgl. § 22 AME-FMedG.

1400 Zu diesen sollen gem. § 630f Abs. 2 S. 1 BGB insbesondere die Anamnese, Diagnosen, Untersuchungen, Untersuchungsergebnisse, Befunde, Therapien und ihre Wirkungen, Eingriffe und ihre Wirkungen, Einwilligungen und Aufklärungen zählen.

1401 Vgl. § 6 Abs. 1 SaRegG.

geltend zu machen, wenn sie keine Kenntnis von den näheren Umständen ihrer Zeugung, insbesondere der Identität des behandelnden Arztes, haben.

Um die Geltendmachung des Auskunftsanspruches in jedem Fall zu ermöglichen, sollte der behandelnde Arzt die von ihm dokumentierten Daten auch dann an das zentrale Register übermitteln müssen, wenn er keine Kenntnis davon hat, ob durch die fortpflanzungsmedizinische Maßnahme eine Schwangerschaft herbeigeführt werden konnte[1402,1403]. In diesem Fall sollte er die Daten spätestens zwölf Monate nach Durchführung der fortpflanzungsmedizinischen Maßnahme an das zentrale Register übermitteln müssen[1404]. Eine derartige Verpflichtung ist im Interesse der durch fortpflanzungsmedizinische Maßnahmen gezeugten Kinder erforderlich, da die Wunscheltern die Übermittlung der dokumentierten Daten anderenfalls dadurch unterbinden könnten, dass sie nach Durchführung der fortpflanzungsmedizinischen Maßnahme den Kontakt zu dem behandelnden Arzt einstellen, sodass dieser keine Kenntnis von der Geburt des durch die fortpflanzungsmedizinische Maßnahme gezeugten Kindes erlangen könnte.

Um auf der anderen Seite auch die Rechte der an der fortpflanzungsmedizinischen Maßnahme Beteiligten in ausreichendem Umfang zu wahren, sollte der Gesetzgeber vorsehen, dass die gespeicherten Daten durch das zentrale Register unverzüglich zu löschen sind, wenn bekannt wird, dass die fortpflanzungsmedizinische Maßnahme nicht zur Geburt eines Kindes geführt hat[1405].

Eingerichtet werden sollte das zentrale Register beim Deutschen Institut für Medizinische Dokumentation (DIMDI). Dieses führt bereits das Samenspenderregister[1406]. Um sowohl die Dokumentation als auch die Auskunftsgewährung zu erleichtern, erscheint es dabei sinnvoll, ein einheitliches Fortpflanzungsmedizinregister (FMedReg) zu schaffen,

1402 Vgl. § 6 Abs. 2 SaRegG.

1403 Eine derartige Verpflichtung besteht daher nicht, wenn der behandelnde Arzt sicher weiß, dass die fortpflanzungsmedizinische Maßnahme nicht zum Eintritt einer Schwangerschaft geführt hat; vgl. § 6 Abs. 3 SaRegG.

1404 Vgl. § 6 Abs. 2 SaRegG.

1405 Vgl. § 8 S. 3 SaRegG.

1406 § 1 Abs. 1 SaRegG.

das alle Formen der heterologen Verwendung von Keimzellen, imprägnierten Eizellen und Embryonen erfasst.

Da das Recht des Kindes auf Kenntnis der eigenen Abstammung nur dann effektiv gesichert ist, wenn die Dokumentation zum Zeitpunkt seines Auskunftsbegehrens noch existent ist, sollte der Gesetzgeber zudem bestimmen, wie lang diese aufzubewahren ist. Die Ausbewahrungsfrist unmittelbar im Fortpflanzungsmedizingesetz zu regeln erscheint dabei erforderlich, da die in anderen Gesetzen enthaltenen Aufbewahrungsfristen uneinheitlich geregelt und teilweise zu kurz bemessen sind, als dass durch sie das Recht des zu zeugenden Kindes auf Kenntnis der eigenen Abstammung effektiv gesichert werden könnte[1407]. Da die Vermutung, durch eine fortpflanzungsmedizinische Maßnahme unter Einbeziehung mindestens einer dritten Person gezeugt worden zu sein, im Lauf des gesamten Lebens aufkommen kann, sollte die Aufbewahrungsfrist weit gefasst werden. Es sollte daher die von § 8 S. 1 SaRegG vorgesehene Aufbewahrungsdauer von 110 Jahren übernommen werden[1408]. Die Frist sollte dabei erst dann zu laufen beginnen, wenn die Keimzellen, imprägnierten Eizellen oder Embryonen im Rahmen fortpflanzungsmedizinischer Maßnahmen Verwendung gefunden haben[1409].

1407 Gemäß § 630f Abs. 3 BGB sind Patientenakten für zehn Jahre aufzubewahren. Gemäß § 15 Abs. 2 S. 1 TPG sind Dokumentationen i. S. d. § 8d Abs. 2 TPG für 30 Jahre aufzubewahren. Die Regelung entspricht damit der bereits zuvor von der (Muster-)Richtlinie der BÄK empfohlenen dreißigjährigen Aufbewahrungsdauer (DÄBl. 2006, A 1392, A 1402). Gemäß § 8 S. 1 SaRegG sind die Samenspenderregisterdaten für 110 Jahre aufzubewahren. Sie sind jedoch gem. § 8 S. 3 SaRegG unverzüglich zu löschen, wenn das Deutsche Institut für Medizinische Dokumentation und Information Kenntnis davon erlangt, dass die Verwendung der Samenspende nicht zur Geburt eines Kindes geführt hat.

1408 Eine achtzigjährige Aufbewahrungsdauer, wie sie Art. 26 FMedG-S vorsieht, könnte sich im Einzelfall als zu kurz erweisen, da nicht ausgeschlossen werden kann, dass auch eine über achtzigjährige Person ihren Auskunftsanspruch geltend macht. Nach einhundertzehn Jahren erscheint ein entsprechendes Auskunftsbegehren als weitgehend unwahrscheinlich.

1409 Durch die Möglichkeit der Kryokonservierung können Keimzellen, imprägnierte Eizellen und Embryonen über Jahre oder gar Jahrzehnte hinweg kryokonserviert werden. Würde man an einen früheren Zeitpunkt, beispielsweise die Gewinnung der Keimzellen, anknüpfen, könnte die Ausübung des Rechts des Kindes auf Kenntnis der eigenen Abstammung dadurch gefährdet werden.

Sofern die hier vorgeschlagenen Regelungen hinsichtlich der Dokumentation in das Fortpflanzungsmedizingesetz aufgenommen würden, käme es bezüglich der Samenspende in einigen Punkten zu einer Überschneidung mit den Regelungen des SaRegG. Teilweise gehen die Vorschriften des SaRegG dabei über die hier vorgeschlagenen Regelungen hinaus, teilweise bleiben sie hinter ihnen zurück. Sofern der Gesetzgeber die Zulässigkeit weiterer reproduktionsmedizinischer Maßnahmen unter Einbeziehung mindestens einer dritten Person für zulässig erachtet, sollte er die Vorschriften hinsichtlich aller fortpflanzungsmedizinischen Maßnahmen einheitlich fassen. Dieses Vorgehen böte den Vorteil, dass bezüglich aller als zulässig anzusehenden fortpflanzungsmedizinischen Maßnahmen unter Einbeziehung mindestens einer dritten Person die gleichen Dokumentationspflichten gelten würden. Um keine weitergehende Aufspaltung der in sachlichem Zusammenhang stehenden Vorschriften zu bewirken, sollte der Gesetzgeber zu diesem Zweck das SaRegG um die entsprechenden Regelungen erweitern[1410]. Entsprechend sollte dann eine Umbenennung des SaRegG in Fortpflanzungsmedizinregistergesetz (FMedRegG) vorgenommen werden.

Damit durch dieses Nebeneinander von Dokumentationsvorschriften keine Unsicherheiten hinsichtlich der anzuwendenden Vorschriften entstehen, sollte im Fortpflanzungsmedizingesetz geregelt werden, dass die Dokumentationspflichten nach den Vorschriften des SaRegG respektive Fortpflanzungsmedizinregistergesetz unberührt bleiben.

b) § 21 Auskunft

Daneben sollte der Gesetzgeber in § 21 Fortpflanzungsmedizingesetz selbst klare Vorgaben darüber schaffen, wie und unter welchen Voraussetzungen der Auskunftsanspruch geltend gemacht werden kann. Nur so kann gewährleistet werden, dass die Auskunftserteilung im Rahmen eines juristisch abgesicherten Auskunftsverfahrens erfolgt, in

1410 *Deutsche Akademie der Naturforscher Leopoldina e.V./Union der deutschen Akademien der Wissenschaften e.V.*, Fortpflanzungsmedizin in Deutschland – für eine zeitgemäße Gesetzgebung, 2019, S. 7, 72, 77.

dem die Interessen und Rechte aller Beteiligten in dem erforderlichen Umfang gewahrt werden[1411].

Grundsätzlich sollte dabei gelten, dass nur diejenige Person, die vermutet, durch eine fortpflanzungsmedizinische Maßnahme unter Einbeziehung mindestens einer dritten Person gezeugt worden zu sein, ein Recht auf Auskunft hinsichtlich ihrer genetischen Abstammung und Einsichtnahme in die beim DIMDI geführte Dokumentation hat[1412]. Sofern teilweise auch ein Auskunftsrecht der Wunscheltern angenommen oder gefordert wird[1413], kann dem nicht gefolgt werden[1414], da keine Gründe ersichtlich sind, die für ein derartiges Auskunftsrecht sprechen würden. Darüber, dass nur dem durch die fortpflanzungsmedizinische Maßnahme gezeugten Kind ein Auskunftsanspruch zukommt, werden die Wunscheltern bereits im Rahmen der Aufklärung und Beratung vor Durchführung der fortpflanzungsmedizinischen Maßnahme aufgeklärt[1415]. Sie entscheiden sich daher in Kenntnis dieses Umstandes für die Durchführung der fortpflanzungsmedizinischen Maßnahme.

Die eigenständige Geltendmachung des Auskunftsanspruches sollte jedenfalls ab der Vollendung des 16. Lebensjahres[1416], nicht jedoch vor der Vollendung des 14. Lebensjahres[1417] möglich sein. Eine derartige Beschränkung erscheint geboten, da die Auseinandersetzung mit der eigenen genetischen Abstammung eine gewisse Verstandesreife voraussetzt[1418]. Ab wann diese anzunehmen ist, kann nicht allgemeinverbindlich bestimmt werden, da sie von der individuellen geistig-seelischen Entwicklung abhängig ist. Für eine Festsetzung der Altersgrenze bei der Vollendung des 14. Lebensjahres sprechen die besondere Be-

---

1411 Vgl. *Wehrstedt u. a.*, JRE 2012, 225, 226.

1412 Vgl. § 23 Abs. 3 AME-FMedG.

1413 *Katzorke*, Entstehung und Entwicklung der Spendersamenbehandlung in Deutschland, in: Bockenheimer-Lucius/Thorn/Wendehorst (Hrsg.), Umwege zum eigenen Kind, 2008, S. 89, 99.

1414 Vgl. BT-Drs. 18/11291, S. 31.

1415 Siehe dazu Teil 3 II. 2. a) cc).

1416 Vgl. § 63 Abs. 1 S. 1 PStG; *Deutsche Akademie der Naturforscher Leopoldina e. V./ Union der deutschen Akademien der Wissenschaften e. V.*, Fortpflanzungsmedizin in Deutschland – für eine zeitgemäße Gesetzgebung, 2019, S. 61.

1417 Vgl. § 23 Abs. 3 AME-FMedG; BT-Ausschussdrucksache 18(14)0248(8), S. 3.

1418 Vgl. BT-Drs. 18/11291, S. 31.

deutung des Rechts auf Kenntnis der eigenen Abstammung und die dann bestehende Parallelität zu § 9 Abs. 1 Nr. 3 FamFG[1419]. Zudem zeigt ein Auskunftsbegehren in diesem Alter, dass sich das Kind bereits mit der eigenen genetischen Abstammung auseinandersetzt und Antworten auf die sich ihm stellenden Fragen sucht. Daher sollte ihm die Möglichkeit eröffnet werden, Antworten durch die Auskunftserteilung erhalten zu können. Da die Auskunftserteilung und die sich gegebenenfalls anschließende Kontaktaufnahme zu dem/den genetischen Eltern(teil) auch bei bestehender Verstandesreife eine emotionale Herausforderung darstellen kann, sollte der Gesetzgeber erwägen, ob bei einer Geltendmachung des Auskunftsanspruches zwischen der Vollendung des 14. und 16. Lebensjahres die Einbeziehung des gesetzlichen Vertreters oder eines Psychologen verbindlich vorgesehen oder doch zumindest empfohlen werden sollte[1420].

Vor der Vollendung des 14. Lebensjahres sollte es darüber hinaus möglich sein, dass der gesetzliche Vertreter den Auskunftsanspruch im Namen des Kindes geltend macht[1421]. Da durch diese Möglichkeit auch dem gesetzlichen Vertreter, der selbst keinen Anspruch auf Auskunft aus dem Fortpflanzungsmedizinregister hat, die Möglichkeit der Kenntnisnahme der dort gespeicherten Daten gewährt wird, sollte die Einsichtnahme nur mit der Genehmigung des Familiengerichts gewährt werden.

Ein eigenständiges Auskunftsrecht sollte dem gesetzlichen Vertreter ausnahmsweise nur dann zustehen, wenn das Auskunftsbegehren aus medizinischen Gründen zum Wohl des Kindes und mit Genehmigung des Familiengerichtes erfolgt[1422]. Vom Vorliegen entsprechender medizinischer Gründe kann dabei beispielsweise dann ausgegangen werden, wenn das durch die Spende gezeugte Kind an einer Krankheit leidet, die eine Behandlung mit einer Stammzell- oder Organspende erforderlich macht. Durch die begehrte Auskunft könnten in einem sol-

1419 BT-Ausschussdrucksache 18(14)0248(8), S. 3.

1420 Vgl. BT-Ausschussdrucksache 18(14)0248(1), S. 1.

1421 Vgl. § 10 Abs. 2 S. 2 und 3 SaRegG; *Deutsche Akademie der Naturforscher Leopoldina e.V./Union der deutschen Akademien der Wissenschaften e.V.*, Fortpflanzungsmedizin in Deutschland – für eine zeitgemäße Gesetzgebung, 2019, S. 61.

1422 Vgl. § 23 Abs. 2 AME-FMedG.

chen Fall der oder die Spender sowie gegebenenfalls (Halb-)Geschwister[1423] ermittelt werden, die als Spender in Betracht kommen könnten.

6. Sechster Abschnitt: Straf- und Bußgeldvorschriften

Da nach der hier vertretenen Auffassung eine umfangreiche Liberalisierung des Fortpflanzungsmedizinrechts vorgesehen ist, die schutzwürdigen Rechte und Interessen aller Beteiligten jedoch auch weiterhin einen effektiven Schutz erfahren sollen, sollte der Gesetzgeber die neu zu schaffenden Regelungen durch straf- und ordnungswidrigkeitenrechtliche Vorschriften flankieren. Diese sollten dort vorgesehen werden, wo Verstöße gegen die Vorschriften des Fortpflanzungsmedizingesetzes als sanktionswürdig anzusehen sind. Strafvorschriften sollten dabei nur dort geschaffen werden, wo sie für den Schutz der betroffenen Rechte und Interessen der Beteiligten unverzichtbar erscheinen. Für weniger gravierende Verstöße sollte sich der Gesetzgeber auf Ordnungswidrigkeitentatbestände beschränken.

a) § 22 Strafvorschriften

§ 22 Fortpflanzungsmedizingesetz sollte zunächst die Strafvorschriften enthalten. Diese sollten eine Bestrafung mit Freiheitsstrafe bis zu einem Jahr oder Geldstrafe vorsehen[1424].

Aufgrund des besonderen Status des Embryos sollte zunächst strafbar sein, wer entgegen § 17 Fortpflanzungsmedizingesetz vorsätzlich Embryonen zu anderen als zu Fortpflanzungszwecken erzeugt[1425]. Dadurch soll die Entstehung von Embryonen verhindert werden, denen von Anfang an nie die Chance eingeräumt werden soll, zu Fortpflanzungszwecken auf eine Frau übertragen zu werden. Da auch eine Verwen-

1423 Eine Ermittlung von (Halb-)Geschwistern sollte jedoch nur dann möglich sein, wenn sich diese mit einer Offenlegung ihrer Identität gegenüber dem Register einverstanden erklärt haben (*Deutsche Akademie der Naturforscher Leopoldina e.V./Union der deutschen Akademien der Wissenschaften e.V.*, Fortpflanzungsmedizin in Deutschland – für eine zeitgemäße Gesetzgebung, 2019, S. 7, 65, 72).

1424 Selbstverständlich stünde es dem Gesetzgeber frei, einen anderen, ggf. höheren Strafrahmen zu wählen.

1425 Art. 29 Abs. 1 FMedG-S.

dung zu anderen als zu Fortpflanzungszwecken, insbesondere eine Verwendung im Rahmen der Forschung, legal nicht möglich ist, wären sie von Anfang an der Vernichtung geweiht. Um die besondere Bedeutung des Status des Embryos und dessen Schutzwürdigkeit vor missbräuchlichen Verwendungen hervorzuheben, erscheint ein strafrechtliches Verbot erforderlich und angemessen.

Darüber hinaus sollte strafbar sein, wer vorsätzlich eine Eizelle ohne die Einwilligung der Gametengeber künstlich befruchtet oder einen Embryo ohne die Einwilligung der Gametengeber und/oder der Frau, auf die der Embryo übertragen werden soll, überträgt[1426]. Durch ein solches Vorgehen wird das reproduktive Selbstbestimmungsrecht der Gametengeber und/oder der Frau, auf die der Embryo übertragen wird, derart gravierend verletzt, dass eine strafrechtliche Sanktion erforderlich und angemessen erscheint. Da die körperliche Integrität der Frau, auf die der Embryo übertragen wird, darüber hinaus auch durch die Körperverletzungsdelikte des StGB geschützt wird, ist eine weitergehende Regelung im Rahmen des Fortpflanzungsmedizingesetzes nicht erforderlich.

b) § 23 Bußgeldvorschriften

§ 23 Fortpflanzungsmedizingesetz sollte dann die Bußgeldvorschriften enthalten.

Zunächst sollte dabei vorgesehen werden, dass ordnungswidrig handelt, wer fahrlässig eine Eizelle ohne die Einwilligung der Gametengeber künstlich befruchtet oder einen Embryo ohne die Einwilligung der Gametengeber und/oder der Frau, auf die der Embryo übertragen werden soll, überträgt (1).

1426 § 4 Abs. 1 Nr. 1 und 2 ESchG; § 23 Abs. 1 Nr. 1e FMedG-ÖR; Art. 34 Abs. 1 FMedG.

Daneben sollte vorgesehen werden, dass ordnungswidrig handelt, wer vorsätzlich oder fahrlässig

- entgegen § 4 ein Verfahren der medizinisch unterstützten Fortpflanzung durchführt, ohne verantwortlicher Arzt im Sinne der Definition des § 1 zu sein[1427] (2);
- entgegen § 5 seiner Aufklärungs- und Beratungspflicht nicht nachkommt[1428] (3);
- entgegen § 8 innerhalb eines Behandlungszyklus mehr Embryonen erzeugt, als nach dem anerkannten Stand der Wissenschaft für eine medizinisch unterstützte Fortpflanzung erforderlich sind[1429] (4);
- entgegen § 8 innerhalb eines Behandlungszyklus mehr als drei Embryonen auf eine Frau überträgt[1430] (5);
- entgegen § 9 eine Samenspende[1431], entgegen § 10 eine Eizellspende[1432], entgegen § 11 eine Embryonenspende[1433], entgegen § 12 eine medizinisch unterstützte Fortpflanzung mittels Leihmutterschaft[1434] oder entgegen § 13 eine postmortale Befruchtung außerhalb eines dafür zugelassenen Zentrums durchführt (6);
- entgegen § 14 die Keimzell- oder Embryonenspende sowie die Leihmutterschaft zum Gegenstand eines entgeltlichen Rechtsgeschäfts macht[1435] (7)[1436];
- entgegen § 17 zum Zweck der Fortpflanzung hergestellte Embryonen für andere Zwecke verwendet, ohne dass die Voraussetzungen des § 17 vorliegen[1437] (8);

1427 § 22 Abs. 1 Nr. 1 FMedG-ÖR; § 28 Abs. 2 Nr. 8 AME-FMedG.
1428 § 23 Abs. 1 Nr. 1d FMedG-ÖR.
1429 § 22 Abs. 1 Nr. 3 FMedG-ÖR.
1430 § 28 Abs. 2 Nr. 1 i. V. m. § 10 AME-FMedG.
1431 § 28 Abs. 2 Nr. 3a) AME-FMedG.
1432 § 28 Abs. 2 Nr. 3b) AME-FMedG.
1433 § 28 Abs. 2 Nr. 3c) AME-FMedG.
1434 § 28 Abs. 2 Nr. 3d) AME-FMedG.
1435 § 28 Abs. 2 Nr. 4 AME-FMedG; vgl. § 22 Abs. 1 Nr. 4 FMedG-ÖR.
1436 Sofern der Gesetzgeber Regelungen in das Fortpflanzungsmedizingesetz aufnehmen sollte, die der Entstehung einer sog. Leihmutterschaftsindustrie entgegenwirken sollen, müsste § 23 entsprechend ergänzt werden.
1437 § 28 Abs. 2 Nr. 6 AME-FMedG.

- entgegen § 18 ohne die erforderliche Genehmigung mit überzähligen Embryonen forscht[1438] (9) oder
- entgegen § 20 die erforderliche Dokumentation nicht erstellt[1439] (10).

Die einzelnen Ordnungswidrigkeitentatbestände dienen dabei dem Schutz unterschiedlicher Rechte und Interessen.

Um zu gewährleisten, dass die Qualität der Durchführung der fortpflanzungsmedizinischen Maßnahmen den gesetzgeberischen Vorgaben entspricht, erscheint es erforderlich, aber auch ausreichend, Verstöße gegen die entsprechenden Vorschriften ordnungswidrigkeitenrechtlich zu sanktionieren (2 und 6). Mittelbar wird dadurch auch der Schutz der körperlichen Integrität der Beteiligten bezweckt. Da diese durch die Körperverletzungsdelikte des StGB bereits umfangreich geschützt ist, bedarf es darüber hinaus keiner weitergehenden Regelungen im Fortpflanzungsmedizingesetz.

Um die körperliche Integrität und das reproduktive Selbstbestimmungsrecht der Beteiligten sowie die Rechte und Interessen des Embryos/zu zeugenden Kindes zu schützen, ist daneben erforderlich, dass Verstöße gegen die Aufklärungs- und Beratungserfordernisse sanktioniert werden (3). Denn nur wenn die Beteiligten umfangreich nicht nur über die Durchführung der fortpflanzungsmedizinischen Maßnahme, sondern auch über die mit dieser im Zusammenhang stehenden Folgen und möglicherweise auftretenden Folgeprobleme informiert sind, können diese Rechte und Interessen gewahrt werden. Eine ordnungswidrigkeitenrechtliche Sanktion im Falle eines Verstoßes gegen die Aufklärungs- und Beratungserfordernisse erscheint dabei geeignet, um ihre Einhaltung weitestgehend sicherzustellen.

Aufgrund des besonderen Schutzes der Embryonen in vitro und weil auch bei einer Liberalisierung des Fortpflanzungsmedizinrechts der Entstehung überzähliger Embryonen entgegengewirkt werden sollte, muss sanktioniert werden, wer vorsätzlich oder fahrlässig mehr Embryonen erzeugt, als nach dem Stand der Wissenschaft für eine medizinisch unterstütze Fortpflanzung erforderlich sind (4). Dem kann auch nicht entgegengehalten werden, dass entsprechende Verstöße in der

1438 § 28 Abs. 2 Nr. 7 AME-FMedG.

1439 § 23 Abs. 1 Nr. 5 FMedG-ÖR.

Praxis schwer nachweisbar sind, da die Entscheidung, wie viele Eizellen über das Vorkernstadium hinaus kultiviert werden müssen, aufgrund einer individuellen Prognose dem behandelnden Arzt überantwortet ist. Denn durch den entsprechenden Tatbestand soll gerade nicht jeder Fall erfasst sein, bei dem mehr Embryonen erzeugt werden, als für die medizinisch unterstützte Fortpflanzung nach dem anerkannten Stand der Wissenschaft erforderlich sind. Es sollen nur diejenigen Fälle erfasst sein, in denen der behandelnde Arzt bei der Erstellung der individuellen Prognose nicht die erforderliche Sorgfalt hat walten lassen oder sich bewusst über die entsprechende Prognose hinweggesetzt hat. Ob dies der Fall ist wird anhand von objektiven Kriterien, die bei der Erstellung der Prognose berücksichtigt werden müssen, im Nachhinein durch Dritte nachvollziehbar sein. Somit müssen die behandelnden Ärzte keine ordnungswidrigkeitenrechtliche Sanktion befürchten, solange sie ihre Prognose anhand der geltenden Standards unter Berücksichtigung eines gewissen Entscheidungsspielraums erstellt haben.

Daneben muss sanktioniert werden, wer innerhalb eines Behandlungszyklus mehr als drei Embryonen auf eine Frau überträgt (5). Diesem Tatbestand kommt dabei besondere Bedeutung zu, da er sowohl dem Gesundheitsschutz der Embryonen/Kinder als auch der Frau, auf die die Embryonen übertragen werden, dient. Wie die Ausführungen im zweiten Teil dieser Arbeit gezeigt haben, geht eine Mehrlingsschwangerschaft mit erheblichen Risiken für die Embryonen/Kinder und die Frau einher. Setzt sich die behandelnde Person in Kenntnis dieser Risiken fahrlässig oder gar vorsätzlich über die Beschränkung auf drei zu übertragende Embryonen hinweg, muss eine Sanktion zwingend erfolgen. Da die strafrechtlichen Körperverletzungsdelikte durch die Regelungen des Fortpflanzungsmedizingesetzes unberührt bleiben, erscheint eine Sanktionierung durch einen ordnungswidrigkeitenrechtlichen Tatbestand trotz dieser besonderen Bedeutung der Regelung ausreichend, selbst wenn die Frau in die Übertragung von mehr als drei Embryonen nicht eingewilligt hat.

Damit die Beteiligten ihr Recht auf reproduktive Selbstbestimmung unbeeinflusst von finanziellen Anreizen ausüben (können), sollte zudem vorgesehen werden, dass die Keimzell- und Embryonenspende sowie die Leihmutterschaft nicht zum Gegenstand eines entgeltlichen

Rechtsgeschäfts gemacht werden dürfen (7). Dies gilt insbesondere für den Fall der Leihmutterschaft, da bei dieser mehr noch als bei der Keimzell- und Embryonenspende die Rechte und Interessen des zu zeugenden Kindes berücksichtigt werden müssen.

In jedem Fall sollte der Gesetzgeber daneben eine Regelung schaffen, nach der ordnungswidrig handelt, wer Embryonen zu anderen als zu Fortpflanzungszwecken verwendet, ohne dass die Voraussetzungen des § 17 erfüllt sind (8). Eine derartige Regelung erscheint erforderlich und angemessen, um den Schutz des Embryos in vitro und die Einhaltung der im Fortpflanzungsmedizingesetz aufgestellten Voraussetzungen für die Forschung an und mit Embryonen zu gewährleisten.

Um die Prüfung der im Fortpflanzungsmedizingesetz aufgestellten Voraussetzungen für die Forschung an und mit Embryonen zu gewährleisten, sollte zudem vorgesehen werden, dass auch derjenige ordnungswidrig handelt, der zwar unter den Voraussetzungen des § 17, aber ohne Genehmigung i. S. d. § 18 an Embryonen forscht (9).

Zuletzt sollte zum Schutz des Rechts des durch die fortpflanzungsmedizinische Maßnahme gezeugten Kindes ein Verstoß gegen die in § 20 vorgesehenen Dokumentationspflichten sanktioniert werden (10).

Die Ordnungswidrigkeit sollte in den Fällen der Nummern 5 und 8 mit einer Geldbuße bis einhunderttausend Euro, in den Fällen der Nummern 1 und 4 mit einer Geldbuße bis fünfzigtausend Euro und in den Fällen der Nummern 2, 3, 6, 7, 9 und 10 mit einer Geldbuße bis fünftausend Euro bestraft/geahndet werden[1440,1441].

1440 Vgl. § 28 Abs. 3 AME-FMedG.

1441 Auch hier steht es dem Gesetzgeber selbstverständlich frei, andere Beträge festzusetzen. Es sollte jedoch zwingend eine Differenzierung der angedrohten Geldbuße anhand der Schwere der in Rede stehenden Verstöße vorgenommen werden.

Thesen und Schlussbemerkung

1. Das derzeit geltende Fortpflanzungsmedizinrecht, welches vornehmlich im ESchG geregelt ist, lässt viele Fragen hinsichtlich der Zulässigkeit und Durchführung fortpflanzungsmedizinischer Maßnahmen offen und wird in weiten Teilen dem aktuellen Stand der Wissenschaft nicht mehr gerecht.

2. Die bestehende Rechtslage und die mit dieser verbundenen Unsicherheiten führen dazu, dass sich Reproduktionsmediziner in einem Spannungsverhältnis zwischen medizinisch Machbarem und rechtlich Möglichem befinden und Betroffene zum Teil nicht nach dem aktuellen Stand der Wissenschaft behandelt werden können.

3. Eine umfangreiche Reform des Fortpflanzungsmedizinrechts ist dringend erforderlich. Diese sollte nicht durch eine Änderung des ESchG, sondern durch die Schaffung eines neuen, einheitlichen Fortpflanzungsmedizingesetzes erfolgen. Die Kompetenz des Gesetzgebers für den Erlass eines solchen Gesetzes folgt aus Art. 74 Abs. 1 Nr. 26 GG.

4. Um den Bedürfnissen der Praxis und den Rechten und Interessen der durch die Fortpflanzungsmedizin Betroffenen gerecht zu werden, sollte das Fortpflanzungsmedizingesetz nicht ausschließlich strafrechtlich ausgestaltet werden. Vielmehr sollte der Gesetzgeber die Regelungen hinsichtlich der Zulässigkeit und Durchführung der fortpflanzungsmedizinischen Maßnahmen positiv formulieren und flankierende Ordnungswidrigkeitentatbestände und Strafnormen nur dort vorsehen, wo sie zum Schutz der betroffenen Rechtsgüter unverzichtbar erscheinen.

5. Das Fortpflanzungsmedizingesetz sollte zunächst vorgeben, welche Voraussetzungen für die Inanspruchnahme fortpflanzungsmedizinischer Maßnahmen allgemein gelten, bevor auf die Zulässigkeit und die Voraussetzungen einzelner fortpflanzungsmedizinischer Maßnahmen eingegangen wird.

6. Die Inanspruchnahme fortpflanzungsmedizinischer Maßnahmen sollte nur dann zulässig sein, wenn eine medizinische oder soziale

Indikation für diese vorliegt. Darüber hinaus sollte die Inanspruchnahme fortpflanzungsmedizinischer Maßnahmen für Frauen lediglich zwischen der Vollendung des 18. und 50. Lebensjahres, für Männer nur zwischen der Vollendung des 18. und 55. Lebensjahres zulässig sein. Keine Rolle spielen hingegen die sexuelle Orientierung sowie der Beziehungsstatus der die fortpflanzungsmedizinische Maßnahme in Anspruch nehmenden Person(en). Heterosexuellen sowie homosexuellen (Ehe-)Paaren und alleinstehenden Personen steht die Inanspruchnahme fortpflanzungsmedizinischer Maßnahmen gleichermaßen offen.

7. Da regelmäßig mehrere Personen an der Durchführung fortpflanzungsmedizinischer Maßnahmen beteiligt sind, muss geregelt werden, welche (Mindest-)Voraussetzungen hinsichtlich der Aufklärung und Einwilligung gelten. Nur wenn alle Beteiligten im erforderlichen Umfang aufgeklärt in die Durchführung der Maßnahme eingewilligt haben, ist diese als zulässig anzusehen.

8. Der seit vielen Jahren geführten Diskussion, wie viele Eizellen einer Frau innerhalb eines Behandlungszyklus befruchtet werden dürfen, sollte der Gesetzgeber durch eine klare Regelung entgegentreten. Damit diese für alle fortpflanzungsmedizinischen Maßnahmen gleichermaßen Wirkung entfalten und zudem den sich ändernden Rahmenbedingungen gerecht werden kann, sollte die Bestimmung der Höchstzahl der zu befruchtenden Eizellen dem aktuellen Stand der Wissenschaft überantwortet werden. An der Beschränkung der innerhalb eines Zyklus auf eine Frau zu übertragenden Embryonen auf drei sollte festgehalten werden.

9. Die Zulässigkeit der Samenspende sowie die Voraussetzungen ihrer Durchführung sollten ausdrücklich normiert werden. Dabei sollte die Verwendung der Samenzellen eines Spenders begrenzt und die Verwendung von Mischsperma verboten werden.

10. Das Verbot der Eizellspende sollte aufgehoben und ihre Zulässigkeit sowie die Voraussetzungen ihrer Durchführung normiert werden. Die Ausgestaltung sollte parallel zur Samenspende erfolgen und Unterschiede sollten nur dort vorgesehen werden, wo eine

Differenzierung aufgrund biologischer Gründe erforderlich ist. Eine über die allgemeine Altersbeschränkung hinausgehende Altersbeschränkung für die Eizellspenderin ist nicht notwendig. Sie sollte daher allenfalls dann vorgesehen werden, wenn die Eizellspende nicht für eine vor der Spende benannte Eizellempfängerin erfolgt.

11. Die Zulässigkeit der Spende von imprägnierten Eizellen und Embryonen sowie die Voraussetzungen ihrer Durchführung sollten normiert werden. Dabei sollte gelten, dass die Spende von imprägnierten Eizellen nur subsidiär zur nachträglichen Embryonenspende und die anfängliche Embryonenspende lediglich subsidiär zur Spende von imprägnierten Eizellen in Betracht kommt.

12. Das Verbot der Ersatzmutterschaft sollte partiell aufgehoben werden. Sofern die Schwangerschaft nicht mit einer von der Ersatzmutter stammenden Eizelle herbeigeführt werden soll (Leihmutterschaft), sollte sie zugelassen und die Voraussetzungen ihrer Durchführung sollten normiert werden. Die Ausgestaltung der Regelungen hat sich dabei allem voran an dem Wohl des durch die Leihmutter auszutragenden Kindes zu orientieren. Zu diesem Zweck sollten über die allgemein geltenden Aufklärungs- und Einwilligungserfordernisse hinaus Aufklärungs-, Einwilligungs- und Formerfordernisse vorgesehen werden. Die Durchführung der Leihmutterschaft sollte insbesondere ausschließlich nach einer psychologischen und juristischen Beratung und notariellen Beurkundung des Leihmutterschaftsvertrages zulässig sein. Zudem sollten Regelungen für den Fall geschaffen werden, dass weder die Wunscheltern das Kind annehmen wollen noch die Leihmutter es behalten möchte.

13. Das Verbot der postmortalen Verwendung von Samenzellen sollte aufgehoben werden. Die Zulässigkeit der postmortalen Verwendung von Keimzellen und Embryonen sowie die dafür geltenden Voraussetzungen sollten normiert werden. Eine zeitliche Begrenzung der postmortalen Verwendung von Keimzellen und Embryonen ist nicht erforderlich.

14. Da Keimzellen und Embryonen durch die Anwendung fortpflanzungsmedizinischer Maßnahmen außerhalb des menschlichen Körpers verfügbar gemacht werden, muss geregelt werden, wie mit ihnen umzugehen ist, wenn eine Verwendung im Rahmen der fortpflanzungsmedizinischen Behandlung vorübergehend oder dauerhaft nicht mehr gewollt oder möglich ist. Die Zulässigkeit der Kryokonservierung sollte ausdrücklich normiert werden. Eine Kryokonservierungshöchstdauer sollte vorgesehen werden. Da keine durchgreifenden Bedenken gegen das Social Freezing vorgebracht werden können, sollte es zugelassen werden. Seperate Regelungen für die Kryokonservierung der Eizellen sind dafür nicht erforderlich. Darüber hinaus sollte die Zulässigkeit der Spende von Embryonen ausdrücklich normiert werden. Grundsätzlich sollte diese nur zu Fortpflanzungszwecken zulässig sein. Unter bestimmten durch den Gesetzgeber genau vorzugebenden Voraussetzungen sollte jedoch auch eine Spende zu Forschungszwecken möglich sein.

15. Besondere Bedeutung kommt bei der Anwendung fortpflanzungsmedizinischer Maßnahmen dem Recht des Kindes auf Kenntnis seiner Abstammung zu. Um die effektive Geltendmachung des bestehenden Auskunftsanspruchs zu gewährleisten, sollten Regelungen hinsichtlich der Dokumentationspflichten sowie der Geltendmachung des Anspruchs in das Fortpflanzungsmedizingesetz aufgenommen werden.

Auch wenn über die konkrete Ausgestaltung der einzelnen Regelungen durchaus gestritten werden kann, ist ein längeres Zuwarten des Gesetzgebers in Bezug auf das Fortpflanzungsmedizinrecht aufgrund der aufgezeigten Defizite des ESchG kaum mehr zu rechtfertigen. Der Gesetzgeber sollte sich daher der Aufgabe stellen, ein neues, umfangreiches Fortpflanzungsmedizingesetz zu schaffen, das sowohl den Bedürfnissen der Praxis als auch den Rechten und Interessen der durch die Fortpflanzungsmedizin Betroffenen gerecht wird.

Literaturverzeichnis

Abé, Nicola
Gefrorene Zeit – Warum das Einfrieren von Eizellen Frauen Zeit verschafft, Spiegel online vom 14.07.2014, abrufbar unter: http://www.spiegel.de/spiegel/print/d-128101526.html (Stand: 02.01.2020).

Ambos, Kai
Der Europäische Gerichtshof für Menschenrechte und die Verfahrensrechte – Waffengleichheit, partizipatorisches Vorverfahren und Art. 6 EMRK, ZStW 115 (2004), S. 583–637.

Amedes
Social Freezing: Vorsorge für den optimalen Zeitpunkt, abrufbar unter: https://amedes-experts-hamburg.de/kinderwunsch/behandlungs-methoden/eizellen-einfrierensocial-freezing.html (Stand: 02.01.2020).

Amos, Maximilian
LG Augsburg spricht Reproduktionsmediziner frei: Vermittlung von Embryonenspenden ist nicht strafbar, LTO vom 15.01.2019, abrufbar unter: https://www.lto.de/recht/hintergruende/h/lg-augsburg-16ns202ja143fi4a-14-netzwerk-embryonenspende-freispruch-aerzte-eizellen-befruchtung/ (Stand: 02.01.2020).

Apotheken Umschau
Verhütung: Pille, Kondom oder Spirale, abrufbar unter: https://www.apotheken-umschau.de/Verhuetung (Stand: 02.01.2020).

Arbeitskreis für Donogene Insemination
Richtlinie zur Qualitätssicherung der Behandlung mit Spendersamen in Deutschland, Essen 2006.

Armbrust, Robert
Einstellungen von deutschen Kinderwunschpaaren gegenüber dem Umgang und dem moralischen Status von kryokonservierten Eizellen im Vorkernstadium und kryokonservierter Embryonen, Leipzig 2013.

Armbrust, R./Kentenich, H./Sibold, C./Montag, U./Berth, H./Albani, C./Dinkel, A./Borkenhagen, A.
Einstellungen von Kinderwunschpaaren zum Umgang mit kryokonservierten Embryonen und Eizellen im Vorkernstadium – Übersichtsarbeit, Geburtshilfe und Frauenheilkunde 2009, S. 907–914.

Arndt, Melanie
Biotechnologie in der Medizin, München 2004.

American Society for Reproduktive Medicine
Mature oocyte cryopreservation: a guideline, ARSM Pages 2013, S. 37–43.

Bals-Pratsch, Monika/Dittrich, Ralf/Frommel, Monika
Wandel in der Implementation des Deutschen Embryonenschutzgesetzes, JRE 2010, S. 87–95.

Balz, Manfred
Heterologe künstliche Samenübertragung beim Menschen: rechtliche und politische Überlegungen zu einem Vorhaben des Europarates, Tübingen 1980.

Bauer, Hartmut/Möllers, Christoph
Die Rechtschreibreform vor dem Bundesverfassungsgericht, JZ 1999, S. 697–702.

Baumann, Jürgen
Strafbarkeit von In-vitro-Fertilisation und Embryonentransfer? Eine rechtspolitische Betrachtung, in: Günther/Keller (Hrsg.), Fortpflanzungsmedizin und Humangenetik – Strafrechtliche Schranken?, 1987, S. 177–192.

Baumann-Hölzle, Ruth
Elternschaft außerhalb der Ehe – Ethische Gesichtspunkte unter Berücksichtigung des Wohles des Kindes, in: Bundesministerium für Gesundheit (Hrsg.), Fortpflanzungsmedizin in Deutschland – Wissenschaftliches Symposium des Bundesministeriums für Gesundheit in Zusammenarbeit mit dem Robert Koch-Institut vom 24. bis 26. Mai 2000 in Berlin, Baden-Baden 2001, S. 163–168.

Bäurle, Anne
Bis später, Baby!, ÄrzteZeitung online vom 27.02.2019, abrufbar unter: https://www.aerztezeitung.de/medizin/fachbereiche/gynaekologie/article/930580/socil-freezing-bis-spaeter-baby.html (Stand: 02.01.2020).

Bayertz, Kurt
Drei Thesen zum moralischen Stauts menschlicher Embryonen in vitro, in: Bundesministerium für Gesundheit (Hrsg.), Fortpflanzungsmedizin in Deutschland – Wissenschaftliches Symposium des Bundesministeriums für Gesundheit in Zusammenarbeit mit dem Robert Koch-Institut vom 24. bis 26. Mai 2000 in Berlin, Baden-Baden 2001, S. 81–84.

Bayertz, Kurt
Die Wahrheit über den moralischen Status menschlicher Embryonen, in: Maio/Just (Hrsg.), Die Forschung an embryonalen Stammzellen in ethischer und rechtlicher Perspektive, Baden-Baden 2003, S. 178–195.

Beck-Gernsheim, Elisabeth
Ist das Verbot von Leihmutterschaft anachronistisch geworden?, in: Ditzen/Weller (Hrsg.), Regulierung der Leihmutterschaft, Tübingen 2018, S. 47–53.

Becker, Ulrich /Kingreen, Thorsten
Kommentar zum SGB V, 6. Aufl., München 2018.

Beckmann, Rainer
Rechtsfragen der Präimplantationsdiagnostik, MedR 2001, S. 169–177.

Beitz, Ulrike
Zur Reformbedürftigkeit des Embryonenschutzgesetzes, Frankfurt am Main 2009.

Benda, Ernst
Erprobung der Menschenwürde am Beispiel der Humangenetik, in: Flöhl (Hrsg.), Genforschung – Fluch oder Segen?, München 1985, S. 205–231.

Benda, Ernst
Humangenetik und Recht, NJW 1985, S. 1730–1734.

Berchtold, Josef/Huster, Stefan/Rehborn, Martin
Gesundheitsrecht, 2. Aufl., Baden-Baden 2018.

Berg, Giselind
Eizellspende – eine notwendige Alternative?, in: Bundesministerium für Gesundheit (Hrsg.), Fortpflanzungsmedizin in Deutschland – Wissenschaftliches Symposium des Bundesministeriums für Gesundheit in Zusammenarbeit mit dem Robert Koch-Institut vom 24. bis 26. Mai 2000 in Berlin, Baden-Baden 2001, S. 143–152.

Bergmann, Karl-Otto/Pauge, Burkhard/Steinmeyer, Heinz-Dietrich (Hrsg.)
Gesamtes Medizinrecht, 3. Aufl., Baden-Baden 2018.

Bernat, Erwin
Rechtsfragen medizinisch assistierter Zeugung, Graz 1989.

Bernat, Erwin
Fortpflanzungsmedizin und Recht – Bemerkung zum Stand der Gesetzgebung in Österreich, Deutschland und Großbritannien, MedR 1991, S. 308–315.

Bernat, Erwin
Anmerkungen zu Österreichischer VfGH, Erkenntnis v. 14.10.1999 – G 91/98-13, MedR 1990, S. 394–396.

Bernard, Andreas
Kinder machen, Bonn 2014.

Beyer, Karla
Ungewollter Kinderlosigkeit – Betroffene Frauen und ihre Bewältigung im mittleren Erwachsenenalter, Jena 2005.

Bioethik-Kommission Rheinland-Pfalz
Fortpflanzungsmedizin und Embryonenschutz, Mainz 2005.

Bioethikkommission Österreich
Stellungnahme der Bioethikkommission beim Bundeskanzleramt zum Entwurf eines Bundesgesetzes, mit dem das Fortpflanzungsmedizingesetz, das Allgemeine bürgerliche Gesetzbuch und das Gentechnikgesetz geändert werden (Fortpflanzungsmedizinrechts-Änderungsgesetz 2015 – FMedRÄG 2015), Wien 2014, abrufbar unter: https://www.bundeskanzleramt.gv.at/dam/jcr:ecbae513-5ea7-4c76-867e-6316bff33baf/FMedRAEG_2015.pdf (Stand: 02.01.2020).

Bokelmann, Michael/Bokelmann, Victoria
Zur Lage der für andere übernommenen Mutterschaft in Deutschland: Rechtsvergleich mit Reformvorschlägen, Frankfurt am Main 2003.

Boch, Thomas
Kommentar zum Lebensmittel- und Futtermittelgesetzbuch, 6. Online-Ausgabe, Rechtsstand 01.10.2016.

Bogdany, Armin von
Gubernative Rechtssetzung, Berlin 1999.

Böckle, Franz
Antikonzeption und Nidationshemmung in katholisch-theologischer Sicht – Diskussion zum Vortrag Böckle zusammen mit dem Vortrag Köberle, in Kepp/Köster (Hrsg.), Empfängnisverhütung aus Verantwortung, Stuttgart 1968, S. 26–34.

Böckenförde, Ernst-Wolfgang
Menschenwürde als normatives Prinzip, JZ 2003, S. 809–815.

Bos, Hennry M. W./Hakvoort, Esther M.
Child adjustment and parenting in planned lesbian families with known and as-yet unknown Donors, Journal of Psychosomatic Obstetrics & Gynecology 2007, S. 121–129.

Bos, Hennry M. W./van Balen, Frank/van den Boom, Dymphna
Child adjustment and parenting in planned lesbian-parent families, American Journal of Orthopsychiatry 2007, S. 38–48.

Brähler, Elmar
Elternschaft, Rolle der Frau und Beratung bei medizinisch unterstützter Fortpflanzung: Medizinpsychologische Erkenntnisse, in: Bundesministerium für Gesundheit (Hrsg.), Fortpflanzungsmedizin in Deutschland – Wissenschaftliches Symposium des Bundesministeriums für Gesundheit in Zusammenarbeit mit dem Robert Koch-Institut vom 24. bis 26. Mai 2000 in Berlin, Baden-Baden 2001, S. 96–98.

Breuer, Marten
Karlsruhe und die Gretchenfrage: Wie hast du´s mit Straßburg?, NVwZ 2005, S. 412–414.

Brewe, Manuela
Embryonenschutz und Stammzellgesetz: rechtliche Aspekte der Forschung mit embryonalen Stammzellen, Berlin 2006.

Britting, Eva
Die postmortale Insemination als Problem des Zivilrechts, Frankfurt Main/New York 1989.

Brohm, Winfried
Forum Humanbiotechnik, Eigentum und Menschenwürde, JuS 1998, S. 197–205.

Brox, Hans
Die künstliche Befruchtung der Ehefrau durch den Samen des Ehemannes nach dessen Tod und das Erbrecht des Kindes nach seinem Vater, in: Küper (Hrsg.), Festschrift Stree und Wessels, Heidelberg 1993, S. 965–979.

Bundesärztekammer
(Muster-)Richtlinie zur Durchführung der assistierten Reproduktion, DÄBl. 2006, S. A 1392–1400.

Bundesärztekammer
Kommentar zur (Muster-)Richtlinie zur Durchführung der assistierten Reproduktion, DÄBl. 2006, S. A 1400–1403.

Bundesärztekammer
Memorandum zur Präimplantationsdiagnostik (PID), DÄBl. 2011, S. A 1701–1708.

Bundesärztekammer
Richtlinie zur Entnahme und Übertragung von menschlichen Keimzellen im Rahmen der assistierten Reproduktion, DÄBl. 20018, S A 1 – A 22.

Bundesärztekammer
Hinweis zur (Muster-) Richtlinie, abrufbar unter: http://www.bundesaerztekammer.de/richtlinien/richtlinien/assistierte-reproduktion/ (Stand: 02.01.2020).

Bundesausschuss der Ärzte und Krankenkassen (GBA)
Richtlinie über Maßnahmen der künstlichen Befruchtung, abrufbar unter: https://www.g-ba.de/downloads/62-492-1402/KB-RL_2017-03-16_iK-2017-06-02.pdf (Stand: 02.01.2020).

Bundesminister für Forschung und Technologie
In-vitro-Fertilisation, Genomanalyse und Gentherapie, Bericht der gemeinsamen Arbeitsgruppe des Bundesministers für Forschung und Technologie und des Bundesministers für Justiz („Benda-Bericht"), München 1985.

Bundesministerium für Familie, Senioren, Frauen und Jugend
Kinderlose Frauen und Männer, Berlin 2014.

Bundesministerium für Gesundheit
Fortpflanzungsmedizin in Deutschland – Wissenschaftliches Symposium des Bundesministeriums für Gesundheit in Zusammenarbeit mit dem Robert Koch-Institut vom 24. bis 26. Mai 2000 in Berlin, Baden-Baden 2001.

Bundesministerium der Justiz
Diskussionsentwurf eines Gesetzes zum Schutz von Embryonen vom 29.04.1986, abgedruckt in: Günther/Keller (Hrsg.), Fortpflanzungsmedizin und Humangenetik – Strafrechtliche Schranken?, Tübingen 1987, Anhang I S. 349.

Bundesministerium der Justiz
Handbuch der Rechtsförmlichkeit vom 22. September 2002, Berlin 2008.

Bundesnotarkammer
Rundschreiben 40/97, Vereinbarungen über die heterologe Insemination, DNotZ 1995, S. 241–252.

Bundesverband Reproduktionsmedizinischer Zentren e.V.
Zum Arztvorbehalt in § 9 ESchG – muss der Reproduktionsmediziner im IVF-Labor alles selber machen?, Reproduktionsmedizin 2002, S. 352–354.

Bundeszentrale für gesundheitliche Aufklärung
Sehnsucht nach einem Kind – Möglichkeiten und Grenzen der Medizin, Köln 2017.

Büchl, Christine
Motive, abrufbar unter: http://www.eizellspende.com.de/spenderin/Motive.htm (Stand: 02.01.2020).

Clausen, Jens
Zum moralischen Sonderstatus von Kerntransferembryonen und seiner Bedeutung für das extrauterine Klonen, in: Dabrock/Ried (Hrsg.), Therapeutisches Klonen als Herausforderung für die Statusbestimmung des menschlichen Embryos, Paderborn 2005, S. 123–138.

Coester, Michael
Ersatzmutterschaft in Europa, in: Mansel u. a. (Hrsg.), Festschrift für Erik Jayme Band 2, München 2004, S. 1243–1258.

Coester-Waltjen, Dagmar
Rechtliche Probleme der für andere übernommenen Mutterschaft, NJW 1982, S. 2528–2543.

Coester-Waltjen, Dagmar
Befruchtungs- und Gentechnologie beim Menschen – Rechtliche Probleme von morgen?, FamRZ 1984, S. 230–236.

Coester-Waltjen, Dagmar
Die Befruchtung beim Menschen – Zulässigkeit und zivilrechtliche Folgen, Gutachten B, in: DJT (Hrsg.), Verhandlungen des 56. Deutschen Juristentages, München 1986, S. B 3 -127.

Coester-Waltjen, Dagmar
Elternschaft außerhalb der Ehe – Sechs juristische Prämissen und Folgerungen für die künstliche Befruchtung, in: Bundesministerium für Gesundheit (Hrsg.), Fortpflanzungsmedizin in Deutschland – Wissenschaftliches Symposium des Bundesministeriums für Gesundheit in Zusammenarbeit mit dem Robert Koch-Institut vom 24. bis 26. Mai 2000 in Berlin, Baden-Baden 2001, S. 158–162.

Coester-Waltjen, Dagmar
Reformüberlegungen unter besonderer Berücksichtigung familienrechtlicher und personenstandsrechtlicher Fragen, Reproduktionsmedizin 2002, S. 183–198.

Coester-Waltjen, Dagmar
Was erlaubt das Recht?, Vortrag auf der Jahrestagung des Deutschen Ethikrates 2014, Fortpflanzungsmedizin in Deutschland. Individuelle Lebensentwürfe – Familie – Gesellschaft, abrufbar unter: https://www.ethikrat.org/fileadmin/PDF-Dateien/Veranstaltungen/jt-22-05-2014-coester-waltjen.pdf (Stand: 02.01.2020).

Coester-Waltjen, Dagmar
Anmerkung zu OLG Urt. v. 31.07.2015 – II-1 UF 83/14, FamRZ 2015, S. 1981.

Coester-Waltjen, Dagmar
Was erlaubt das Recht?, in: Woopen (Hrsg.), Fortpflanzungsmedizin in Deutschland, Bonn 2016, S. 92–108.

Conte, Giulia
Strafbarkeit des deutschen Arztes bei Eizellspenden im Ausland, Der Gynäkologe 2013, S. 841–846.

Cremer, Ulrich
Strafrechtlich relevantes Abgrenzungskriterium zwischen „Leibesfrucht" und Mensch bei der abdominalen Schnittentbindung, MedR 1993, S. 421–424.

Däubler-Gmelin, Herta (Hrsg.)
Forschungsobjekt Mensch – Zwischen Hilfe und Manipulation, München 1986.

Dederer, Hans-Georg
Menschenwürde des Embryo in vitro? – Der Kristallisationspunkt der Bioethik-Debatte am Beispiel des menschlichen Klonens, AöR 2002, S. 1–26.

Dederer, Hans-Georg
Online-Kommentar zum Stammzellgesetz, Baden-Baden 2012.

Degenhart, Christoph
Staatsorganisationsrecht, 33. Aufl., Heidelberg 2017.

Demirci, Katja
Ein Kind – auch ohne Mann, Der Tagesspiegel vom 30.09.2018, abrufbar unter: https://www.tagesspiegel.de/themen/reportage/schwanger-durch-samenspende-ein-kind-auch-ohne-mann/23130392-all.html (Stand: 02.01.2020).

Dethloff, Nina
Leihmütter, Wunscheltern und ihre Kinder, JZ 2014, S. 922–932.

Dethloff, Nina
Leihmutterschaft in Rechtsvergleichender Perspektive, in: Ditzen/Weller (Hrsg.), Regulierung der Leihmutterschaft, Tübingen 2018, S. 55–67.

Dethloff, Nina/Gerhardt, Rudolf
„Ein Reproduktionsmedizingesetz ist überfällig" – Zuordnung eines Kindes zu den Wunscheltern, nicht zum Samenspender, ZRP 2013, S. 91–93.

Deutsch, Erwin
Artifizielle Wege menschlicher Reproduktion: Rechtsgrundsätze Konservierung von Sperma, Eiern und Embryonen; künstliche Insemination und außerkörperliche Fertilisation; Embryonentransfer, MDR 1985, S. 177–183.

Deutsch, Erwin
Des Menschen Vater und Mutter – Die künstliche Befruchtung beim Menschen – Zulässigkeit und zivilrechtliche Folgen, NJW 1986, S. 1971–1975.

Deutsch, Erwin
Embryonenschutz in Deutschland, NJW 1991, S. 721–725.

Deutsch, Erwin
Vaterschaft und konsentierte Fremdinsemination, AcP 197 (1997), S. 398–429.

Deutsche Akademie der Naturforscher Leopoldina e.V.
Ein Fortpflanzungsmedizingesetz für Deutschland, Halle (Saale) 2017.

Deutsche Akademie der Naturforscher Leopoldina e.V./Union der deutschen Akademien der Wissenschaften e.V.
Fortpflanzungsmedizin in Deutschland – für eine zeitgemäße Gesetzgebung, Halle (Saale)/Mainz 2019.

Deutscher Ethikrat
Embryospende, Embryoadoption und elterliche Verantwortung, Berlin 2016.

DGGEF/DGGG/DGRM/BRZ
Diskussionspapier zu den Vorbereitungen für ein Fortpflanzungsmedizingesetz (FMG), Reproduktionsmedizin 2001, S. 301–305.

Diedrich, Klaus
Forschung ermöglichen, Grenzen erkennen – Festvortrag des Kongresspräsidenten beim 55 DGGG-Kongress, Frauenarzt 2004, S. 1041–1045.

Diedrich, Klaus
Embryonenschutzgesetz – Brauchen wir eine Änderung?, Der Gynäkologe 2010, S. 612–614.

Diedrich, Klaus/Banz-Jansen, Constanze/Ludwig, Annika
Schwangerschaftsrisiken und Outcome der Kinder nach ART, JRE 2011, S. 108–111.

Diedrich, Klaus/Al-Hasani, Safaa
Künftige Entwicklungen in der Reproduktionsmedizin, Der Gynäkologe 2013, S. 883–889.

Diedrich, Klaus/Hepp, Hermann/von Otte, Sören
Reproduktionsmedizin in Klinik und Forschung: Der Status des Embryos. Leopoldina Symposium vom 17. bis 18. November 2006 in Lübeck, Halle (Saale) 2007.

Diedrich, Klaus/Felberbaum, Ricardo/Griesinger, Georg/Hepp, Hermann/Kreß, Hartmut/Riedel, Ulrike
Reproduktionsmedizin im internationalen Vergleich – Wissenschaftlicher Sachstand, medizinische Versorgung und gesetzlicher Regelungsbedarf, Berlin 2008.

Diedrich, Klaus/Ludwig, Michael/Griesinger, Georg
Reproduktionsmedizin, Berlin/Heidelberg 2013.

Diefenbach, Ann Katrin
Leihmutterschaft – Rechtliche Probleme der für andere übernommenen Mutterschaft, Frankfurt 1990.

Dietrich, Silvia
Mutterschaft für Dritte: rechtliche Probleme der Leihmutterschaft unter Berücksichtigung entwicklungspsychologischer und familiensoziologischer Erkenntnisse und rechtsvergleichender Erfahrungen, Frankfurt am Main 1989.

Dorneck, Carina
Rechtliche Regelungen – Brauchen wir ein Fortpflanzungsmedizingesetz?, pro familie medizin 2017, Nr. 3, S. 1–5.

Dorneck, Carina
Das Recht der Reproduktionsmedizin de lege lata und de lege ferenda – Eine Analyse zum AME-FMedG, Baden-Baden 2018.

Dorneck, Carina
Embryonenspende, Netzwerk Embryonenspende und das längst veraltete ESchG, medstra 2018, S. 259–264.

Dreier, Horst
Lebensschutz und Menschenwürde in der bioethischen Diskussion, in: Dreier/Huber (Hrsg.), Bioethik und Menschenwürde, Münster 2002, S. 9–49.

Dreier, Horst
Stufungen des vorgeburtlichen Lebensschutzes, ZRP 2002, S. 377–383.

Dreier, Horst
Grenzen des Tötungsverbotes – Teil 1, JZ 2007, S. 261–270.

Dreier, Horst
Schlußwort zu Norbert Hoerster JZ 2008, 295 ff., JZ 2008, S. 297–299.

Dreier, Horst
Bioethik, Tübingen 2013.

Dressler, Angelika
Verfassungsfragen des Embryonenschutzes hinsichtlich der Reproduktionsmedizin, Bielefeld 1992.

DVR-Fachkommission
Debatte „Recht und Aufklärung" – Thema: Embryonenschutzgesetz und Verbotsirrtum, JRE 2004, S. 299–307.

Eberbach, Wolfram H.
Rechtliche Probleme der „Leihmutterschaft“, MedR 1986, S. 253–259.

Eckert, Dieter
Die Auswirkungen gemeinschaftsrechtlicher Vorgaben auf das deutsche Lebensmittelrecht, ZLR 1990, S. 518–542.

Eckstein, Ken
Im Netz des Unionsrechts – Anmerkungen zum Fransson-Urteil des EuGH, ZIS 2013, S. 220–225.

Ehling, Jan/Lorenz, Egon
Die Versicherung und Rückversicherung von Pharmarisiken in nationaler und internationaler Beziehung, Göttingen 2011.

Enderle, Bettina
Blankettstrafgesetze – Verfassungs- und strafrechtliche Probleme von Wirtschaftsstraftatbeständen, Frankfurt am Main 2000.

Enders, Christoph
Gattungszugehörigkeit oder Personsein als Anknüpfungspunkt der Menschenrechte?, in: Klein/Menke (Hrsg.), Menschenrechte und Bioethik, Berlin 2004, S. 42–48.

Erbs, Georg/Kohlhaas, Max
Kommentar Strafrechtliche Nebengesetze, 223. Ergänzungslieferung, Stand Januar 2019.

Eser, Albin/Koch, Hans-Georg
Rechtsprobleme biomedizinischer Fortschritte in vergleichender Perspektive – Zur Reformdiskussion um das deutsche Embryonenschutzgesetz, in: Strafrechtsprofessoren der Tübinger Juristenfakultät und Justizministerium Baden-Württemberg (Hrsg.), Gedächtnisschrift für Rolf Keller, Tübingen 2003, S. 15–25.

Faßbender, Kurt
Der Schutz des Embryos und die Humangenetik – Zur Verfassungsmäßigkeit des neuen Stammzellgesetzes und des Embryonenschutzgesetzes im Lichte des einschlägigen Arzthaftungsrechts, MedR 2003, S. 279–286.

Fechner, Erich
Menschenwürde und generative Forschung und Technik – eine rechtstheoretische und rechtspolitische Untersuchung, JZ 1986, S. 653–664.

Fechner, Erich
Nachträge zu einer Abhandlung über Menschenwürde und generative Forschung und Technik, in: Günther/Keller (Hrsg.), Fortpflanzungsmedizin und Humangenetik – Strafrechtliche Schranken?, 1987, S. 37–59.

Firkus, Thorsten
Ein guter Service, Wirtschaftswoche online vom 15.10.2019, abrufbar unter: https://www.wiwo.de/erfolg/trends/pro-social-freezing-ein-guterservice/10842118.html (Stand: 02.01.2020).

Fischer, Thomas
Kommentar zum Strafgesetzbuch, 65. Aufl., München 2018.

Fleischhauer, Jan
Die befreite Frau, Spiegel online vom 15.07.2014, abrufbar unter: http://www.spiegel.de/politik/deutschland/gefrorene-eizellen-jan-fleischhauer-ueber-social-freezing-a-981095.html (Stand: 02.01.2020).

Frauenärzte im Netz
Was ist Unfruchtbarkeit?, abrufbar unter: https://www.frauenaerzte-im-netz.de/erkrankungen/unfruchtbarkeit/was-ist-unfruchtbarkeit/ (Stand: 02.01.2020).

Frie, Birgit
Das neue Samenspenderrecht, NZFam 2018, S. 817–823.

Frister, Helmut
Die „Dreierregel" im Embryonenschutzgesetz, GuP 2012, S. 10–14.

Frister, Helmut/Börgers, Niclas
Rechtliche Probleme bei der Kryokonservierung von Keimzellen, in: Fristen/Olzen (Hrsg.), Rechtliche Fragestellungen in der Reproduktionsmedizin, Düsseldorf 2009, S. 93–125.

Frommel, Monika
Strategien gegen die Demontage der Reform der §§ 218 ff StGB in der Bundesrepublik – Rechtsangleichung an § 153 DDR-StGB?, ZRP 1990, S. 351–354.

Frommel, Monika
Status des Embryos: Juristische Aspekte, in: Bundesministerium für Gesundheit (Hrsg.), Fortpflanzungsmedizin in Deutschland – Wissenschaftliches Symposium des Bundesministeriums für Gesundheit in Zusammenarbeit mit dem Robert Koch-Institut vom 24. bis 26. Mai 2000 in Berlin, Baden-Baden 2001, S. 67–75.

Frommel, Monika
Ethische, verfassungsrechtliche und strafrechtliche Problematik, Reproduktionsmedizin 2002, S. 158–182.

Frommel, Monika
Auslegungsspielräume des Embryonenschutzgesetzes, JRE 2004, S. 104–111.

Frommel, Monika
DVR-Debatte der Fachkommission „Recht und Aufklärung" – Thema: Embryonenschutzgesetz und Aufklärung, JRE 2004, S. 299–307.

Frommel, Monika
Deutscher Mittelweg in der Anwendung des Embryonenschutzgesetzes (ESchG) mit einer an den aktuellen wissenschaftlichen Erkenntnisstand orientierten Auslegung der für die Reproduktionsmedizin zentralen Vorschrift des § 1 Abs. 1 Nr. 5 ESchG, JRE 2007, S. 27–33.

Frommel, Monika
Behindert das Embryonenschutzgesetz (ESchG) die deutsche Reproduktionsmedizin?, Thesenpapier, abgedruckt bei: Vogt, Methoden der künstlichen Befruchtung, 2007, S. 215–217.

Frommel, Monika
Juristisches Gutachten zur Frage der Zulässigkeit der Freigabe kryokonservierter befruchteter Eizellen (2-PN-Stadien) durch die Inhaber, des Auftauens mit Einverständnis des Spenderpaares und des extrakorporalen Weiterkultivierens zum Zwecke der Spende an eine Frau, von der die Eizelle nicht stammt, Kiel 2011, aktualisiert 2014.

Frommel, Monika/Taupitz, Jochen/Ochsner, D./Geisthövel, Franz
Rechtslage der Reproduktionsmedizin in Deutschland, JRE 2010, S. 96–105.

Fuhrmann, Stefan/Klein, Bodo/Fleischfresser, Andreas
Arzneimittelrecht – Handbuch für die pharmazeutische Rechtspraxis, 2. Aufl., Baden-Baden 2014.

Gärditz, Klaus Ferdinand
Fortpflanzungsmedizinrecht zwischen Embryonenschutz und reproduktiver Freiheit, ZfL 2014, S. 42–52.

Gassner, Ulrich
Legalisierung der Eizellspende?, ZRP 2015, S. 126.

Gassner, Ulrich/Kersten, Jens/Krüger, Matthias/Lindner, Josef Franz/Rosenau, Henning/Schroth, Ulrich
Fortpflanzungsmedizingesetz Augsburg-Münchner-Entwurf (AME-FMedG), Tübingen 2013.

Geilen, Gerd
Zum Strafrechtsschutz an der Anfangsgrenze des Lebens, ZStW 103 (1991), S. 829–850.

Geisthövel, Franz
Reproduktionsmedizin in Deutschland, Reproduktionsmedizin 2002, S. 144–146.

Gerke, Sara/Taupitz, Jochen
Rechtliche Aspekte der Stammzellforschung in Deutschland: Grenzen und Möglichkeiten der Forschung mit humanen embryonalen Stammzellen (hES-Zellen) und mit humanen induzierten pluripotenten Stammzellen (hiPS-Zellen), in: Zenke/Marx-Stölting/Schickl (Hrsg.), Stammzellforschung, Baden-Baden 2018, S. 209–235.

Giesen, Dieter
Heterologe Insemination – Ein neues legislatorisches Problem?, FamRZ 1981, S. 413–418.

Gilbhard, G./Poller, B.
Der Blastozystentransfer, Reproduktionsmedizin 2001, S. 284–288.

Giwer, Elisabeth
Rechtsfragen der Präimplantationsdiagnostik – Eine Studie zum rechtlichen Schutz des Embryos im Zusammenhang mit der Präimplantationsdiagnostik unter besonderer Berücksichtigung grundrechtlicher Schutzpflichten, Berlin 2001.

Glujovsky, Demián/Farquhar, Cindy/Quinteiro Retamar, Andrea Marta/Alvarez Sedo, Christian Roberto/Blake, Deborah
leavage stage versus blastocyst stage embryo transfer in assisted reproductive technology, abrufbar unter: https://www.cochranelibrary.com/cdsr/doi/10.1002/14651858.CD002118.pub5/full (Stand: 02.01.2020).

Golombok, Susan/Ilioi, Elena/Blake, Lucy/Roman, Gabriela/Jadva, Vasanti
A Longitudinal Study of Families Formed Through Reproductive Donation: Parent-Adolescent Relationships and Adolescent Adjustment at Age 14, Developmental Psychology 2017, S. 1966 -1977.

Golombok, Susan/McCallum, Fiona/Murray, Clare/Lycett, Emma/Jadva, Vasanti
Surrogacy families: parental functioning, parent-child relationschip and children's psychological development at age 2, Journal of Child Psychology and Psychiatry 2006, S. 213–222.

Golombok, Susan/Murray, Clare/Jadva, Vasanti/Lycett, Emma/McCallum, Fiona/Rust, John
Non-genetic and non-gestational parenthood: consequences for parent–child relationships and the psychological well-being of mothers, fathers and children at age 3, Human Reproduction 2006, S. 1918–1924.

Golombok, Susan/Readings, Jennifer/Blake, Lucy/Casey, Polly/Marks, Alex/Jadva, Vasanti
Families created through surrogacy: Mother-child relationships and children's psychological adjustment at age 7, Developmental Psychology 2011, S. 1579–1588.

Golombok, Susan/Murray, Clare/Jadva, Vasanti/McCallum, Fiona/Lycett, Emma
Families Created Through Surrogacy Arrangements: Parent-Child Relationship in the 1st Year of Life, Developmental Psychology 2004, S. 400–411.

Grabelwarter, Christoph/Pabel, Katharina
Europäische Menschenrechtskonvention, 6. Aufl., 2016 München.

Graumann, Sigrid
Eizellspende – Beitrag zur Selbstbestimmung oder Ausbeutung der Frau?, in: Woopen (Hrsg.), Fortpflanzungsmedizin in Deutschland, Bonn 2016, S. 62–73.

Groenewold, Uwe
Zu geringe Erfolgsrate, zu viele Mehrlingsgeburten, Pressemitteilung der Universität Lübeck vom 18.09.2003, abrufbar unter: https://www.uni-luebeck.de/aktuelles/nachricht/artikel/zu-geringe-erfolgsrate-zu-viele-mehrlingsgeburten.html (Stand: 02.01.2020).

Gröner, Kerstin
Klonen, Hybrid- und Chimärenbildung unter Beteiligung totipotenter menschlicher Zellen, in: Günther/Keller (Hrsg.), Fortpflanzungsmedizin und Humangenetik – Strafrechtliche Schranken?, Tübingen 1987, S. 293–325.

Gruber, Franz
Warum sich diese 25-Jährige Eizellen einfrieren lassen hat, Kurier online vom 09.08.2017, abrufbar unter: https://kurier.at/leben/warum-sich-diese-25-jaehrige-eizellen-einfrieren-lassen-hat/279.505.260 (Stand: 02.01.2020).

Grunewald, Barbara/Maier-Reimer, Georg Westermann, Harm Peter (Hrsg.)
Kommentar zum Bürgerlichen Gesetzbuch (Erman-BGB), 15. Aufl., Köln 2017.

Grziwotz, Herbert
Kinderwunscherfüllung durch Fortpflanzungsmedizin und Adoption, NZFam 2014, S. 1065–1070.

Gumpert, Nicolas
Eizellspende, abrufbar unter: https://www.dr-gumpert.de/html/eizellspende.html (Stand: 02.01.2020).

Günther, E./Fritzsche, H.
Sterilitätsbehandlung mit donogener Insemination – Entscheidungsbedarf im deutschen Fortpflanzungsmedizingesetz, Reproduktionsmedizin 2000, S. 249–252.

Günther, E./Fritzsche, H.
Sterilitätsbehandlung mit donogener Insemination – Teil II. Psychosoziale Probleme bei sterilen Ehepaaren und das Kindeswohl, Reproduktionsmedizin 2001, S. 214–220.

Günther, E./Fritzsche, H./Carol, W./Reiher, J.-P./Winkler, S.
Sterilitätsbehandlung mit donogener Insemination – Teil III. Indikationen, Methoden, Resultate, Reproduktionsmedizin 2001, S. 271–276.

Günther, Hans-Ludwig
Zur Auslegung des § 1 Abs. 1 Nr. 5 ESchG, in: Hoyer u. a. (Hrsg.), Festschrift für Friedrich-Christian Schroeder zum 70. Geburtstag, S. 449–452.

Günther, Hans-Ludwig/Taupitz, Jochen/Kaiser, Peter
Embryonenschutzgesetz – juristischer Kommentar mit medizinisch-naturwissenschaftlichen Grundlagen, 2. Aufl., Stuttgart 2014.

Gutmann, Thomas
Auf der Suche nach einem Rechtsgut: Zur Strafbarkeit des Klonens von Menschen, in: Roxin/Schroth (Hrsg.), Medizinstrafrecht, 2. Aufl., Stuttgart/München u. a. 2001, S. 353 -380.

Hacker, Jörg
Ethische und rechtliche Beurteilung des genome editing in der Forschung an humanen Zellen, Halle (Saale) 2017.

Hager, Johannes
Der rechtliche und leibliche Vater, in: Hofer (Hrsg.), Festschrift für Dieter Schwalm, Bielefeld 2005, S. 773–782.

Harbarth, Stephan
Leihmutterschaft und Reproduktionstourismus – Die rechtspolitische Perspektive, in: Ditzen/Weller (Hrsg.), Regulierung der Leihmutterschaft aktuelle Entwicklungen und interdisziplinäre Herausforderungen, Tübingen 2018, S. 81–91.

Hardenberg, Nina von
Das Baby aus dem Ei, SZ vom 20.12.2017, abrufbar unter: https://www.sueddeutsche.de/panorama/eingefrorener-embryo-das-baby-aus-dem-eis-1.3799604 (Stand: 02.01.2020).

Hartleb, Torsten
Die verfassungsrechtliche Statusdebatte zum extrakorporalen Embryo anhand der Kriterien Intentionalität, Artspezifität, Entstehungsart, Extrakorporalität und Potentialität, in: Maio (Hrsg.), Der Status des extrakorporalen Embryos, Stuttgart – 'Bad Cannstatt 2007, S. 191–238.

Hauskeller, Christine/Hick, Clara
Embryonen, Tiermodelle, Chimären. Stammzell-Ethik in Großbritannien und Deutschland, in: Zenke /Marx-Stölting /Schickl (Hrsg.), Stammzellforschung – Aktuelle wissenschaftliche und gesellschaftliche Entwicklungen, Baden-Baden 2018, S. 179–208.

Hawranek, Christiane/Ahr, Nadine
Die gespendeten Kinder, Die Zeit vom 25.09.2014, abrufbar unter: https://www.zeit.de/2014/40/kuenstliche-befruchtung-embryo-spende (Stand: 02.01.2020).

Haydn-Quindeau, Sina
Die „Ehe für alle" – ein Verstoß gegen die Institutsgarantie des Art. 6 I GG?, NJOZ 2018, S. 201–206.

Hecker, Bernd
Strafbare Produktwerbung im Lichte des Gemeinschaftsrechts: Europäisierung des deutschen Täuschungsschutzstrafrechts am Beispiel des Lebensmittel-, Wettbewerbs- und Betrugsstrafrechts, Tübingen 2001.

Heldrich, Andreas
Der Deliktsschutz des Ungeborenen, JZ 1965, S. 595–599.

Helms, Tobias
Familienrechtliche Grundlagen, in: Duttge u. a. (Hrsg.), Heterologe Insemination – Aktuelle Lage und Reformbedarf aus interdisziplinärer Sicht, Göttingen 2010, S. 37–49.

Helms, Tobias
Die künstliche Befruchtung aus familienrechtlicher Sicht: Probleme und Perspektiven, in: Röthel/Löhning/Helms (Hrsg.), Ehe, Familie, Abstammung – Blicke in die Zukunft, Frankfurt a.M. 2010, S. 49–70.

Henckschen, Heribert/Herrler, Sebastian/Starke, Timm/Waldner, Wolfram (Hrsg.)
Beck´sches Notarhandbuch, 6. Aufl., München 2015.

Henn, Volker
Eizellen für die Schwangerschaft einfrieren, abrufbar unter: https://www.wissensschau.de/reproduktionsmedizin/social_freezing_ethik_kontroverse.php (Stand: 02.01.2020).

Hepp, Hermann
Höhergradige Mehrlingsgravidität – auch ein Problem medizinischen Fortschritts, Der Gynäkologe 1998, S. 261–266.

Herdegen, Matthias
Die Menschenwürde im Fluß des bioethischen Diskurses, JZ 2001, 773–779.

Herzog, Felix
Präimplantationsdiagnostik – Im Zweifel für ein Verbot?, ZRP 2001, 393–397.

Hetzel, Helmut
Nun will die Leihmutter das Kind behalten, abrufbar unter: https://www.welt.de/print-welt/article637406/Nun-will-die-Leihmutter-das-Kind-behalten.html (Stand: 02.01.2020).

Heun, Werner
Embryonenforschung und Verfassung – Lebensrecht und Menschenwürde des Embryos, JZ 2002, S. 517–524.

Heun, Werner
Restriktionen assistierter Reproduktion aus verfassungsrechtlicher Sicht, in: Bockenheimer-Lucius/Thorn/Wendehorst (Hrsg.), Umwege zum eigenen Kind, Göttingen 2008, S. 49–61.

Hieb, Anabel
Die gespaltene Mutterschaft im Spiegel des deutschen Verfassungsrechts, Berlin 2005.

Hilgendorf, Eric
Ektogenese und Strafrecht, MedR 1994, S. 429–432.

Hillgruber, Christian
Der Schutz des Menschen vor sich selbst, München 1992.

Hirsch, Hans Joachim
Anmerkung zu BGH Urt. v. 07.12.1983 – 1 StR 665/83, JR 1985, S. 336–340.

Hirsch, Günter
Zeugung im Reagenzglas, MedR 1986, S. 237–240.

Hirsch, Günter/Eberbach, Wolfram
Auf dem Weg zum künstlichen Leben – Retortenkinder, Leihmütter, programmierte Gene, Basel 1987.

Hoerster, Norbert
Ethik des Embryonenschutzes, Stuttgart 2002.

Hoerster, Norbert
Erwiderung: Politische Rechtswissenschaft und abgestufte Menschen, JZ 2008, S. 295–297.

Hoerster, Norbert
Sind Lebensrecht und Menschenwürde „abstufbar“?, Jura 2011, S. 241–244.

Hofmann, Hasso
Biotechnik, Gentherapie, Genmanipulation – Wissenschaft im Rechtsfreien Raum?, JZ 1986, S. 253–260.

Hofmann, Laura
Kinder erst dann, wenn man bereit ist?, abrufbar unter: https://www.jetzt.de/social-freezing/austausch-webseite-zum-einfrieren-von-eizellen (Stand: 02.01.2020).

Honnefelder, Ludger
Status des Embryos: Ethisch-philosophische Aspekte, in: Bundesministerium für Gesundheit (Hrsg.), Fortpflanzungsmedizin in Deutschland – Wissenschaftliches Symposium des Bundesministeriums für Gesundheit in Zusammenarbeit mit dem Robert Koch-Institut vom 24. bis 26. Mai 2000 in Berlin, Baden-Baden 2001, S. 76–80.

Hornig, Frank
Baby auf Bestellung, Der Spiegel vom 26.05.2008, abrufbar unter: http://www.spiegel.de/spiegel/print/d-57119337.html (Stand: 02.01.2020).

Horst, Matthias
Die Auswirkungen gemeinschaftsrechtlicher Vorgaben auf das deutsche Lebensmittelrecht aus der Sicht der Lebensmittelwirtschaft, ZLR 1990, S. 543–564.

Hübinger, Jan
Bedeutung der Vitrifikation für die Kryokonservierung und Kryofixierung, Dortmund 2013.

Hübner, Anke
Die Embryoadoption, Göttingen 2009.

Hübner, Marlis/Pühler, Wiebke
Systematische Rechtsentwicklung für die Reproduktionsmedizin, MedR 2017, S. 929–935.

Hufen, Friedhelm
Präimplantationsdiagnostik aus verfassungsrechtlicher Sicht, MedR 2001, S. 440–451.

Hufen, Friedhelm
Erosion der Menschenwürde?, JZ 2004, S. 313–318.

Hüppe, Hubert
Legalisierung der Eizellspende?, ZRP 2015, S. 126.

Hyatt, Millay
Gekaufte Zeit, der Freitag online, Ausgabe 12/2014, abrufbar unter: https://www.freitag.de/autoren/der-freitag/gekaufte-zeit (Stand: 02.01.2020).

Ingelfinger, Ralph
Grundlagen und Grenzbereiche des Tötungsverbots, Heidelberg 2004.

Ipsen, Jörn
Der „verfassungsrechtliche Status" des Embryos in vitro, JZ 2001, S. 989–996.

Ipsen, Jörn
Zur Zukunft der Embryonenforschung, NJW 2004, S. 268–270.

IVI
Eizellspende, abrufbar unter: https://ivi-fruchtbarkeit.de/assistierten-reproduktion-behandlungen/eizellenspende/ (Stand: 02.01.2020).

Jadva, Vasanti/Blake, Lucy/Casey, Polly/Golombok, Susan
Surrogacy families 10 years on: relationship with the surrogate, decisions over disclosure and children's understanding of their surrogacy origins, Human Reproduction 2012, S. 3008–3014.

Jarass, Hans D.
Die Bindung der Mitgliedstaaten an die EU-Grundrechte, NVwZ 2012, S. 457–461.

Joerden, Jan C.
Noch einmal – Wer macht Kompromisse beim Lebensschutz? Eine Antwort auf Hoerster Jus 2003, 529, Jus 2003, S. 1051–1054.

Jofer, Patricia
Regulierung der Reproduktionsmedizin – Fremdsamenspende, Ersatzmutterschaft und Umgang mit überzähligen Embryonen, Baden-Baden 2014.

Jungfleisch, Frank
Fortpflanzungsmedizin als Gegenstand des Strafrechts?: eine Untersuchung verschiedenartiger Regelungsansätze aus rechtsvergleichender und rechtspolitischer Perspektive, Berlin 2005.

Kaiser, Dagmar
Elternglück durch Fremdspende und Leihmutterschaft?, in: Götz u. a. (Hrsg.), Festschrift für Gerd Brudermüller zum 65. Geburtstag, München 2014.

Kaiser, Dagmar/Schnitzler, Klaus/Friederici, Peter/Schilling, Roger (Hrsg.)
Kommentar zum BGB, Band 4, 3. Aufl., Bonn 2014.

Kaiser, Nina
Apple zahlt Mitarbeiterinnen Einfrieren von Eizellen, Welt online vom 15.10.2014, abrufbar unter: https://www.welt.de/wirtschaft/article133283048/Apple-zahlt-Mitarbeiterinnen-Einfrieren-von-Eizellen.html (Stand: 02.01.2020).

Katzorke, Thomas
Eizellspende (egg-donation) – Plädoyer für eine Liberalisierung, Reproduktionsmedizin 2000, S. 373–375.

Katzorke, Thomas
Keimzellspende – Medizinische, soziale und juristische Aspekte aus ärztlicher Sicht, in: Bundesministerium für Gesundheit (Hrsg.), Fortpflanzungsmedizin in Deutschland – Wissenschaftliches Symposium des Bundesministeriums für Gesundheit in Zusammenarbeit mit dem Robert Koch-Institut vom 24. bis 26. Mai 2000 in Berlin, Baden-Baden 2001, S. 122–133.

Katzorke, Thomas
Donogene Insemination – Gegenwärtiger Stand der Behandlung in der BRD, Gynäkologische Endokrinologie 2003, S. 85–94.

Katzorke, Thomas
Entstehung und Entwicklung der Samenspendebehandlung in Deutschland, JRE 2008, S. 14–20.

Katzorke, Thomas
Entstehung und Entwicklung der Spendersamenbehandlung in Deutschland, in: Bockenheimer-Lucius/Thorn/Wendehorst (Hrsg.), Umwege zum eigenen Kind, Göttingen 2008, S. 89–101.

Kaufmann, Arthur
Der entfesselte Prometheus – Fragen der Humangenetik und der Fortpflanzungstechnologie aus rechtlicher Sicht, in: Flöhn (Hrsg.), Genforschung – Fluch oder Segen, München 1985, S. 259–277.

Katzorke, T./Kolodziej, f. B.
Perspektiven eines geänderten Fortpflanzungsmedizingesetzes – Auswertung einer Umfrage des Bundesverbandes Reproduktionsmedizinischer Zentren Deutschlands e.V. zur Situation der Reproduktionsmedizin in Deutschland, Reproduktionsmedizin 2001, S. 325–333.

Keller, Rolf
Fortpflanzungstechnologie – Ein Gesamtkonzept staatlichen Regelungsbedarfs, MedR 1988, S. 59–66.

Keller, Rolf/Günther, Hans-Ludwig/Kaiser, Peter
Kommentar zum Embryonenschutzgesetz, Stuttgart/Berlin/Köln 1992.

Kentenich, Heribert
Reproduktionsmedizin in Deutschland – Psychosomatische und ethische Überlegungen, Reproduktionsmedizin 2001, S. 277–283.

Kentenich, Herbiert/Pietzner, Klaus
Probleme der Reproduktionsmedizin in Deutschland aus medizinischer und psychosozialer Sicht, in: Rosenau (Hrsg.), Ein zeitgemäßes Fortpflanzungsmedizingesetz für Deutschland, Baden-Baden 2012, S. 13–36.

Kentenich, Herbiert/Wohlfahrt, Kathrin
Psychosoziale Aspekte, Duttge u. a. (Hrsg.), Heterologe Insemination – Aktuelle Lage und Reformbedarf aus interdisziplinärer Sicht, Göttingen 2010, S. 51–61.

Kersten, Jens
Das Klonen von Menschen: eine verfassungs-, europa- und völkerrechtliche Kritik, Tübingen 2004.

Kersten, Jens
Regulierungsauftrag für den Staat im Bereich der Fortpflanzungsmedizin, NVwZ 2018, S. 1248–1253.

Kienle, Thomas
Künstliche Befruchtung und artifizielles Recht – Weiter ungelöste Rechtsprobleme um die heterologe Insemination, ZRP 1995, S. 201–202.

Kindhäuser, Urs/Neumann, Ulfrid/Paeffgen, Hans-Ulrich
Nomos-Kommentar zum Strafgesetzbuch, Band 2, 5. Aufl., Baden-Baden 2017.

Kirchenamt im Auftrag des Rates der Evangelischen Kirche in Deutschland
Von der Würde des werdenden Lebens, 1985, EKD-Texte 11, abrufbar unter: https://www.ekd.de/achtungvordemleben_1987.html (dort als Anlage; Stand: 02.01.2020).

Kirchmeier, Karl-Heinz
Zivilrechtliche Fragen der homologen und heterologen Insemination de lege lata et ferenda, FamRZ 1998, S. 1281–1287.

Kisilevsky, Barbara S./Hains, Sylvia M.J./Lee, Kang/Xie, Xing/Huang, Hefeng/Ye, Hai Hui/Zhang, Ke/Zengping, Wang
Effects of experience on fetal voice recognition, Psychological science Bd. 14 Nr. 3, S. 220–224.

Klinkhammer, Giesela
Gesetzliche Regelung gefordert, DÄBl. 2008, S. A 1818.

Kloepfer, Michael
Humangenetik als Verfassungsfrage, JZ 2002, S. 417–428.

Knopp, Susanne
Recht auf Fortpflanzung und medizinischer Fortschritt, Konstanz 2004.

Koch, Hans-Georg
„Medizinisch unterstützte Fortpflanzung" beim Menschen – Handlungsleitung durch Strafrecht?, MedR 1986, S. 259–265.

Koch, Hans-Georg
Maßnahmen zur Effizienzsteigerung bei medizinisch unterstützter Fortpflanzung aus rechtlicher und rechtsvergleichender Sicht, JRE 2004, S. 24–27.

Kohl, Bernhard
Menschenwürde: Relativierung oder notwendiger Wandel?: zur Interpretation in der gegenwärtigen Kommentierung von Art. 1 Abs. 1 GG, Berlin 2007.

Kowalcek, Ingrid
Die Mehrlingsproblematik aus psychologischer Sicht, JRE 2008, S. 280–284.

Krekeler, Sebastian
Wer darf Fortpflanzung verbieten?, MedR 2017, S. 867–871.

Kretschmer, Joachim
Das Tatbestandsmerkmal „Sache" im Strafrecht, JA 2015, S. 105–108.

Kreß, Hartmut
Ethische Argumente zur morphologischen Beobachtung früher Embryonen mit nachfolgendem Transfer eines Embryos, JRE 2005, S. 23–28.

Kreß, Hartmut
Präimplantationsdiagnostik: Anschlussfragen für das Embryonenschutz- und Gendiagnostikgesetz und Auswirkungen auf das Stammzellengesetz, ZRP 2011, S. 68–69.

Kreß, Hartmut
Lebenspartnerschaftsgesetz: Rechtspolitischer Fortschreibungs- und Reformbedarf, ZRP 2012, S. 234–237.

Kreß, Hartmut
Forschung an pluripotenten Stammzellen, MedR 2015, S. 387–392.

Krones, Tanja
Der Kinderwunsch – Wie viel ist in den Augen der Öffentlichkeit zulässig?, in: Bockenheimer-Lucius/Thorn/Wendehorst (Hrsg.), Umwege zum eigenen Kind, Göttingen 2008, S. 9–29.

Kubiciel, Michael
Grund und Grenzen des Verbots der Präimplantationsdiagnostik, NStZ 2013, S. 382–386.

Kügel, J. Wilfried/Müller/Rolf-Georg/Hofmann, Hans-Peter
Kommentar zum Arzneimittelgesetz, 2. Aufl., München 2016.

Krüger, Matthias
Das Verbot der post-mortem-Befruchtung: § 4 Abs. 1 Nr. 3 Embryonenschutzgesetz – Tatbestandliche Fragen, Rechtsgut und verfassungsrechtliche Rechtfertigung, Halle (Saale) 2010.

Küpker, Wolfgang/Diedrich, Klaus
Die deutsche Fortpflanzungsmedizin – Brennpunkt ethischer Reflexionen zwischen Aufklärung und Postmoderne, in: Bender/Diedrich/Künzel (Hrsg.), Endokrinologie und Reproduktionsmedizin II, S. 265–274.

Kutzer, Klaus
Embryonenschutzgesetz – Wertungswidersprüche zu den Regelungen bei Schwangerschaftsabbruch, Früheuthanasie, Sterbehilfe und Transplantation?, MedR 2002, S. 24–26.

Lacher, Helmut/Putcha, Jörg/Michna, Silke/Pauer, Hans-Ulrich
Social Freezing – So erhalten sie ihre Fruchtbarkeit, abrufbar unter: https://www.kinderwunschzentrum-an-der-oper.de/files/ratgeber/Social-Freezing-Kinderwunschzentrum-an-der-Oper.pdf (Stand: 02.01.2020).

Lackner, Karl/Kühl, Kristian
Kommentar zum Strafgesetzbuch, 29. Aufl., München 2018.

Lammers, Roman
Leihmutterschaft in Deutschland – Rechtfertigen die Menschenwürde und das Kindeswohl ein striktes Verbot?, Frankfurt am Main 2017.

Langbehn, Katharina/Keller, Claudia
Emanzipation oder Ökonomisierung des Lebens?, Der Tagesspiegel online vom 17.10.2014, abrufbar unter: https://www.tagesspiegel.de/gesellschaft/panorama/pro-und-contra-social-freezing-emanzipation-oder-oekonomisierung-des-lebens/10852250.html (Stand: 02.01.2020).

Lange, Peter
Aktuelle Fragen der Fortpflanzungsmedizin und Humangenetik, in: Günther/Keller (Hrsg.), Fortpflanzungsmedizin und Humangenetik – Strafrechtliche Schranken?, Tübingen 1987, S. 3–19.

Langenfeld, Christine
Die Stellung der EMRK im Verfassungsrecht der Bundesrepublik Deutschland, in: Bröhmer (Hrsg.), Der Grundrechtsschutz in Europa, Baden-Baden 2002, S. 95–108.

Langer, Martin
Postmenopausale Schwangerschaft nach Eizellspende, Der Gynäkologe 2014, S. 244–247.

Lauff, Werner/Arnold, Mattias
Der Gesetzgeber und das „Retortenbaby", ZRP 1984, S. 279–283.

Laufs, Adolf
Haftung für Nachkommenschaftsschäden nach § 823 BGB, NJW 1965, S. 1053–1057.

Laufs, Adolf
Recht und Gewissen des Arztes, in: Heidelberger Jahrbücher, Band XXIV, Berlin 1980, S. 1–15.

Laufs, Adolf
Die künstliche Befruchtung beim Menschen – Zulässigkeit und zivilrechtliche Folgen, JZ 1986, S. 769–777.

Laufs, Adolf
Fortpflanzungsmedizin und Arztrecht, Berlin 1992.

Laufs, Adolf/Uhlenbruck, Wilhelm
Handbuch des Arztrechts, 3. Aufl., München 2002.

Le Camus, Jean
Väter: Die Bedeutung des Vaters für die psychologische Entwicklung des Kindes, Weinheim/Basel/Beltz 2003.

Lehmann, Michaela
Die In-vitro-Fertilisation und ihre Folgen: eine verfassungsrechtliche Analyse, Berlin 2007.

Lehmann, Michaela
Die Adoption elternfreier Embryonen aus verfassungsrechtlicher Sicht, ZfL 2008, S 106–117.

Leinmüller, Renate
Bericht vom ESHRE-Kongress in Kopenhagen, 19.-22. Juni 2005: Fertilitätsprobleme werden weiter zunehmen und die Nachfrage nach Sterilitätstherapie erhöhen, JRE 2005, S. 22–24.

Lenckner, Theodor/Winkelbauer, Wolfgang
Die pränatale Embryonenschädigung mit postnatalen Folgen, in: Günther/Keller (Hrsg.), Fortpflanzungsmedizin und Humangenetik – Strafrechtliche Schranken?, Tübingen 1987, S. 212–224.

Lenzen-Schulte, Martina
Deine Zwillinge gehören mir, FAZ vom 10. April 2015, abrufbar unter: http://www.faz.net/aktuell/feuilleton/debatten/leihmutterschaft-fuer-homosexuelle-13529689.html?printPagedArticle=true#pageIndex_0 (Stand: 02.01.2020).

Liegsalz, Andreas
Strafrechtliche Grenzen der „künstlichen" Fortpflanzung, in: Roxin/Schroth (Hrsg.), Medizinstrafrecht, 2. Aufl., Stuttgart u. a. 2001, S. 339–352.

Lilie, Hans
Neue rechtliche Konfliktfelder der Reproduktionsmedizin: Probleme der Dreierregel, ZaeFQ 2006, S. 673–676.

Löhnig, Martin
Zivilrechtliche Aspekte der Samenspende de lege ferenda, ZRP 2015, S. 76–77.

Löhning, Martin/Plettenberg, Ina
Künstliche Fortpflanzung im deutschen Recht, in: Dutta u. a. (Hrsg.), Künstliche Fortpflanzung im europäischen Familienrecht, Bielefeld 2015, S. 11–24.

Ludwig, Alika
Leserbrief, DÄBl. 2003, A 1597.

Lumer, Christoph
Der moralische Status von Embryonen – internalistisch begründet, in Lenzen (Hrsg.), Wie bestimmt man den „moralischen Status" von Embryonen?, Paderborn 2004, S. 212–249.

Lücke, Jörg
Das universale Verfassungsrecht als Quelle eines Weltgemeinschaftsrechts zur Lösung globaler rechtspolitischer Probleme, MedR 2002, S. 432–435.

Lüttger, Hans
Geburtshilfe und Menschwerdung in strafrechtlicher Sicht, in: Lüttger (Hrsg.), Festschrift für Ernst Heinitz zum 70. Geburtstag, Berlin 1972, S. 359–372.

Maio, Giowanni
Medizin ohne Maß – Vom Diktat des Machbaren zu einer Ethik der Besonnenheit, Stuttgart 2014.

Maio, Giovanni/Hilt, Annette
Der Status des extrakorporalen Embryos im interdisziplinären Zugang – Grundlagen, Herausforderungen und Ergebnisse, in: Maio (Hrsg.), Der Status des extrakorporalen Embryos – Perspektiven eines interdisziplinären Zugangs, Stuttgart – Bad Cannstatt 2007, S. 11–44.

Mann, Corinna
Die Fruchtbarkeit endet viel früher, als die meisten denken, abrufbar unter: https://www.focus.de/familie/experten/spaete-familienplanung-die-fruchtbar keit-endet-viel-frueher-als-die-meisten-denken_id_6145408.html (Stand: 02.01.2020).

Mansdörfer, Marco/Joecks, Wolfgang/Miebach, Klaus (Hrsg.)
Münchner Kommentar zum Strafgesetzbuch, Band 6, 3. Aufl., München 2018.

Maunz, Theodor/Dürig, Günter
Kommentar zum Grundgesetz, 82. Ergänzungslieferung, München 2018.

Max-Planck-Gesellschaft
Was sind embryonale Stammzellen – und wie werden sie gewonnen?, abrufbar unter: https://www.mpg.de/fragen-antworten-zu-embryonalen-stammzellen (Stand: 02.01.2020).

May, Ulrich
Rechtliche Grenzen der Fortpflanzungsmedizin, Berlin u. a. 2003.

Mayer, Christian
Die Nachbesserungspflicht des Gesetzgebers, Baden-Baden 1996.

Mayer, Claudia
Sachwidrige Differenzen in internationalen Leihmutterschaftsfällen, IPRax 2014, S. 57–62.

Mayr, Magdalena
„Recht am Embryo" – Zivil- und familienrechtliche Fragestellungen im Rahmen der In-vitro-Fertilisation, NZFam 2018, S. 913–920.

Medicus, Dieter
Zivilrecht und beginnendes Leben, München 1984.

Merz, Wolfgang, E.
Die Reproduktionsmedizin im Brennpunkt: Nicht alles darf geschehen, Reproduktionsmedizin 2000, S. 295–298.

Meyer-Ladewig, Jens/Nettesheim, Martin/von Raumer, Stefan
Kommentar zur Europäischen Menschenrechtskonvention, 4. Aufl., Baden-Baden 2017.

Miebach, Klaus/Sander, Günther M. (Hrsg.)
Münchner Kommentar zum Strafgesetzbuch, Band 4, 3. Aufl., München 2017.

Mildenberger, Elke H.
Der Streit und die Embryonen – Warum ungewollte Schwangerschaften, Embryonenselektion und Embryonenforschung grundsätzlich unterschiedlich behandelt werden müssen, MedR 2002, S. 293–300.

Mittendorfer, Elisabeth
Warum Frauen heute später Mutter werden, Kurier vom 13.05.2018, abrufbar unter: https://kurier.at/leben/warum-frauen-heute-spaeter-mutter-werden/400034077 (Stand: 02.01.2020).

Möllers, Thomas M. J.
Rechtsgüterschutz im Umwelt- und Haftungsrecht, Tübingen 1996.

Montag, M./van der Ven, H.
Grundlagen der In-vitro-Fertilisation und Embryonenkultivierung, Reproduktionsmedizin 2002, S. 147–152.

Mülherr, Silke/Menkens, Sabine
Sollten Frauen ihre Eizellen einfrieren lassen?, Welt online vom 18.10.2014, abrufbar unter: https://www.tagesspiegel.de/gesellschaft/panorama/pro-und-contra-social-freezing-emanzipation-oder-oekonomisierung-des-lebens/10852250.html (Stand: 02.01.2020).

Müller-Götzmann, Christian
Artifizielle Reproduktion und gleichgeschlechtliche Elternschaft, Berlin/Heidelberg 2009.

Müller-Terpitz, Ralf
Der Embryo ist Rechtsperson, nicht Sache, ZfL 2006, S. 34–42.

Müller-Terpitz, Ralf
Der Schutz des pränatalen Lebens, Tübingen 2007.

Müller-Terpitz, Ralf
Das Recht auf Fortpflanzung – Vorgaben der Verfassung und der EMRK, in: Frister/Olzen (Hrsg.), Reproduktionsmedizin – Rechtliche Fragestellungen, Düsseldorf 2010, S. 9–25.

Müller-Terpitz, Ralf
Assistierte Reproduktionsverfahren im Lichte der Europäischen Menschenrechtskonvention zugleich eine Besprechung des Urteils des EGMR (Große Kammer) vom 3.1.2011, AZ. 57813/00 – S.H. u. a./Österreich und seiner Folgejudikate, AVR 2013, S. 42–70.

Müller-Terpitz, Ralf
„EschG 2.0." – Plädoyer für eine partielle Reform des Embryonenschutzgesetzes, ZRP 2016, S. 51–54.

Musterentwurf eines Fortpflanzungsmedizingesetzes der Länder
abgedruckt bei: Der Frauenarzt 1994, S 438–451.

Nationale Ethikkommission im Bereich Humanmedizin (Schweiz)
Die medizinisch unterstützte Fortpflanzung – Ethische Überlegungen und Vorschläge für die Zukunft, Stellungnahme 22/2013, Bern 2013.

Nationaler Ethikrat
Genetische Diagnostik vor und während der Schwangerschaft, Berlin 2003.

Nationaler Ethikrat
Zum Import menschlicher Embryonaler Stammzellen, Berlin 2001.

Nauber, Teresa
Social Freezing ist keine Babyversicherung, Welt online vom 02.08.2015, abrufbar unter: https://www.welt.de/gesundheit/article144743279/Social-Freezing-ist-keine-Babyversicherung.html (Stand: 02.01.2020).

Nawroth, Frank
Sozial Freezing – Kryokonservierung unbefruchteter Eizellen aus nicht-medizinischen Indikationen, Wiesbaden 2015.

Nawroth, Frank/Dittrich, Ralf/Kupka, Markus S./Lawrenz, Barbara/Montag, Markus/von Wolff, Michael
Kryokonservierung von unbefruchteten Eizellen bei nichtmedizinischen Indikationen („social freezing") – Aktueller Stand und Stellungnahme des Netzwerks FertiPROTEKT, Diagnostik + Therapie 2012, S. 528–533.

Nawroth, Frank/Liebermann, Juergen
Vitrifikation, Der Gynäkologe 2013, S. 896–902.

Neidert, Rudolf
Brauchen wir ein Fortpflanzungsmedizingesetz?, MedR 1998, S. 347–353.

Neidert, Rudolf
Zunehmendes Lebensrecht – Genetische Untersuchungen am Embryo in vitro im medizinischen und juristischen Kontext, DÄBl. 2000, S. A 3483–3486.

Neidert, Rudolf
Gesetzliche Statik und wissenschaftliche Dynamik in der Reproduktionsmedizin, Gesellschaftspolitischer Kommentar, Sonderheft Reproduktionsmedizin 2003, S. 22–27.

Neidert, Rudolf
Embryonenschutz im Zwiespalt zwischen staatlichem Gesetz und ärztlicher Lex artis, ZRP 2006, S. 85–87.

Neidert, Rudolf
„Entwicklungsfähigkeit" als Schutzkriterium und Begrenzung des Embryonenschutzgesetzes, MedR 2007, S. 279–286.

Netzwerk Embryonenspende
Leitideen und Zielen des Netzwerks Embryonenspende, abrufbar unter: https://www.netzwerk-embryonenspende.de/ziele/ziele.html (Stand: 02.01.2020).

Netzwerk Embryonenspende Satzung des Netzwerks Embryonenspende
abrufbar unter: https://www.netzwerk-embryonenspende.de/ziele/satzung-netzwerk-embryonenspende-deutschland-ev.pdf (Stand: 02.01.2020).

Netzwerk Embryonenspende
Wunscheltern Wartezeiten, abrufbar unter: https://www.netzwerk-embryonenspende.de/aktuell/Wunscheltern-Wartezeiten.pdf (Stand: 02.01.2020).

Neuner, Jörg
Der nondum conceptus im Privatrecht, Jus 2019, S. 1–7.

Nieschlag, Eberhard/Wagenfeld, Andrea/von Schönfeldt, Viktoria/Schlatt, Stefan
Keimzellspende: Möglichkeiten und Entwicklungen, in: Bundesministerium für Gesundheit (Hrsg.), Fortpflanzungsmedizin in Deutschland – Wissenschaftliches Symposium des Bundesministeriums für Gesundheit in Zusammenarbeit mit dem Robert Koch-Institut vom 24. bis 26. Mai 2000 in Berlin, Baden-Baden 2001, S. 109–122.

Noss, Ulrich
Ist Embryonenspende notwendig? – Pro, DÄBl. 2016, S. A 1374.

Nüsslein-Vollhard, Christiane
Der Mensch nach Maß – unmöglich, SZ vom 1./2.12.2001.

Oelert, Helge/Wandt, Lisa
Unerfüllter Kinderwunsch – letzter Ausweg Eizelltourismus?, abrufbar unter: https://www.rbb-online.de/klartext/ueber_den_tag_hinaus/soziales/letzter-ausweg-eizellentourismus.html (Stand: 02.01.2020).

Ohler, Christoph
Grundrechtliche Bindungen der Mitgliedsstaaten nach Art. 51 GRCh, NVwZ 2013, S. 1433–1438.

Pap, Michael
Die Würde des werdenden Lebens in vitro – Verfassungsrechtliche Grenzen der extrakorporalen Befruchtung, MedR 1986, S. 229–236.

Pap, Michael
Extrakorporale Befruchtung und Embryonentransfer aus arztrechtlicher Sicht, Frankfurt a. M. 1987.

Patzel-Mattern, Katja
Wert und Bewertung des Verleihens – Ein historischer Vergleich als Beitrag zur aktuellen Diskussion um Leihmutterschaft, in: Ditzen/Weller (Hrsg.), Regulierung der Leihmutterschaft aktuelle Entwicklungen und interdisziplinäre Herausforderungen, Tübingen 2018, S. 9–21.

Peschel, Petra/Thaler, Christian
„Das Alter der Frau spielt sehr viel weniger eine Rolle, als man denkt“ – Medizinjournalistin Petra Peschel im Gespräch mit Prof. Dr. med. Christian Thaler, Leiter des Hormon- und Kinderwunschzentrums an der Frauenklinik der LMU München, über die Mechanismen und Marker des reproduktiven Alters, gyne Juli 2009, S. 10–12.

Pieroth, Bodo/Schlink, Bernhard
Grundrechte – Staatsrecht II, 34. Aufl., Heidelberg 2018.

Plötner, Günther
Der moralische Status des menschlichen Embryos, abrufbar unter: http://www.imabe.org/index.php?id=492 (Stand: 02.01.2020).

Prehn, Annette
Die Strafbarkeit der post-mortem-Befruchtung nach dem Embryonenschutzgesetz, MedR 2011, S. 559–568.

Prütting, Dorothea (Hrsg.)
Kommentar Medizinrecht, 5. Aufl., Köln 2019.

Püttner, Günther/Brühl, Klaus
Fortpflanzungsmedizin, Gentechnologie und Verfassung – Zum Gesichtspunkt der Einwilligung Betroffener, JZ 1987, S. 529–536.

Raether, Elisabeth/Bota, Alice
Dürfen wir Grenzen der Natur sprengen? Pro und Contra, Die Zeit Nr. 29/2013, abrufbar unter: https://www.zeit.de/2013/29/eizellen-einfrieren-pro-contra (Stand: 02.01.2020).

Ramm, Thilo
Die Fortpflanzung – ein Freiheitsrecht?, JZ 1989, S. 861–874.

Ratzel, Rudolf
Rechtliche Rahmenbedingungen für die Eizellspende – Heutige und zukünftige Sicht, Der Gynäkologe 2014, S. 248–250.

Ratzel, Rudolf/Hiersche, Hans-Dieter/Opderbecke, Wolfgang
Das strafrechtlich relevante Abgrenzungskriterium zwischen „Leibesfrucht" und Mensch bei der abdominalen Schnittentbindung – Drei Entgegnungen auf U. Cremer MedR 1993, 421, 1994, S. 472–474.

Ratzel, Rudolf/Lippert, Hans-Dieter/Prütting, Jens
Kommentar zur (Muster-) Berufsordnung für die in Deutschland tätigen Ärztinnen und Ärzte – MBO-Ä 1009, 7. Aufl., Berlin 2018.

Ratzel, Rudolf/Ulsenheimer, Klaus
Legal aspects of reproduction medicine, Reproduktionsmedizin 1999, S. 428–434.

Rauprich, O./Berns, E./Vollmann, J.
Information provision and decision-making in assisted reprofuction treatment: results from a survey in Germany, abrufbar unter: https://academic.oup.com/humrep/article/26/9/2382/723834 (Stand: 02.01.2020).

Rauscher, Thomas
Familienrecht, 2. Aufl., Heidelberg 2008.

Rehmann, Wolfgang A./Greve, Kai
Kommentar zum Arzneimittelgesetz, 4. Aufl., München 2014.

Reimer, Franz
Das Parlamentsgesetz als Steuerungsmittel und Kontrollmaßstab, in: Hoffmann-Riem/Schmidt-Aßmann/Voßkuhle (Hrsg.), Grundlagen des Verwaltungsrechts, Band 1, 2. Aufl., München 2012.

Reinke, Mathias
Fortpflanzungsfreiheit und das Verbot der Fremdeizellspende, Berlin 2008.

Renzikowski, Joachim
Embryonenauslese und „Dreierregel", Gynäkologische Endokrinologie 2004, S. 172–178.

Richter-Kuhlmann, Eva
Assistierte Reproduktion: Richtlinie komplett neu, DÄBl. 2018, S. A 1050–1051.

Rieger, Lorenz/Hönig, Arnd/Griesinger, Georg/Dietl, Johannes/Engel, Jörg B.
Ein ethisches Dilemma, DÄBl. 2007, S. A 1147–1150.

Revermann, Christoph/Hüsing, Bärbel
Fortpflanzungsmedizin – Rahmenbedingungen, wissenschaftlich-technische Entwicklungen und Folgen, Berlin 2011.

Rögener, Wiebke
Überfordert vom Kinderwunsch, SZ online vom 16.05.2018, abrufbar unter: https://www.sueddeutsche.de/gesundheit/risiken-der-reproduktionsmedizin-ueberfordert-vom-kinderwunsch-1.1133974 – 2 (Stand: 02.01.2020).

Rosenau, Henning
Landesbericht Deutschland, in: Deutsch/Taupitz (Hrsg.), Forschungsfreiheit und Forschungskontrolle in der Medizin – Zur geplanten Revision der Deklaration von Helsinki, Berlin/Heidelberg u. a. 2000, S. 63–91.

Rosenau, Henning
Der Streit um das Klonen und um das deutsche Stammzellgesetz, in: Schreiber u. a. (Hrsg.), Recht und Ethik im Zeitalter der Gentechnik, Göttingen 2003, S. 135–168.

Roth, Andreas
Das Kinderrechteverbesserungsgesetz, JZ 2002, S. 651–655.

Roth, Andreas
Der Ausschluss der Vaterschaftsanfechtung nach Einwilligung in die heterologe Insemination (§ 1600 Abs. 2 BGB), DNotZ 2003, S. 805–822.

Roth, Carsten
Eigentum an Körperteilen, Berlin 2009.

Roxin, Claus/Schroth, Alban
Handbuch des Medizinstrafrechts, 4. Aufl., Stuttgart 2010.

Rudizio, Kolja
Ein Kind von Apple, Zeit online vom 06.11.2014, abrufbar unter: https://www.zeit.de/2014/44/egg-social-freezing-apple-facebook-eizellen (Stand: 02.01.2020).

Ruffert, Matthias
Die Europäische Menschenrechtskonvention und innerstaatliches Recht, EuGRZ 2007, S. 245–255.

Rupp, Marina/Bergold, Pia
Zusammenfassung, in: Rupp (Hrsg.), Zur Lebenssituation von Kindern in gleichgeschlechtlichen Lebenspartnerschaften, Köln 2009, S. 281–311.

Rüsken, Reinhart
Künstliche Befruchtung als Heilbehandlung – Zur steuermindernden Berücksichtigung von Kosten homo- und heterologer Befruchtung, NJW 1998, S. 1745–1750.

Rütz, Eva Maria K.
Heterologe Insemination – Die rechtliche Stellung des Samenspenders: Lösungsansätze zur rechtlichen Handhabung, Heidelberg 2008.

Ryan, S./Kentenich, H.
Leihmutterschaft – Eine persönliche Erfahrung, Reproduktionsmedizin 2003, S. 151–156.

Sachs, Michael (Hrsg.)
Kommentar zum Grundgesetz, 8. Aufl., München 2018.

Saerbeck, Klaus
Beginn und Ende des Lebens als Rechtsbegriff, Berlin/Boston 2016.

Sander, Sebastian
Stoppt Leihmutterschaft, LebensForum (125) 2018, S. 4–9.

Schleissing, Stephan
Ethik und Recht in der Fortpflanzungsmedizin – Herausforderungen, Diskussionen, Perspektiven, Baden-Baden 2014.

Schlink, Bernhard
Aktuelle Fragen des pränatalen Lebensschutzes, Berlin/Boston 2002.

Schlüter, Julia
Schutzkonzepte für menschliche Keimbahnzellen in der Fortpflanzungsmedizin, Berlin 2008.

Schlüter, Wilfried/Röthel, Anne
Erbrecht, 17. Aufl., München 2015.

Schmid, Jessica/Funk, Miriam
Insemination (Samenübertragung – IUI), abrufbar unter: https://www.9monate.de/kinderwunsch-familienplanung/reproduktionsmedizin/insemination-samenuebertragung-iui-id94363.html (Stand: 02.01.2020).

Schmidt, Rudolf
Anmerkung zu BGH, Urt. v. 20.12.1952 – II ZR 141/51, JZ 1953, S. 308.

Schmidtke, Jörg
Humangenetische Aspekte – Welche genetischen Merkmale sollen bei der Spenderauswahl berücksichtigt werden?, in: Duttge u. a. (Hrsg.), Heterologe Insemination – Aktuelle Lage und Reformbedarf aus interdisziplinärer Sicht, Göttingen 2010, S. 9–18.

Schockenhoff, Eberhard
Zum moralischen und ontologischen Status des Embryos, in: Damschen/Schönecker (Hrsg.), Der moralische Status menschlicher Embryonen, Berlin 2003, S. 11–33.

Scholz, Harald/Kleffmann, Norbert/Doering-Strienig, Gudrun
Praxishandbuch Familienrecht, 33. Aufl., München 2018.

Schreiber, Hans-Ludwig
Die Würde des Menschen – eine rechtliche Fiktion?, MedR 2003, S. 367–372.

Schroeder, Friedrich Christian
Die Rechtsgüter des Embryonenschutzgesetzes, in: Kühne (Hrsg.), Festschrift Miyazawa, Baden-Baden 1995, S. 533–547.

Schroth, Ulrich
Forschung mit embryonalen Stammzellen und Präimplantationsdiagnostik im Lichte des Rechts, JZ 2002, S. 170–179.

Schumann, Eva
Elternschaft nach Keimzellspende und Embryoadoption, MedR 2014, S. 736–749.

Schütze, Hinner
Die Bedeutung von Statusargumenten für das geltende deutsche Recht, in: Sturma/Heinrichs/Honnefelder (Hrsg.), Jahrbuch für Wissenschaft und Ethik 2000, S. 305–328.

Schwalm, Georg
Über den Beginn des menschlichen Lebens aus der Sicht des Juristen, MDR 1968, S. 277–280.

Schächiger, Michael
Menschenwürde und Menschheitswürde, Berlin 2014. Seehaus, D./Zech, H. f./Rabe, T./Strowitzki, T. Neues in der assistierten Reproduktion, Reproduktionsmedizin 2000, S. 103–115.

Seidlitz, Frank
Wie die Antibabypille Frauen die Freiheit brachte, Welt online vom 15.08.2010, https://www.welt.de/wirtschaft/article9019809/Wie-die-Antibabypille-Frauen-die-Freiheit-brachte.html (Stand: 02.01.2020).

Sekretariat der Deutschen Bischofskonferenz
Instruktion der Kongregation für die Glaubenslehre über die Achtung vor dem beginnenden menschlichen Leben und die Würde der Fortpflanzung, 1987, abrufbar unter: https://www.dbk-shop.de/media/files_public/xbxcrkfjqnr/DBK_274.pdf (Stand: 02.01.2020).

Sendler, Horst
Menschenwürde, PID und Schwangerschaftsabbruch, NJW 2001, S. 2148–2150.

Sessing, Heinz (Hrsg.)
Technologischer Fortschritt und menschliches Leben – Die Menschenwürde als Maßstab der Rechtspolitik – Teil 1 Rechtspolitische Grundsätze von CDU und CSU zur Fortpflanzungsmedizin, München 1987.

Shafty, Samiha
Viele Frauen unterschätzen die biologische Uhr, Welt online vom 19.09.2005, abrufbar Unter: https://www.welt.de/print-welt/article165624/Viele-Frauen-unterschaetzen-die-biologische-Uhr.html (Stand: 02.01.2020).

Siegmund-Schultze, Nicola
Vom Zeugen und Absterbenlassen, DÄBl. 2008, S. A 2261–2263.

Sigel, Peter
Die Strafbarkeit pränataler Einwirkungen auf die Leibesfrucht über §§ 218 StGB hinaus, Tübingen 1987.

Sonnenmoser, Marion
Postpartale Depression – Vom Tief nach der Geburt, DÄBl. 2007, S. A 82–83.

Spickhoff, Andreas
Vaterschaft und konsentierte Fremdinsemination, AcP 197 (1997), S. 398–429.

Spickhoff, Andreas
Vaterschaft und Fortpflanzungsmedizin. Die Einwilligung zur künstlichen Befruchtung mittels Samenspende eines Dritten, in: Hofer (Hrsg.), Festschrift für Dieter Schwab, Bielefeld 2005, S. 923–946.

Spickhoff, Andreas
Kommentar zum Medizinrecht, 3. Aufl., München 2018.

Spieker, Manfred
Künstliche Befruchtung und Menschenwürde, ZfL 2008, S. 98–105.

Spiekerkötter, Jörg
Verfassungsfragen der Humangenetik, Frankfurt am Main 1989.

Spiewak, Martin
Die biologische Uhr anhalten, Zeit online vom 11.07.2013, abrufbar unter: https://www.zeit.de/2013/29/kinderwunsch-social-freezing-eizellen-einfrieren (Stand: 02.01.2020).

Spiewak, Martin
Dubioser Rekord – Vierlinge mit 65 Jahren? Das geht nur unter Missachtung aller deutschen Regeln für die Kinderwunschmedizin, Zeit online vom 16.04.2015, abrufbar unter: https://www.zeit.de/2015/16/kuenstliche-befruchtung-schwangerschaft-vierlinge-berlin (Stand 02.01.2020).

Spitzer, Dietmar
Begriffsbestimmung und Pathogenese: Sterilität – Infertilität, JFR 2001, S. 37–39.

Spitzer, Dietmar/Freude, Georg/Urdl, Wolfgang
Überarbeitete Empfehlung zur maximalen Anzahl zu transferierender Embryonen, Speculum – Zeitschrift für Gynäkologie und Geburtshilfe 2011, S. 8–9.

Statistisches Bundesamt
Geburtentrends und Familiensituation in Deutschland, Wiesbaden 2012.

Staudinger, Julius von
Kommentar zum BGB, Band 4, Neubearbeitung 2011, abrufbar über Juris.

Staupe, Jürgen
Parlamentsvorbehalt und Delegationsbefugnis, Berlin 1986.

Stiftung Deutsche Depressionshilfe
In der Schwangerschaft und nach der Geburt, abrufbar unter: https://www.deutsche-depressionshilfe.de/depression-infos-und-hilfe/depression-in-verschiedenen-facetten/in-der-schwangerschaft-und-nach-der-geburt (Stand: 02.01.2020).

Strack, Christian
Die künstliche Befruchtung beim Menschen – Zulässigkeit und zivilrechtliche Folgen, Gutachten A, in: DJT (Hrsg.), Verhandlungen des 56. Deutschen Juristentages, München 1986, S. A 3–58.

Strack, Christian
Verfassungsrechtliche Grenzen der Biowissenschaft und Fortpflanzungsmedizin, JZ 2002, S. 1065–1072.

Ströbel-Richter, Yve/Goldschmidt, Susanne; Brähler, Elmar/Weidner, Kerstin/Beutel, Manfred
Egg donation, surrogate mothering, and cloning: attitudes of men and woman in Germany based on an representative survey, Fertility and Sterility 2009, S. 124–130.

Strowitzki, Thomas
Assistierte Reproduktionstechniken (ART) und Leihmutterschaft – medizinische Aspekte, in: Ditzen/Weller (Hrsg.), Regulierung der Leihmutterschaft – aktuelle Entwicklungen und interdisziplinäre Herausforderungen, Tübingen 2018, S. 23–27.

Taupitz, Jochen
Der rechtliche Rahmen des Klonens zu therapeutischen Zwecken, NJW 2001, S. 3433–3440.

Taupitz, Jochen
Kernaspekte zu Leitfrage 7: Die Verantwortung des parlamentarischen Gesetzgebers für Sicherheit, Qualität, Dokumentation und Patientenaufklärung bei medizinisch unterstützter Fortpflanzung sowie für die Einführung neuartiger Verfahren; in: Bundesministerium für Gesundheit (Hrsg.), Fortpflanzungsmedizin in Deutschland – Wissenschaftliches Symposium des Bundesministeriums für Gesundheit in Zusammenarbeit mit dem Robert Koch-Institut vom 24. bis 26. Mai 2000 in Berlin, Baden-Baden 2001, S. 280–292.

Taupitz, Jochen
Einrichtung einer zentralen Registrierungs- Beratungs- und Prüfungsstelle für fortpflanzungsmedizinische und – biologische Fragen und Dokumentation, Information und Steuerung, Reproduktionsmedizin 2002, S. 206–219.

Taupitz, Jochen
Import embryonaler Stammzellen – Konsequenzen des Bundestagsbeschlusses vom 31.1.2001, ZRP 2002, S. 111–115.

Taupitz, Jochen
Der Schutz embryonaler Stammzellen durch das Stammzellgesetz, GenTechnik & Recht 2003, S. 11–18.

Taupitz, Jochen
Die Aufgabe der Zentralen Ethik-Kommission für Stammzellforschung, in: Knut (Hrsg.), Festschrift Schreiber, Heidelberg 2003, S. 903–912.

Taupitz, Jochen
Biotechnologie: Wie viel Regulierung braucht es?, AJP 2009, S. 688–698.

Taupitz, Jochen
Verbot der Eizellspende – „modern“ interpretiert?, NJW 2019, S. 337–340.

Taupitz, Jochen/Geisthövel, Franz/Coester-Waltjen, Dagmar/Frister, Helmut/Frommel, Monika/Gerke, S./Hermes, Benjamin/Hufen, Friedhelm/Ochsner, A./Beier, Henning Martin/Thaler C.
V. Mannheimer Workshop zur Fortpflanzungsmedizin: Ein juristischer Diskurs zur Präimplantationsdiagnostik und Embryonenspende auf der Basis neuer reproduktionsmedizinischer Prämissen, JRE 2015, S. 42–56.

Taupitz, Jochen/Hermes, Benjamin
Embryonenschutzgesetz: „Dreierregel“ oder „Deutscher Mittelweg“?, Der Gynäkologe 2015, S. 169–174.

Taupitz, Jochen/Hermes, Benjamin
Neuregelung der PID – an der medizinischen Praxis vorbei?, MedR 2015, S. 244–248.

Taupitz, Jochen/Hermes, Benjamnin
Eizellspende verboten – Embryonenspende erlaubt?, NJW 2015, S. 1802–1807.

Taupitz, Jochen/Schlüter, Julia
Heterologe künstliche Befruchtung: Die Absicherung des Samenspenders gegen unterhalts- und erbrechtliche Ansprüche des Kindes, AcP (205) 2005, S. 591–644.

Terbille, Michael/Clausen, Tilman/Schroeder-Printzen, Jörn (Hrsg.)
Münchner Anwaltshandbuch Medizinrecht, 2. Aufl., München 2013.

Thomale, Chris
Mietmutterschaft - Eine international-privatrechtliche Kritik, Tübingen 2015.

Thorn, Petra
Gametenspende und Kindeswohl - Entwicklungen in Deutschland und in der internationalen Fortpflanzungsmedizin, Hessisches Ärzteblatt 2006, S. 173–175.

Thorn, Petra
Reproduktives Reisen, Frankfurt am Main 2008.

Thorn, Petra
Samenspende und Stigmatisierung - ein unauflösbares Dilemma?, in: Bockenheimer-Lucius/Thorn/Wendehorst (Hrsg.), Umwege zum eigenen Kind, Göttingen 2008, S. 135–155.

Tietzen, Henry G.
Botschaften aus dem Mutterleib - Pränatale Eindrücke und deren Folgen, 2. Aufl., Genf 1984.

Ulsenheimer, Klaus
Arztstrafrecht in der Praxis, 5. Aufl., Heidelberg u. a. 2015.

Vereinigte Lutherische Kirche Deutschlands
Texte aus der VELKD 32/1986, Du hast mich gebildet im Mutterleibe, 1986, abrufbar unter: http://www.ev-medizinethik.de/meta_downloads/2483/velkd_-_du_hast_mich_gebildet_im_mutterleibe_1986.pdf (Stand 02.10.2020).

Vitzthum, Wolfgang Graf
Rechtspolitik als Verfassungsvollzug? Zum Verhältnis von Verfassungsauslegung und Gesetzgebung am Beispiel der Humangenetik-Diskussion, in: Günther/Keller (Hrsg.), Fortpflanzungsmedizin und Humangenetik - Strafrechtliche Schranken?, Tübingen 1987, S. 61–78.

Vogt, Britta
Methoden der künstlichen Befruchtung: „Dreierregel" versus „Single Embryo Transfer" - Konflikt zwischen Rechtslage und Fortschritt der Reproduktionsmedizin in Deutschland im Vergleich mit sieben europäischen Ländern, Frankfurt am Main 2008.

Vöneky, Silja/Petersen, Niels
Der rechtliche Status des menschlichen extrakorporalen Embryos: Das Recht der Europäischen Union, EuR 2006, S. 340–369.

Vorsamer, Barbara
Ein Gefrierschrank macht noch keine Gleichberechtigung, SZ online vom 15.10.2014, abrufbar unter: https://www.sueddeutsche.de/karriere/einfrieren-von-eizellen-gefrierschrank-macht-noch-keine-gleichberechtigung-1.2174952 (Stand: 02.01.2020).

Voßkuhle, Andreas/Kaiser, Anna-Bettina
Grundwissen – Öffentliches Recht: Der Grundrechtseingriff, Jus 2009, S. 313–315.

Wagner, Sophia
Baby, bis später!, Deutschlandfunk, abrufbar unter: (*Wagner*, Baby, bis später!, Deutschlandfunk, abrufbar unter: https://www.deutschlandfunk.de/social-freezing-baby-bis-spaeter.676.de.html?dram:article_id=413996 (Stand: 02.01.2020).

Wainright, Jennifer L./Patterson, Charlotte J.
Delinquency, victimization and substance use among adolescents with female same-sex parents, Journal of Family Psychology 2006, S. 526–530.

Waldner, Katrin
Rechtliche Aspekte der Eizellspende – Rechtsvergleich Österreich-Deutschland-Schweiz, Saarbrücken 2017.

Walter, Christian
Die Europäische Menschenrechtskonvention als Konstitutionalisierungsprozeß, ZaöRV 1999, S. 961–983.

Wandt, Lisa/Oertel, Helge
Unerfüllter Kinderwunsch – letzter Ausweg Eizelltourismus? Abrufbar unter: https://www.rbb-online.de/klartext/ueber_den_tag_hinaus/soziales/letzter-ausweg-eizellentourismus.html (Stand: 02.01.2020).

Weghofer, A./Margreiter, M./Gerhold, B./Edjalipour, C./Renezeder, K./Sowelem, H./ Feichtinger, W.
Was sagen die Betroffenen zum Schicksal überzähliger Embryonen? Einstellung von IVF-Patientinnen zu Eizellspende und Embryonenadoption, Geburtshilfe Frauenheilkunde 2002, S. 574–577.

Wegner, Nina
Das Einfrieren von Eizellen löst keine Job-Probleme, Focus Money online vom 25.10.2014, abrufbar unter: https://www.focus.de/finanzen/experten/wegner/eingefrorene-eizellen-sind-tiefkuehl-kinder-ein-fortschritt-fuer-die-karriereplanung_id_4219356.html (Stand: 02.01.2020).

Wehrstedt, Stefan/Thorn, Petra/Werdehausen, Karin/Katzorke, Thomas
Vorschläge zur Vorgehensweise bei Auskunftsersuchen nach donogener Zeugung, JRE 2012, S. 225–231.

Wendehorst, Christiane
Zur Möglichkeit einer Embryonenadoption in einem zukünftigen Fortpflanzungsmedizingesetz, Reproduktionsmedizin 2003, S. 147–150.

Wendehorst, Christiane
Die rechtliche Regelung donogener ART in Deuschland und Österreich, in: Bockenheimer-Lucius/Thorn/Wendehorst (Hrsg.), Umwege zum eigenen Kind, Göttingen 2008, S. 103–121.

Wendtland, Carsten
Die Forschung mit menschlichen embryonalen Stammzellen als Gegenstand der Rechtsetzung, Frankfurt am Main 2004.

Wetz, Franz Josef
Haben Embryonen Würde?, in: Körtner/Kopetzki (Hrsg.), Embryonenschutz – Hemmschuh der Biomedizin?, Wien 2003, S. 7–39.

Wiesmann, Claudia
Die falsche Gleichgültigkeit der Arbeitgeber, manager magazin online vom 21.10.2014, abrufbar unter: http://www.manager-magazin.de/politik/meinungen/aufregung-um-apples-und-facebooks-finanzierung-von-social-freezing-a-998257.html (Stand: 02.01.2020).

Wischmann, Tewes
Kinderwunsch und professionelle Beratung, BZgA Forum 1/2012, S. 26–29.

Wolf, Manfred/Neuner, Jörn/Larenz, Karl
Bürgerliches Gesetzbuch – Allgemeiner Teil, 11. Aufl., München 2016.

Wolff, Michael von
«Social Freezing» – Sinn oder Unsinn?, SÄZ 2013, S. 393–395.

Wolff, Michael von/Germeyer, Arinae/Nawroth, Frank
Social Freezing: Kontrovers diskutiert, aber zunehmende praktiziert, Medizin studieren 2015, S. 26–28.

Wolkinger,Alois
Lebensbeginn durch Menschenhand?, in: Bernat (Hrsg.), Lebensbeginn durch Menschenhand, Graz 1985, S. 89–107.

Wollenschläger, Ferdinand
Das Verbot der heterologen In-vitro-Fertilisation und der Eizellspende auf dem Prüfstand der EMRK – Zugleich Besprechung von EMRK, Urt. v. 1.4.2010 – Nr. 57813/00 (S.H. u. a./Österreich), MedR 2011, S. 22–28.

World Health Organisation
Current Practices and Controversies in Assisted Reproduction, 2001, abrufbar unter: http://apps.who.int/iris/bitstream/handle/10665/42576/9241590300.pdf;jsessionid=A5AD392BE9051EBFB25F29DC9674FA32?sequence=1 (Stand: 02.01.2020).

Zehetgruber, Christoph
Die EMRK, ihre Rechtsstellung sowie die Entscheidungen des EGMR im Stufenbau der deutschen Rechtsordnung, ZJS 2016, S. 52–60.

Zenke, Martin/Marx-Stölting, Lilian/Schickl, Hannah
Stammzellforschung – Aktuelle wissenschaftliche und gesellschaftliche Entwicklungen, Baden-Baden 2018, S. 35–52.

Zentralle Kommission der Bundesärztekammer zur Wahrung ethischer Grundsätze in der Reproduktionsmedizin – Forschung an menschlichen Embryonen und Gentherapie
Mehrlingsreduktion mittels Fetozid, DÄBl. 1989, S. A 2218–2222.

Zentrale Kommission zur Wahrung ethischer Grundsätze in der Medizin und ihren Grenzgebieten bei der Bundesärztekammer
Stellungnahme zum Forschungsklonen mit dem Ziel therapeutischen Anwendung, DÄBl. 2006, S. A. 645–649.

Ziller, Volker
Auslegungssache Embryonenschutzgesetz – Der „deutsche Mittelweg", Der Gynäkologe 2017, S. 409–413.

Zimmermann, Roland
Reproduktionsmedizin und Gesetzgebung – Reformbedarf im Recht der Reproduktionsmedizin und Realisierungsoptionen in einem Fortpflanzungsmedizingesetz, Berlin 2011.

Zoll, Barbara
Genetische Risiken durch Keimzellspende, in: Bockenheimer-Lucius/Thorn/Wendehorst (Hrsg.), Umwege zum eigenen Kind, 2008, S. 123–133.

Zumstein, Monika (ehemals Lanz-Zumstein)
ie Rechtsstellung des unbefruchteten und befruchteten menschlichen Keimguts, München 1990.

Zumstein, Monika
Keimzellspende – Juristische Thesen, in: Bundesministerium für Gesundheit (Hrsg.), Fortpflanzungsmedizin in Deutschland – Wissenschaftliches Symposium des Bundesministeriums für Gesundheit in Zusammenarbeit mit dem Robert Koch-Institut vom 24. bis 26. Mai 2000 in Berlin, Baden-Baden 2001, S. 134–142.

Zybries, Brigitte
„Vom Zeugen zum Erzeugen? Verfassungsrechtliche und rechtspolitische Fragen der Bioethik", Rede beim Humboldt-Forum der Humboldt-Universität zu Berlin am 29.10.2003, abrufbar unter: https://www.zeit.de/reden/wissenschaft/Bioethik_031030 (Stand: 02.01.2020).

Kolibri 360 GmbH
Ferdinand-Jühlke-Straße 7
99095 Erfurt, Deutschland
produktsicherheit@kolibri360.de